UX 디자인 프로젝트 가이드 2

A Project Guide to UX Design

러스 웅거, 캐롤린 챈들러 지음   이지현, 이춘희 옮김

New Riders   위키북스

UX 디자인 프로젝트 가이드 2

UX 전문가가 전하는 UX 실무 노하우

지은이 러스 웅거 · 캐롤린 챈들러
옮긴이 이지현 · 이춘희
펴낸이 박찬규 | 엮은이 이대엽 | 표지디자인 Arowa & Arowana

펴낸곳 위키북스 | 주소 경기도 파주시 문발로 115, 파주출판도시 세종출판벤처타운 #311
전화 031-955-3658, 3659 | 팩스 031-955-3660

초판발행 2013년 07월 30일
ISBN 978-89-98139-22-3

등록번호 제406-2006-000036호 | 등록일자 2006년 05월 19일
홈페이지 wikibook.co.kr | 전자우편 wikibook@wikibook.co.kr

A Project Guide to UX DESIGN 2
Original English language edition published by New Riders
1249 Eighth Street, Berkeley, CA 94710
Copyright © 2012 by New Riders
Korean language edition copyright © 2013 by WIKI BOOKS
All rights reserved including by arrangement with the original publisher.

「이 도서의 국립중앙도서관 출판시도서목록 CIP는 e-CIP 홈페이지 | http://www.nl.go.kr/cip.php에서 이용하실 수 있습니다.
CIP제어번호: CIP2013011872」

UX 디자인

프로젝트 가이드 2

• 목 차 •

03장 제안서 작성하기
• UX 컨설턴트와 프리랜서를 위한 제안서 작성 가이드 •

04장 프로젝트 목표와 접근법
• 어느 별을 향해 나아갈 것인가 •

05장 비즈니스 요구사항
• 문제를 해결하기 전에 무엇이 문제인지 파악하라 •

06장   사용자 리서치

• 파티에 초대한 손님이 누구인지 알아야 한다 •

13장 프로토타입

• UX 디자인에 생명 불어넣기 •

14장 사용자와 함께 디자인 테스트하기

• 내가 잘 안다고 생각하는 마음을 버리고
그들이 어떻게 생각하는지 알아내자 •

15장 UX 디자인에서 개발로 전환하기, 그리고 그 이후

• 이제 어디로 갈 것인가? •

16장 효과적인 회의 가이드
• 좋은 회의의 요건 •

추 천 의 글 I

디자인 분야에 수년 전부터 '사용자 경험 디자인(User Experience Design)' 또는 줄여서 'UX 디자인'이라는 말이 소위 'hot buzzword'로 떠오르기 시작했다. 그 전까지 디자인의 중심을 이루며 오랫동안 활용돼 왔던 사용자 중심 디자인(user-centered design)이나 혹은 사용자 인터페이스 디자인(User-Interface Design: UI design), 사용편의성(Usability)이라는 말 등에 식상해 있었거나 이들의 한계를 느꼈던 디자이너들에게 새로운 돌파구를 제공할 만큼 UX 디자인은 그 영향력이 충분했다. 하지만 대부분의 새로운 신조어가 그렇듯이 아직 디자인 분야에는 모든 디자이너들이 공감하는 UX 디자인에 대한 명확한 개념, 정의가 정립됐다고 보기 힘든 실정이다.

인터랙션 디자인 분야에서는 '사용자가 어떤 기능을 가진 인공물과의 인터랙션에서 겪게 되는 인간의 심리적 효과'라는 다소 한정적인 의미로 해석되는 데 비해, 좀 더 포괄적인 디자인 분야에서는 특히 Experience Economy나 Experience Marketing에서 쓰이는 것처럼 '인간의 삶에 새로운 의미(uniquely meaningful)를 유발시키는 행사, 사건' 등의 확대된 개념으로 활용되기도 한다. 하지만 이런 두 가지 다른 유형의 정의에 차이와 함께 공통으로 존재하는 것은 디자인을 단지 어떤 개체적 사물의 디자인에 국한시키지 않고 사용자가 그 대상을 사용하는 과정의 매 단계에서 나타나는 모든 하드웨어적 소프트웨어적 요소들이 유기적으로 통합되어 발산하는 새로운 경험의 디자인에 초점을 둔다는 것이다. 즉, 경험디자인은 다감각적(multi-sensory)이고, 맥락적(contextual)이고, 비촉각적(intangible)이다. 종래에 단 감각적이고, 사물 중심이고 촉각적인 디자인에 익숙해 있던 우리 디자이너에게 경험디자인은 새로운 기회인 것은 분명하지만 녹록지 않다.

이와 같은 배경에서 출판되는 『UX 디자인 프로젝트 가이드』는 그 제목이 나타내는 바와 같이 출판 목적이 매우 명확하다. 더욱이 부제인 'UX 전문가가 전하는 UX 실무 노하우'는 이 책이 디자인 현장에서 곧바로 활용될 수 있도록 매우 직접적이고 응용적이라는 점을 강조하고 있다. 아직 경험디자인 관련 서적이 대부분 담론 수준에 그치는 경우가 많아 디자인을 최종적으로 구현해야 하는 현장의 디자이너에게 다소 추상적으로 와 닿는 경우가 적지 않은 것이 사실이었다. 이에 비해 이 책에서는 UX 디자인의 철학적, 이론적 요소를 간략히 다루는 대신 '프로젝트 목표 정하기'에서부터 마지막 '개발' 단계에 이르기까지 매 단계별로 거의 사용 매뉴얼 정도로 구체적으로 각 단계에서 해야 할 일(to do list)을 실제적인 시각적 예시와 함께 충실히 보여주고 있다. 이러한 직접적 활용 중심의 책은 디자인 현장 일선에서 비교적 단기간 내에 불필요한 시행착오를 최소한 줄여야만 하는 실무 디자이너에게 매우 효과적이라고 본다. 또한 이 책이 비록 기법(skill) 중심의 책이긴 하지만 이와 관련된 좀 더 이론적인 지식은 그 내용의 심오한 정도에 따라 서핑(surfing), 스노클링(snorkeling), 스쿠버 다이빙(scuba-diving) 등으로 나누어 관련 자료를 연결해 주는 '친절'을 베풀어 줌으로써 매우 실무 중심적이지만 상보적인 연구의 여지를 제공한다. 더욱이 이 책이 더욱 신뢰감을 주는 이유는 그간 NHN에서 오랫동안 UX 디자인을 개척하고 이끌어 왔던 이지현 교수와 SK 커뮤니케이션즈와 FID 등에서 다년간 웹기획자로서 활약해온 이춘희 씨가 번역을 맡았다는 것이다. 이 책을 자세히 보면 이들 역자의 오랜 경험이 단순 영어의 한글 번역이 아니라 실제로 국내 상황에 맞도록 훌륭한 의역이 가능케 했음을 곳곳에서 확인할 수 있다. 마지막으로 교육자로서 이 책인 단지 실무에 머무르지 않고 이 책을 기반으로 좀 더 풍부한 기초적 연구와 건전한 비평이 이뤄져 UX 디자인의 이론적 지식체계 정립으로 이끌 수 있도록 학계에서 좀 더 활발하게 교육, 연구에 활용될 수 있기를 기대해 본다.

- 이건표 / 카이스트 산업디자인 학과 인간중심 인터랙션 디자인 연구소 교수

추 천 의 글 II

요즈음 우리나라에 UX 열풍이 불고 있다. 기업들은 유능한 UX 전문가를 유래 없이 적극적으로 채용하고 있으며, UX를 전담하는 부서를 신설하는 경우도 적지 않다. 요즈음 내가 많이 받는 전화 중 하나는 졸업생 중에 UX 프로젝트 경험이 있는 사람을 추천해 달라는 요청이다. UX에 관한 행사는 예상 인원보다 훨씬 많은 사람들의 참가 신청으로 즐거운 비명을 지르고 있다. 예를 들어 지난 해에 열렸던 Sharing Experience 행사에는 천여 명의 참가자들이 참석했고 행사장의 규모 때문에 참석하지 못한 사람들이 두 배는 넘었다고 한다. 이런 분위기를 아는 것인지 한 달에 적어도 십여 명의 학생들은 UX에 대해 더 배우고 싶다고 우리 연구실을 찾아온다.

나는 최근의 이런 UX 열풍이 매우 위험하다고 생각한다. 왜냐하면 UX가 무엇이고 어떻게 해야 제대로 UX를 수행할 수 있는지를 잘 알고 있는 전문가가 부족한 상황에서 UX에 대한 지나친 관심은 자칫 큰 실망으로 이어질 수 있기 때문이다. 그리고 그런 실망이 UX와 같은 분야에 얼마나 치명적인 영향을 미치는지에 대해서는 지난 10년 동안 인터넷 닷컴의 몰락이나 GUI의 하향표준화 등을 통해 미리 예측할 수 있기 때문이다.

UX가 그 잠재력을 충분히 발휘해 보지도 못하고 시들어 버리는 것을 방지하기 위해서는 무엇보다도 UX 프로젝트를 효과적으로 진행할 수 있는 구체적이면서도 검증된 방법론이 필요하다. 그런 의미에서 『UX 디자인 프로젝트 가이드』는 크게 두 가지 이유로 전체 UX 분야에 큰 도움이 될 수 있다.

첫째, 『UX 디자인 프로젝트 가이드』는 매우 현실적이고 구체적인 내용을 제시한다. 실제로 현업에서 사용하고 있는 다양한 양식과 기준 및 절차를 제시하고 있으며, 그 내용이 매우 구체적이기 때문에 처음 시작하는 사람도 쉽게 따라서 할 수 있을 정도다.

둘째, 『UX 디자인 프로젝트 가이드』는 UX 프로젝트의 전체 과정을 다룬다. UX가 워낙 범위가 넓기 때문에 전체적으로 프로젝트 절차를 조망할 수 있다는 것은 매우 큰 장점이다. 또한 이 책에서는 이러한 프로젝트 절차를 현업의 프로세스에 적절하게 포함시키고 있다. 현업의 프로세스에 포함되어 UX가 프로세스화됐을 때 비로소 지속 가능한 성과가 나올 수 있다는 점에서 이 책의 장점이 돋보인다.

다만 이 책에도 아쉬운 점은 두 가지가 있다. 하나는 UX 디자인 프로젝트의 전체 과정을 다루다 보니 아무래도 각 단계에 대한 깊이가 충분하지 못한 경우가 있다. 또 다른 단점은 이 책의 사례가 외국 사례이고 양식이나 절차도 외국 기준이기 때문에 한국에서 사용하려면 어느 정도 수정이 필요하다는 것이다.

마지막으로 이 책을 번역한 서울여대의 이지현 교수는 한국에서는 보기 드물게 오랜 기간 동안 현업에서 UX 관련 프로젝트를 수행한 경험을 가지고 있으면서 현재 학계에 몸담고 있는 UX 전문가다. 그동안 이지현 교수가 한국 기업에서 쌓았던 노하우를 가지고 이 책이 지닌 장점을 더욱 살리고 단점을 보충하는 작업을 앞으로 진행할 수 있기를 기대한다. 우리나라 실정에 좀 더 맞고 좀 더 상세한 UX 디자인 프로세스에 대한 방법론이 이지현 교수에게서 만들어지기 전까지 이 책은 UX 전문가가 되기를 원하는 국내 독자들에게 귀중한 참고 문헌이 될 것이다.

- 김진우 / 연세대학교 HCI Lab 교수

추 천 의 글 III

UX 디자인이라는 영역은 오랫동안 그 일을 하면서도, 누군가에게 알기 쉽게 설명하기가 어려운 영역이다. 이 분야는 '균형'이 무엇보다 중요하다고 할 만큼 이제까지 존재했던 다양한 학문이 융합돼 있기 때문이다. UX라는 업무를 실무에서 만나면 서로 다른 백그라운드를 가진 다양한 전문가들이 모이고 자기 자신이 이해하고 경험하는 부분이 크게 보이기 마련이다. 어쩌면 그렇게 때문에 많은 이들은 UX를 '직관'이나 '추진력'이 중요하다고 이해하기도 하는 게 사실이니까.

나는 UX를 설명할 때 레스토랑의 프로세스를 예로 들기를 좋아한다. 가게 이름 짓기부터, 인테리어 디자인, 그릇과 가구 고르기, 각 메뉴의 이름과 가격 정하기, 실제 음식을 개발하기, 그리고 재료 구매와 매일 매뉴얼에 맞춰 음식 만들기 등. 그 음식을 손님과 눈 마주치며 서빙하고, 계산하고, 결산하고, 고객에게 쿠폰을 발송하고 포인트도 적립해주는 일련의 작업들 말이다. 크고 체계화된 가게일수록 모든 세분화된 영역의 전문가들이 프로세스에 맞게 일을 진행할 것은 확인하지 않아도 추정이 되겠지만 인터넷 분야에서는 아직까지 그렇지 않은 경우가 많다.

이렇게 예를 든 가게만 보더라도 여러 조직에서 업무를 구성하는 다양한 과정의 역할을 유추해 볼 수 있는데, 이 책에 쓰여진 모든 과정을 혼자서 척척 모두 해내려고 기대한다면 그것은 욕심일 것이다. 이러한 프로세스를 공유하고 서로 신뢰하고 현명하게 협업할 수만 있어도 많은 걸 얻은 것이다. 그렇게 정의하기 어려운 분야의 프로세스를 한 권의 책으로 깔끔하게 정리해서 볼 수 있다는 것만으로도 너무 반가운 일이지만 실무를 바탕으로 현실적인 이야기에 기반을 둔 알기 쉬운 내용의 전개라는 것은 이 책을 놓치지 말아야 할 큰 이유다. 인터넷 분야에서 일하는 거의 모든 역할을 맡고 있는 사람들과 다양한 상황, 기기의 사용자 경험에 관심 있는 사람이라면 꼭 곁에 두고 자신의 것으로 만들어 두면 자기 분야의 업무에 큰 도움이 되리라 확신하고, 사용자를 대상으로 하는 서비스나 제품을 다루는 분야의 경영자와 매니저들도 반드시 일독하고 조직을 새롭게 바라볼 수 있기를 바란다.

서두에서도 이야기했듯 '균형'이 중요하기 때문이다.

- 조수용 / ㈜NHN CMD본부장

옮긴이 서문

1. UX 디자인의 범위와 관련 업무를 다루고 있다.

얼마 전부터 UX라는 단어가 유행처럼 업계에 퍼지기 시작했다. 너도나도 UX를 외치며, 각종 강의나 세미나에 등장하기 시작했고, 몇 권의 책도 번역돼 나왔으며, 기업에서는 UX 팀을 신설하고 있다. 하지만 막상 현업에 종사하는 UX 실무자나 관리자의 이야기를 들어보면 도대체 어떤 일이 UX이고, 어떤 UX 프로젝트가 좋은 프로젝트인지 등 업계의 기초가 될 만한 지식의 토대가 한없이 미약하다는 사실을 알 수 있다.

이 책은 웹사이트(또는 애플리케이션)를 만들 때 고려해야 하는 UX 범위와 그에 해당하는 업무를 상세히 제시한다. 뛰어난 사용자 경험을 제공하는 웹사이트를 만들기 위해 어떤 일을 해야 하고, 누구의 이야기를 들어야 하며, 어떤 절차를 거쳐서 업무가 완성되는지 등의 내용을 현업에서 일하고 있는 UX 전문가를 통해 상세히 기술한다. UX에 관심이 있거나, 이 분야에서 리더십을 가지고 있는 사람이라면 많은 도움이 될 것이다.

2. 생생한 실무 지식을 다루고 있다.

UX나 인터넷 업계에 관한 이론서는 많지만 현실에 적용하기가 힘들다. 반대로 실무자를 위한 가이드라는 타이틀로 많은 책이 나오기는 하지만 복잡다단한 현실을 모두 다루지는 못한다. 다행히 최근 번역된 책들을 통해 사용자 리서치와 모델링, UX 문서와 커뮤니케이션, 업무의 절차 등이 제시되고 있을 뿐이다.

이 책은 비단 UX 프로젝트뿐만 아니라 인터넷 프로젝트와 관련된 실무의 지식을 가감 없이 다룬다. 예를 들어, 프로젝트에 대한 클라이언트의 진짜 의중(표면적인 이유가 아닌)을 파헤치는 방법, 고객과 인터뷰를 진행할 때 해야 하는 질문과 하지 말아야 하는 질문, 회의를 효과적으로 진행하는 방식, 개발자들과 문제가 생겼을 경우 해결할 수 있는 방식, 다른 팀 사람들과 좋은 관계를 유지하면서 정치적으로 활용할 수 있는 방법 등이 있다. 이 모든 것이 실제 회사 생활을 하면서 수도 없이 부딪치는 문제점이지만, 너무 난해하고 미묘한 문제라 누구에게 물어볼 수도 없는 내용들이다. 『UX 프로젝트 가이드』는 프로젝트를 진행하면서 흔히 부딪치는 문제나 실수들과 함께 그것들을 풀어나갈 수 있는 노하우까지 모두 담고 있다.

3. UX 프로젝트의 프로세스가 체계적으로 정리돼 있다.

역자 또한 UX 분야에서 다년간의 경험을 가지고 있고 많은 프로젝트를 이끌었으며 수많은 신입, 경력사원들을 키워왔다. 업계에 성공 프로젝트가 쌓이고 사람은 많아져도 업무들이 체계적으로 정리되지 않아 경력사원임에도 불구하고 UX 프로젝트에 대한 AtoZ가 잘 갖춰지지 않은 경우가 비일비재했다. 이는 개인의 능력은 뛰어나나 업계에 제대로 된 프로젝트 가이드가 있지 않으므로 모두 개인의 능력에 의존해서 공부를 하고 내공을 쌓았기 때문이다. 이 책이 이러한 문제의 모든 답을 주는 완벽한 가이드북이라고 할 수는 없겠지만 그래도 현재까지 나온 가장 근접한 UX 프로젝트 가이드북이라고는 자신 있게 얘기할 수 있겠다.

이 책은 비단 UX 분야만이 아니라 인터넷 업계에 있는 사람들이라면 누구나 공감할 만한 프로젝트의 실제 프로세스를 너무나 체계적으로 정리하고 있다. 실제 이 책의 목차가 프로젝트의 순서와 동일하게 구성돼 있다. 제안서를 정리하고, 프로젝트 목표를 정하고, 프로젝트에 얽힌 요구 사항을 파악하고, 사용자 조사를 거친 후, UX 디자인 설계를 하고, 오픈 전후로 사용자 테스트를 다시 실시하는 업무의 과정을 보여준다. 각 단계 속에서 현업 레벨의 구체적인 업무들까지 상세히 보여준다. 바로 앞에 제기한 고민을 하고 있는 UX 업계의 실무자라면 맘먹고 이 책에서 제시한 가이드를 따라 공부하고 프로젝트를 수행해 보기 바란다. 그때부터는 자신도 모르는 사이에 정교한 업무의 프로젝트 노하우들이 몸에 배어, 누구보다 효율적이고 체계적으로 UX 프로젝트를 수행하고 일 그 자체를 잘하는 사람으로 변신해 있을 것이다.

이 책이 UX 업계의 진화를 고민하는 많은 동료들에게 좋은 친구가 되길 바라며 글을 마친다.

『UX 디자인 프로젝트 가이드』에 쏟아진 찬사

"러스 웅거와 캐롤린 챈들러가 자신의 비법을 절대로 전파하지 않는 그 옛날 마법사 같은 존재였다면 당신은 이들의 비법을 캐기 위해 밤낮을 쫓아다녔을지 모른다. 다행히 이들은 마법사가 아니다. 이 두 사람은 유능하고 경험이 풍부한 UX 리더만 알던 지혜를 모아 모든 사람들이 다 볼 수 있도록 집대성했다. 이제 당신도 UX 프로젝트에 필요한 비법을 배울 수 있다."

- 제러드 M. 스풀, 유저 인터페이스 엔지니어링 CEO이자 설립자

"UX 디자인의 모든 것을 다룬 책이 있는가? 없다. 훌륭한 UX 디자인으로 인도하는 책이 있는가? 이제 그런 책이 생겼다. 캐롤린과 러스는 이 책에서 UX 프로젝트의 기초를 튼튼히 다져놓았다. 넘쳐나는 방법론이나 계속되는 회의, 눈코 뜰 새 없이 진행되는 UX 디자인 프로세스에서 헤맨 적이 있는 사람이라면 이 책을 꼭 읽어라."

- 댄 브라운, <UX 디자인 커뮤니케이션>의 저자

"이 책은 인간 친화적인 제품을 만들기 위한 훌륭한 소개서다. 이 책은 단순히 UX 디자인을 넘어 프로젝트 관리, 협업, 효과적인 커뮤니케이션 방법까지 다룬다. 정말 멀티플레이어 같은 책이다."

- 도나 스펜서, <카드 소팅: 카테고리 설계하기> 저자

"이 책은 다른 사람과 협업을 하거나, 인간 친화적인 제품을 만드는 아주 인간적인 활동을 아주 쉽고, 실용적이고 사람 냄새 나도록 저술했다."

- 스티브 포르티갈, 포르티갈 컨설팅

"만약 여러분이 윌 휘튼(Wil Wheaton)이라는 저자의 이름을 들어봤다면 내가 왜 그렇게 러스 웅거를 높게 평가하는지 이해할 수 있을 것이다. 러스의 경험과 충고가 없었더라면 모노리쓰 프레스(Monolith Press)는 빛을 보지 못했을 것이다. 러스는 내가 함께 일해본 사람 중에서 가장 소중한 협력자다."

> \- 윌 휘튼, 유명 블로거이자 <맨발로 춤을(Dancing Barefoot)>, <나는 괴짜(Just a Geek)>, <우리 생에 가장 행복한 날(The Happiest Days of Our Lives)>의 저자

감사의 말 I

러스 웅거

2판을 쓰기로 동의했을 때는 작업이 쉬울 것이라고 생각했습니다. 그렇지만 막상 해야 할 일을 살펴보니 2판 역시 1판과 마찬가지로 어렵다는 것을 알게 됐습니다. 다행히도 첫 판을 쓸 때처럼 많은 사람들의 도움을 받았습니다.

가족들은 내가 이 일을 할 수 있게 해주었습니다. 영원히 감사해도 모자랄 것 같습니다. 내게 웃음이 부족할 때마다 항상 웃음을 선사해 주었습니다. 아무도 웃어 주지 않는 내 농담에 마음껏 웃어 줍니다.

내 친구들도 마지막 순간까지 나를 호응해 주고, 후원을 아끼지 않았습니다. 또한 정보나 자신감이 필요할 때마다 기꺼이 나눠주었습니다. 이 두 가지는 2판을 내는 데 절대적으로 필요했습니다. 특별한 순서 없이 2판에 도움 준 사람들을 거론하겠습니다. 브래드 너낼리(Brad Nunnally), 킴 너낼리(Kim Nunnally), 조나단 "요니" 놀(Jonathan "Yoni" Knoll), 브래드 심슨(Brad Simpson), 개비 혼(Gabby Hon), 로라 크릭모아(Laura Creekmore), 팀 프릭(Tim Frick), 마고 브룸슈타인(Margot Bloomstein), 닥터 아더 도더라인(Dr. Arthur Doederlein), 사라 크쥐나리히(Sarah Krznarich), 매튜 그로키(Matthew Grocki), 데이브 그래이(Dave Gray), 토드 자키 워펠(Todd Zaki Warfel). 시간과 노력을 나눠준 이런 멋진 사람들을 알게 된 것은 축복입니다.

캐롤린과 뉴 라이더의 가족들과 함께 일하는 것은 언제나 축복입니다. 마이클 놀란(Michael Nolan), 제프 라일리(Jeff Riley), 트레이시 크룸(Tracey Croom), 미미 헤프트(Mimi Heft)는 이런 결과가 나오도록 이끌어주었습니다. 여러분 모두와 일하게 되어 즐거웠습니다.

1판에서 도와준 모든 분들이 계속 후원해 주었습니다. 린다 라플레임(Linda Laflamme), 베카 프리드(Becca Freed), 스티브 "독" 바티(Steve "Doc" Baty), 브래드 심슨(Brad Simpson), 마크 브룩스(Mark Brooks), 조나단 애쉬튼(Jonathan Ashton), 조노 케인(Jono Kane), 루 로젠펠트(Lou Rosenfeld), 크리스티나 워드케(Christina Wodtke), 토드 자키 워펠(Todd Zaki Warfel),

윌 에반스(Will Evans), 데이비드 아마노(David Armano), 리비아 라보테(Livia Labate), 매튜 밀란(Matthew Milan), 트로이 루히트(Troy Lucht), 로스 킴바로브스키(Ross Kimbarovsky), 윌 휘튼(Wil Wheaton), 토니아 바츠(Tonia M. Bartz), 레아 불리(Leah Buley), 데이브 칼슨(Dave Carlson), 크리스토퍼 파히(Christopher Fahey), 닉 핑크(Nick Finck), 제시 제임스 가렛(Jesse James Garrett), 오스틴 고벨라(Austin Govella), 존 헤이든(Jon Hadden), 휘트니 헤스(Whitney Hess), 앤드류 힌튼(Andrew Hinton), 개비 혼(Gabby Hon), 카림 칸(Kaleem Khan), 제임스 멜쳐(James Melzer), 크리스 밀러(Chris Miller), 매씨아 피보바르치크(Maciej Piwowarczyk), 스테파니 산수시에(Stephanie Sansoucie), 킷 시보르그(Kit Seeborg), 조쉬 세이든(Josh Seiden), 조나단 스눅(Jonathan Snook), 조 소콜(Joe Sokohl), 사만다 소마(Samantha Soma), 자레드 스풀 (Jared M. Spool), 키스 테이텀(Keith Tatum), 팀 브런스(Tim Bruns), 피터 이나(Peter Ina), 쟝 마르크 파브르(Jean Marc Favreau), 스티브 포르티걸(Steve Portigal), 앤드류 보이드(Andrew Boyd), 댄 브라운(Dan Brown), 크리스챤 크럼리쉬(Christian Crumlish), 알렉 칼너(Alec Kalner), 휴 포레스트(Hugh Forrest), 그리고 자신의 책에 2판을 내라고 압력을 넣은 전 세계의 모든 UX 북클럽 (http://uxbookclub.org).

마지막으로 인포메이션 아키텍처 인스티튜트나 인터랙션 디자인 협회 같은 단체를 빼놓아서는 안 될 것 같습니다. 이 단체들이 없었다면 저는 위에서 거론한 수많은 사람과 알고 지내지 못했을 것입니다. UX 디자인에 많은 관심을 가진 사람이라면 이 단체들을 둘러보고, 필요하다면 가입해서 열심히 활동하시기 바랍니다.

감 사 의 말 II

캐롤린 챈들러

책을 집필하는 일은 정말로 큰 도전입니다. 가치 있는 도전마다 항상 나름의 교훈을 주는데, 1판을 저술하면서 제가 얻은 교훈은 매일 매일 접하는 일에서 한 발짝 떨어지는 것과 사용자 중심 프로젝트를 처음부터 끝까지 이야기하는 것이 얼마나 어려운가 하는 점이었습니다. 저와 러스가 삼천포로 빠질 때마다 린다 라플레임(Linda Laflamme)은 전체적인 흐름과 명료함을 지킬 수 있게 도와주었습니다.

2판을 작업하면서 책 집필이 UX 디자인과 얼마나 비슷한지 깨닫게 되었습니다. 조사하고, 몰입하고, 사용자와 이야기하고, 전문가와 대화하고, 콘셉을 정하고, 세세하게 들어가기 전에 구조를 잡아야 합니다.

2판에서 도움을 준 전문가들은 최근 이 업계에서 일어나는 변화들을 알려주었습니다. 네이트 볼트(Nate Bolt)는 첫 판 이후로 양이나 실효성 면에서 엄청나게 성장한 원격 리서치 도구에 대한 전문 지식을 나눠 주었습니다. 제프 고델프(Jeff Gothelf)는 린(Lean) UX에 대한 경험을 공유해 주었습니다. 이것은 기업인들이 사용자 중심의 제품을 가볍고, 빠르고, 저렴하게 만들 수 있게 도와주는 접근 방식입니다. 브라이언 헹켈(Brian Henkel), 크리스 이나(Chris Ina), 짐 자코비(Jim Jacoby)는 모바일 기기들을 디자인할 때 고려해야 할 정보에 대해 알려 주었습니다. 브랜디 테일러(Brandy Taylor)는 디자인에 시각적이고 감성적인 요소들을 결부시키는 자신만의 철학과 방법을 공유해 줌으로써 높은 수준의 디자인 원칙에 대해 알려 주었습니다.

위에서 거론한 모든 전문가들, 그리고 2판을 쓰는 데 시간과 장소를 허락해 준 매니페스트 디지털의 모든 식구들에게 진심으로 감사를 전합니다. 제니퍼 콘클린(Jennifer Conklin), 수 하덱(Sue Hardek), 마이클 라티너(Michael Latiner)가 그들입니다. 물론 내가 수많은 것들 속에서 어떻게 균형을 맞춰야 할지 모를 때마다 잘 잡아준 짐 자코비(Jim Jacoby)도 있습니다. 결국 짐이 말한 대로 좋은 결과가 나왔습니다!

러스가 언급한 사람들 외에도 1판을 만들 때부터 지지하고, 전문 지식을 나누고, 시간을 허락해 준 사람들에게도 다시 한번 감사를 전합니다. 스티브 바티(Steve Baty), 존 게렛카(John Geletka), 린다 라플레임(Linda Laflamme), 크리스틴 모트슨(Christine Mortensen), 브렛 길버트(Brett Gilbert), 젠 오브리언(Jen O'Brien), 제이슨 울라첵(Jason Ulaszek), 할리 에블링(Haley Ebeling), 메레디쓰 페인(Meredith Payne), 젠 버잔스키(Jenn Berzansky), 산티아고 루이즈(Santiago Ruiz)—그리고 delightside.com을 만드는 데 도움을 준 단옐 존스(Danyell Jones).

마지막으로, 그러나 결코 적지 않게 가족과 친구들에게도 감사를 표합니다. 내가 어쩌다 한번 불쑥 나타나거나 책이라는 동굴 속에서 은둔자처럼 지내는 것도 꾹 참고 견뎌 주었습니다. 이제 그 동굴에서 나왔습니다. 환한 대낮에 만납시다!

들어가며

이 책을 쓴 이유

『UX 디자인 프로젝트 가이드 2판』에 오신 것을 환영합니다.

학교에서 UX 디자인을 공부했으나 직장에 들어가 실무 프로젝트를 진행하려니 어떻게 해야 할지 몰라 막막해 하는 초년생이 있습니다. 또 다른 한편에는 오랫동안 웹 디자인을 했고, 이제 그 경험을 바탕으로 UX 분야로 커리어를 넓히고 싶어하는 웹 디자이너가 있습니다. 이 두 사람이 자신의 인생에서 서 있는 지점은 다르지만 원하는 바는 비슷합니다. 바로 UX의 철학과 방법론을 살아 숨쉬는 실제 프로젝트에 적용하고 싶어한다는 것입니다.

이 책은 UX 프로젝트에 필요한 도구와 프로젝트의 제반 환경을 살펴봄으로써 UX 디자인에 대한 지식을 실제 프로젝트에서 활용하는 데 도움을 주고자 기획됐습니다. 이 책은 UX와 관련된 모든 세세한 정보를 다루지 않습니다. 대신 현업에서 UX 업무를 수행할 때 반드시 알아야 할 핵심 정보와 지식에만 초점을 맞췄습니다. 우리가 겪은 예시뿐 아니라 다른 풍부한 예시를 제공함으로써 이런 기초 지식들이 실제 프로젝트에 적용될 수 있게 할 것입니다. 아울러 자신의 목표에 맞춰 더 새롭고, 더 좋은 결과물을 낼 수 있도록 이런 지식을 재구성할 수 있게 될 것입니다.

우리는 이것이 UX 디자인 프로젝트에 제대로 접근한 것이라 믿고 이 책에서 표현하려고 했습니다.

어떤 일을 하든 배우고 발전하지 않으면 의미가 없습니다. 이것은 우리가 이 업계에 종사하는 이유이기도 합니다.

러스의 한마디

1판이 출간된 이후 많은 것이 변했지만 근간은 변하지 않았습니다. UX 디자인은 점점 더 많은 역할(콘텐츠 전략, 리서치, 킥오프 미팅, 디자인, 프로토타입, 사용자 테스트 등등)을 요구받고 있지만 때로는 어디서부터 시작해야 할지 막막할 때가 있습니다. 우리는 이 책에서 UX 디자인의 출발점을 잘 다졌다고 생각합니다. 이 책은 모든 것을 다루지 않습니다. 모두의 요구에 응할 정도로 깊이 들어가지도 않습니다. 이 책은 여러분이 UX 디자인을 시작할 수 있게 토대를 다지는 책이지만 필요하다면 더 깊이 들어갈 수 있게 부가적인 자료를 제공합니다.

이 책을 구상하게 된 것은 2008년 인포메이션 아키텍처 서밋(Information Architecture Summit, www.iasummit.org)에 참가할 때였습니다. 저는 이런 주제를 생각하고 개요를 잡으면서 작업을 함께할 누군가를 바랐습니다. 다행히도 캐롤린이라는 열정적이고 유능한 공저자를 만나게 됐습니다. 캐롤린은 저의 생각들을 다듬어 주었을 뿐만 아니라 자신의 생각도 불어넣었습니다. 이렇게 시작해서 서로 의견을 주고받다가 결국 이 책이 나왔습니다.

캐롤린의 한마디

지금까지 저는 몇 년 간 UX 팀을 만들고 관리하는 일을 했습니다. UX 디자이너들은 대체로 우뇌의 감성과 좌뇌의 논리가 균형을 이룬 사람들이기 때문에 항상 즐거운 분위기 속에서 일할 수 있었습니다.

UX 팀을 만드는 인터뷰를 주관하면서 한 가지 분명한 사실을 발견했습니다. 인간에 대한 학문이나 커뮤니케이션학과 같은 관련 학문 지식은 UX 분야에서 일하는 사람에게 중요한 자질임이 틀림없지만 이것은 팀이나 프로젝트에 적합한 인물의 첫째 조건은 아니라는 것입니다. 그만큼 중요한 것은 컨설턴트의 마음가짐입니다. 이것은 매사에 긍정적이고, 프로젝트 내내 남을 이해하는 데 앞장서며, 특히 사용자와 고객사가 원하는 바에 초점을 맞추는 자세를 말합니다.

컨설턴트다운 태도를 지닌 사람은 다른 관점에서 생각할 줄 알고, 실천을 두려워하지 않으며, 필요하면 타협을 합니다. 이렇게 되기까지는 많은 경험과 노력이 필요하지만 튼튼한 기초, 열린 마음, 그리고 날카로운 문제 의식(손들고 질문할 수 있는 용기도 함께)을 가지고 꾸준히 노력하다 보면 언젠가 그런 사람이 돼 있을 것입니다. 이 책이 '그 모든 답'을 주지는 않지만 그 답을 찾으려면 어떤 질문이 필요한지는 제시해 줄 것입니다.

대상 독자

『UX 디자인 프로젝트 가이드 2판』은 실제 프로젝트 환경에서의 UX 디자인을 광범위하고 개략적으로 소개한다. UX 디자인에 관심이 있는 사람이라면 누구나 이 책이 도움될 것이다. 특히 이 책에서 초점을 맞춘 집단은 다음과 같다.

UX를 공부하는 학생 UX 디자인 과정(휴먼 컴퓨터 인터랙션(Human Computer Interaction), 인터랙션 디자인(Interaction Design) 같은)을 수강하고 있으나, 끊임없이 상호작용하고 커뮤니케이션해야 하는 실제 환경에서 이 지식이 어떻게 활용되는지 알고 싶은 학생.

UX 실무자 UX 디자인의 기법과 도구에 대한 기초 지식을 확장하거나, 다른 UX 디자이너와 더욱 효과적으로 커뮤니케이션하기를 원하는 실무자. 특히 3장은 혼자 제안서를 작성하는 프리랜서들을 위한 장이다.

UX 부서의 리더 자기 팀의 UX 활동에 뛰어난 사례를 적용하고 싶어하는 UX 조직의 부서장.

모든 프로젝트의 리더 UX 디자인의 가치가 무엇이고, UX 디자이너는 어떤 역할을 하고, 아울러 자신의 프로젝트에 어떻게 UX 디자인을 결부시키는지를 배우고 싶은 프로젝트의 리더.

이런 내용을 알고 싶다면…	이 장을 보라
- UX 디자인이란 무엇인가 - 사람들은 왜 UX 분야에 관심을 가지는가	1장: UX 디자인의 세계
프로젝트가 시작되기 전(아니면 새로운 멤버가 프로젝트에 투입되기 전)에 꼭 알아야 할 내용은 무엇인가	2장: 프로젝트 생태계 3장: 제안서 작성하기
첫 단추 채우기: 효과적인 회의, 분명한 목표, 그리고 승인받아야 할 항목을 정확히 이해하기	16장: 효과적인 회의를 위한 가이드 4장: 프로젝트 목표와 접근 방법
고객사와 사용자에게서 이끌어낸 모호하거나 우선순위를 정하기 쉬운 콘텐츠와 기능에 대한 요구사항 정의	5장: 비즈니스 요구사항 6장: 사용자 리서치 8장: 콘텐츠 전략 9장: 요구사항 수집에서 UX 디자인으로 전환하기
- 사용자는 누구인가 - 어떻게 프로젝트에 그들의 요구를 관철시킬 것인가	6장: 사용자 조사 7장: 페르소나 14장: 사용자와 함께 디자인 테스트하기
생각을 실체화하기 위한 도구와 기법의 선택과 활용	10장: UX 디자인 원칙 11장: 사이트맵과 태스크 플로우 12장: 와이어프레임과 주석 13장: 프로토타입

이런 내용을 알고 싶다면…	이 장을 보라
사람들이나 검색 엔진이 당신의 사이트를 잘 찾게 하는 방법	www.projectuxd.com에서 제공하는 '사용자 경험 디자인과 검색 엔진 최적화'
개발이 시작된 후 프로젝트 팀과 UX 디자인에 대해 커뮤니케이션하고 발전시키기	15장: UX 디자인에서 개발로 전환하기, 그리고 그 이후

www.projectuxd.com에서 추가 자료인 '사용자 경험 디자인과 검색 엔진 최적화'를 읽어보길 바란다. 또한 이곳에서 템플릿 같은 추가 자료도 내려받을 수 있다.

2판에서 새로워진 내용

1판에 실린 많은 정보들이 3년이 지난 지금까지도 유효해서 아직 많이 실려 있긴 하지만 새로운 예시로 내용이 더 보강됐다.

그리고 다음과 같은 독자들의 요청, 이 업계의 새로운 움직임을 바탕으로 많은 내용이 업데이트되고 새로운 장이 추가됐다.

'2장: 프로젝트 생태계'에 모바일 디자인과 동작 디자인에 대한 내용을 추가했다. 모바일 기기의 수나 사용 빈도가 데스크톱 컴퓨터를 앞질렀다. 이것은 사용자 생태계의 중요한 일부로 자리 잡았기 때문에 디지털 제품 전략을 세울 때 반드시 고려해야 한다.

'4장: 프로젝트 목표와 접근 방법'에 린(Lean) UX가 새롭게 등장했다. 이 기법은 기업인들이 불확실성이 높은 새로운 비즈니스를 전개할 때 사용자에 초점을 맞추도록 돕는다.

8장에 콘텐츠 전략이라는 주제로 새롭게 한 장을 구성했다. 콘텐츠 전략과 관련된 분야가 폭증하고 있다. 이 장은 시의적절하고, 적합할 뿐만 아니라 이 주제로 깊이 들어가기 위한 좋은 발판이 될 것이다.

10장에서 UX 디자인 원칙이 신고식을 했다. UX 디자인의 구성 요소에 대해 더 많은 정보를 실어 달라는 독자의 요청에 따라 UX 의사결정의 토대가 되는 비주얼 디자인, 인터랙션 디자인, 심리학 원칙들을 제시했다. 또한 당신의 제품만을 위한 UX 원칙을 뽑아내는 팁도 제시한다.

13장에 프로토타이핑에 대한 내용을 재정비했다. 조나단 "요니" 놀(Jonathan "Yoni" Knoll)이 손을 내밀었다. 손을 내밀었다는 말은 "이 과정을 이끌어 주고, 코드를 적어 주고, 예시를 사용 가능하게 만들어 주었으며, 좋은 친구였다"는 의미다. 그리고 이 장을 "코딩 디자이너"가 되고 싶어 하는 사람이 더 관심을 가질 수 있게 만들어 주었다.

'12장: 와이어프레임과 주석'에 스케치가 추가되고 업데이트됐다. 와이어프레임을 만드는 과정도 더 많이 실었다. 이것은 작지만 중요한 변화다.

'14장: 사용자와 테스트하기'에서 원격 리서치 기법과 자동화된 리서치 도구를 더 깊이 있게 다뤘다. 원격 리서치와 대면 리서치 사이의 균형을 어떻게 잡아야 하는지 알게 될 것이고, 많이 쓰이는 자동화 도구에서 어떤 종류의 결과를 얻을 수 있는지에 대해서도 개략적으로 설명한다.

이 책의 접근 방식

세상에는 많은 접근법과 방법론이 있다. 하지만 우리는 이 책을 특정한 접근법에 입각해서 쓰지 않았다. 이 책은 프로젝트를 경험해 본 사람이라면 누구나 겪는 프로젝트의 공통적인 절차인 1. 프로젝트 요구 정의, 2. UX 디자인, 3. 개발과 해결안 제시에 초점을 맞췄다. 이런 단계들은 당신이 이용하는 프로젝트 방법론에 따라(더 자세한 내용은 4장을 참고) 분리되기도 하고 중복되기도 한다. 우리는 이 책에서 느슨하고 선형적인 틀을 이용했다. 규명 단계가 가장 먼저 나오고 UX 설계에 필요한 기법들은 그것이 가장 많이 쓰이는 단계에서 소개함으로써 독자가 손쉽게 이해하게 했다.

이 책에서 다루지 않는 내용

모든 기법을 다루는 백과사전 UX 분야에는 창의적인 사람들이 많아서 언제나 새로운 방식으로 문제에 접근한다. 이 모든 접근법을 다 모으면 분명 두꺼운 책이 될 것이다(또한 금세 시대에 뒤처지기도 할 것이다). 이 책의 내용들은 현업에서 가장 많이 사용하는 기법, 그리고 UX 디자인의 토대가 되는 내용들이다. 우리는 당신의 흥미를 끌고, UX 활동에 대해 다른 프로젝트 구성원들과 이야기하고 싶을 정도의 정보만 담으려고 노력했다. 각 기법의 기초적인 프로세스, 참고할 만한 서적, 웹 사이트와 같은 참고 자료들이 그런 내용이다.

프로젝트 매니저가 되는 방법 프로젝트가 성공하려면 프로젝트 관리(목표 설정 및 추적, 일정, 예산 관리 등)를 잘해야 한다. 우리는 프로젝트 매니저가 되려면 어떻게 하라거나, 프로젝트 방법론을 어떻게 선택하라고 말해주지 않는다. 대신 UX 프로젝트를 원활히 진행하기 위해 UX 디자이너가 지녀야 할 자질에 대해 논의한다. 프로젝트 목표를 분명히 하고 초점에서 벗어나지 않게 하는 능력, 또는 커뮤니케이션 능력 같은 것이 여기에 해당한다. 결과적으로 이런 능력은 프로젝트 관리자로 성장하는 데 도움될 것이다.

단 하나의 완벽한 프로세스 또는 방법론 우리는 정답을 모른다. 그 누구도 모른다. UX는 비교적 신생 분야라 아직도 개선할 점이 많다. 그렇지만 시행착오를 거치고, 조금씩 다듬으며 고쳐 나가고, 다른 사람의 의견에 귀 기울이다 보면 언젠가 당신에게 딱 맞는 해법을 발견하게 될 것이다. 그런 해법을 찾게 된다면 우리에게도 알려주기 바란다!

이 책의 활용법

UX 디자이너를 위한 훌륭한 자료들이 세상에 너무나 많다. 일단 이 책에서는 주제를 광범위하게 다루지만 그 주제를 더 깊게 탐구하고 싶어 하는 사람들을 위해 참고 자료를 제시했다. 자료를 살펴보는 데 걸리는 시간에 따라 크게 세 가지 분류로 나눴다.

서핑

서핑 보드가 그려진 참고 자료는 비교적 짧은 온라인(대부분) 자료들로, 5분에서 30분 정도 걸릴 것이다.

스노클링

스노클링 장비가 그려진 참고자료는 좀 더 긴 온라인 자료, 보고서, 얇은 책으로서 한 시간에서 일주일 가량 소요될 것이다.

스쿠버 다이빙

스쿠버 다이버의 헬맷이 그려진 참고자료는 두꺼운 책들로 읽는 데 일주일 이상 걸릴 것이다. 이 자료들로부터 해당 주제에 대한 상세한 정보를 얻을 수 있다.

A Project Guide to

UX DESIGN 2

01

UX 디자인의 세계

• 호기심, 열정, 공감 능력이 만나다 •

중요한 것은 질문을 멈추지 말아야 한다는 것이다. 호기심이 생기는 데는 분명 이유가 있다. 영원 불멸, 인생, 자연의 미스테리를 파헤치다 보면 경외심이 생긴다. 이 수수께끼를 매일 조금씩 파헤치는 것으로 충분하다.

- 알베르트 아인슈타인(*Albert Einstein*)

호기심은 인류 최초의 학교다.

- 스마일리 브랜튼(*Smiley Blanton*)

목표와 열정은 항상 함께한다. 일단 목표가 정해지면 거기에 엄청난 열정을 쏟아 붓는 자신을 발견하게 될 것이다.

- 스티브 파브리나(*Steve Pavlina*)

인간이 가진 재능 중 하나는 다른 사람에 공감하는 능력을 지녔다는 것이다.

- 메릴 스트립(*Meryl Streep*)

1장은 당신, 그리고 사용자 경험 디자인(User Experience Design, 줄여서 UX 디자인) 분야에 종사하는 사람들을 위한 장이다. 지금 이 문장을 읽고 있다면 당신은 분명 호기심이 많은 사람이다. 당신은 손잡이가, 비행기가, 인체가 어떻게 작동하는지 알고 싶을 것이다. 특히 무엇이 사람들을 흥분시키는지가 너무나 궁금할 것이다.

당신은 세상을 흑백논리로 보지 않는다. 세상에는 다양한 색이 존재한다는 사실을 알기 때문이다. 당신은 동료의 의견에 사사건건 반대해서 미움을 사기도 하지만, 그렇다고 남들과 똑같이 본다면 그건 당신이 아니다.

그런 사람을 위한 곳이 바로 여기다!

UX는 남들과 다르게 생각하는 호기심 많은 사람들이 편안하게 일할 수 있는 분야다.

우리는 패턴을 찾고 구조와 체계를 잡는다. 단편적 사실에서 결론을 이끌어낸다. 끊임없이 퍼즐의 다음 조각을 찾아 헤맨다. 다 풀고 나면 그 퍼즐을 더 좋게 만들 방법을 고민한다.

우리는 아날로그일 수도 있고 디지털일 수도 있다. 집에는 연필과 종이, 화이트보드와 마커, 포스트잇과 사인펜이 있다. 우리는 악슈어(Axure)나 그래플(Graffle)에 대해, 와이어프레임과 프로토타입에 대해 말한다. 우리는 여러 개의 화면 위로 수없이 연결된 상자와 화살표(boxes and arrows) 속에서 산다.

우리는 호기심이 많을뿐더러 열정적이기도 하다!

우리는 브레인스토밍과 훌륭한 회의를 사랑한다. 우리는 사용자와 제품을 만드는 사람들의 삶을 변화시킬 뭔가를 창조해내기를 열망한다. 이상하게 들릴지 모르지만, 우리는 우리가 만든 것이 너무나 자연스러워서 그것이 얼마나 좋은 것인지 깨닫지 못하는 모습을 볼 때 희열을 느낀다.

게다가 우리는 다른 사람의 입장에서 생각할 줄 아는 공감 능력을 가졌다.

우리는 불쾌한 경험을 했을 때 마음속 깊이 어떤 기분이 드는지 안다. 제아무리 심한 것일지라도 해결책을 찾기 위해 백방으로 뛰어다닌다.

우리는 아주 단순한 요청에 생각도 못한 반응이 나올 때의 기분을 안다. 그런 것이 싫다! 안 좋은 경험을 할 때 수반되는 혼란스러움과 부적절함을 그저 참으라고 하기가 싫다.

끊임없는 어린아이 같은 호기심, 자신의 분야에 대한 무한한 열정, 타인에 대한 이해심이 만나면 어느덧 활기 넘치는 전문가들의 세계에 속한 자신을 발견하게 될 것이다. 그곳에서는 편하게 속마음을 터놓을 수 있고, 거리낌없이 질문하고, 결과를 공유하며, 때로는 틀린다 해도 누가 뭐라 할 사람이 없다. 최적의 해결안을 찾는다는 명분하에서 말이다.

UX 디자인의 세계에 온 것을 환영한다.

UX 디자인이란 무엇인가?

여기저기에서 UX 디자인에 대한 정의를 내리고 있다. UX가 뭔가를 규정하는 분야인 것은 맞다. 솔직히 말하면 큰 그림 안에 들어간 수많은 구성 요소들을 다 규정하는 것은 아니지만 최소한 그 큰 그림이 무엇인지는 규정해야 한다.

본격적으로 들어가기에 앞서 먼저 UX 디자인에 대한 두 가지 정의를 내리고 시작하겠다. 하나는 광범위한 의미이고, 다른 하나는 이 책에서 사용할 의미다.

광범위한 정의

UX 디자인이란?

> "한 회사에서 사용자의 인식과 행동에 영향을 끼치려는 의도로 사용자의 경험에 긍정적인 작용을 할 수 있게 제반 요소를 창조하거나 일체화시키는 것이다."

이 요소에는 사용자가 만지거나(손으로 만지는 제품이나 포장 등), 듣거나(광고나 오디오 서명), 코로 냄새를 맡는(샌드위치 가게에서 막 구워낸 고소한 빵 냄새) 경험까지 포함된다.

물리적인 요소뿐 아니라 상호작용의 방식도 이 경험에 들어간다. 디지털 인터페이스(웹사이트 인터페이스 또는 모바일 웹 인터페이스), 그리고 당연히 사람(고객센터 직원, 영업사원 또는 친구나 가족)도 이 범주에 들어간다.

최근 과거 몇 년 간 해온 흥미로운 시도 중 하나는 감각을 자극하는 다양한 요소를 통합해 한층 더 풍부하고 통합적인 경험을 제공하는 것이다. 냄새가 나오는 영화는 여전히 먼 이야기겠지만 전통적인 경계선이 무너지고 있는 것만은 사실이다.

실제 경험의 중요성

우리가 비교적 새로운 영역인 디지털의 사용자 경험을 다루고 있지만 절대로 현실과 분리해서 생각해서는 안 된다. 디지털 상품을 디자인할 때도 사용자의 실제 경험을 고려해야 한다. 예를 들면, 사용자가 어떤 문제의식을 가지고 이용하는지, 또는 웹사이트 이용에 영향을 끼치는 컴퓨터 주변 기기는(모니터, 키보드 또는 다른 입력장치) 무엇을 사용하는지 알아야 한다. 사용자의 컨텍스트를 파악할 수 있는 방법에 대해서는 6장에서 더 자세히 다루겠다.

또한 사용자가 회사나 제품을 통해 접하게 될 기타 체험 요소도 간과해서는 안 된다. 브랜드는 많은 요소에 의해 결정되는 것으로, 브랜드 경험은 컴퓨터나 핸드폰 안에서 끝나지 않는다. 디자인이 훌륭한 웹사이트도 고객 서비스에 대한 평판이나 멋진 포장에 대한 만족감을 대신하지는 못한다.

교실에서 배우는 것과 같은 전통적인 오프라인 경험은 점점 더 디지털 환경의 영향을 받는다.

그림 1.1 | 현대의 교실에서는 아날로그와 디지털을 함께 경험할 수 있다.

이와 비슷하게 어떤 가정용 노래방 기기를 구매할 것인가와 결정도 과거에는 혼자 했지만, 이제는 온라인 리뷰와 같은 온라인 상호작용의 영향을 받는다.

그림 1.2 | 온라인 상품평은 구매에 큰 영향을 끼친다.

이 책에서의 정의

앞에서 살펴봤듯이 UX 디자인의 범위는 광범위하고, 계속 확장 중이다. 이 책에서는 '디지털 경험(특히 웹사이트나 응용 프로그램과 같은 인터랙티브 미디어)을 디자인하는 프로젝트'에 초점을 맞춘다(그림 1.3). 이런 제품에서 훌륭한 사용자 경험을 제공하려면 프로젝트 목표, 사용자 요구, 그리고 기능에 영향을 끼치는 여러 한계(기술상의 한계나 예산, 스케줄 같은 프로젝트상의 한계)를 세심하게 고려해야 한다.

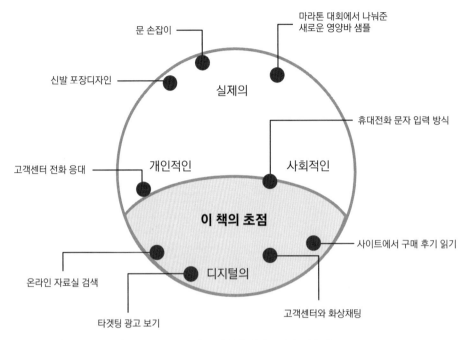

그림 1.3 | 이 책은 사용자 경험 디자인의 디지털 측면에 초점을 맞춘다.

UX 디자이너에 대해

호기심, 열정, 공감. 이 세 가지 자질 외에도 UX 디자이너는 균형감을 가져야 한다. 가장 대표적인 예로 논리와 감성의 균형을 들 수 있다.

아마 감을 잡았을 것이다.

UX 디자이너가 기억에 오래 남고, 만족스러운 경험을 제공하려면 논리적이면서 살아 숨쉬는 경험의 구조를 세워야 하고, 사용자와 제품을 감성적으로 연결해 주는 요소가 무엇인지 알아야 한다.

둘 중 어디에 초점을 맞출 것인가는 제품에 따라 달라진다. 아이들 장난감 광고를 제작할 때와 병원에서 환자 정보 추적 시스템을 만들 때는 접근법이 다를 수밖에 없다. 이 두 가지 측면을 제대로 이해하지 않고 만든 제품은 기억에 남을 만한 경험을 제공하지 못하며, 그 결과로 회사의 이윤에도 좋은 영향을 끼치지 못한다.

참고 감성 디자인(emotional design)에 대해 더 알고 싶다면 10장 'UX 디자인 원칙'을 읽기 바란다. 또한 도널드 노먼(Donald Norman)의 저서인 『이모셔널 디자인(Emotional Design』(박경욱 옮김, 학지사, 2006)을 참고한다.

논리와 감성 사이에서 균형을 찾으려면 고도의 공감 능력을 발휘해야 한다. 잠재 사용자의 세계로 들어가 그들의 욕구와 동기를 이해해야 하는 것이다. UX 디자이너는 이를 위해 리서치를 주관하고(6장 참고), 프로젝트 구성원들의 공감 능력을 극대화하기 위해 페르소나(7장 참고) 같은 도구를 제작한다.

감성은 전체 그림의 일부일 뿐이라는 사실을 명심하라. 극단에 치우치지 않고 당면한 프로젝트에 집중하려면 논리적인 측면을 동원해야 한다. 대개의 프로젝트는 한정된 시간, 예산으로 움직인다. 때로는 단호한 입장을 취할 필요가 있다.

UX 분야에 대해

당신은 혼자가 아니다. 주위를 둘러보면 UX 디자이너로서 성장할 수 있게 도와주는 기관이나 모임이 많다. 이곳들은 메일링 리스트나 자료를 제공해 줄 뿐 아니라, 진짜 영리한 사람들도 가득하고, 넓은 시야와 전문성을 동시에 길러주는 행사나 콘퍼런스도 개최한다.

실무자를 위한 UX 교육 프로그램을 제공하는 회사도 있다. 대표적인 프로그램으로 유저인터페이스 엔지니어링의 웹 유저 인터페이스 콘퍼런스(Web User Interface Conference), 어댑티브 패스(Adaptive Path)의 UX 인텐시브(Intensive)와 UX 위크(Week), 그리고 닐슨 노먼 그룹(Nielsen Norman Group)의 유저빌리티 위크(Usability Week)가 대표적이다. 이 외에도 좀 더 저렴한 가격에 참여할 수 있는 콘퍼런스도 있다. 미드웨스트 UX(http://midwestux.com), 빅 디자인(http://bigdesignevents.com), 웹 비전(http://webvisionsevent.com/), 그 밖의 여러 주제 모임(http://meetup.com)들이 있다. 이런 곳에서 같은 생각을 가진 사람들을 만나거나, 유능한 연사를 만나기도 하고, 이 영역에 대해 배운다.

로버트 호크만 주니어(Robert Hoekman Jr)의 온라인 과정(https://learnable.com/courses/user-experience-tools-tricks-techniques-183)이나 코드 아카데미에서 주관하는 개별 과정처럼 좀 더 긴 UX 과정들도 늘고 있다.

일부 전문 기관에서는 대형 연례 콘퍼런스를 개최한다. 표 1.1에서는 그 중 잘 알려진 곳의 이름, 웹사이트 주소, 그리고 그 기관에서 주관하는 행사 정보를 확인할 수 있다.

표 1.1 UX 전문 기관 정보

기관명	웹사이트 주소	주요 콘퍼런스 (개최 시기)
인터랙션 디자인 협회(Interaction Design Association, IxDA)	www.ixda.org	인터랙션(Interaction, 2월 초)
정보 설계 연구소(The Information Architecture Institute, IAI)	www.iainstitute.org	월드 IA 데이(2월/초봄)
미국 정보 과학과 기술 분야 전문가들의 모임(American Society for Information Science and Technology, ASIS&T)	www.asis.org	아이에이 서밋(IA Summit, 3월)
컴퓨터-인간 인터랙션에 대한 ACM 전문가 그룹(ACM Special Interest Group on Computer-Human Interaction, SIGCHI)	www.sigchi.org	CHI(4월 초)

본격적으로 출발!

이제 정말 궁금한 것을 파헤칠 차례다. 한 페이지만 넘기면 UX 디자인이 실제 프로젝트 환경에서 어떻게 작동되는지를 다루는 내용이 나온다.

그러나 여기서 멈춰선 안 된다. 이 책은 UX 디자이너로서 순조롭게 출발하도록 도와주는 안내서다. 이 책에는 현실에서 흔히 볼 수 있는 프로젝트 사례가 많이 담겨 있다. 또한 당신의 프로젝트 상황에 꼭 맞는 산출물을 만들도록 도와주는 부가적인 예시도 제공한다.

이제부터 호기심, 열정, 공감 능력을 켜두자! 아울러 최상의 사용자 경험을 만들려는 노력에 주위의 디자이너들도 함께 동참하도록 독려하자!

더 늦기 전에 말이다!

A Project Guide to
UX DESIGN 2

02

프로젝트 생태계

• 프로젝트 요구사항, 역할, 문화 이해하기 •

이제 막 새로운 프로젝트를 시작하는가? 혹은 프로젝트를 하는 중인가? 어떤 상황이든 프로젝트에 투입되기 전에는 반드시 그 프로젝트의 역학 관계와 상황을 파악해야 한다. 이 두 가지는 당신이나 팀에 큰 영향을 끼치기 때문이다. 어떤 사이트 또는 애플리케이션을 만드는가? 어떤 역할과 자격을 요구하는가? 기업 문화는 어떤가? 이런 질문의 답을 찾다 보면 프로젝트 성격을 파악할 수 있고, 궁극적으로 이 프로젝트를 성공적으로 이끌 도구와 역량을 결정할 수 있다.

- 캐롤린 챈들러

어떤 프로젝트에도 나름의 어려움이 있다. 아마 웹사이트나 애플리케이션을 제작하고 있다면 특정 기능을 구현하느라 애를 먹고 있을 것이다. 온라인에서 친구나 가족과 사진을 공유하는 기능일 수도, 콘텐츠 검색이나 공유를 쉽게 할 수 있게 인트라넷의 정보를 재작업하는 것일 수도 있다.

이런 구체적인 디자인 목표 뒤에는 프로젝트 담당자가 정확히 인지해서 디자인에 반영해야 하는 프로젝트 고유의 배경이 있다. 이런 배경이 바로 프로젝트 '생태계'다. 회사 환경(기업 문화 등), 업무 종류(사이트 종류), 그리고 함께 일하는 사람(그들이 맡은 역할과 책임까지) 등이 여기에 포함된다.

프로젝트 초반에 생태계를 잘 이해해 두면 프로젝트를 원활히 진행할 수 있다. 자신의 역할이나 생각을 좀 더 효율적으로 전달할 수 있으며, 다른 팀원이 혹시라도 고려하지 못한 요구사항이 있다면 그것을 반영해야 한다고 알려줄 수 있다.

이 장에서는 당신이 진행해야 할 프로젝트의 유형, 당신이 수행하게 될 역할, 도움을 받게 될 사람들, 그리고 프로젝트 유형에 따라 사람들의 관여도가 어떻게 달라지는지에 대해 살펴본다. 더불어 프로젝트에 큰 영향을 끼칠 회사의 문화에 대해서도 논의한다.

참고 클라이언트가 프로젝트를 어떻게 발주했는가에 따라 여러 개의 사이트나 애플리케이션을 제작하는 경우도 있다. 그러나 이 책에서는 한 가지 유형의 사이트만 제작한다고 가정한다. 현재 하나 이상의 사이트를 맡고 있다면 당신의 역할이 그 프로젝트 팀에 적합한지를 판단할 때 사이트별로 분리하면 된다.

사이트 유형 정하기

사이트의 모든 유형이 칼로 자른 듯 확연하게 구분되는 것은 아니지만 유형별로 비교적 독특한 특징이 있다. 사이트 형태별 유사점과 차이점을 이해하면 다음과 같은 면에서 도움받을 수 있다.

- 디자인 목표를 정할 수 있다. '비즈니스 모델 설명하기'처럼 내재된 문제의 해결일 수도, '회사가 사용자의 요구에 즉각적으로 응답하고 있음을 강조하기'처럼 사이트 디자인이나 인터랙션에 특정한 속성을 반영하는 것일 수도 있다.
- 우선적으로 구현해야 할 목표를 정할 수 있다. (4장 참고)

- 비즈니스 요구사항을 취합할 때 어느 부서와 협의해야 할지 알 수 있다. (5장 참고)
- 최선의 사용자 리서치 방법을 택할 수 있다. (6장 참고)
- 사이트에 어떤 시스템과 기술이 사용됐는지 질문할 수 있다.

아마 당신의 사이트는 다음의 4가지 유형과 밀접하게 관련돼 있을 것이다.

 브랜드 사이트 : 회사와 사용자(제품이나 서비스에 관심을 가진 누구든) 간의 긍정적인 관계를 촉진시키기 위해 항상 운영되는 온라인 플랫폼

 마케팅 캠페인 사이트 : 일정 기간 동안 특정 사용자, 또는 일반 대중들로부터 질문에 대한 답변이나 정량적인 데이터를 얻을 목적으로 누군가를 타겟으로 해서 만든 사이트 또는 애플리케이션

 콘텐츠 사이트 : 사용자에게 정보를 주거나, 참여하게 하고, 즐겁게 할 목적으로 다양한 형태의 정보(논문, 문서, 비디오, 사진, 튜토리얼 등)로 구성된 정보의 창고

 과제 기반의 애플리케이션 : 사용자가 중요한 과제나 흐름을 처리할 수 있게 만든 기능 또는 프로그램

이제부터 사이트의 유형별 특징과 그것이 프로젝트에 미치는 영향에 대해 자세히 살펴보자. 또 흔히 접하는 프로젝트이면서 여러 유형의 특징을 동시에 지닌 상거래, 교육, 소셜 네트워크, 모바일 프로젝트도 함께 다루겠다.

브랜드 사이트

'브랜드'라는 말을 들으면 어떤 생각이 드는가? 흔히 나이키의 '스우시(Swoosh)' 로고나 코카콜라의 빨간색 엠블럼 같은 것이 제일 먼저 떠오를 것이다. 그러나 브랜드는 로고보다 훨씬 큰 개념이다. 한 개인이 특정 회사를 생각할 때 떠오르는 모든 인상이 브랜드다.

더크 니마이어(Dirk Knemeyer)는 '브랜드 경험과 웹(Brand Experience and the Web)'이라는 자신의 논문에서 브랜드를 훌륭하게 정의했다.

브랜드란 사람들이 한 회사나 제품, 또는 어떤 사람과 관련해서 알고 있는 정보나 느끼는 감정을 의미한다. 다시 말해서 브랜드란 우리 안에 존재하는 그 무엇이라 할 수 있다.

브랜딩 과학은 사람들의 마음을 뒤흔드는 뭔가를 창조해내는 것으로, 다른 말로 '브랜드를 구축하는' 과정이라 할 수 있다.

서핑

고객이 브랜드를 통해 얻는 경험과 브랜드를 구축하기 위한 회사들의 노력에 대해 자세히 알고 싶다면 더크 니마이어의 '브랜드 경험과 웹'(www.digital-web.com/articles/brand_experience_and_the_web)을 읽어보기 바란다.

사이트의 UX 디자인이 사용자의 브랜드 경험에 어떤 영향을 끼치는지 알고 싶다면 스티브 바티(Steve Baty)의 'UX 디자인 속의 브랜드 경험(Brand Experience in User Experience Design, www.uxmatters.com/MT/archives/000111.php)'이라는 논문을 읽어보기 바란다.

회사는 고유의 브랜드 이미지를 창출하기 위해 많은 일을 한다. 사람들에게 강하게 각인되는 광고 캠페인을 집행하기도 하고, 브랜드의 대표적인 속성(예를 들어 '즉각적인 고객 응대', 또는 '높은 가치')을 웹사이트에 녹여내기도 한다.

회사에서 운영하는 모든 웹사이트는 그 회사의 브랜드에 직접적으로나(웹 사이트 제공) 간접적으로(고객 지원 등과 같은 핵심 서비스를 사용할 수 있게 함) 영향을 끼친다. 그러나 여기서 브랜드 사이트란 그 브랜드의 핵심 메시지와 가치를 보여줄 목적으로 제작된 사이트를 말한다. 브랜드 사이트는 고객과 직접 연결되는 채널이자, 회사나 상품에 대해 더 많이 알 수 있는 통로다.

브랜드 사이트는 GE.com처럼 '회사명.com'이나 '회사명.org' 형태로 회사를 대표하는 홈페이지나 GEhealthcare.com처럼 회사의 주요 사업 분야나 계열사를 소개하기 위한 홈페이지가 있다. 단독 제품으로 자체적인 브랜드 사이트를 만들기도 한다. 예를 들어 펩시코는 회사의 대표 홈페이지인 Pepsico.com을 운영하고 있지만 자사 제품인 Pepsi.com 사이트도 별도로 운영한다.

브랜드 사이트를 설계할 때는 다양한 종류의 사용자를 동시에 고려해야 한다. 현재 사용자와 잠재 사용자는 물론이고, 투자자, 사업 파트너, 매체(신문사, 방송국, 또는 유명 블로거), 그리고 구직자까지 고려해야 한다.

일반적인 브랜드 사이트

- 회사의 대표 웹사이트(회사명.com, 회사명.org, 회사명.net 등)
- 회사의 주요 사업 분야 또는 계열사 홈페이지(특정 산업군, 특정 지역, 제품군을 소개하는 사이트)
- 지명도 높은 상품을 위한 웹사이트

브랜드 사이트 설계 목표

브랜드 사이트를 설계할 때 가장 중점적으로 고려해야 할 디자인 목표는 다음과 같다.

- 브랜드의 주요 가치와 핵심 메시지를 잘 전달해야 한다. 이는 "고객의 요구에 즉각 응답합니다"와 같이 드러내고 강조하는 문구가 될 수도 있고, 사이트를 이용하는 동안의 전체적인 인상(예를 들면, 사이트가 오류 없이 잘 작동하고 고객과 회사 간의 커뮤니케이션을 독려하는 기능을 풍부하게 제공하는 것과 같은)이 될 수도 있다.
- 빠르고 쉽게 회사 정보를 볼 수 있어야 한다. "이 회사는 무슨 일을 하는 회사인가요?"나 "더 자세한 정보를 얻으려면 누구에게 연락하면 될까요?"와 같은 질문에 답을 줘야 한다.
- 회사의 비즈니스 모델과 핵심 명제를 제시해야 한다. "이 회사가 내게 해줄 수 있는 일이 무엇인가요?", "이 회사는 어떤 방법으로 그렇게 하나요?"에 대한 답변이 담겨야 한다.
- 주요 사용자 그룹이 웹사이트에서 적합한 상호작용, 기능, 콘텐츠로 갈 수 있게 이끌어야 한다.
- 회사가 이 사이트를 통해 주요 핵심 지표(순방문자수 같은)를 달성할 수 있어야 한다. 이 사이트는 대개 전체 마케팅 전략의 일환이 된다.

후반부의 '나에게 맞는 역할 고르기' 절에서 브랜드 사이트를 구축할 때 필요한 역할에 대해 다룬다. 이제 브랜드 사이트와 밀접한 관련이 있는 마케팅 캠페인 사이트에 대해 알아보자.

마케팅 캠페인 사이트

마케팅 캠페인 사이트는 브랜드 인지도에 영향을 끼치는 경험에 사용자를 참여시킨다는 점에서 브랜드 사이트와 유사하다. 그러나 마케팅 캠페인 사이트는 특정한 조건하(특정 기간이나 타겟 같은)에서 특정한 행동을 이끌기 위해 만든다는 점에서 차이가 있다. 브랜드 사이트가 사용자가 흥미를 느끼는 곳으로 연결해 주는 통로라면, 마케팅 캠페인 사이트는 그 자체로 흥미를 유발시켜야 한다. 마케팅 캠페인 사이트는 전체 마케팅 전략의 한 채널로서 TV, 라디오, 인쇄물, 기타 프로모션과 연계되어 움직이기도 한다.

일반적인 마케팅 캠페인 사이트

- 특정한 행위를 촉구하는 랜딩 페이지로서, 배너 광고나 다른 페이지에서 연결된다.
- 특정한 이벤트를 수행하려고 만든 소규모 사이트(또는 부속 사이트)
- 트래픽을 올리거나 소문을 퍼뜨리기 위해 만든 게임이나 기타 프로그램

마케팅 캠페인 사이트의 큰 목표는 특정한 지표를 달성하기 위해 매우 구체적인 것에 초점을 맞춘 캠페인을 실행하는 것이다. 그 초점으로 다음과 같은 것이 있다.

- **시간**: 예를 들면 특정 행사(콘퍼런스)나 계절(크리스마스 쇼핑 시즌)을 겨냥해 만든 캠페인
- **사용자 그룹**: 예를 들면 10대, 또는 선생님을 타겟으로 한 캠페인
- **제품, 제품군, 그리고/또는 그 제품의 이용법**: 예를 들면 오븐, 식기세척기, 전기레인지가 장착된 가상 부엌을 보여줌으로써 부엌 가전을 강조

예를 들어 웹사이트에서 봄맞이 테라스 용품 판매 코너를 운영한다고 했을 때 이것은 시간과 제품군을 혼합한 캠페인이다. 그림 2.1에서 제품군과 사용자 그룹을 결합한 예시도 볼 수 있다.

마케팅 캠페인 사이트는 배너 광고에서 연결되는 회사명.com 내의 한 장의 랜딩 페이지일 수도, .com 사이트의 브랜딩 요소에서 변화를 주면서 아주 작은 영역에 초점을 맞춰 특화된 경험을 제공하는 소규모 사이트(또는 부속사이트)일 수도 있다. '소규모'라는 말은 상대적이다. 한 페이지짜리 부속 사이트가 있는가 하면, 페이지가 더 많은 것도 있다. 하지만 어떤 경우든 부속 사이트는 대표 사이트에 비해 규모가 작고, 좀 더 구체적인 목적을 수행하기 위해 만들어진다.

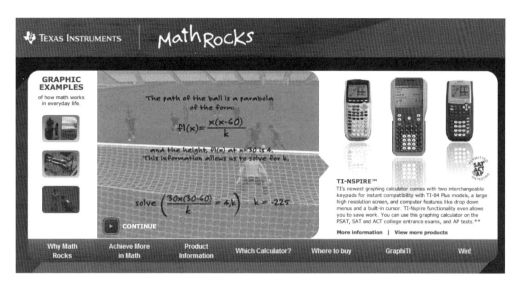

그림 2.1 | 텍사스 인스트루먼트(Texas Instruments)사는 그래프 계산기 정보를 제공하기 위해 교육에 초점을 맞춘 부속 사이트(http://timathrocks.com/index.php)를 운영하고 있다. 이 제품군은 수학 수업을 듣는 고등학생과 대학생이 주타겟이다. 이 사이트는 텍사스 인스트루먼트사의 전반적인 브랜드 이미지를 계승하고 있으나, 젊은 사용자의 구미에 맞추기 위해 콘텐츠나 기능면에서 의도적으로 차별화시켰다.

마케팅 캠페인 사이트 설계 목표

마케팅 캠페인 사이트를 설계하고 실행하면서 가장 중심에 둬야 할 디자인 목표는 다음과 같다.

- 제품이나 서비스의 명확하고 즉각적인 가치 제안(value proposition, 예를 들어 '빠른 대출 자격 심사'와 같이 제품이나 서비스가 사용자에게 주는 가치)이 있거나 인센티브(특가, 대회 참가 자격 부여, 온라인 게임과 같은 오락거리 등)를 주어 흥미와 재미를 유발해야 한다.

- 주 사용자 그룹에게서 특정한 행동을 유도한다. 이를테면 브랜드 사이트의 특정 영역으로 클릭하게 하거나 뉴스레터 신청, 대출 신청 등이 있다. 이처럼 사용자가 사업자가 의도한 행동을 수행했을 때 '컨버전(conversion)됐다'고 한다.

- 회사가 핵심 지표(순방문자수와 같은)를 달성할 수 있게 돕는다. 이것은 전체 마케팅 전략의 일환으로 활용되기도 한다.

스쿠버 다이빙

마케팅 캠페인 사이트를 설계하는 방법에 대해 더 자세히 알고 싶다면 팀 애쉬가 저술한 『랜딩 페이지 최적화하기: 컨버전을 위한 테스트와 튜닝 가이드(Landing page optimization: The Definitive Guide for Testing and Tuningfor Conversion)』(Sybex, 2008)를 참고한다.

콘텐츠 사이트

콘텐츠 사이트는 사용자에게 다양한 유형(논문, 문서, 비디오, 사진, 튜토리얼)의 정보를 제공하기 위한 사이트이고, 주된 목적은 사용자에게 정보를 주고, 참여하게 만들고, 즐거움을 주는 데 있다.

일반적인 콘텐츠 사이트

- 회사의 인트라넷
- 어떤 단체의 회원을 위한 온라인 도서관이나 자료실
- 사이트, 또는 뉴스나 자주 업데이트되는 글과 같은 사이트의 일부 영역(대규모 상업 블로그가 이 범주에 해당된다)
- 고객 지원 센터

물론 모든 사이트에 콘텐츠가 존재한다. 하지만 콘텐츠 제시나 그 틀이 특히 중요한 사이트가 있다. 방대한 양의 콘텐츠를 가지고 있어 그 자체로 일이 클 수도, 특정한 형태의 콘텐츠가 유독 중요(예를 들면 중요한 결정을 유도하거나, 사용자를 사이트로 자주 들르게 하는)한 경우일 수도 있다.

콘텐츠 사이트의 주된 목적은 사용자의 지식 수준을 높이거나, 적합한 콘텐츠를 제공해 혼자서도 일을 처리할 수 있게 하는 것이다(예: 인트라넷 등). 정보를 공유하거나, 제품 설명을 보다가 물건을 구매하는 것처럼 특정 행동을 유도하기도 한다.

콘텐츠 사이트의 설계 목표

콘텐츠 사이트의 UX 디자인을 담당하고 있는 사람들은 다음을 반드시 고려해야 한다.

- 사용자를 계속 방문하게 할 만한 핵심 콘텐츠를 제시하라.

- 회사가 얼마나 진취적이고 적극적인 사고를 하는지 보여라. CEO나 회사 전문가 집단이 제시한 생각이나 비전을 공유하는 것이 좋은 예다.

- 사용자에게서 나온 좋은 의견을 반영하라.

- 개별 부서에 사장되기 쉬운 직원들의 의견을 밖으로 끌어내서 기업 지식으로 쌓아라. 혁신이라는 더 큰 목표를 달성할 수 있을지도 모른다.

- 다양한 방식으로 정보를 탐색할 수 있게 지원하라. 어떤 제품을 사야 하는지도 모르는 사람이 있는가 하면(아마 사이트 곳곳을 돌아다닐 것이다), 무엇을 사야 할지 정확히 아는 사람도 있다(아마 검색창을 활용할 것이다).

스쿠버 다이빙

크리스티나 할버슨(Kristina Halvorson)과 멜리사 레이치(Melissa Rach)는 『웹 콘텐츠 전략을 말하다(Content Strategy for the Web)』(에이콘출판사, 2010)에서 사례 연구와 조언을 비롯해 콘텐츠 전략 가이드를 제공한다.

콘텐츠 사이트와 관련된 UX 디자인 업무는 다음과 같다.

- 사용자의 멘탈 모델에 맞는 카테고리 설계
- 콘텐츠의 자생적인 증가를 시스템에 반영(예를 들면, 태깅이나 필터링 같은 기능)
- 효과적인 검색 도구 설계

서핑

사용자들의 다양한 정보 탐색 방식을 알고 싶다면 도나 스펜서(Donna Spencer)가 쓴 '정보 탐색의 4가지 유형과 설계 방법(Four modes of Seeking Information and How to Design for Them)'을 읽어보길 바란다.

http://boxesandarrows.com/view/four_modes_of_seeking_information_and_how_to_design_for_them

콘텐츠를 생산, 유통, 관리하는 콘텐츠 전략에 대해서는 8장에서 더 자세히 다루겠다.

과제 기반의 애플리케이션

과제 기반의 애플리케이션은 사이트에 들어간 간단한 계산기부터 복잡한 업무 절차를 지원하는 완전한 시스템까지 범위가 매우 다양하다. 만약 후자의 프로젝트라면 더 많은 역할이 투입돼야 하고, 요구사항을 수집하는 데도 상당한 시간을 투자해야 한다(요구사항 수집에 대해 더 알고 싶다면 5장을 참고한다).

일반적인 과제 기반 애플리케이션

- 정보를 일정한 형식으로 생성하는 애플리케이션(예: 스프레드시트나 인쇄 기능)
- 핵심적인 업무 절차를 지원하는 도구 또는 프로그램(예: 영화 예매 사이트의 티켓 관리 프로그램, 콜센터의 고객 지원 내역 확인 프로그램 등)
- 개인 데이터에 접근하고 관리하는 웹사이트(예: 플리커(Flickr))

과제 기반 애플리케이션의 주요 목적은 사용자들이 자신의 요구에 맞게 과제를 수행하고, 그 결과로 클라이언트가 사업 목표를 달성하는 것이다.

과제 기반 애플리케이션의 설계 목표

과제 기반 애플리케이션을 설계할 때 고려할 사항은 다음과 같다.

- 사용자들이 다른 곳에서는 할 수 없는 뭔가를 할 수 있게 한다. 가능하다면 더 좋게 제공한다('더 좋다'는 말은 더 효율적이고, 더 빠르고, 더 만족스럽고, 더 편리한 것을 의미한다).
- 초보자들이 헤매지 않도록 핵심 기능이나 정보에 쉽게 접근하게 하거나, 시각적으로 잘 보이게 만든다.
- 숙련자를 위해 바로 가기 기능이나 고급 옵션을 제공한다.
- 사용자 컴퓨터의 부하를 줄일 수 있게 시스템 리소스를 효율적으로 사용한다(이를테면, 데이터 재활용하기 vs. 데이터를 중복해서 입력하게 하기)
- 사용자가 애플리케이션 사용에 필요한 것을 습득할 수 있도록 애플리케이션을 디자인하고 운영해야 한다. 디자인 자체로 목표를 알리고 소통하라.

과제 기반 애플리케이션을 설계할 때 가장 어려운 점 중 하나는 프로젝트 초반에 생각지도 않은 기능이 계속 추가되면서 규모가 커지는 것이다. UX 디자인이 이미 많이 진행됐거나, 심지어 개발이 시작된 이후에 훌륭한 아이디어가 떠오르는 일은 비일비재하다. 다행스럽게도 페르소나와 같은 사용자 모델은 중요도가 높은 기능을 상기시켜 주고, 초점을 잃지 않게 도와주기 때문에 UX 디자인은 이런 문제에 대처할 수 있게 최적화돼 있다.

뒤늦게 나온 아이디어가 최상위 사용자 집단을 충족시키거나, 사이트의 사업적인 목표를 달성시킨다면 방향 선회를 고려할 수도 있다. 그러나 그 아이디어가 모든 혹독한 기준에 부합되지 않는다면 과연 시간과 예산을 희생할 가치가 있는지 신중히 판단해야 한다.

상거래 사이트

상거래 사이트는 위에서 소개한 4가지 프로젝트의 특성을 모두 지니고 있다. 많은 상거래 사이트가 거래를 촉진하기 위해 독자적인 브랜드를 가지고, 콘텐츠를 제공하며(주로 제품 스펙이나 사용법) 각종 과제(검색, 제품 비교, 후기 쓰기, 결제 등)를 제공하기 때문이다. 또한 이런 사이트에서는 마케팅 캠페인도 자주 열리고, 회사 안에 다양한 마케팅 그룹이 존재한다.

부가적으로 상거래 사이트 디자인에서 고려해야 할 사항은 다음과 같다.

- 표준화된 상거래 방식을 따르지 않는 사이트라면 그 상거래 모델을 설명해야 한다. 온라인은 새로운 모델이 끊임없이 시도되는 곳이므로 자사 사이트의 특성을 명료하게 설명해야 그 사이트가 어떤 곳인지 알 수 있다(예를 들어, 이베이, 아마존, 크레이그리스(Craiglist)의 상거래 모델은 모두 다르다).

- 유용한 콘텐츠와 편리한 기능을 제공함으로써 아무 생각 없이 들어온 사용자가 구매를 고려하게 만들거나, 제품을 비교하다가 그 사이트에서 구매할 수 있게 유도한다.

- 크로스 셀링(cross-selling)[1], 업 셀링(up-selling)[2] 기법을 다양하게 활용한다. 이런 것은 눈에 잘 띄게 하되, 사용자가 불쾌함을 느끼게 해서는 안 된다.

- 구매 시점부터 배달이 완료되기까지의 과정을 확인할 수 있는 시스템을 제공하라. 이 과정은 사이트 외에 택배사의 배송 조회 시스템이나 이메일 같은 다른 채널과도 연계해야 한다.

---

1   (옮긴이) 교차판매. 추가 구매를 유도하는 판매 기법
2   (옮긴이) 상향 판매. 더 단가가 높은 상품의 구매를 유도하는 판매 기법

교육 사이트

교육 사이트는 콘텐츠 사이트와 과제 기반 애플리케이션의 특성을 동시에 지니고 있다. 기본적으로 학습을 위한 콘텐츠가 있어야 한다. 때로는 학습 멘토, 과목별 전문가와 같은 역할이 필요할 수도 있다. 또한 수업을 듣기 위해서는 일련의 과제를 수행해야 하고, 진도 확인 기능이나 연관 강의 추천이 필요할 수도 있다. 체험형 강의를 하려면 몇 가지 애플리케이션을 더 추가해야 한다.

일반적으로 교육 사이트를 설계할 때 고려해야 할 사항은 다음과 같다.

- 처음 과정을 수강하는 사람들을 위해 이 과목의 대상이 누구인지, 어떻게 시작해야 하는 지와 같은 기본 지식을 전달하라.
- 학습 콘텐츠는 학습의 이해를 도울 수 있게 적당한 분량으로 나눠서 제공하라.
- 체험형 강의 시뮬레이션과 같은 활동에 학습자가 참여할 수 있게 하라.
- 학습 성취도와 진척도를 알려주어라. 가능하다면 과정을 완료한 사람이 다시 강의를 구매할 수 있게 한 단계 위의 과정을 추천하라.

소셜 네트워크 사이트

소셜 네트워크 사이트는 과제 기반 애플리케이션의 특징을 강하게 보인다. 사용자들이 친구를 찾아 추가하고, 프로필을 관리하고, 연결하고, 글을 올리고, 검색해야 하기 때문이다. 물론 콘텐츠 사이트의 성격도 있지만, 이 경우에는 사용자가 생성한 글이 기하급수적으로 늘어가는 것에 대비한 틀을 만들어야 한다. 여기에 남들과 차별화된 아이덴티티가 있다면 브랜드 사이트의 특성도 보인다.

스노클링

소셜 네트워크 프로젝트를 진행하고 있거나, 다른 사이트에 소셜 네트워크 기능을 접목해야 하는 사람들은 조슈아 포터(Joshua Porter)의 『소셜 웹 기획(Designing for the Social Web)』(인사이트, 2008)이 도움될 것이다.

소셜 네트워크 사이트에 공통적으로 적용되는 디자인 목표는 다음과 같다.

- 잠재 사용자에게 이 네트워크의 목표와 가치를 강조하라.

- 즐거운 기능으로 사용자들이 의미 있는 상호작용을 하게 하라(이미지 공유, 비디오 공유, 토론과 같은).

- 사용자가 자신의 정보를 안전하게 관리하고, 부적절한 외부의 행동에 대처할 수 있게 해서 사이트가 상업적, 불법적으로 흐르는 것을 방지하라.

- 커뮤니티의 힘을 적극 활용하라. 예를 들면, 활동을 많이 하는 사람만 특정 기능이나 콘텐츠를 볼 수 있게 하는 것이다.

모바일 사이트와 애플리케이션

2011년 2월 7일 국제 데이터 기구(International Data Corporation, IDC)는 지난 분기 전 세계에 스마트폰이 1000억 개 이상이 보급됐다고 발표했다. 이것은 920억 대가 판매된 PC의 판매량을 사상 처음으로 추월한 것이다.

스마트폰이나 태블릿과 같은 모바일 기기의 사용이 폭증하면서 기업 전략이나 제품 기획에 이런 제품이 차지하는 역할이 막중해졌다. 아울러 UX 디자이너의 필수 역량이 되기도 했다.

안타깝게도 많은 기업들은 아직도 모바일을 사후 고려 대상쯤으로 여긴다. 대규모 웹 디자인 프로젝트의 거대한 요구사항 목록을 '간단한' 두 단어, 즉 '모바일 구현'으로 축약해 버린다.

모바일을 고려해야 하는 시점

모바일은 디지털 프로젝트를 떠올릴 때(즉, 사용자의 요구나 문제가 인식되고 이를 디지털 기기로 다룰 수 있을 때, 또는 회사가 고객과 관계를 맺고 싶을 때) 동시에 떠올려야 하는 대상으로 자리 잡았다. 이런 상황이라면 모바일 해결책이 PC 기반의 해결책보다 효과적이다. 따라서 처음부터 모바일 채널을 함께 고려한다.

대규모 웹 사이트 프로젝트를 하는 데 모바일이 중요한 부분을 차지한다면 먼저 모바일부터 디자인하라. 루크 워블스키(Luke Wroblewski)는 다음의 세 가지 이유를 근거로 '모바일 퍼스트 (Mobile First)'를 주장한다.

- **모바일 사용이 폭증세다.** 모바일 기기를 이용하는 사람의 수만이 아니라 사람들이 데스크톱 대신 모바일 플랫폼에서 보내는 활동과 시간에도 적용된다. 당신의 사용자층은 데스크톱보다 모바일 제품과 더 오래 지낼지도 모른다.

- **모바일 디자인부터 시작하면 제품과 관련된 핵심 데이터와 행위에만 초점을 맞출 수 있다.** 데스크톱 브라우저를 보여주는 큰 모니터에서는 고객이 싫어하는 것(광고, 소위 '유용한' 태깅, 사용자들이 찾는 진짜 내용과 기능에서 딴 길로 새게 만드는 요소)을 덧붙이기 십 상이다. 모바일 기기는 제한된 화면 탓에 우선적인 행위만 고려하고, 그러한 행위가 도드 라져 보이게 한다. 결과적으로 당신이 더 큰 화면으로 돌아왔을 때 더 넓은 시야를 가지 고 돌아오기 때문에 디자인을 더 잘 할 수 있다.

- **PC에는 있지도, 효과적이지도 않은 기능 중에 모바일에서 효과적으로 작동하는 것이 있다.** GPS로 정확한 위치를 감지하는 위치 기반 서비스, 멀티 터치 기능, 동작 인터페이스 그 리고 사용자의 움직임을 측정하는 가속도 기능(건강 관리 산업이 주목해야 할 훌륭한 분 야다)이 대표적이다. 모바일은 전화나 문자, 일정 관리처럼 일상에서 자주 사용하는 커 뮤니케이션 수단과 묶여 사용자의 디지털 생태계에 깊숙이 뿌리내릴 수 있다. PC 기반의 계획부터 시작하면 이런 멋진 역량들이 '모바일 최적화' 과정에서 무시되거나 과소평가 되기 쉽다.

모바일 계획하기

일단 모바일 고객에 우선순위를 두기로 했다면 몇 가지 선택해야 할 사항이 있다.

- 여러 기기에 모두 적용되는 웹 사이트 하나만 만들 것인가?
- 데스크톱 사이트의 경험에 추가로(또는 대신에) 모바일 웹 경험을 제공할 것인가?
- 애플리케이션을 만들 것인가(예를 들면 아이폰 앱)?

각각에 대해 좀 더 자세히 살펴보자.

당신이 여러 기기에 동시에 보여지는 하나의 사이트만 만들기로 했다고 해보자. 이때는 화면 이라는 부동산을 확장할 수도, 수축할 수도 있는 유동 인터페이스를 생성하는 **반응형 디자인** (responsive design), **단계적 향상**(progressive enhancement)이나 **어댑티브 레이아웃**(adaptive layout) 이라는 용어도 쓰인다)이라는 기법을 쓰게 될 것이다. (UX 디자인 원칙을 다룬 10장의 그림 10.6을 보면 훌륭한 예를 볼 수 있다. 아니면 www.bostonglobe.com을 방문해서 실제로 어떻게 작동하는 지 확인하라.)

에단 마코트(Ethan Marcott)가 저술한 반응형 웹 디자인(Responsive Web Design)이라는 책에서 는 반응형 디자인 기법을 훌륭하게 다룬다. 여기서는 다음의 기법들이 활용된다.

- **유동적 그리드**: 화면 해상도에 따라 내용이 확장되거나 축소된다.

- **유동적 이미지**: 작은 화면에서는 줄어들고, 큰 화면에서는 최대로 늘어난다.

- **미디어 쿼리**: 이것은 사이트의 HTML과 스타일시트에 들어간 코드 요소다. 이 쿼리는 기기별 디스플레이 역량 정보를 모아 기기에 따라 스타일을 다르게 적용해준다.

이 기법을 이용하면 하나의 공통 사이트를 만들고 여러 기기에 해당 레이아웃을 적용할 수 있다. 스마트폰부터 태블릿, 데스크톱 브라우저까지 다양한 해상도를 아우르는 유동성이 생길 것이다.

스쿠버 다이빙

반응형 웹을 직접 제작하는 사람이라면 에단 마코트의 훌륭한 지침을 참고한다. 『반응형 디자인(Responsive Web Design)』(북어파트, 2011)이라는 책에서 찾을 수 있다.

이 코드를 더 상세히 알고 싶거나, 접근성 디자인 분야에 대한 역량을 늘리고 싶다면 토드 파커(Todd Parker), 패티 토랜드(Patty Toland), 스콧 젤(Scott Jehl), 매기 코스텔로 와치스(Maggie Costello Wachs)의 『단계적 기능 향상을 위한 모두를 위한 웹 디자인(Designing for Progressive Enhancement: Building the Web That Works for Everyone)』(위키북스, 2013)을 참고한다.

하지만 단일 사이트로는 핵심 사안을 해결하지 못할 수도 있다. 사용자들은 모바일 기기를 이용하면서 모두 다른 생각을 한다. 아니면 모바일 기기의 능력이 그들의 생각을 더 잘 집어줄지도 모른다. 예를 들어 앞 절에서 언급했다시피 모바일 기기는 사용자 위치에 대한 소중한 정보를 가지고 있기 때문에 위치 정보나 지도 같은 기능에 영향을 줄 수 있다. 사이트 하나를 두 가지 용도로 기획한 후 적용되지 않는 코드는 숨겨 놓을 수도 있다. 그러나 이는 불필요한 데이터 다운로드를 유발하기 때문에 로딩 속도가 느려질 수 있다.

그 대안으로 모바일만의 경험을 별도로 디자인할 수 있다. 처음부터 모바일 플랫폼의 강점에 초점을 맞추면서 필수적이지 않은 내용은 제거하는 것이다(그림 2.2-2.4 참고). 이 방식을 선택했다면 모바일에 최적화된 웹 사이트 또는 애플리케이션 중 하나를 선택해야 한다.

그림 2.2 | 2012년 런던 하계 올림픽의 네트워크 기반 시설 공식 제공자인 시스코에서는 경기별로 여러 버전의 디지털 제품을 제공했다. 이것은 모바일에 최적화된 웹 사이트다. 단순한 내비게이션을 보라. 콘텐츠는 인터랙티브 콘텐츠인 "Game Readiness" 퀴즈만 들어가 있다.

그림 2.3 | 태블릿의 더 넓은 화면으로 오니 태블릿에 최적화된 시스코 사이트가 보인다. 이 사이트는 공간을 균형감 있게 사용하고, 불필요한 것이 없는 한도 내에서 부가적인 내비게이션과 기능을 추가했다.

그림 2.4 | 데스크톱 브라우저에서는 시스코 화면 전체가 보인다. 왼쪽에 공유 기능을 위한 자리도 추가됐다. 아마 아이폰이나 태블릿에 이 모든 요소를 다 넣었다면 넘쳐 보였을 것이다. 이 세 그림은 기기별 화면에 따라 점진적으로 변하는 모습을 멋지게 보여준다(http://www.ciscolondon2012.co.uk/).

아이폰이나 안드로이드, 블랙베리 같은 기기에 들어가는 모바일 앱은 다음과 같은 강점이 있다.

- **현재는 전반적으로 모바일 웹 사이트보다 앱의 사용자 경험이 더 좋다.** 앱 디자이너는 기기의 제약 하에서 제품이 보여지는 방식이나 그로 인한 상호작용에 상당히 높은 조작 권한을 가진다. 많이 쓰이는 앱 플랫폼인 아이폰이나 안드로이드는 상호작용을 일관되게 만드는 가이드라인을 제공한다. 그러나 HTML5나 다른 개발 도구 또한 그 간격을 줄이고 있기 때문에 앱과 웹 경험의 차이가 예전만큼 확연하지는 않다.
- **제품을 유료화하기가 더 쉽다(이것이 목적이라면).** 아이튠즈 스토어 같은 곳에 앱이 있다면 앱을 구매하기가 비교적 간단하다. 반면 웹 기반의 모바일 사이트를 유료화하는 것은 훨씬 더 복잡하다. 당신이 책임져야 할 부분이 더 많아진다.

모바일에 최적화된 웹 사이트는 다음과 같은 강점이 있다.

- **대상 범위가 넓다.** 앱은 특정 플랫폼에만(이를 테면, 애플 iOS와 같이) 한정돼 있다. 다른 플랫폼에도 적용하려면 버전을 여러 개 만들어야 한다. 반면 모바일 웹은 해당 기기에 맞는 브라우저만 설치돼 있다면 어디서나 볼 수 있다.
- **대부분의 경우에 비용 효율성이 가장 높다.** 하나의 모바일 웹 사이트는 더 많은 사람에게 보여지기 때문에 비용이 엄청나게 내려간다. "모바일 앱은 투자 가치가 있는가(Is Developing a Mobile App Worth the Cost?)"라는 아론 맥스웰(Aaron Maxwell)의 글에서는 여러 개의 모바일 앱 대신 모바일에 최적화된 하나의 웹 사이트를 만들면 1달러당 거의 다섯 배의 사람에게 더 노출된다고 말한다(www.mashable.com/2011/02/24/mobile-app-dev-cost). 앱을 하나만 만들면 여러 기기에 적용할 수 있는 소프트웨어를 파는 회사도 있다(www.verivo.com이 한 예다). 그러나 이런 도구 또한 한계가 있다. 따라서 앱을 선택하기 전에는 더 깊이 생각해 볼 필요가 있다.

어떤 방법을 택하든 본격적으로 시작하기 전에 기기와 플랫폼을 정해야 한다. 이 선택 여하에 따라 디자인과 테스트 계획이 결정될 것이다.

모바일의 UX 디자인 원칙

모바일 기기는 수가 엄청나기 때문에 UX 디자인에 대한 의사결정을 내리는 것이 두렵게 느껴질 수 있다. 하지만 이동성(mobility)이라는 특성에 집중하면 몇 가지 공통 원칙을 이끌어낼 수 있다. 포레스터 리서치의 부사장 줄리 애스크(Julie A. Ask)는 사용자에게 중요하면서도 편리함을 제공하는 몇 가지 모바일 솔루션에 대해 몇 차례 이야기한 바 있다.

- **즉각성.** 모바일 기기는 항상 휴대할 수 있기 때문에 사용자의 욕구에 맞는 정보를 즉각적으로 제공할 수 있다. 경기 점수를 확인하거나, 뉴스 속보를 보거나, 저녁 식사 중에 뭔가를 검색해서 찾는 활동 모두가 즉각성이라는 요소에 초점을 맞춘 활동이다. 당신의 사용자가 빨리 보고 싶어하는 내용이나 기능을 생각하라. 그리고 여기로 접근할 수 있는 명확한 통로를 제공하고 빨리 갱신하라. 사용자를 배려하기만 한다면(직접 켜거나 끌 수 있게) 알림 기능도 효과적이다. 특히 위치 기반 정보(주변 장소나 친구와 같은)나 일정과 연계됐을 때 더욱 그렇다.

- **간결함.** 앞에서 말했듯이 모바일 기기는 화면이 작기 때문에 아주 명확한 몇 가지 내용에만 초점을 맞춰야 한다. 즉 모바일은 빨리 끝마칠 수 있는 선형적인 과제에 적합하다는 말이다. 간결함이라는 속성 덕분에 사람들은 모바일 기기를 뭔가를 필요로 할 때 쉽게 그 일을 해결해 주는 휴대용 도구함으로 생각하게 됐다. 단 모바일에서는 반드시 간단하고, 짧고, 효과적으로 과제를 마칠 수 있게 하라.

- **컨텍스트.** 모바일 기기에는 사용자 위치, 커뮤니케이션 기록, 과거 행적 같은 컨텍스트가 담겨 있다. 이런 요소를 사용자의 욕구와 밀착한다면 적합한 정보를 필요한 바로 그 시점에 제공할 수 있다. 이런 장점을 극대화한 해법을 찾아낸다면 사람들은 마법처럼 주변 환경과 연결된다.

특히 컨텍스트는 모바일과 데스크톱 경험의 차이 중에서 가장 흥미로운 부분이다. 모바일 기기는 말 그대로 사용자와 함께 세상 밖으로, 즉 일하는 곳, 노는 곳, 통근하는 곳, 기다리는 곳으로 나간다.

버스 정류장에서 노트북은 절대 꺼내지 않지만 전화기나 태블릿은 꺼내서 지루한 시간을 보낸다. 많은 회사들은 사용자의 실제 환경을 고려하지 않아서 이렇게 유용하고, 즐겁고, 몰입할 수 있는 경험을 제공할 황금 같은 기회를 놓치고 있다. 모바일을 위한 UX 디자인에서는 이런 '사이' 시간을 고려해야 한다. 사용 방식의 변화에 따라 사용자들의 욕구, 집중하는 것, 고려하는 것, 물리적인 상호작용이 어떻게 변하는지를 면밀히 분석해야 한다.

스노클링

모바일 전략에 대해 더 알고 싶다면, 그리고 모바일 인터페이스 디자인에 대한 팁이 필요하다면 빨리 읽을 수 있는 루크 블레프스키(Luke Wroblewski)의 『모바일 퍼스트(Mobile First)』(북어파트, 2011)를 참고한다.

동작 인터랙션

동작 인터랙션은 기존의 마우스나 키보드 대신 쓸어 넘기기(swiping)나 손가락을 이용한 확대/축소(pinching)처럼 사용자의 자연스러운 움직임을 활용한 것이다. 이를 위해서는 터치스크린 인터페이스와 하드웨어, 그리고 사용자의 터치와 행동을 해석하는 소프트웨어가 필요하다.

동작 인터랙션이 모바일 기기에만 한정된 것은 아니다. 엑스박스(Xbox) 키넥트나 닌텐도 위(Wii)처럼 인체를 모두 활용한 동작도 있다. 그러나 동작 인터페이스가 가장 많이 활용되는 곳은 스마트폰이나 태블릿과 같은 모바일 기기이므로 모바일 UX 디자인에서 반드시 염두에 둬야 한다.

동작은 그 자체로 언어다. 그러나 어떤 동작에 어떤 반응이 나와야 하는지는 아직도 미개척 분야다. 사용자에게 적합한 동작을 만들어 내는 일은 흥미롭지만 표준적인 동작을 담은 가이드라인을 보면 이미 상당한 비중을 차지하고 활발하게 사용되기 시작한 동작 패턴들이 있다(그림 2.5).

터치 동작 참고 가이드

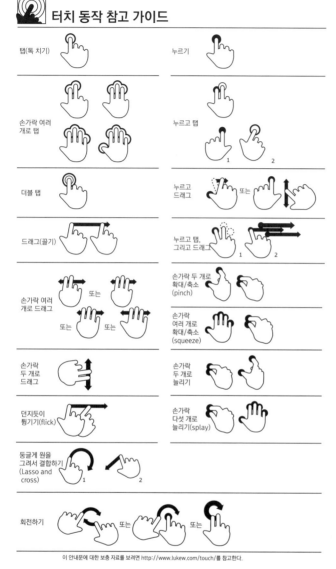

이 안내문에 대한 보충 자료를 보려면 http://www.lukew.com/touch/를 참고한다.

그림 2.5 | 이 단순하고 멋진 터치 동작 참고 가이드(크레이그 빌라모어(Craig Villamor), 댄 윌리스(Dan Willis), 루크 블레프스키(Luke Wroblewski)가 만듦)는 터치 명령에 가장 자주 사용되는 동작들을 보기 편하게 제공해 준다. 이 가이드는 인기 있는 소프트웨어 프로그램들이 어떻게 터치 동작을 제공하는지 개략적으로 보여 준다. 이 자료는 휴대할 수 있는 카드로도 내려받을 수 있다(www.lukew.com/ff/entry.asp?1071).

동작 인터페이스를 디자인할 때는 버튼, 또는 다른 조작되는 인터랙티브 요소가 조작에 필요한 만큼의 크기를 확보하는 것이 중요하다(누를 때는 손가락 하나, 줄일 때는 손가락 두 개, 쓸 때는 손가락 여러 개 등). 제품이 사용자가 기대한 대로 자연스럽게 동작하는지를 보려면 테스트가 필수다.

스쿠버 다이빙

댄 새퍼(Dan Saffer)는 자신의 책인 『동작 인터페이스 디자인하기(Designing Gestural Interfaces)』(오라일리, 2008)에서 터치 스크린과 다른 인터랙티브형 기기의 디자인에 대해 상세하게 보여준다. 아울러 기기들의 기술적인 배경과 함께 UX 디자이너가 고려해야 할 새로운 인터페이스 패턴도 알려준다.

사이트나 애플리케이션의 유형을 확인하는 것은 첫 단계에 불과하다. 다음으로는 해당 프로젝트에 필요한 역할과 프로젝트마다 이런 역할들을 어떻게 결합시켜야 할지 고려해야 한다.

나에게 맞는 역할 고르기

UX 디자이너로 일하다 보면 다양한 역할을 수행해야 할 때가 생긴다. 이 역할들이 고객사에서 공식적으로 규정됐건 아니건, UX 디자이너가 맡는 역할은 프로젝트 유형, 팀의 업무 분장 방식, 그리고 클라이언트의 경험에 따라 달라진다. 역할을 맡기 전에 어떤 일이 자신에게 잘 맞는지, 어떤 일을 배우고 싶은지를 생각해 두면 도움이 된다. 다른 사람들이 이 역할에 대해 어떤 기대를 가지고 있는지도 알면 좋다. 이러한 사항을 미리 파악해 두면 프로젝트 초반부터 좀 더 명확하게 자신을 소개할 수 있을 것이다.

그럼 UX 디자이너로서 가장 많이 하는 일은 무엇일까? 업무를 지칭하는 명칭은 회사마다 다르지만(UX 디자인이 공식적으로 규정되지 않은 회사라면 이런 직무조차 없을 수 있다), 일반적으로 크게 정보 설계자(Information Architect), 인터랙션 디자이너(Interaction Designer), 사용자 조사 전문가(User Researcher)의 세 가지로 나눌 수 있다.

참고 한 명의 디자이너가 하나의 UX 업무를 맡을 정도로 규모나 예산이 충분한 회사는 거의 없다. 프로젝트 초기 역할을 규정할 때 이 명칭은 마음속으로만 생각하고, 클라이언트에게 이야기할 때는 영역과 책임 단위로 설명하라. 그렇지 않으면 클라이언트는 당신이 규모를 부풀린다고 생각할 수 있다. 직무명이 아닌 책임 기준으로 정리하면 이성적으로 생각하는 데도 도움이 된다. 명칭이 다른 일을 여러 가지 한다고 해서 여러 사람의 일을 하는 것은 아니다. 왜냐하면 프로젝트가 진행됨에 따라 어떤 역할이 필요했다가 필요하지 않아지기도 하기 때문이다.

정보 설계자

정보 설계자(Information Architect)는 사이트의 정보 구조 모델을 만들고 이를 바탕으로 콘텐츠 카테고리와 내비게이션을 설계하는 역할을 담당한다. 이에 해당하는 구체적인 업무로는 상세한 사이트맵 그리기(10 장에서 논의)나 분명하고 사용자 친화적으로 대 메뉴와 하위 메뉴를 정하는 일 등이 있다.

기대사항 이해하기

UX 분야에서는 정보 설계자와 인터랙션 디자이너(바로 뒤에서 논의)의 차이가 명확하다. 하지만 일반적인 회사에서는 이 둘의 차이를 명확하게 알지 못한다. 최소한 프로젝트에서 어떤 역할이 얼마나 필요하다고 규정하는 순간에는 더 그렇다. 예를 들면, 당신이 하는 일에 상관없이 쓰는 이름이 정보 설계자라는 이유로 프로젝트가 끝날 때까지 정보 설계자라는 이름으로 남을지도 모른다.

그럼 직함이 당신의 실제 역할과 다르다면 직함을 바꿔야 할까? 만약 프로젝트가 단기이고(4개월 미만), 고객사에서 그 이름을 범용적으로 사용하고 있으며, 자신의 업무가 명확하게 규정되기만 했다면 굳이 명칭을 바꿔서 혼란을 불러일으킬 필요는 없다. 하지만 클라이언트가 해당 업무군에 대해 특별히 부르는 명칭이 없어서 두 역할을 구분해서 다른 사람을 배정해도 좋겠다는 판단이 들면 프로젝트 초기에 역할별로 책임과 영역을 분리하는 편이 좋다.

과제 기반의 애플리케이션에서는 인터랙션 디자이너의 역할이 중요하고, 콘텐츠 사이트에서는 정보 설계자의 역할이 중요하다. 하지만 그보다 더 중요한 것은 사용하는 용어가 클라이언트에게 친숙해야 하고, 그 역할이 업무별로 어떻게 나뉘었는지를 분명히 이해시키는 것이다. 이것은 업무 정의서에도 분명히 기술할 내용이다(3장 참고).

정보 설계자의 업무는 콘텐츠 전략가(아래의 '기타 역할' 절 참고)의 업무와 중복되는 부분이 있다. 이 두 역할을 다른 사람이 맡고 있다면 이 둘이 어떻게 협업할 것인지를 프로젝트 초기에 알려 줘야 한다.

인터랙션 디자이너

인터랙션 디자이너(Interaction Designer)는 사용자들의 행위를 바탕으로 사이트나 애플리케이션의 행동을 규정하는 일을 한다. 여기에는 전반적인 관점에서 사이트의 흐름, 구체적인 관점에서 작동성(interactivity)을 디자인하는 일이 들어간다. 인터랙션 디자이너의 대표적인 업무로는 페이지 혹은 요소들 간의 인터랙션을 보여주는 과제 플로우 설계(11장 참고)와 동적 메뉴나 콘텐츠 확장 영역과 같이 페이지 내 인터랙션을 보여주는 와이어프레임 제작이 있다(12장 참고).

기대 사항 이해하기

규모가 작은 팀에서 일하거나, 과제 기반의 기능을 새로이 만들어내는 일이 많지 않은 프로젝트(예를 들면 주로 콘텐츠 카테고리를 정하거나, 담당자 접촉, 뉴스레터 신청 양식 정도면 되는 브랜드 사이트)를 담당하고 있다면 인터랙션 디자이너의 주된 업무는 프로젝트 요구사항 수집이 될 것이다(5장 참고).

반면 고차원적인 기능을 새롭게 만들어야 하는 프로젝트의 인터랙션 디자이너라면 상세한 요구사항(예를 들면 비즈니스 애널리스트나 프로덕트 매니저들로부터의 요구사항)의 틀을 잡는 일을 전담할 것이다. UX 디자이너로서 높은 역량을 갖추고 있다면 기능상의 요구사항을 수집하고 상세화하는 과정에서 큰 도움을 받을 것이다. 또한 기능 정의서나 사용자 유스 케이스(use case) 같은 문서를 참고하는 것도 도움이 된다. 요구사항을 취합하는 사람과 함께 앉아 어떻게 협업할지를 반드시 논의해야 한다.

사용자 조사 전문가

사용자 조사 전문가(User Researcher)는 사용자 리서치에서 도출된 정보를 바탕으로 사용자 니즈를 발굴하고, 통찰력을 제공하는 사람이다. 사용자 조사라는 범주에 들어가는 활동은 다양하고, 프로젝트가 진행되는 과정에서 여러 차례에 걸쳐 시행된다(사용자 인터뷰, 설문조사, 사용성 테스트 등과 같이 많이 쓰이는 조사 기법에 대해 더 자세히 알아보려면 6장을 참고한다).

기대 사항 이해하기

클라이언트 내의 프로젝트 팀이나 자금 부서가 얼마나 사용자 조사를 중시하느냐에 따라 조사에 대한 태도가 달라질 수 있다. 아마 프로젝트가 시작되기 전에 자금 부서에 UX 디자인에 대해 설명하고 있다면 이 클라이언트는 사용자 욕구를 대변하는 일을 중요하게 생각한다는 의미다. 그렇지만 IT 프로젝트를 진행해 본 사람이라면 알겠지만 조사를 해보자는 말로 괜한 긴장을 조성하는 경우도 있다. 조사 때문에 일이 지연되지는 않을까? 뭔가 잘못된 것이 발견되면 다 뜯어 고쳐야 하나? 아니면 자신들이 탄력받아 하던 일을 조사 결과에서 부정하면 어떡하나? 프로젝트 팀과 자금 주체가 사용자 조사에 대해 가지는 생각은 모두 다르다. 따라서 이 두 그룹이 조사에 대해 어떻게 생각하는지 명확히 알아야 한다.

어떤 클라이언트는 웹사이트에 대한 통계자료를 바탕으로 사용자들의 이용 패턴(예를 들면, 제일 많이 방문하는 페이지나 사용자가 사이트를 벗어나는 지점 등)과 통찰력을 얻고 싶어한다. 많이 사용하는 분석 도구로는 구글 어낼리틱스(www. google.com/analytics), 웹트렌드(www.webtrends.com), 옴니추어(www.omniture.com/en/products/web_analytics) 등이 있다.

프로젝트를 하다 보면 위의 세 역할(정보 설계자, 인터랙션 디자이너, 사용자 조사 전문가)을 모두 맡을 수도 있다. 세 가지 역할을 모두 소화할 수 있는가? 역량 밖인가? 프로젝트 규모와 일정 못지 않게 프로젝트의 종류도 각 역할이 얼마나 관여되는지를 결정한다. 표 2.1(다음 페이지)에서는 프로젝트의 종류에 따라 어떻게 UX 업무가 얼마나 달라지는지를 보여준다.

서핑

UX 디자인 사례를 만들고 싶은가? 그렇다면 아래의 글을 참고한다.

– 미르 헤인즈(Mir Haynes), "사용자 경험, 피할 수 없는 기업의 제일 가치(User Experience as Corporate Imperative)": http://www.hesketh.com/thought-leadership/our-publications/user-experience-corporate-imperative

– 루이스 로젠펠트(Louis Rosenfeld), "하루 10달러로 만드는 사용자 경험 디자인 혁신(Evangelizing User Experience Design on Ten Dollars a Day)": http://louisrosenfeld.com/home/bloug_archive/000131.html

표 2.1 프로젝트 유형에 따른 UX 디자인의 역할

역할	브랜드 사이트	마케팅 캠페인 사이트	콘텐츠 사이트	과제 기반 애플리케이션
정보 설계자	참여도 중: 해결할 콘텐츠 문제가 많을수록 콘텐츠 사이트의 성격이 짙어진다.	참여도 하: 작은 규모의 사이트일 경우(예: 한 페이지짜리 랜딩 페이지). 참여도 중: 이보다 큰 규모의 부속 사이트.	참여도 최상: 사용자가 어디에 서 있는지 명확히 알 수 있게 구조가 균형을 이루고 있어야 하며, 정보 증가에 대응할 수 있는 유연성을 확보해야 한다.	참여도 중~상: 과제를 수행하다가 정보를 많이 참고해야 하는 것이 아니라면 내비게이션의 틀을 설계하는 것이 주업무다.
인터랙션 디자이너	참여도 중: 수행할 과제가 많아질수록 과제 기반의 애플리케이션 성격을 띤다.	참여도 하: 작은 규모의 사이트 참여도 중~상: 좀 더 큰 부속 사이트나 프로모션용 게임(재미와 트래픽을 유발할 목적으로 만드는 온라인 게임).	참여도 중~상: 검색, 태깅, 필터링 등의 기능 설계(이들 기능은 정보 설계와 인터랙션 디자인의 중간적인 성격을 띤다), 콘텐츠 사이트에는 콘텐츠 생성과 관리를 위한 워크플로우가 필요할 수도 있다.	참여도 최상: 인터랙션 디자인 산출물(프로세스 플로우나 와이어프레임 등)은 요구사항을 성공적으로 반영했는지 보여주는 필수 문서이기 때문에 인터랙션 디자이너의 역할이 막중하다.
사용자 조사 전문가 프로젝트 예산과 사용자에 접근할 수 있는지의 여부에 따라 참여도가 달라진다. 여기에 거론된 것은 프로젝트 유형별로 자주 사용하는 조사 기법이다. 각 기법에 대해 더 알고 싶다면 6장을 참고한다.	설문 조사, 인터뷰: 핵심 사용자 집단의 우선순위를 파악하기 위해 사용. 디자인 리서치 테스트: 어떤 디자인 요소들이 브랜드를 효과적으로 보여주는지 확인할 때 사용.	일시적이라는 캠페인의 속성 때문에 조사 전문가의 참여도는 낮다. 좀 더 지속적인 캠페인의 경우에는 브랜드 사이트와 유사하다. 두 개 이상의 유사 페이지를 제작해서 어떤 페이지에서 더 컨버전*됐는지를 보곤 하는데, 이를 A/B 테스트라고 한다.	컨텍스추얼 인쿼리(contextual Inquiry): 사용자들이 현재 정보를 가지고 어떻게 하는지를 파악하기 위한 현장 조사 기법. 카드 소팅: 사용자들의 정보 그룹핑 방식, 활용 패턴, 심리 모델을 이해하기 위해 시행한다. 사용성 테스트: 정보의 틀이 잡히면 그 구조의 유효성을 확인하기 위해 실시한다.	사용자들이 현재 어떻게 과제를 완료하는지를 이해하기 위해 컨텍스추얼 인쿼리와 같은 현장 조사 기법을 실시한다. 하지만 가장 많이 사용하는 기법은 과제 기반 프로그램에 사용자를 참여시키는 사용성 테스트다.

* (옮긴이) 17페이지의 "마케팅 캠페인 사이트 설계 목표"에서 '컨버전' 의미 참고.

기타 역할

이 밖에도 UX 디자이너의 범주에는 들어가지 않지만 UX 디자인과 겹치는 업무가 있다. 팀에 공식적으로 그 업무를 맡는 사람이 없는데 당신이 그 역량을 가지고 있다면 UX 디자이너라는 직함을 가지고 그 업무를 맡기도 한다.

이렇게 겹치는 역할로는 다음과 같은 것이 있다.

- 브랜드 전략가(Brand strategist) 또는 브랜드 스튜어드(Brand steward)
- 비즈니스 애널리스트(Business analyst)
- 콘텐츠 전략가(Content strategist)
- 카피라이터(Copywriter)
- 비주얼 디자이너(Visual designer)
- 프론트엔드 개발자(Front-end developer)

다음 절에서 이 역할에 대해 자세히 알아보겠다. 그리고 프로젝트의 유형에 따라 이 역할이 어떻게 달라지는지도 살펴보자.

브랜드 전략가, 또는 브랜드 스튜어드

브랜드 전략가는 시장의 핵심 사용자들과 좋은 관계를 맺기 위해 회사의 브랜딩 요소를 규정하고 그 요소가 시각적으로 발현되게 하는 일을 담당한다. 여기에는 브랜드 가치(이를테면, '즉각적인 고객 응대')에서 카피나 메시지에 대한 가이드라인, 그리고 로고, 컬러, 레이아웃을 상세하게 규정하는 일까지 모두 해당한다. 이들은 브랜드 가이드라인을 세우고 적용하는 일을 하기 때문에 회사에서 진행되는 갖가지 프로젝트에서 브랜드가 어떻게 보여야 하는지를 잘 안다. 또한 프로젝트마다 타겟 고객이 누구인지를 잘 알거나, 규정하는 사람들이기도 하다. UX 디자이너는 브랜드 전략가와 함께 일하는 경우가 대부분이고, UX 디자이너가 스스로 그 역할을 맡는 경우는 거의 없다.

브랜드 스튜어드는 가이드라인을 정하지는 않지만 각 프로젝트가 해당 가이드라인을 적절히 따르는지 확인한다. UX 디자이너나 비주얼 디자이너가 이 일을 맡기도 한다.

회사의 브랜드 속성, 가치, 가이드라인이 이미 잘 정립돼 있고, 당신의 프로젝트가 그것을 잘 따르기만 하면 된다면 브랜드 스튜어드를 맡은 UX 디자이너는 프로젝트 결과물이 브랜드 가이드라인을 잘 따랐는지를 감수하는 일을 주로 한다. 아마 이들이 접촉할 대상은 마케팅 부서에서 자문이나 평가 업무를 맡은 사람일 것이다.

브랜드가 확장되는 프로젝트(예를 들면 새로운 시장에 진입하는 경우)라면 브랜드 스튜어드의 역할이 중요해진다. 완전히 새로운 브랜드가 나왔거나, 기존의 브랜드에 급격한 변화가 생기거나, 브랜드 자체를 바꾸는 경우라면 브랜드 스튜어드의 역할이 극도로 중요하다. 예를 들어, 셀룰러원(CellularOne)이 싱귤러(Cingular)로 브랜드를 바꿀 때 이 회사는 엄청나게 공을 들였다. 이런 상황에서 브랜드 스튜어드를 맡은 사람은 브랜드 개발 경력이 많아야 하고, 그렇지 않다면 회사에서 그일을 담당하고 있는 사람과 긴밀하고 명확한 관계를 맺고 있어야 한다.

브랜드와 관련된 업무를 하기 전에 어떤 일을 해야 하는지를 파악하려면 아래의 내용을 반드시 숙지해야 한다.

- 브랜드 가이드라인이 존재하는가?
- 그렇다면 이 프로젝트에서 어느 정도까지 지켜야 하는가?
- 누가 브랜드 메시지, 브랜드 첫인상, 콘텐츠 성격(재미있는 콘텐츠 또는 전문적인 콘텐츠 등)을 정하고 유지하는가?
- 기존의 브랜드 가이드라인에 규정되지 않는 새로운 고객층을 공략하는가? 그렇다면 이 고객에게 이 브랜드 가이드라인을 써야 한다는 것은 누가 알려주는가?
- 네이밍을 해야 하는가? 그렇다면 프로젝트 팀은 이 작업에 어느 정도까지 관여해야 하는가?(예를 들어 앞으로 전폭적으로 홍보할 예정인 기능의 이름을 짓는다면)

그러나 브랜드에 대한 소비자 인식에 큰 영향을 미치지 않는 프로젝트라면(예를 들면, 내부자를 위한 애플리케이션 같은) 브랜드 스튜어드는 브랜드가 잘 적용되고 있는지 가끔 와서 점검하는 정도의 일만 할 것이다.

비즈니스 애널리스트

비즈니스 애널리스트(Business Analyst, IT 프로젝트에서는 비즈니스 시스템 애널리스트라고도 한다)는 핵심적인 비즈니스 이해관계자들을 파악해 그들의 요구사항을 취합하고(5장 참고), 그들과 기술팀과의 커뮤니케이션에 다리 역할을 한다. 필요하다면 상세 기능 정의서와 유스 케이스 같은 문서에 요구사항을 상세하게 기술하기도 한다.

비즈니스 애널리스트나 프로덕트 매니저는 프로젝트에서 가장 핵심적인 멤버일 수도 있고, 아예 존재하지 않을 수도 있다. 과제 기반 애플리케이션이나 콘텐츠 사이트 프로젝트에는 이 역할이 있는 반면, 브랜드나 마케팅 캠페인 프로젝트에는 존재하지 않는다. 무엇보다 과제 기반의 애플리케이션에서 이 역할이 가장 중요하다. 기능이 많고 프로젝트가 복잡할수록 이런 사람이나 기능 문서가 더 많이 필요하기 때문이다.

보통 비즈니스 애널리스트는 UX 디자이너의 직군에 속하지 않지만 비즈니스 애널리스트가 없는 조그마한 UX 팀은 이 인력군을 충원하라는 요구를 받기도 하기 때문에 이들의 역할과 책임을 분명히 알아둘 필요가 있다. 비즈니스 애널리스트는 사업적인 요구사항을 파악해 기술팀과 경영자 사이의 다리 역할을 한다. 만약 팀에 비즈니스 애널리스트가 있다면 그 사람과 인터랙션 디자이너는 굉장히 밀접하게 일할 것이다. 이 두 역할을 한 사람이 맡고 있다면 아마 그 사람은 엄청난 문서 작업을 할 것이다.

이 부분에 대해 알아야 할 것이 있다면 프로젝트 범위를 정하고, 요구사항을 둘러싼 논의를 주관하며, 프로젝트 요구사항을 문서화하는 사람에게 물어보면 된다. 규모가 작은 프로젝트나 기능 개발이 많지 않은 프로젝트라면 프로젝트 관리자가 이 책임을 맡기도 한다. 어떤 경우든 당신이 이 일을 맡은 것이 아니라면 당신이 제대로 된 방향으로 작업하고 있는지를 확인하기 위해 이들과 가까이 해야 한다.

콘텐츠 전략가

콘텐츠 전략가는 다양한 콘텐츠(논문, 문서, 사진, 비디오 등)에 대한 사업적인 요구와 사용자의 요구를 이해하고, 기존 콘텐츠의 빈 틈을 찾아내고, 콘텐츠의 흐름을 개선하며, 새로운 콘텐츠를 개발하는 사람이다.

콘텐츠 관련 업무는 과소평가되는 경향이 있다. 훌륭한 아날로그 콘텐츠(인쇄물이나 비디오 테잎 등)가 아무리 많아도 당신의 프로젝트에는 적합하지 않을 수 있다. 어떤 때는 고객이 콘텐츠를 만들어 달라고 말하지 않고 속으로만 당신이 만들 것이라고 생각하기도 한다. 즉, 처음에는 콘텐츠 보기로 시작했으나 오픈할 때가 돼서야 제품 설명, 뉴스, 지원 콘텐츠까지 원했다는 사실을 알고 놀라게 될 수 있다. 양질의 콘텐츠가 프로젝트의 핵심 요소라면 다음 항목을 책임지는 사람과의 협의가 필요하다.

- 새로운 제품에 대한 콘텐츠 가이드라인(콘텐츠의 형태나 성격, 양 등)을 정하는 부서

- 이 가이드라인에 의거해 기존 콘텐츠가 적합한지를 판단하는 부서

- 새 콘텐츠를 만드는 부서. 프로젝트 유형에 따라 콘텐츠가 달라진다. 예를 들어 과제 기반의 애플리케이션에서는 안내문, 에러 메시지, 도움말 등이 될 것이다. 콘텐츠 사이트라면 논문, 뉴스, 블로그 같은 콘텐츠가 될 것이다.

- 경영진과 개발팀 사이에서 벌어지는 콘텐츠 관리 시스템의 한계나 역량에 대한 커뮤니케이션을 중재하는 부서

- 콘텐츠의 형태와 메타데이터를 정하는 부서(콘텐츠 안에 들어간 속성 정보로서, 효율적인 검색과 상호 참조를 가능하게 한다)

- 콘텐츠 마이그레이션을 관할하는 부서. 이 부서는 콘텐츠 형태별로 템플릿을 만들고, 특정 콘텐츠가 해당 사이트의 콘텐츠 관리 시스템으로 들어왔을 때 잘 작동하도록 콘텐츠에 태그를 다는 일을 관할한다(이 역시 어려움에 비해 과소평가되고 있는 업무다).

카피라이터

카피라이터는 사이트의 전체적인 경험을 규정하는 문구를 만드는 역할을 하는 사람이다. 사이트 소개나 페이지 안내문처럼 한번 결정되면 자주 바꾸지 않는 문구가 있는가 하면, 뉴스나 프로모션 헤드라인처럼 지속적으로 바꿔야 하는 문구도 있다.

이 일은 다른 일에 비해 역할 구분이 분명하지 않은 영역 중 하나다. 특히 와이어프레임을 그릴 때 더욱 그렇다(12장 참고). 사이트 소개나 안내문 같은 문구의 위치를 확인하기 위해 샘플 텍스트를 화면 설계에 넣곤 하는데 결국 이 문구로 사이트가 오픈될 때가 많다. 이는 전업 카피라이터가 없어서 생기는 일인데, 이때는 UX 디자이너가 카피를 작성하게 될 수 있다.

그렇지만 규모가 큰 회사의 대표 브랜드 사이트나 마케팅 캠페인 사이트라면 단어 하나하나를 주도 면밀하게 결정해야 하기 때문에 UX 디자이너가 이런 일을 맡을 확률은 적다. 그러나 과제 기반의 애플리케이션에서 간단한 안내문이나 에러 메시지, 또는 이런 류의 자잘한 정보라면 당신이 문구를 책임질 확률이 높다(개발자가 맡기도 한다). 프로젝트가 시작될 때 카피라이터가 있는지 문의하라. 프로젝트를 진행하면서 카피라이터를 보지 못했다면 와이어프레임을 그릴 때 다시 한번 물어라. 이 일을 UX 디자이너가 맡는다면 이 내용을 분명하게 업무 범위에 기재하라. 이 역시 흔히들 간과하거나 과소평가하는 업무다.

비주얼 디자이너

비주얼 디자이너는 사이트나 애플리케이션에서 사용자가 눈으로 보는 요소를 구현하는 사람이다. 이들은 브랜드 가이드라인에 따라 해당 사이트만의 시각적인 분위기를 창출함으로써 사용자와 제품 간에 감성적인 연결 고리를 만든다. 예를 들어 온라인 뱅킹 사이트는 안전하고, 신뢰할 수 있고, 접근하기 쉬워 보여야 한다. 이들은 색상이나 이미지 같은 시각적 요소로 이 목적을 달성한다. 이 약속은 비단 시각적인 것뿐만 아니라 인터랙션 디자인이나 사용자와 회사와의 연결 지점(콜센터 등)에 의해 지켜지기도 하고, 깨지기도 한다.

그러나 솔직히 생각해보자. 많은 사람들이 자신을 비주얼 디자이너, 웹 디자이너, 그래픽 디자이너라고 말하지만 시각적인 측면에서 훌륭한 사이트는 얼마 되지 않는다. 효율적이고, 몰입하게 만들고, 감성을 불러 일으킬 수 있도록 디자인하는 것은 아주 어려운 일이다. 시각적인 요소를 그다지 중요하게 생각하지 않는 프로젝트도 있지만, 결국 프로젝트 자금 부서가 마음에 들어 하지 않거나, 초기 사용자들이 그 디자인에 빠져들지 않아서 프로젝트가 지연되거나 실패로 끝나기도 한다.

반면 멋진 그림을 만들어 내는 데 지나치게 신경을 쓴 나머지 사용성을 고려하지 않는 경우도 있다. 당신이 시각 디자인 업무를 맡았고, 얼마나 시각적인 면에 치중해야 할지 감이 잡히지 않는다면 그 회사의 현재 사이트와 클라이언트가 시각적인 측면에서 벤치마킹하는 사이트를 보며 수준을 가늠하라.

비주얼 디자이너는 브랜드 사이트나 마케팅 캠페인 사이트에서 중심적인 역할을 수행한다. 이들은 웹 디자인을 통해 회사의 브랜드 이미지를 효과적으로 보여주는 데 중추적인 역할을 한다.

콘텐츠 사이트 프로젝트에서 비주얼 디자이너는 여러 페이지에 적용될 콘텐츠의 템플릿(예를 들면 기사에 사용할 템플릿)을 제작하게 될 것이다. 과제 기반의 애플리케이션이라면 스타일 가이드 업무를 주로 맡을 것이다. 이 가이드에 따라 내비게이션이나 아이콘 같은 요소를 제작한다(이때는 인터랙션 디자이너와의 긴밀한 협업이 필요하다).

프론트엔드 개발자

프론트엔드 개발자(Frontend Developer)는 사용자가 웹페이지에서 이용하는 기능이 원활히 작동하고, 자연스럽게 흐르도록 기술적인 구조를 세우는 사람이다. 또한 사이트 내의 인터랙티브한 요소도 관할하는데, 여기에는 롤오버 메뉴, 확장 콘텐츠 영역, 비디오 같은 멀티 미디어 요소 등이 있다. 이들은 XHTML, CSS, 플래시, 자바스크립트, Ajax, 실버라이트 같은 프로그래밍 기술을 이용한다. 이들은 사용자들이 사이트에서 직접 보는 프론트엔드 요소를 개발한다. 이것은 사이트가 잘 돌아갈 수 있게 기반 시스템을 개발(데이터베이스, 콘텐츠 관리 시스템, 복잡한 기능을 구현하기 위한 코드 개발 등)하는 것과는 다르다.

프론트엔드 개발자는 다른 개발팀원들과 긴밀히 협조해 프로젝트 팀에서 개발팀에 원하는 것과 개발 부서가 할 수 있는 일을 파악한다. 이 밖에도 어떤 백엔드 시스템을 통합해야 하는지, 어떤 도구로 HTML을 생성할지, 사용자가 만든 '스킨'을 입히려면 페이지 구조가 얼마나 유연해야 하는지, 특정 기술(가령 플래시)을 사용할지 여부 등도 사전에 파악해야 한다. 지금 UX 디자이너가 프로토타입을 그리고 있다면 누가 프로토타입을 그리는지, 어떤 수준의 기능이 기획되고 있는지를 물어라. 플래시 같은 것으로 프로토타입을 간단히 구현해서 개발 가능성을 타진하기도 한다. 하지만 실제 데이터(사용자가 양식에 입력한 로그인 정보 등)를 입력하거나, 기능이 작동하는 듯한 완전한 수준의 프로토타입을 구현해야 하는 경우라면 백엔드 개발팀과 긴밀히 협업해야 한다.

UX 디자이너가 이 모든 일을 맡아야 하는가? 프로젝트 규모가 아주 작거나, 회사 규모가 아주 작지 않은 한 이 모든 일을 다 맡을 필요는 없다. 중요한 것은 이 프로젝트에서 내가 무슨 일을 할 수 있고, 무슨 일을 맡고 싶은지를 아는 것이다. 나머지 업무는 인력을 충원하거나 고객사와의 유대를 통해 인력을 지원받을 수 있다. 이제 이 방법에 대해 좀 더 자세히 알아보자.

UX 인맥 만들기

이 모든 일을 다 할 수 없을 것 같거나 다 하고 싶지 않다면 도움을 받아야 한다는 신호다. 이때 도움을 받을 수 있는 방법은 크게 세 가지가 있다.

- 충원할 이유가 명백해 보이면 인력 충원을 요청하라.
- 시간이 허락되고 새 분야를 소화할 수 있을 것 같다면 부족한 부분을 교육받아라.
- 중대한 시점마다 도움받을 수 있게 사내 업무 지원 네트워크를 만들어라.

이 중에서 세 번째 방법에 대해 더 자세히 알아보자.

회사 안에는 도움받을 수 있는 전문 지식을 갖춘 소중한 인력이 풍부하다. 이들에게 도움받고 싶다면 이들의 시간이 얼마나 필요할지를 계산하라. 한 부서에서 관할하는 프로젝트 때문에 다른 부서에 도움을 요청하기란 어려운 일이다. 지금 당장 이들의 도움이 필요한 것이 아니라면 당신의 업무가 좋은 성과를 낼 수 있게 파트너가 되어 달라고, 또는 컨설팅을 해달라고만 말한다. 일단 파트너십을 맺어 두고 이후에 얼마만큼의 상호작용이 필요한지, 후에 공식적으로 도움을 요청할지 아닐지를 예측한다.

회사마다 조직 구조나 부서 이름도 모두 다르지만 보통 당신이 파트너를 찾아볼 수 있는 부서는 다음과 같다.

- 브랜드 전략가의 도움을 받고 싶다면 마케팅 부서에 물어보라. 비주얼 디자이너나 콘텐츠 전략가의 도움이 필요할 때도 이 부서에 요청해 볼 수 있다.
- 비주얼 디자이너나 콘텐츠 전략가는 제품이나 서비스 관리 부서, 연구·개발 부서, 운영 부서, 기업 전략 부서에 있을 수 있다. 전략 부서에서는 비즈니스 애널리스트나 프로덕트 매니저도 찾을 수 있다.
- 프론트엔드 개발자나 통계 관리자를 찾고 싶다면 IT나 기술 부서가 제격이다.

이제 막 새로운 회사에 들어가서 여러 부서와 함께 일하기 시작하는 경우 가장 좋은 방법은 파트너가 될 만한 부서별 핵심 인물을 파악해서 그들의 역할과 경험에 대해 이야기하는 인터뷰를 잡는 것이다. 이는 앞으로 회사 생활을 하는 데 중요한 네트워크가 될뿐더러 당신의 책임과 사용자 경험 전반에 대해 이야기할 수 있는 좋은 기회이기도 하다. 이 인터뷰의 마지막에 해야 할 중요한 질문은 "내가 이런 일이 생겼을 때 어떤 부서의 누구와 연락하면 될까요?"다. 이를 통해 사내 곳곳에서 일하는 UX 프로젝트 관련 담당자의 목록을 확보할 수 있다.

근무한 지 오래됐어도 이런 인터뷰를 할 수 있다. 그렇지만 이때는 특정 시점(예를 들면 새 프로젝트가 시작될 때)이나 꼭 참석하게 만들 만한 긴급한 이슈가 있는 시점과 연계시켜야 더 효과적이다.

주의할 점은 당신이 상사를 피해 가는 것처럼 보이지 않게 상사에게 꼭 알려야 한다는 것이다. 좋은 커뮤니케이션은 역할을 이해하고 신뢰를 쌓는 핵심이다.

회사에서 신뢰를 쌓을 수 있는 다른 방법은 기업 문화를 이해하는 것이다. 이것은 과거 프로젝트의 경험(긍정적이든 부정적이든), 사내 위계질서에 따른 예절, 근무 방식(재택근무 등)과 같이 암묵적으로 합의된 기대감 같은 것이다.

기업 문화 이해하기

문화란 유리잔에 알약 하나를 떨어뜨리는 것과 같다. 눈에는 보이지 않지만 그 속에서는 뭔가
가 움직이고 있다.

－ 한스 매그너스 엔젠스버거(Hans Magnus Enzensberger)

기업 문화는 지역별, 계열사별, 부서별로 다르지만, 회사라면 직원과 프로젝트에 영향을 끼치는
그 회사만의 중요한 특징이 있다. 이제부터 프로젝트 범위를 규정할 때, 혹은 어려운 정치적인 이슈
를 헤쳐나갈 때 알아두면 좋을 회사의 문화에 대해 살펴보자.

역사

'과거를 기억하지 못하는 자는 똑같은 실수를 되풀이한다'는 말이 프로젝트라고 예외는 아니다. 어
떤 회사든 현재의 상태는 과거의 경험과 사건을 통해 만들어진다. 이러한 배경을 알면 프로젝트 성
격을 더 명료하게 이해할 수 있다.

프로젝트에 영향을 끼칠 수 있는 회사의 역사에 대한 질문 몇 가지를 살펴보자. 이 중 몇 가지는
너무 잔인해서 듣고 싶지 않을 수도 있다. 하지만 그것이 지금 참여 중인 프로젝트가 시작된 이유
일지 모른다. 이로 인해 앞으로의 여정이 험난할 수 있지만 그렇기 때문에 결과가 빛날 수도 있다.
더구나 당신이 그 성공의 열쇠가 될지도 모른다! 그렇지만 논의를 해 본 결과 예전의 문제가 이번
에도 어김없이 나타날 것 같다면, 그리고 당신 또한 그 문제를 풀 수 없을 것 같다는 생각이 들면
이는 심각한 경보음이다. 이러한 경우에는 프로젝트를 시작하는 것이 옳은지 다시 한 번 생각해
봐야 한다.

- **과거에 수행한 프로젝트 중 성공한 것은 무엇입니까? 그 원인은 무엇이라고 생각하십니
까? 반대로 실패한 (또는 골칫거리였던) 프로젝트는 무엇입니까? 왜 실패했습니까?**

  이 질문을 통해 '성공'의 기준, 프로젝트에 도사리는 위험, 이 프로젝트에 대한 선입견이
  나 기대감, 성공한 프로젝트의 접근 방식 등을 알 수 있다(단도직입적으로 물어봐도 좋
  고, 사적인 대화에서 자연스럽게 물어봐도 좋다).

- **함께 일하던 UX 디자이너를 교체한 적이 있습니까?**

그런 적이 있었다면 어떤 점이 잘못됐었는지, 그리고 클라이언트가 당신은 어떻게 다르기를 바라는지를 알아야 한다. 이 질문을 여러 사람에게 하면 다양한 속내를 알 수 있다. 만약 클라이언트의 의견이 정반대로 갈린다면 이건 UX 디자이너의 책임이 명확하지 않았다는 증거다. 이때는 많은 커뮤니케이션을 통해 UX 디자이너들의 업무를 분명히 짚고 넘어가야 한다.

- **필요 이상으로 길게 끌었던 프로젝트가 있었습니까?**

그렇다면 경영진들이 서로 다른 의견을 가지고 있거나, 중요 기점에 그들이 의견을 조율하는 데 참여하지 않았다는 신호다. 분명히 몇 번이나 지연되고, 방향이 바뀌고, 같은 작업을 여러 번 하느라 일정을 놓쳤을 것이다. 아니면 강력한 의사결정권자가 없어서 아니라고 말하거나 강하게 주장하는 사람이 없었을 것이다. 이런 경우라면 프로젝트 관리자는 프로젝트가 앞으로 나아갈 수 있게 경영진 참여에 대한 가이드라인을 만드는 것이 좋다.

- **이전에 UX 디자이너의 사전 참여 없이 사이트를 설계한 적이 있습니까?**

이건 다행일 수도 있고, 불행일 수도 있다. 클라이언트가 그 경험을 통해 분명 UX 디자인의 필요를 느꼈을 것이라는 점이 다행이고, UX 디자인에 대해 전혀 모른다는 점이 불행이다. 이럴 때는 섬세하고 조심스럽게 접근해야 한다. 일단은 그들에게 존경과 경의를 표하며, 그들이 한 작업을 칭찬한다. 그 이후에 사용자의 관점에 대해 이야기를 꺼내며 이 관점으로 설계했을 때 어떻게 더 좋아지는지를 설명한다. 클라이언트는 프로젝트에서 중요한 조력자이기 때문에 조심스럽고 정중하게 다가가야 한다. 결국 그들의 도움으로 UX 업무는 탄력을 받아 진행될 것이다.

- **프로젝트 관리자나 자금 부서에서 이 프로젝트에 대해 극도로 긴장하고 있는가?**

여기에는 많은 이유가 있을 수 있다. 특히나 위에서 거론한 상황들이 벌어지고 있는 중이라면 더욱 긴장해 있을 것이다. 시장 경쟁이 치열할 때도 그렇다. 주가가 곤두박질치고 있는가? 경영이 어려운가? 최근 경쟁자가 비약적으로 치고 올라오는가? 그렇다고 해서 이 프로젝트를 중단할 필요는 없다. 애당초 이런 상황을 극복하기 위해 이 프로젝트를 발주한 것이다. 단 회사의 재정 상황이 극도로 악화되어 용역비를 지불할 수 있을지가 걱정될 정도라면 곰곰이 생각해야 한다.

위계질서

거트 호프스테드(Geert Hofstede)는 사람들의 행동과 의사소통 방식에 영향을 끼치는 문화의 차이를 '문화의 다차원(cultural dimensions)'이라는 훌륭한 모델로 제시했다. 문화의 다양한 특징 중 한 가지로 '권력의 거리(power distance)'가 있는데, 이는 한 사회(이 경우 회사) 구성원들이 계층 간에 존재하는 거리감을 이해하고 받아들이는 정도다. 회사를 예로 들어보면 권력의 거리가 큰 회사의 경영진은 권력이 막강하고 접근하기가 어렵다. 이 회사의 직원들은 위계질서를 따라야 한다. 반면 권력의 거리가 작은 회사에서는 상사와 부하직원 간에 의견을 공유하고, 비전에 의문을 품기도 하는 민주적인 의사소통 구조를 띤다.

권력의 거리란

"… 한 조직이나 집단(가족 등)에서 작은 권력을 지닌 사람들이 집단 구성원들의 권력이 불평등하게 분배됐다고 생각하는 정도를 의미한다. 이것은 불평등 정도를 말하는데, 높은 계층이 아닌 낮은 계층에서 규정하는 불평등이다. 이것은 한 사회의 불평등은 윗사람 못지 않게 아랫사람에 의해서도 결정될 수 있음을 보여준다."

– 거트 호프스테드(Geert Hofstede),
문화의 다차원(Cultural Dimensions),
www.geert-hofstede.com

대체로 미국의 직장인들은 권력의 거리가 짧은 근무 환경을 선호한다. 하지만 어떤 형태가 좋거나 나쁘다는 의미는 아니다. 더군다나 회사의 성공과 직결되는 것도 아니다. 애플은 비교적 권력의 거리가 큰 회사다(스티브 잡스가 뿜어내는 기운을 생각해 보라). 반면 구글은 이에 비하면 아주 민주적이지만 두 회사 모두 가장 혁신적인 시장의 선도자다.

여기서 중요한 점은 고객사의 권력의 거리가 당신이 프로젝트와 관련된 정치적인 조류를 헤쳐가는 데 영향을 미친다는 것이다. 이는 프로젝트의 주요 시점(요구사항 취합 기간(5장 참고), 승인 시점(4장 참고) 등)이 오면 더욱 중요해진다.

지금 근무하는 회사의 권력의 거리가 크다면 경영진 인터뷰나 리뷰 일정을 잡기 전에 보고 라인을 미리 파악해야 하며, 중간 관리자들을 더 많이 참가시키는 것이 좋다.

근무 방식

클라이언트의 이력이나 위계질서 같은 큰 측면과 함께 이들이 근무하는 방식도 알아야 한다. 이를 통해 당신이 이용하는 도구와 연계할 방법을 찾을 수 있고, 필요하다면 신중하게 변화를 모색할 수 있다.

예를 들면 프로젝트에 영향을 끼칠 핵심 오픈 일정이나 데드라인(연간 계획으로 진행되는 소프트웨어 애플리케이션과 계절 캠페인을 위한 부속 사이트는 속도가 다를 수밖에 없다)에 의한 작업 속도 말고도 클라이언트가 기대하는 작업 속도까지 이해해야 한다. 당신이 속한 팀은 마감 일정을 아주 가까운 날로 잡아두고 야근과 철야 근무를 독촉하는가?

파견 근무와 원격 근무 중 어떤 방식을 선호하는지도 알면 좋다. 만약 클라이언트가 파견을 원하면 모든 장비를 갖고 들어가 거기에 환경을 마련해야 한다. 원격 근무가 가능하다면(많은 글로벌 회사에서 이 방식을 택하고 있다) 의사소통 방식과 도구를 정해야 한다. 메신저를 사용해도 좋은가? 원격 회의 프로그램은 무엇을 사용하는가? 과거 해외 지사의 경영진들은 어떤 방식으로 참여시켰는가?

'종이 서류'를 받아들이는 사내 문화도 알아두면 좋다. 전자적인 장비를 좋아하는 회사라면 좋은 프로젝터를 설치하고 인터넷을 연결해 둔다. 반면 종이 문서를 중시하는 회사는 회의 때마다 서류를 충분히 복사해 간다. 만약 그 회사에서 선호하는 반대 방식이 프로젝트에 더 효과적이라고 판단되면 그것을 권해볼 수 있다. 하지만 이 경우에는 왜 반대의 방식이 더 효과적인지 이해시키고, 자연스럽고 점진적으로 변화를 유도해야 한다.

종합하기

이제 프로젝트를 둘러싼 영역을 살펴봤으니 프로젝트 생태계를 더 잘 이해했으리라 믿는다. 당신이 일하는 환경(기업 문화), 프로젝트 유형(디자인하는 사이트의 유형), 그리고 함께 일하게 될 사람들 (그들의 역할과 책임과 함께)에 대해서도 살펴봤다.

　이 장에서 다룬 정보는 프로젝트에 필요한 역할을 제대로 인지해 프로젝트가 순조롭게 시작하는 데 도움될 것이다. 또한 제안 담당자가 제안서를 쓸 때 반드시 파악하고 있어야 하는 기초 정보이기도 하다(다음 장에서 UX 제안서에 대해 자세히 다룬다). 제안 담당자가 아니더라도 프로젝트 킥오프 미팅(프로젝트를 위한 첫 미팅)을 주관할 때 이 정보를 유용하게 활용할 수 있다. 효과적인 회의에 대한 기초적인 지식을 얻고 싶다면 '효과적인 회의를 위한 가이드' 장을 읽기 바란다. 프로젝트 첫 회의에서 반드시 파악해야 할 내용을 알고 싶다면 4장 '프로젝트 목표와 접근 방법론'을 참고한다.

A Project Guide to UX DESIGN 2

03

제안서 작성하기

• UX 컨설턴트와 프리랜서를 위한 제안서 작성 가이드 •

고객사의 요구에 맞추면서 프로젝트를 잘 이끌어 나가기란 꽤 어려운 일이다. 하지만 프로젝트 초반에 깐깐하게 서로의 견해와 조건을 합의해 놓지 않으면 나중에 모든 것을 잃게 될지도 모른다. 제안서와 업무 정의서는 재정적, 법적 문제로부터 당신과 당신의 사업체를 보호하기 위한 필수 문서다. 프로젝트를 하기로 하고 기분 좋게 악수했다면 곧 쌍방의 관계, 대금 지급 일정 등의 내용을 포함한 합의서를 작성해야 한다.

- 러스 웅거

제안서를 써야 하는 이유

"좋은 일에는 반드시 대가가 따른다"는 속담이 있다. 이 말은 프로젝트를 새로 시작할 때도 어김없이 적용된다. 업체로 선정되어 기쁜 순간은 잠시이고 그때부터 본격적으로 제안서를 써야 하다.

가장 어려운 도전은 뭐니 뭐니 해도 제일 처음 쓰는 제안서다. 제안서를 한 번도 써보지 않았다면 도대체 어디서부터 시작해야 할지 도저히 감이 오지 않을 것이다. 이 장은 그런 사람들을 위한 곳이다.

세상에 똑같은 프로젝트는 하나도 없다. 따라서 제안서를 쓸 때마다 신경 써야 할 부분이 다 다르다. 그러나 모든 프로젝트에는 공통적인 핵심 요소가 있어서 프로젝트마다 가져다 쓸 수 있다는 점은 참으로 다행스럽다(프로젝트의 유형에 대해서는 2장을 참고한다).

그렇다면 제안서는 언제 써야 하는가? 답은 항상이다.

왜 제안서를 써야 하는가? 프로젝트 역사상 고객사와 업체 간에 쌍방의 합의가 없을 때처럼 사람들을 곤란하게 만드는 상황은 없다.

고객사와 첫 회의를 하고 나서 바로 시작해도 될 것 같아서 이 단계를 건너뛰고 싶다는 생각이 들지도 모른다. 고객사의 요건을 제대로 이해했고, 이해한 바를 정확하게 전달할 수 있더라도 일을 시작해도 된다는 의미는 아니다.

이때야말로 속도를 늦추고 호흡을 고를 때다.

바로 프로젝트를 시작하는 대신 새로운 고객사와의 관계와 계약 조건에 대해 시간을 들여 더 꼼꼼히 생각해 볼 필요가 있다. 워싱턴 DC에 소재한 법률회사인 피어, 갠 & 기슬러(Peer, Gan & Gisler)의 장 마르크 파브르(Jean Marc Favreau)는 다음과 같이 이야기한다.

> "프로젝트 발주업체와 외주업체는 첫 회의를 하고 나서 서로 마음이 통했다고 생각하는 경향이 있습니다. 하지만 이때는 위험이나 애매모호함이 잠복해 있을 뿐입니다. 물론 우발적인 사건까지 모두 대비할 수는 없지만 예측 가능한 모든 내용에 대해 서로 문서로 합의를 해놓으면 스스로를 보호할 수 있을 뿐만 아니라, 추후에 법정으로 가는 상황을 막을 수 있습니다. 고객사와의 관계 조건이나 변수를 문서상으로 세세하게 규정할수록 서로를 헐뜯으며 왈가왈부하는 상황을 막을 수 있습니다."

프로젝트를 새로 시작할 때 사람들은 흥분해 있다. 그래서 계약 조항을 가다듬느라 이 흥을 깨고 싶지 않다. 하지만 어떤 관계도 신혼의 단꿈은 금세 깨지기 마련이다.

약속은 두 쪽 모두에서 깨질 수 있다.

고객사가 필요한 시점에 자료를 제공하지 않아 일정이 지연될 수 있다(이런 경우를 보지는 못했지만 실제로 일어난다고 한다). 경영 사정이 나빠져서 예산 집행이 안 될 수도 있다. 일 열심히 하고 빈 손으로 돌아가는 것이다.

고객사 역시 협력 업체와 일하는 것이 모험일 수 있다. 특히 업체 규모가 너무 작거나 개인 사업자일 경우에는 더욱 그렇다. 이때 논리정연하고 전문가다운 제안서를 제시하면 고객사는 안심하고 자잘한 고민들을 덜 수 있다.

제안서는 프로젝트를 진행하는 도중에 문제가 생겼을 때 양측을 보호해 줄 수 있다. 고객사가 제때에 필요한 자료를 제공하지 않아서 일정이 지연된다면 당신은 제안서에 의거해 그들이 해야 할 일을 상기시킬 수 있다. 자금 지급에 문제가 생겼더라도 제안서나 다른 형태의 문서로 합의를 해놨다면 일을 다 마치고 대금을 받지 못하는 위험이 줄어든다.

더는 이유를 늘어놓을 필요가 없다. "항상 제안서를 써라."

제안서 만들기

프로젝트를 수주하면 그 즉시 제안서 작업에 돌입해야 한다. 제안서가 일찍 통과될수록 프로젝트를 빨리 시작할 수 있다. 물론 대금도 더 빨리 받을 수 있다.

좋은 제안서에 들어가는 핵심 항목은 다음과 같다.

- 표지
- 업무 범위
- 개정 이력
- 전제사항
- 프로젝트 개요
- 산출물

- 접근 방식
- 소유권 및 저작권
- 기타 비용
- 대금 지급 일정
- 프로젝트 견적 방식
- 승인 및 서명

지금부터 각 내용에 대해 깊이 들어가보자.

표지

표지는 해당 문서를 소개하는 간단한 페이지다. 표지는 재미있게 작업할 수 있다. 표지의 스타일이나 정보를 구성하는 방식은 매우 다양하다. 어떻게 만들지는 제안자에게 달렸다.

　제안서 표지에는 보통 아래와 같은 내용이 들어간다.

- 고객사명
- 제출일
- 고객사 로고(로고 사용을 허락받은 경우)
- 당신의 회사명
- 프로젝트명
- 제안서 작성자
- 프로젝트 일련번호
- 문서의 종류(이 경우에는 제안서)
- 프로젝트 비용
- 개정 이력
- 문서 보안 정보

　첫 제안서에는 회사 로고, 프로젝트 비용, (필요한 경우) 프로젝트 일련번호를 제외한 나머지 내용을 모두 넣어라.

왜 첫 제안서에 이 항목들을 누락시켜야 하는가?

고객사는 이 제안이 자신의 회사를 위한 것이라는 사실을 잘 안다. 따라서 회사 로고 사용을 허락받느라고 시간과 노력을 낭비할 필요가 없다. 더구나 무단으로 로고를 사용해서 고객사의 기분을 언짢게 할 필요도 없다. 프로젝트 비용은 프로젝트의 여러 부분들을 설명한 후에 대금 지급 일정에 자연스럽게 끼워 넣는 것이 좋다. 프로젝트 일련번호는 제안자가 확인할 사항이다. 대개의 회사는 일련번호가 없다. 하지만 일부 정부 기관의 프로젝트에서는 필요할 때가 있다. 일련번호 없는 제안(그림 3.1)은 기각되기도 한다.

그림 3.1의 제안서 표지에는 (가상의) 회사 로고가 담겨 있다. 그러나 아직 로고 사용을 허가받지 않았거나 서로의 관계가 완전히 정립되지 않은 단계라면 로고를 제시하지 않는 것이 좋다.

그림 3.1 | 제안서 표지 샘플

개정 이력

개정 이력 자체로 제안서의 한 부분을 만든다. 개정 이력은 첫 제안서 이래로 제안서가 몇 번이나 수정됐는지를 보여주는 정보다. 여기에는 버전 번호, 날짜, 저자, 버전에 대한 기억을 환기시킬 수 있는 버전별 설명(그 버전에서 수정된 항목)이 들어간다(표 3.1).

표 3.1 개정 이력 예시

버전 번호	제안서 섹션	상세 내역	편집자	날짜
1.0		첫 제안서	홍길동	2012.1.8
1.1	전제사항	소프트웨어 요구사항 업데이트	홍길동	2012.1.11

고객사가 제안을 승인했지만 좀 더 내용을 발전시킬 것을 요구하기도 한다. 세부적으로 이런 요구를 반영하면서 전체적으로 다음 단계로 넘어가기로 결정했다면 이때가 버전 번호를 1.x에서 2.0으로 고칠 시점이다.

고객사가 제안을 승인하고 양측이 합의를 하면 본격적으로 프로젝트에 착수할 수 있다. 나중에 고객사가 추가 수정을 요청해 온다면 매우 꼼꼼하게 살펴야 한다. 그래서 애당초 합의한 금액으로 가능한지, 해당 수정 내역에 대해 양측이 정확히 이해했는지, 어떤 단계에서 다시 시작하는 것인지(필요하다면)를 확실히 알아야 한다. 또한 버전 번호가 완전히 새롭게 시작되는 경우에는 왜 그렇게 했는지를 이해할 수 있는 설명이 필요하다.

프로젝트 개요

프로젝트 개요는 당신이 앞으로 작업하게 될 프로젝트에 대한 설명이다. 이것은 고객사의 말이 아닌 당신의 말이어야 한다. 이 내용을 통해 고객사는 당신이 이 프로젝트를 어떻게 바라보고 있는지 이해할 수 있고, 제안서에서 이 이후에 어떤 내용이 나올지 예측할 수 있다.

개요는 다음과 같이 시작해 볼 수 있다.

> [고객사명]은 이번에 새로운 웹사이트를 제작하려고 한다. 이 사이트에서 [고객사명]의 고객은 온라인에서 제품 정보를 얻고, 구매할 수 있을 뿐만 아니라 이 회사에서 제공하는 각종 고객 서비스와 혜택을 제공받게 될 것이다. 이 웹사이트의 목표는…

프로젝트 개요는 고객사가 당신에게서 기대할 수 있는 구체적인 내용을 상위 레벨로 한두 단락 정도 기술한다. 개요의 마지막은 프로젝트를 성공적으로 수행하기 위해 당신의 회사가 제안하는 접근 방식을 소개하는 것으로 끝맺는다.

> 이 제안은 [고객사명]의 웹 사이트를 성공적으로 디자인 및 개발하기 위해 [당신의 회사명]에서 추천하는 방향을 자세히 서술한다. [프로젝트 완료일]까지 수행하게 될 방식으로는…

접근 방식

어떤 프로젝트를 맡느냐에 따라 프로젝트에 접근하는 방식이 달라진다. 이제 당신이 어떻게 프로젝트를 수행할지 고객사에게 설명할 차례다. 이 부분에서 당신의 업무 방식과 이후 예상 작업을 정리한다.

사실 많은 프리랜서나 회사들이 이름만 살짝 바꾼 비슷한 방법론을 사용한다. 그 회사의 실정에 맞게 포장만 해서 말이다.

PURITE 프로세스

아주 오래전 프로젝트 역사에 한 획을 긋는 방법론이 만들어져 고객사에게 제안되기 시작했다. 그것은 'PURITE 프로세스(PURITE Process™, purity와 동일한 발음)'라고 부르는 방법론으로서 이제 이 책을 통해 만천하에 공개됐다. 이 방법론은 이름도 낯간지럽고, 어딘가 불완전한 구석도 있는데다, 사이트 오픈 이후의 분석 부분(감시)은 생략됐지만 제안서에 사용하기에는 더없이 좋다. 이제 더 이상의 사족은 생략하고 방법론을 소개하겠다.

> [당신의 회사명]은 여러 프로젝트를 통해 성공을 입증한 표준화된 프로세스를 갖추고 있다. 여기에 기술한 모든 단계가 이 [프로젝트명]에 그대로 적용되지는 않지만 전반적인 프로세스는 다음과 같다.
>
> PURITE 프로세스는 [당신의 회사명]에서 주관하는 모든 프로젝트의 성공을 보장하는 자체적인 개발 방법론이다. PURITE는 [당신의 회사명]과 고객사, 사용자의 효과적인 협업 가이드라인을 제시함으로써 그동안 기대 이상의 결과물을 만들어 왔다.
>
> **P – 준비 단계(Prepare)**. 우리는 당신이 속한 산업군과 경쟁 상황, 그리고 그들의 사업 방식을 이해하기 위해 요구사항을 수집하기 전에 최대한 많은 정보를 확보한다.

U – **이해 단계(Understand)**. 우리는 이 프로젝트의 요구사항을 정확히 포착하기 위해 해당 분야 전문가, 그리고(또는) 사용자들의 의견을 충분히 수렴할 것이다.

R – **개발 단계(Render)**. 우리는 개발 단계에서 제품의 모든 부분을 만들어낸다. 우리의 경험에 따르면 모든 프로젝트에서 이 단계에 머리를 맞대고 생각해야 하고, 초점을 잃지 않아야 하며, 당신의 팀과 시의적절하고 열린 커뮤니케이션을 해야 한다. 또 요구되는 것으로는…

I – **반복 단계(Iterate)**. 반복 단계는 프로젝트 전 과정에 걸쳐 계속 발생한다. 우리는 사이트가 최대한 빨리 세상에 나올 수 있도록 신속히 움직인다. 그러기 위해서는 짧은 주기의 수많은 반복 작업이 생길 수 있고, 이를 위해서는 필요한 자료와 자원에 즉시 접근할 수 있어야 한다. 이 단계의 최종 결과는 당신이 기술한, 그리고 당신이 만들 수 있도록 도와준 바로 이 제품이다.

T – **테스트 단계(Test)**. 우리는 개발 단계를 수행하는 동안 모든 프로젝트를 테스트한다. 이때 는 또 다른 시선이 필요하다. 우리는 목표에 맞는 테스트를 수행하기 위해 자체적인 테스트뿐만 아니라 당신이 지정한 당신의 사용자 그룹/시청자 그룹도 테스트한다. 다각도에서 엄격한 테스 트를 거치기 때문에 프로젝트 오픈 이후의 시행착오를 최대한 줄인다.

E – **오픈 단계(Enable)**. 이전의 5단계를 성공적으로 마치고 최종 승인이 떨어지면 이제 우리는 모든 솔루션을 활용해 웹사이트를 정상 가동시킬 것이다. PURITE 프로세스는 여기서 그치지 않는다. 프로젝트가 완료된 이후에도 주기적으로 고객사와 접촉해 프로젝트의 만족도를 점검 한다. 이 밖에도 변화된 목표나 사이트의 개선점을 지속적으로 모니터링하며, 향후 새로운 프 로젝트가 시작될 시점에 최적의 접근법을 찾도록 돕는다.

이 내용을 조금 갖다 쓰든 많이 갖다 쓰든 상관없다. 이 신화적인 프로세스를 만든 사람은 당신 이 출처를 밝히지 않아도 전혀 문제삼지 않는다고 한다.

당신의 프로세스는 위와 같이 상세하게, 또는 아래와 같이 간단하게 정리할 수 있다:

전략 기획, 상세 기획, 개발, 사후 점검

- 전략 기획(Plan): 전체 전략 세우기
- 상세 기획(Define): 상세 요구사항 규정
- 개발(Develop): 제품 개발, 테스트, 수정, 오픈
- 사후 점검(Extend): 개발, 테스트, 오픈 과정에서 배운 것을 토대로 추후 개선점 제안

프로세스를 정했다면 각 단계별로 어떤 노력이 이뤄질 것인지를 자세히 적고, 그 노력이 당신이나 고객사에게 어떤 의미를 지니는지를 알려줘야 한다.

접근방식 섹션은 해당 프로젝트, 당신의 프로세스, 단계별 수행 활동에 따라 달라지지만 최대한 2~3쪽을 넘기지 않는 것이 좋다. 또한 여기에는 당신이 고객사에게 제공할 결과물만 담아야 한다. 그래야 나중에 예정에도 없는 문서를 만들거나, 견적을 조정하는 일을 막을 수 있다.

업무 범위

업무 범위는 프로젝트에서 하는 업무를 구분한 섹션이다. 즉 여기서 '당신'이 프로젝트의 어떤 부분을 맡는지, '고객사'는 어떤 부분을 맡는지를 규정한다. 잠시 생각해 보자.

그렇다. 여기가 고객사에게 우리는 이것을 할 것이고, 당신은 저것을 하라고 글로 이야기하는 부분이다. 고객사가 이 제안서에 서명하면 이 업무 분장에도 동의한다는 의미다. 따라서 나중에 오해가 생겼을 때 거슬러 올라가서 참고할 만한 문서 기록이 되는 것이다.

이 섹션의 의도는 프로젝트의 어떤 부분을 누가 맡는지, 프로젝트 범위에 어떤 부분이 들어가는지, 그 가격이 어떻게 되는지를 파악하는 것이다.

아무리 제안서를 쓰기 싫어도 써야 하는 이유는 바로 이 부분 때문이라고 해도 과언이 아니다.

다음은 업무 범위에 대한 간략한 예시다.

우리는 [프로젝트 형태]를 구축하는 데 필요한 모든 서비스를 제공하기 위해 [고객사명]에 의해 협력업체로 지정됐다.

[당신의 회사명]은 [고객사명]의 웹사이트에서 [UX 디자인 측면]에만 초점을 맞출 것이다.

[고객사명]은 프로젝트가 계획에 따라 차질 없이 진행될 수 있게 [프로젝트 형태]의 모든 측면에 대해 상세한 피드백을 주어야 한다.

[고객사명]은 프로젝트에 사용할 목적으로 쓰이게 될 사내 자료들(서체, 색상 체계, 브랜드 가이드라인 등)을 즉각적으로 제공해야 한다.

전제사항

전제사항 섹션은 차후에 논란의 여지가 생기지 않게끔 고객사에게서 어떤 것이 필요한지를 분명히 못박아 두는 부분이다. 프로젝트를 성공적으로 마치기 위해 협력업체가 반드시 접근해야 하는 고객사 고유의 자원들을 여기에 기술한다.

사실 '전제 사항'이라기보다는 '기대 사항'이라는 표현이 더 정확하고 공손하게 들린다.

계획은 얼마든지 세울 수 있다. 하지만 프로젝트 팀이나 고객사 모두 특정 시점마다 해야 할 일을 제때 하지 않으면 두 쪽 다 실패의 책임이 있다. 전제사항 섹션은 프로젝트의 특정 시점마다 적절한 시점에, 신속하고 즉각적으로 고객사의 자원이나 자산에 접근해야 한다는 '기대'를 전하는 부분이다.

다음은 전제사항의 예시를 보여준다.

전제사항

[고객사명]은 프로젝트의 원활한 진행을 위해 아래에 기재한 자산과 자원을 제공해야 한다. 아래의 것들을 제때에 모두 제공받지 못하면 프로젝트가 지연되거나 실패할 수 있다.

해당 프로젝트에 필요한 자산과 자원은 다음과 같다.

[고객사명] 내 모든 관련 부서 임직원

[프로젝트명] 구축에 필요한 모든 자료(가능하다면 소스 파일 포함)

[프로젝트명] 구축에 필요한 모든 콘텐츠, 카피, 이미지, 음성 등 그 이외의 것

산출물

산출물이란 당신이 만들어 낼 업무의 결과물로, 나중에 고객사에게 넘기게 될 것이다. 이 섹션에는 프로젝트를 하면서 고객사가 당신에게서 어떤 형태의 결과물을 받을 수 있는지를 자세히 적는다. 현황 보고는 별도로 관리하다가 프로젝트가 끝날 즈음에 제출하는 것이 좋지만 원한다면 산출물 내역에 기재해도 무방하다.

포함시킨 산출물에 대해 설명하라. 그 산출물이 나오지 않더라도 말이다. 혹여 어떤 고객사가 프로젝트가 완료된 후에 "제안서에 이런 [산출물]이 나온다고 했는데 보이지 않는군요"라고 말할지 모른다. 하지만 말 한마디가 상황을 바꿀 수 있다.

산출물

[당신의 회사명]은 프로젝트를 하면서 다양한 형태의 산출물을 제공할 것이다. [고객사명]에게 전달할 산출물은 다음과 같다.

크리에이티브 브리프

크리에이티브 브리프(Creative Brief)는 이 프로젝트의 맨 첫 단계다. 이 문서를 통해 높은 수준에서의 프로젝트 개요를 빠르고 효과적으로 파악할 수 있다. 크리에이티브 브리프의 목적은 프로젝트 목표와 사용자의 니즈를 정확히 파악하고, 프로젝트에 필요한 리소스와 한계점을 규명하는 것이다.

기타 등등

소유권 및 저작권

외주 업체는 프로젝트 결과물에 대해 어느 정도의 권리를 주장할 것인가를 정해야 한다. 세상에는 많은 소유권, 저작권 형태가 있지만 대개 다음의 두 가지 중 하나에 해당한다.

- 인건비 계약
- 라이선스 계약

인건비 계약은(법률 용어로 "직무 저작"이라고 함)은 특정 프로젝트의 시작이나 저작권의 소유가 실제 용역을 수행한 업체가 아닌, 해당 용역의 대금을 지급한 업체에게 귀속되는 것을 말한다.

프로젝트를 인건비 기준으로 계약하면 용역 수행 업체는 프로젝트를 통해 수행한 용역과 생산한 것들에 대해 어떤 권리도 주장할 수 없다. 많은 회사들이 이 같은 상황을 달가워하지 않는다. 왜냐하면 별도의 수입을 창출할 수 있는 '유지보수' 업무로 이어지지 않기 때문이다. 고객사가 결과물을 받고 나서 자신들의 힘으로 유지보수를 하겠다고 결심할 수 있기 때문이다.

고객사가 이 조항을 강하게 밀어붙인다고 고민할 필요는 없다. 이것은 흔한 일이다. 한 회사와 풀타임 고용을 조건으로 인건비 계약을 했다면 이는 흔히 볼 수 있는 고용주-고용인 관계라고 생각하면 된다. 이 형태의 계약에서는 차후에 발생할 잠재적인 손실을 감안해 더 높은 단가로 책정한다.

이것은 당신이 고객사와 어떤 관계를 맺을 것이고, 어떤 형태로 사업을 하는가에 달린 문제다. 시간과 경험이 쌓이면 당신에게 가장 도움이 되는 업무와 견적 형태를 선택할 수 있다.

라이선스 계약은 용역 제공 업체가 저작권을 소유하되 다른 사람에게 그 제품의 복제와(또는) 유통의 권리를 인정하는 것을 말한다. 라이선스 계약에는 여러 가지 조항을 추가할 수 있다. 보통은 용역에 사용된 소스 자료의 소유권은 용역 업체가 가지고, 고객사에게 제한된 형태로 사용(편집 가능한 원본 워드, 비지오, 악슈어, 옴니그래플, 기타 문서 대신 PDF로 제공하는 것처럼)하게 하는 것이 가장 유리하다.

형태 변형을 불가능하게 하거나, 비상업적으로 가능하게 하는 것 등 상황에 맞게 여러 가지 형태로 라이선스를 취득할 수 있다.

참고 크리에이티브 커먼즈(http://creativecommons.org/about/licenses)에는 당신이 취득할 수 있는 다양한 라이선스 종류를 쉽게 설명했다. 하지만 이 또한 라이선스 세계의 일부에 지나지 않는다. 까다로울 정도로 구체적이고 심도 있게 라이선스를 취득하고자 한다면 반드시 저작권 전문 변호사와 논의하기 바란다.

기타 비용

프로젝트 견적에 프로젝트에 필요한 외부 자료를 구매하는 것이 포함됐는지 여부를 고객사에게 알릴 필요가 있다.

예를 들어 사진 전문 업체에게서 사진을 구매하는 프로젝트가 있다. 이때 일단 용역 업체가 이미지를 구매하고(적합한 사용 권한을 확인해야 한다) 견적 내 비용으로 처리할 수 있다. 아니면 이 구매를 추가로 고객사에게 청구할 수도 있다. 만약 고객사에게 알리고 싶은 당신의 서비스가 있다면 기타 비용란에 소개할 수 있다.

기타 비용을 정리하는 방법은 아래의 예시를 참고한다.

기타 비용

외부 자료를(콘텐츠, 이미지, 폰트 등) 구매할 경우에는 [고객사명]에게 이 사실을 전달하고, 승인을 얻어, [고객사명]에게 결제를 요청한다.

또한 [당신의 회사명]은 호스팅 서비스를 굉장히 낮은 가격으로 제공할 수 있다. 우리 회사는 설정 가능한 웹 이메일을 포함한 호스팅 서비스를 25달러의 설치 비용과 월 25달러부터의 저렴한 이용료로 제공한다. [고객사명]이 우리의 '유지보수' 패키지를 구매한다면 [당신의 회사명]은 양사가 동의할 수 있고, 두 업체 모두에게 이익을 줄 수 있게 이 제품의 최적화 작업을 할 것이다.

만약 출장을 계획하고 있다면 호텔, 자동차 렌트, 일당 등과 같은 경비를 누가 책임질 것인지, 어떻게 청구할 것인지까지 매우 구체적으로 정리해야 한다.

프로젝트 견적 방식

프로젝트 진행에 필요한 모든 업무와 단계를 상세히 설명했다면 이제는 고객사에게 비용을 알릴 차례다.

어떤 기준으로 견적을 내는가는 당신에게 달렸지만 약간의 팁을 주자면 이 프로젝트에 어느 정도의 기간 동안 연루될 것인가를 계산한다. 수정 횟수, 프로젝트 관리에 필요한 적정 시간(보통 프로젝트 기간의 25% 정도), 투입 인원의 시간당 비용을 적용해 모두 합산한다. 이때 프로젝트 부분별 난이도와 같은 공식을 대입해 대략의 견적 범위를 제공하면 된다.

대개 시간과 물질적인 측면에서 프로젝트 가격을 잘 산정할 때는 경험이 가장 중요하다.

그렇다면 프로젝트 투입 인력의 시간당 단가는 어떻게 책정할 것인가? 비교를 위해 경쟁 업체들의 급여 수준과 용역 제공 요금을 조사해 보라. 예를 들면 일부 기관(인포메이션 아키텍처 인스티튜트(Information Architecture Institute, www.iainstitute.org), AIGA(www.aiga.com), 코로플롯(Coroflot, www.coroflot.com), 리쿠르팅 업체인 애쿠언트(Aquent, www.aquent.com))에서는 봉급과 용역비 설문조사를 실시한다. 이 분야의 다른 사람들이 어떻게 가격을 책정하는지를 보다 보면 당신의 경력을 감안해 어느 정도가 공정한 단가인지 감을 잡을 수 있다.

명심할 사항이 하나 있다. 가격을 내리는 것은 언제나 가능하다. 하지만 일단 비용이 페이지에 올라간 후에 더 올려달라고 말하기란 아주 어렵다.

견적을 구성하는 방식도 다양하다. 프로젝트의 성격에 따라 선택이 가능한 다양한 가격 옵션을 제공할 수 있다. 예를 들어 정적인 HTML 사이트와 동적인 콘텐츠를 수용할 수 있게 콘텐츠 관리 시스템(content management system, CMS)을 갖춘 사이트(CMS가 있으면 적은 비용으로 편리하게 콘텐츠를 관리할 수 있다)로 2가지 옵션을 생각해 보자. 아래의 견적 예시를 참고한다.

프로젝트 예상 견적

[당신의 회사명]은 [고객사명]의 필요에 따라 최적의 방안을 선택할 수 있게 견적을 여러 옵션으로 제공한다. [당신의 회사명]은 이 웹사이트에 필요한 모든 콘텐츠를 [고객사명]이 제공한다고 가정했다. 만약 [당신의 회사명]이 콘텐츠 서비스를 해야 한다면 견적은 조정될 것이다.

[당신의 회사명]에서 제공하는 견적은 비용이나 필요에 따라 선택할 수 있도록 유동적이다. 견적은 다음과 같다.

견적 1
[당신의 회사명]은 [고객사명]의 [프로젝트]에 인터랙티브 콘텐츠가 없는 경우 다음과 같이 견적을 산출한다.

손해보지만 않는다면 잘못된 견적이란 없다.

대금 지급 일정

프리랜서가 프로젝트를 할 경우 일을 시작하기 직전에 대금의 50%를, 완료 후에 나머지 50%를 지급한다는 소문이 있다.

이 소문은 당장 추방돼야 한다! 이런 식으로 사업을 해서는 안된다. 프로젝트를 진행하는 동안 정기적인 수입을 확보할 수도 없다. 점진적인 발전의 과정을 거치는 대신 빨리 대금을 받으려고 프로젝트를 빨리 끝내면 고객사에게 계속 수정을 요청받게 될지도 모른다.

대금 지급 방식에는 정해진 기간별로 받는 방법부터 특정 기점을 기준으로 받는 방법까지 다양하다. 현명한 방식은 구체적인 근거를 기준으로 정기적인 지급 일정을 정하는 것이다. 이렇게 해야 고객사 또한 지금까지 어떤 일을 했는지, 앞으로 남은 일은 무엇인지를 명료하게 파악할 수 있다.

다음은 대금 지급 방식의 한 예다.

대금 지급 일정

[당신의 회사명]은 프로젝트가 시작되기 전에 전체 프로젝트 견적 중 XX%를 보증금으로 받는다.

[당신의 회사명]은 매달 1일과 15일에 송장을 발부한다. 이로부터 14일 안에 대금이 지급돼야 한다.

프로젝트가 완료되면 [당신의 회사명]은 [고객사명]에게 모든 산출물을 전달한다. 이 제품에 대해 최종 승인이 떨어지면 [당신의 회사명]은 보증금에서 여타 초과 비용을 제한 나머지를 환불한다. 만약 그 비용이 보증금을 초과하면 이 차액에 대해 마지막 송장을 발송할 것이다.

주의: 만약 [프로젝트]가 14일 이상 아무 진전 없이 멈췄다면 [당신의 회사명]은 보증금 외에 별도 비용을 청구할 수 있다. 또한 프로젝트가 재개될 경우 한 번에 한해 거절할 수 있는 권리를 가진다.

마지막 항목은 필수는 아니지만 프로젝트가 오랜 시간 중지됐을 때 어떻게 처리할지를 알리는 것이 필요하다. 이 조항이 있어야 프로젝트가 옆길로 새지 않고 앞으로 나아갈 수 있고, 고객사에게 주의를 환기시킬 수 있다. 만약 오랫동안 일이 진행되지 않는다면 당신은 다음 부분으로 넘어가서 어떻게든 그 공백을 메꾸는 것이 좋다.

승인 및 서명

제안서를 만드는 것은 매우 중요하지만 사실 제안서만으로는 아무 의미가 없다. 제안서가 효력을 가지려면 고객사의 책임자가 승인하고 서명해야 한다.

또한 프로젝트의 모든 관련자는 앞으로 어떤 일이 벌어지고, 양측이 어떻게 대처해야 하는지를 분명히 이해할 필요가 있다. 또한 '수정하고 또 수정하는' 사태나 계속 '하나만 더'라고 요구하는 '피처 크리프(feature creep)' 현상으로부터 당신을 보호하는 것도 마찬가지로 중요하다.

서명은 간단명료하다. 제안서를 완성했다면 두 회사가 여기에 동의했다는 것을 확인하기 위해 승인란에 서명한다. 제안서는 언제나 2부를 준비하라. 한 회사당 한 부씩이다. 서명은 두 문서에 모두 해야 한다.

다음은 승인 페이지의 예다.

승인

[고객사명]의 모든 관련자는 이 제안에 승인하고 동의했다. [고객사명]의 권위 있는 책임자가 날짜를 기재하고 서명해야 이 제안서에 효력이 생긴다. 이 제안서에 언급된 구매 내역은 서명이 들어간 이 문서에 의거해 구매를 동의한 것으로 간주한다(서명일 이전에 구매한 것은 효력이 없다).

양사의 모든 관련자는 제안서에서 다뤄진 모든 내용을 합의했다. 구두나 서면으로 이뤄졌던 기존의 합의, 논의, 협상, 약속, 글, 이해한 바는 모두 이 제안서로 들어가 이것으로 대체된다. 이 원칙은 기타 인쇄물, 브로셔, 광고물, 기타 문서에 나타난 내용에 대해서도 마찬가지로 적용된다. 이 문서만이 양사가 합의한 완전하고 유일한 형태의 계약이다. 또한 양사는 이 제안에 근거하지 않은 것을 실행하지 않을 것이며, 여기에 들어가지 않은 진술이나 근거에 대해서는 권리를 포기하겠다는 점에 대해 서로 인정하고 동의했다.

권위있는 책임자가 인정하였음:

[당신의 회사명]   [고객사명]

회사명: _____   회사명: _____

이름: _____   이름: _____

직위: _____   직위: _____

날짜: _____   날짜: _____

프로젝트 대금은 [당신의 회사명]에게 수표로 지급함

전문가에게 물어보세요: 로라 크릭모어

 로라 크릭모어(Laura Creekmore)는 콘텐츠 전략과 정보 설계 컨설팅 회사인 크릭 콘텐트(Creek Content, http://creekcontent.com)의 대표다. 이 회사는 내쉬빌과 오스틴에 소재하며, 의료 업계 또는 주로 규제가 심한 업계를 주로 다룬다.

***

당신의 회사는 규모가 작은데 규모가 큰 고객사와 일한다면 그들은 아마 당신이 사용하기를 권하는 자체 계약서 양식이나 토씨 하나까지 다 검토하는 자체적인 변호사 집단이 있을 확률이 상당히 높다. 나는 이럴 때 그저 그들의 양식을 무조건적으로 받아들이기보다 이 문서를 검토하고 내 필요에 맞게 바꿀 수 있는 방법을 알려 줄 변호사를 고용하길 적극 권장한다. 나는 그 비용 이상의 가치를 발휘하는 경우를 너무나도 많이 봐왔다.

이런 검토를 하는 데 1,000달러가 채 안 드는데, 결국에는 이 돈의 몇 배를 돌려받을 수 있다.

특히 신경 쓸 부분은 다음과 같다.

광범위하고 값비싼 책임 보험과 E&O(Errors & Omissions) 보험을 가입해야 한다는 조항: 나는 모두가 책임 보험에 꼭 들어야 한다고 생각하지만 가격은 조정할 필요가 있다. 그리고 나는 항상 가격을 내리는 데 성공했다. 책임 보험은 결코 저렴하지 않다.

불리한 대금 지급 조건: 나는 대부분의 고객사가 10일 내로 지급하게끔 만들었다. 대부분은 60일이나 90일 안에 지급한다고 말한다. 나는 모두가 그 수치를 끌어내리게 만들었다. 정부와 일할 때는 예외다. 이들은 당신 때문에 지급 조건을 변경할 수 없다.

고용 불가 조항: 당신에게 직원이 있다면, 또는 누군가를 데리고 오고 싶다면 주의하라. 규모가 큰 고객사는 언제나 그들과 일하는 일정 기간 동안 그들의 직원을 고용하지 못하게 하는 조항을 가지고 있다. 하지만 그 회사가 정말 큰 회사라면 이 조항이 좀 우스워진다. 왜냐하면 당신이 완전히 다른 부서에서, 프로젝트와 전혀 관련이 없는 사람을 원할 수도 있기 때문이다. 이 조항이 있으면 당신은 그렇게 할 수 없다. 또한 규모가 큰 고객사 가운데 당신의 직원을 고용할 수 없다는 조항을 가진 곳은 없다. 이 조항을 꼭 추가하라.

저작권과 비밀 유지 협약(NDS): 당신이 이 조항을 바꿀 수는 없지만 완전히 이해할 필요는 있다. 직원들이나 하청 업자도 반드시 이해하게 하라.

마지막 한 가지: 고객사는 그 누구보다 당신이 그 일을 잘 할 것이라고 생각해서 당신을 부른 것이다. 하지만 그 생각만으로 안심하면 안 된다. 고객사도 당신만큼이나 업무 범위를 제대로 이해해야 한다. 그렇지 않으면 계속 당신을 괴롭힐 것이다.

업무 정의서

업무 정의서(A statement of work, SOW)는 프로젝트의 목표를 상위 레벨로 정리한 문서로, 표지를 제외하고 2~3장 안에 담는다. 고객사의 요구나 프로젝트의 필요에 따라 작성 시기가 차이 날 수 있지만 일반적으로 세부 요구사항을 취합하기 전에 작성하기 때문에 이때 작성하면 된다.

일반적으로 업무 정의서는 초기에 당신의 팀과 고객사 측의 이해관계자 사이에 합의를 도출하는 데 쓰인다. 업무 정의서에서 프로젝트의 인풋과 아웃풋, 그리고 전제와 한계를 정의한다.

아마 이때쯤 고객사가 대략의 견적을 물어보는 일은 아주 흔하다. 하지만 이 시점에서 금액을 밝히는 것은 모험이다. 상세 모습을 그리기 전까지 상세 견적에 대한 발언이나 약속은 최대한 피한다. 구체적인 제안서나 요구사항 문서가 작성되기 전까지는 어떤 규모로 진행될지 짐작할 수 없기 때문이다.

만약 단순한 범위의 사이트를 만들 예정이고, 예전에 이 같은 프로젝트를 몇 차례 성공시킨 경험이 있으며, 이 고객사와 예전에도 일해 본 경험이 있다면 대략의 규모를 추산해서 말해볼 수 있다. 하지만 명심하라. 나중에 불편한 상황에 처하는 것보다는 미리 조심하는 것이 최선이다.

업무 정의서는 다음과 같은 내용을 담아 최소한 2~3장을 작성한다.

- 표지
- 단가 및 비용
- 개정 이력
- 프로젝트 설명
- 프로젝트 일련번호
- 프로젝트 활동과 산출물
- 프로젝트 개요
- 항목별 비용 및 지급 일정
- 프로젝트 개시일
- 승인 및 서명
- 프로젝트 종료일

어디서 많이 보지 않았는가? 어디서 본 적이 있을 것이다. 업무 정의서는 제안서를 다듬어서 줄인 내용이다.

이번 장에서는 당신이 고객사를 위해 하게 될 일들을 확인할 수 있는 두 가지 종류의 문서를 작성하는 법을 알아봤다. 이 두 문서는 어떤 고객사와 어떤 프로젝트를 하든 토대가 될 것이고, 앞으로 진행될 업무와 순서를 명확하게 알려줄 것이다.

A Project Guide to

UX DESIGN 2

04

프로젝트 목표와 접근법

• 어느 별을 향해 나아갈 것인가 •

프로젝트의 첫 단추를 잘 꿰는 핵심은 프로젝트 목표를 분명하게 규정하고, 프로젝트 접근법 제대로 이해하는 것이다. 프로젝트 리더가 목표와 방법론을 정해주는 것이 가장 이상적이지만 만약 그렇지 못한 경우에는 어떻게 할 것인가?

이 장에서는 프로젝트 목표를 구체화하는 방법에 대해 이야기하겠다. 또한 일반적으로 많이 사용하는 프로젝트 접근법과 그것이 프로젝트에 끼치는 영향에 대해서도 논의하겠다.

- 캐롤린 챈들러

이제 프로젝트 팀도 정해졌고 본격적으로 시작할 일만 남았다. 프로젝트 매니저는 모두를 불러놓고 프로젝트에 대해 설명한다. 이 회의가 끝날 때쯤 모든 관련자들은 다음과 같은 정보를 가지고 자리를 뜰 수 있어야 한다.

- 이 프로젝트가 이 회사에 왜 중요한가?
- 이 회사의 이해관계자들은 프로젝트의 성패를 무엇으로 판단하는가?
- 이 프로젝트는 어떤 접근법을 사용할 것인가?
- 중요한 날짜나 중요 분기점(예를 들어 각 사업부서 이해관계자에게 보고하는 날)은 언제인가?

이 4가지 질문은 고객사 측의 이해관계자들이 프로젝트에 대해 갖는 기대사항과도 일맥상통한다. 이 프로젝트로 무엇을 만들 것이며, 그들은 이 프로젝트에 어떤 식으로 참여하는가? 앞의 두 질문은 프로젝트 목표, 뒤의 두 가지는 프로젝트의 접근법과 관련이 있다.

프로젝트 목표는 프로젝트가 추구하는 바에 대한 측정 가능한 진술이다. 그럼 이제부터 프로젝트 목표에 대해 자세히 이야기해보자.

프로젝트 목표 설정

목표는 프로젝트를 바라보는 창과 같다. 이것은 고객사의 전체 비즈니스 전략에서 도출되는 것으로, 그 회사의 다른 전략적 활동과 맥을 같이한다. 예를 들어, 회사의 핵심 전략이 새로운 잠재 사용자(시장) 층을 공략하는 것이라서 그 사용자들이 필요로 하는 제품이나 서비스의 온라인 채널을 제작하자고 결정했다고 하자. 따라서 이 프로젝트의 목표는 그 사용자 집단을 유치하고 참여시킬 수 있는 사이트나 프로그램을 만드는 것이 되었다.

명확한 목표는 프로젝트의 모든 부분에 영향을 끼친다. 이를 통해 다음과 같은 효과를 기대할 수 있다.

- 이해관계자들에게 요구사항을 취합할 때 제대로 된 질문을 할 수 있다.
- 사용자 조사 계획과 결과 분석의 기준이 된다.
- 경영자들이나 사용자들에게서 수집된 의견을 구체적인 요구사항으로 발전시킬 수 있다.

- 회사의 핵심 가치에 기초해 프로젝트 요구사항의 우선순위를 결정할 수 있다.

- 효과적인 인터랙션 디자인을 도출할 수 있다.

- 개발이 시작되고 나서 디자인을 수정해 달라는 요청에 대처할 수 있다.

- 오픈 전후에 시행하는 활동에서 중심을 지킬 수 있다(예를 들면 오픈 전이나 오픈 직후에 사용자에게 새 사이트에 대해 알리거나 이용법을 훈련시킬 때).

- 프로젝트가 오픈되고 나서 고객사의 요구를 제대로 충족시켰는지 판단할 수 있다.

프로젝트를 시작하면 프로젝트 책임자(프로젝트 성패에 직접적인 책임 권한을 지닌 결정권자)에게서 프로젝트의 목표를 듣게 될 것이다. 또한 프로젝트와 관련된 다른 경영진이나 사용자들의 요구도 듣게 될 것이다. 하지만 이 단계에서 듣게 되는 요구는 다소 혼란스러울 것이다(그림 4.1). 당신은 이것을 프로젝트 성공의 잣대로 삼을 수 있는 탄탄하고 명확한 문장으로 바꿔야 한다.

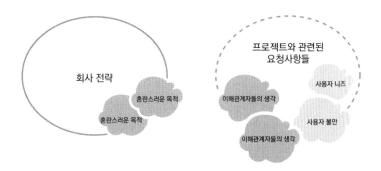

그림 4.1 | 혼란스러운 목표, 생각, 니즈들

분명한 목표에는 다음과 같은 특징이 있다.

- **이해하기 쉽다.** 내부 용어를 피하라.
- **분명하다.** 막연한 진술을 피하라. 우선순위를 정할 때 도움될 만한 단어를 사용하라.
- **측정 가능하다.** 프로젝트의 성패를 측정할 수 있게 구체적인 측정 지표가 포함된 진술을 하라.

혼란스러운 진술을 명확하고 측정 가능하게 고쳐라. 강력한 진술 하나가 향후 모든 판단과 결정의 밑받침이 된다(그림 4.2).

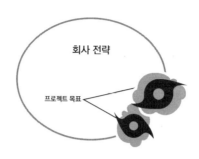

그림 4.2 | 분명해진 목표

당신은 '프로젝트 목표는 이거야'라는 진술을 많이 듣게 될 것이다. 목표를 명확하게 세우고 좀 더 효과적으로 커뮤니케이션하려면 이처럼 혼란스러운 진술들을 분석해야 한다.

 비즈니스 관련 진술 **"우리의 목표는 x 업계를 선도하는 것입니다."**

이 진술은 회사 전체의 목표가 될 수는 있지만 특정 프로젝트의 목표라 하기에는 너무 광범위하다. 이를 가능하게 하려면 갖가지 노력이 다각도로 이뤄져야 한다. 하나의 사이트나 프로그램은 이 노력의 일환이 될 수 있으나 그 짐을 다 짊어지기에는 너무 부담스럽다. 회사 전체에 이 사이트 하나뿐이라면 가능할 수도 있지만, 그렇지 않다면 마구잡이식 성공이 될 가능성이 높다.

 비즈니스 관련 진술 **"우리의 목표는 사용자에게 재미와 즐거움을 주는 것입니다."**

사이트나 애플리케이션이 이런 목적을 수행하기에 적당하다는 점에서 위의 진술보다는 좋지만 여전히 애매모호하다. 왜 즐거움을 줘야 하는가? 사용자들의 즐거움이 회사에게 어떻게 도움되는가? 성공은 어떤 기준으로 가늠할 것인가?

 비즈니스 관련 진술 **"우리의 목표는 웹사이트 트래픽을 증가시키는 것입니다."**

목표에 거의 근접한 진술이다. 성공을 측정하기도 용이하다. 하지만 이건 중간 단계의 목표일 뿐이다. 사이트를 통해 트래픽을 유발했다고 해보자. 하지만 사람들이 들어오기만 하고 그 사이트에서 아무것도 하지 않고 빠져나간다면 과연 의미가 있을까?

혼란스러운 목표에서도 고객의 바람이나 큰 그림을 감지할 수 있다. 구체적이고 명료한 목표는 여기에서 뽑는다. 예를 들면,

- 온라인 판매 매출 10% 증대
- 온라인 광고 매출 20% 증대
- 최소 20,000명 이상의 현재·잠재 사용자 DB 확보
- 핵심 사용자들에게 '높은 등급의', '많이 추천된' 콘텐츠를 추천(이 경우에는 '높은 등급', '많은 추천'을 어떻게 측정할 것인가를 정해야 한다. 하지만 출발해 볼 만한 요소는 된다.)

각 문장이 측정 가능할뿐더러 프로젝트에 영향을 준다. 디자인이나 기능과도 밀접하게 매치된다. 예를 들면, 사용자 DB를 증가시키기 위해 뉴스레터를 제공하곤 한다. 뉴스레터를 발송하려면 사용자의 이메일 주소를 알아야 하고, 사용자 DB에 이 주소가 들어가기 때문이다. 프로젝트 목표를 정하다가 새로운 요구사항이 도출되기도 한다. 예를 들어 프로젝트의 성공을 사이트에 올라온 글의 평균 점수로 측정한다면 이 프로젝트에는 점수 주기 기능이 들어가야 한다. 이처럼 목표가 분명해야 사이트에 대한 생각을 들을 때 중심을 지킬 수 있고, 이후 프로젝트 요구사항으로 전환할 수 있다.

목표가 여러 가지라면 프로젝트 책임자와 프로젝트 팀이 함께 우선순위를 결정해야 한다. 목표 하나는 다른 목표와 상충될 수 있기 때문에 실무자들이 작업을 하면서 이런 상황이 생기면 무엇을 우선시해야 하는지를 미리 결정해야 한다. 최종 우선순위는 고객사 측의 책임자에게서 나오는 것이 원칙이지만 당신이 이 논의 과정의 중심 인물이 돼야 한다. 이제 그 방법에 대해 논의해 보자.

UX 디자이너의 참여 방법

프로젝트 초반에 프로젝트 목표가 불분명하다고 판단되면 이를 해결하기 위해 몇 가지 방법을 시도해 보자. 먼저 주요 이해관계자들(적임자를 선별하는 방법은 다음 장에서 소개한다)을 주축으로 하는 워크숍을 개최해 해당 프로젝트가 그 회사의 비즈니스와 관련해서 처한 상황을 이해한다. 2~4시간 정도 소요되는 이 회의에서는 회사의 강점, 약점, 기회, 위협(SWOT) 요소를 뽑아야 한다. 이것은 비즈니스 분석에 많이 사용하는 기법으로, 시장에서 그 회사의 입지를 파악하는 한 방법이다. 이때 회사의 경쟁상황도 논의할 수 있다.

강점과 약점 분석

SWOT에서 SW에 해당되는 것으로서 프로젝트와 연관된 그 회사의 강점(Strengths)과 약점(Weaknesses)을 의미한다. 여기에는 내부 프로세스뿐 아니라 외부의 인식도 포함된다(이 둘은 서로 영향을 미친다). 한 예를 들어보자. 어떤 회사에 큰 규모의 연구 개발 부서가 있어서 다량의 출판물을 원본으로 접근할 수 있다고 해보자. 이는 분명한 강점이다. 하지만 그 정보를 포장, 가공해서 일반인에게 배포할 수 있는 능력이 없다면 사람들은 그 회사를 '지나치게 학문적'이라고 생각할 수 있다. 이는 강점에서 비롯된 약점이다.

기회와 위협 분석

SWOT에서 나머지 OT에 해당되는 것으로서 그 회사가 미래에 직면한 상황을 말한다. 이 회사가 다른 경쟁사들과 차별화된 점을 고려했을 때 어떤 미래 전략을 추구해야 새로운 틈새 시장을 공략하거나 현재의 위치를 강화시킬 수 있을까? 이 계획에 위협이 되는 요소는 무엇인가?

연구 개발 부서의 예로 다시 돌아가 보자. 이 회사에서 전문 작가를 고용해 회사의 연구 실적을 대중에 맞게 가공해서 배포한다면 이것은 이 회사에게 기회(opportunity)가 될 수 있다. 하지만 현재 사이트에 콘텐츠 관리 시스템이 없다면 출판 속도가 더디게 진행될 것이다. 이로 인해 경쟁자들이 발빠르게 대응한다면 이것은 위협(threat) 요소가 된다.

경쟁사 분석

이 회사의 경쟁사는 어디인가? 현재 개발되는 사이트의 경쟁자는 어디인가? 큰 회사거나, 완전히 새로운 형태의 사이트라면 위의 두 가지가 다를 수 있다.

직접적인 경쟁자는 아니지만 고려해 볼 만한 모델을 가진 사이트가 있는가? 당신이 팔려는 물건을 다른 상거래 사이트에서 파는지, 어떻게 파는지를 분석하면서 많은 교훈을 얻기도 한다.

종합하기

SWOT과 경쟁분석은 밀접히 연관돼 있어서 동시에 논의해야 한다. 경쟁자를 모르고서 미래의 위협 요소를 이야기하기는 힘들다. 마찬가지로 미래의 기회에 대해 논의하다가 새로운 경쟁 상대를 찾기도 한다.

경쟁사와 SWOT 분석을 통해 이 회사의 큰 그림을 파악했다면 프로젝트의 목표뿐 아니라 회사의 전체 전략하에서 이 프로젝트가 차지하는 위상도 쉽게 알 수 있다. 또한 목표가 여러 가지라면 우선순위도 명확해질 것이다.

프로젝트 목표가 분명해지면 이 프로젝트에서 무엇을 달성해야 하는지를 이해할 수 있다. 다음 절에서는 프로젝트가 어떤 방식으로 운영될 것인지에 대해 논의한다. 프로젝트의 접근 방식을 이해하면 다른 사람들과 효율적으로 협업할 수 있고, 필요 인력을 적절한 시점에 투입할 수 있다.

프로젝트 접근법 이해하기

전체적인 접근 방식, 또는 방법론을 알아야 당신이 언제, 어떻게 프로젝트에 참여하고, 프로젝트 팀이나 경영진 등의 인력을 어떤 방식으로 투입할지 이해할 수 있다.

때로는 프로젝트 수만큼 방법론이 있다고 느낄 만큼 방법론이 많아 보인다. 방법론을 고르는 방법 자체가 커다란 논의 주제다. 방법론은 프로젝트 팀의 구조, 위치, 프로젝트에 이용되는 기술, 그 회사의 협업 정도 등 여러 가지에 의해 결정된다. 이 책에서는 프로젝트 책임자나 매니저와 같이 프로젝트의 성패를 책임지는 사람이 방법론을 결정해서 당신의 회사에 요구한 경우를 가정한다. 이 상황에서 당신이 할 일은 그 접근 방식을 제대로 이해하고 효율적으로 운영하는 것이다.

여기서는 사람들이 가장 많이 사용하는 두 가지 접근법과 프로젝트를 하면서 접할 수 있는 절충안 하나를 소개하겠다. 주목해야 할 점은 대부분의 방법론이 비슷한 단계를 거친다는 것이다.

- **전략 기획**(Plan): 전체 전략, 접근법 결정, 팀의 구조 결정
- **요구사항 수집**(Define): 프로젝트 요구사항 수집
- **UX 디자인**(Design): 인터랙션, 비주얼 콘셉트 정하기, 기능이나 특징 구체화하기
- **개발**(Develop): 개발, 테스트, 수정
- **최종 점검**(Deploy): 커뮤니케이션, 훈련, 오픈 계획
- **사후 점검**(Extend): 개선 방향 제안

이 단계들에 대한 명칭, 중복 정도, 문서화 방식은 방법론별로 조금씩 다르지만 대부분의 프로젝트에서, 그리고 아래에 제시한 세 가지 모델에서 단계별로 수행하는 활동은 거의 유사하다.

폭포식 접근법

폭포식 접근법(Waterfall Approach)에서는 각 단계를 분리된 별개의 것으로 인식한다. 따라서 다음 단계로 넘어가려면 이전 단계에 대한 승인이 필요하다. 예를 들어 요구사항 수집 단계의 마지막에는 적합한 이해관계자가 요구사항 문서를 최종 승인해야 UX 디자인 단계로 넘어갈 수 있다.

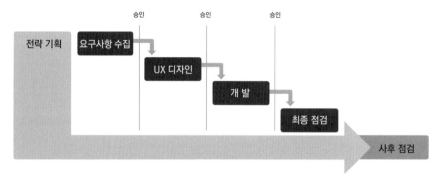

그림 4.3 | 폭포식 접근법의 예시, 한 단계가 다음 단계로 '떨어진다.'

폭포식 접근법의 문제는 변화가 일상적인 프로젝트 세계에서 승인이 완료된 이전 단계의 변화를 인정하지 않는 데 있다. 만약 UX 디자인 단계에서 새로운 요구사항이 제기됐다면 승인이 완료된 이전 단계의 문서도 모두 바꿔야 하는 것이고, 이로 인해 전체 계획과 일정에 차질이 생긴다.

애자일 접근법

프로젝트에서 변화는 비일비재하기 때문에 많은 프로젝트 팀들이 폭포식 모델보다 유연한 접근 방식을 찾는다. 많은 방법론들이 단계들끼리 나란히 진행되는 유연한 흐름을 보인다. 한 예로 애자일(agile), 또는 래피드(rapid) 개발 방법론(그림 4.4)은 사이트 개발 버전을 여러 개로 나눠서 한 단계가 완료되면 즉시 오픈하고, 모든 개발이 완료될 때까지 이 과정을 반복한다. 애자일 접근법은 프로젝트 멤버들 간의 협업을 중시하되, 상세한 문서 작업이나 공식적인 승인 절차를 대폭 줄였다는 특징이 있다.

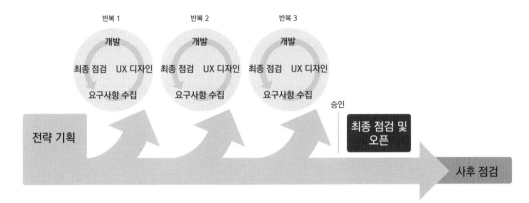

그림 4.4 | 애자일 접근 방식의 예시

애자일 방식을 프로젝트에 제대로 적용하려면(예를 들면 애자일 연합(Agile Alliance)에서 소개하는 모범사례에 따르면) 팀 규모가 작아야 하고, 팀 간의 물리적인 위치가 가까워야 하며, 팀원 간의 역할 구분이 엄격히지 않아야 한다. 이 방식으로 고도의 협업이 가능하며, UX 디자인, 개발, 테스트 단계에서의 과중한 문서 업무가 줄어든다. 한 팀원이 의문을 제기하면 모두가 화이트보드 앞에 모여 답을 찾고, 아이디어가 나오는 대로 문서나 승인 절차 없이 즉시 작업에 반영한다. 작은 버전들이 하나씩 오픈되면서 완전히 작동하는 시스템이 나오면 클라이언트가 그 작업물을 보면서 의견을 제시한다. 이 견해는 다음 버전을 기획할 때 반영한다(따라서 최종 사이트가 출시되기 전의 작업들은 모두 임시 버전이라고 할 수 있다).

처음으로 애자일 방식을 접하는 UX 디자이너는 수수께끼를 푸는 기분이라고 한다. 어떻게 폭포식 접근법(상세한 문서, 엄격한 승인 과정 때문에 단계별로 몇 주, 몇 달이 소요되는)에서 애자일 접근법(대화와 빠른 의사결정 덕분에 몇 일, 몇 주만 소요되는)으로 가야 하나? 그러면서도 여전히 디자인적인 사고나 사용자 조사를 할 시간이 있을까? 그럼 이번에는 다른 UX 디자이너들은 어떻게 이런 전환을 실천하는지 보기 위해 린(Lean) UX라고 하는 접근 방식을 알아보자.

린 UX

린 UX는 제품 개발 과정에서 불확실한 면모(대부분의 신생 회사들이 그렇듯이)를 다루는 데 최적화된 애자일 접근법이다. 이 프로세스를 따르다 보면 반복 시기마다 그다지 중요하지 않은 기능에 신경 쓰느라 시간을 낭비하는 것을 줄일 수 있다. 예를 들면 사용자가 정말로 사고 싶어하는 물건인지 아닌지도 아직 결정하지 않았는데 사이트의 대메뉴와 소메뉴를 모두 결정하는 것은 시간 낭비다. 린 UX의 원칙은 다음과 같다.

■ **실제적인 교훈 획득에 초점 맞추기.** 제품 개발의 반복 단계는 작동하는 제품을 만드는 것이 아니라 제품에 대한 가정을 사용자와 실험해 가는 과정이다. 이 원칙의 목표는 디자인에 대해 내린 의사결정의 유효성을 고객과 함께 확인함으로써 최대한 빨리 배우는 것이다. 따라서 그 교훈을 다음 수정 작업에 적용해 그다음 중요한 교훈을 얻을 준비를 한다.

린 UX의 기원

에릭 리스(Eric Ries)는 토요타의 린 제조와 스티브 블랭크(Steve Blank)의 고객 개발 모델을 공부하면서 린 스타트업(Lean Startup)이라는 방법론을 만들었다. 이것은 신생 기업이 개발 초기부터 고객에게 집중할 것을 강조한다. 린 UX는 고객을 참여시키고, 디자인 과정에서의 낭비를 줄이고, 제품 반복 과정을 실험으로 규정하는 접근법이다.

에릭 리스의 『린 스타트업(The Lean Startup)』(인사이트, 2012)이라는 책에서는 실험과 교훈에 초점을 맞추면 신생 기업들이 어떻게 불확실성을 헤쳐나갈 수 있는지를 알 수 있다.

■ **끊임없는 '만들기—측정하기—배우기' 고리.** 린 프로세스에서는 프로젝트 팀이 지금 만들고 있는 것에 사용자들이 어떻게 반응할 것이라는 가정을 테스트하기 위해 한 번의 반복 기간 중에 최대한 빨리 테스트할 수 있는 버전을 만든다. 사용자의 피드백을 듣는 정량 테스트와 성공 여부를 측정하는 정성 테스트를 기준으로 테스트는 실패하기도 하고, 성공하기도 한다. 이런 측정치는 사이트에 가입한 수나 제품을 구매한 횟수와 같이 실제 사용자의 행동에서 뽑아낸다. 이런 수치는 반복 기간 중에 설정한 가정을 테스트하는 것이라는 점에 세심한 주의를 기울여야 한다. 예를 들어 사람들이 당신의 사이트를 등록했지만 이후에 별다른 행동을 하지 않는다고 하자. 그러면 당신은 등록 이후의 경험을 좀 더 매력적으로 만들어야 한다는 사실을 배우게 된다. 이 교훈을 다음 번 만들기 과정에 결합해 또 한번의 고리를 완성한다(그림 4.5).

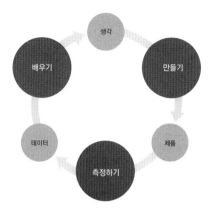

그림 4.5 | 린 접근법은 만들기—측정하기—배우기의 고리에 초점을 맞춘다. 이 프로세스는 이 고리를 순환하는 과정에서 실제적인 교훈을 최대한 뽑아내고 고객의 응답에 따라 전략을 빠르게 수정해 전체적인 속도를 빠르게 진행시키는 것이 목적이다.

- **각 반복 단계마다 최소한만 삭동하는 제품(Minimum Viable Product, MVP) 만들기.** 린 프로세스는 한 반복 단계에서 완전히 작동되는 제품을 만들기보다 사용자 행위에 대한 가설을 입증하는 것에 초점을 맞춘다. 이때 가설을 입증하려고 완전히 작동하는 버전을 만들 필요가 없다(물론 이런 입증 과정이 잘 진행되어 몇 주기를 거치면 거의 작동되는 버전이 나온다). 특히 시작 단계라면 최소한만 움직이는 제품을 만든다. 에릭 리스는 이를 "최소한의 노력과 최소한의 개발 시간으로 만들기—측정하기—배우기의 한 회전 주기를 거친 버전"으로 규정했다. 예를 들어 구매를 하고 나서 사용자에게 보내지는 확인 이메일은 결국 자동화될 것이다. 하지만 초기 반복 테스트에서는 팀원이 일일이 수동으로 이메일을 발송할지도 모른다.

- **격식 차린 산출물과 구체적인 문서에서 한 걸음 물러서기.** 이것은 전체 애자일 접근과 맥을 같이한다. 구체적인 와이어프레임이나 유스 케이스 같은 산출물을 내는 대신 직접적으로 의사를 교환하고, 아이디어를 빠르게 실체화한다. 또한 스케치 같이 좀 더 빨리 그릴 수 있는 도구로 대체된다. 콘셉츄얼 와이어프레임은 계속 이용하지만 커뮤니케이션의 보조 수단으로 이용할 목적으로 빨리 그린다. 의사결정의 기록으로 남을 정도로 오래 '살아 숨쉬도록' 만들지 않는다.

전문가에게 물어보세요: 제프 고델프

 제프 고델프(Jeff Gothelf)는 제품 혁신과 디자인 스튜디오인 프루프 (Proof)의 창립자이자 『린 UX: 산출물 비즈니스에서 탈출하기(Lean UX: Getting Out of the Deliverables Business)』(오라일리, 2012)의 저 자다.

***

당신은 린 UX가 UX 디자이너들을 산출물 비즈니스에서 구출해 주는 접근법이라고 말했습니다. 하지만 많은 UX 디자이너들은 디자인적인 견해를 주고받기 위해 와이어프레임과 같은 문서를 활용합니다. 린 UX는 이 단계를 건너뛰는 건가요?

린 프로세스가 산출물을 건너뛰는 것은 아닙니다. 이해관계자, 개발자, 고객과 같은 타겟들과 커뮤니케이션하는 데 필요한 만큼은 산출물을 만듭니다. 그저 프로젝트의 중심이 아닐 뿐이지요. 다른 팀이 의자에 앉아서 디자인이 '되기만을' 기다렸다가, 서명하면 다른 일을 시작하는 폭포식 접근법만큼 병목이 발생하지도 않습니다. 이 접근법에서는 디자인에 대한 가설을 최대한 빨리 입증해야 하기 때문에 문서 작업 말고도 UX 디자이너로서 할 일이 많습니다. 고객과 테스트를 많이 할수록 제품이 더 잘 자리를 잡아갑니다. 최대한의 효율성을 확보할 수 있는 방법은 다기능팀(cross-functional team, 같은 목적을 향해 다양한 전문가 집단이 모인 팀– 옮긴이)이 생각을 공유하는 것입니다. 사람들과 더 많이 대화를 나눌수록, 디자인 대상이나 이유에 대해 더 많이 논의할수록 어떻게 그런 의사결정을 내렸는지, 어떤 방향으로 디자인이 진행되는지 명확히 알 수 있습니다. 이처럼 디자인 방향에 대한 생각의 토대가 공유되면 무엇을 만들어야 할지를 알려 주는 수많은 문서 작업의 필요성이 줄어듭니다.

린 UX는 프로젝트에서의 UX 디자이너의 역할에 어떤 영향을 끼치나요?

여기서는 UX 디자이너의 리더십 역량이 중요합니다. 린 프로세스는 당신이 끊임없이 다른 사람과 커뮤니케이션해서 피드백을 뽑기를 요구합니다. 그렇다고 모든 피드백을 다 들어서 다음 디자인에 모두 반영해야 하는 것은 아닙니다. 처음부터 피드백을 자주 듣기는 하지만 당신이 중점을 둘 부분은 다음 교훈을 얻으려면 무엇이 필요한지를 생각해서 피드백의 우선순위를 정하는 것입니다. 그러고 나서 이 피드백을 반영한 결과물을 제시함으로써 어떤 의사결정을 내렸는지, 왜 내렸는지를 팀에게 알리는 것입니다.

린 UX 프로세스를 성공시키기 위해 팀이 가져야 할 자세는 무엇인가요?

실패로부터 자유로워야 합니다. 처음부터, 문을 나서자마자 모든 것을 제대로 해야 한다는 부담감을 느끼면 이 프로세스는 실패할 수 있습니다. 이는 가설을 입증하는 과정입니다. 이런 속성 때문에 당연히 틀린 답이 나오기도 합니다. 무엇이 틀렸는지를 최대한 빨리 찾아서 긴 여정에서 노력의 낭비를 최소화하는 것이 핵심입니다. 틀리면 안 된다는 부담에 사로잡혀 있으면 성공할 수 없습니다.

애자일 접근법이 원칙대로만 작동하면 아주 훌륭하다. 하지만 대부분의 회사나 대부분의 컨설팅 계약에서는 순수한 애자일 접근법을 따르기 힘들다. 한 가지 이유는 회사 내의 팀들이 분산돼 있고, 직원들이 원격으로 일하기 때문에 애자일 효과를 극대화할 수 있는 고도의 협업을 지속하기가 어렵기 때문이다. 그러나 가상 협업 도구나 디지털 스케칭 도구가 많이 상용화되어 명확한 커뮤니케이션, 다른 업무로의 전환, 효과적인 의사결정에 대한 의지만 있다면 분산된 팀 간에도 애자일 접근이 점점 가능해지고 있다.

서핑

LUXr은 린 UX를 수행하는 기업이다. 이들의 사이트(http://luxr.co/lean-ux/9-principles-for-lean-ux/)에서 린 UX에 대한 소개와 원칙을 볼 수 있다.

휘트니 헤스(Whitney Hess)는 방법론과 상관없이 모든 UX 디자이너들은 프로세스의 낭비를 줄이고, 문서보다 커뮤니케이션을 우선시해야 한다는 것을 다음 글에서 지적한다.

http://whitneyhess.com/blog/2011/02/27/why-i-detest-the-term-lean-ux/

절충 접근법

많은 프로젝트에서 폭포식과 애자일의 장점을 결합한 절충안을 따르고 있다. 이는 각지에 분산된 팀이나 멤버의 교체로 인한 위험을 줄일 수 있도록 팀의 구조나 문서 작업은 어느 정도 유지하되, 프로젝트의 변화에 비교적 빠르게 대응할 수 있게 일정 수준의 협업과 반복 작업을 하는 것이다. 예를 들면 폭포식 접근법을 따르되 팀 간에 중요한 협업을 할 수 있게 단계를 조금씩 중복한다. 이런 식으로 일하면 수정 요청이 들어왔을 때 각 단계의 초기에 적용할 수 있다. 또한 짧은 반복 주기를 두고 조금 일찍 오픈하기도 한다(특정 사용자 그룹에게만 베타 오픈을 하는 것처럼). 그리고 정식 오픈 전에 피드백을 취합해 정식으로 오픈되는 사이트에 그 의견을 반영한다.

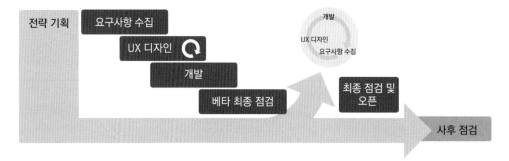

그림 4.6 | 베타 오픈이 추가된 수정된 폭포식 접근 방식

그림 4.5를 보면 UX 디자인 단계에 짧은 반복 단계가 추가된 것을 볼 수 있다. 이것은 UX 디자이너가 발휘할 수 있는 중요한 역량이다. 개발이 본격적으로 시작되기 전에 와이어프레임(11장 참고)이나 프로토타입(12장 참고) 같은 도구를 이용해 기획안에 대한 의견을 빠르게 취합할 수 있다.

이 책은 그림 4.6의 수정 폭포식 접근 방식을 가볍게 따른다. 하지만 방법론과 무관하게 당신의 프로젝트에 이 책에서 다루는 대부분의 주제를 적용할 수 있다. 왜냐하면 그 뒤에서 벌어지는 기본적인 활동들(예를 들면 요구사항 수집이나 UX 디자인 같은)은 어떤 방법론에도 공통되기 때문이다.

스쿠버 다이빙

애자일 접근 방법을 이용한 프로젝트는 요구사항을 취합할 때 독특한 점이 있다. 예를 들면 요구사항을 취합하기 위한 한 방법으로 '사용자 스토리'를 작성한다. 이에 대해 더 알고 싶다면 마이크 콘(Mike Cohn)의 『사용자 스토리(User Stories Applied: For Agile Software Development)』(인사이트, 2006)을 참고한다.

접근법은 프로젝트 인력에 어떤 영향을 끼치는가?

접근법을 알면 다음을 쉽게 파악할 수 있다:

- **어떤 질문을 언제 해야 할지 알 수 있다.** 예를 들어 폭포식 접근법에 의거해 프로젝트를 한다면 요구사항 수집 단계에서 요구사항을 들을 때 UX 디자인 단계에 필요한 모든 정보를 듣기 위해 좀 더 많은 시간을 할애한다(요구사항 수집에 대해서는 다음 장에서 논의하겠다).

- **프로젝트 인력 간 협업의 형태와 정도를 예측할 수 있다.** 애자일 접근 방식에서는 고도의 협업이 필요하다. 폭포식 접근 방식에서는 일주일에 정해진 시간에 관련자를 만나는 것 외에는 대부분 혼자서 업무를 하게 될 것이다.

- **문서의 구체성이나 격식의 정도를 예측할 수 있다.** 승인 시점에 제시하는 문서는 법률 계약처럼 격식과 형식을 깃춰야 한다. 일빈적으로 폭포식 접근법에서 다음 단계로 넘어가려면 승인이 필요하기 때문에 격식을 갖춘 문서가 필요하다. 그러나 애자일 접근 방식에서도 중대한 결정이 이뤄지는 시점(예를 들면 정식 오픈 전의 최종 점검과 같은)에는 격식을 갖춘 승인용 문서가 필요할 수 있다.

- **경영진 승인 일정이나 대상별 최종 점검 일정과 같은 중요 분기점을 알 수 있다.** 접근 방식을 알면 프로젝트의 각 시점마다 누가 무엇을 제공해야 할지를 알 수 있다. 예를 들면 승인 시점에는 경영진의 확인이 필요하고 베타가 오픈되면 잠재 사용자에게서 의견을 들어야 한다.

이 장에서 프로젝트 목표와 방법론에 대해 살펴봤으니 다음 장에서는 요구사항 수집 단계에 진행하는 핵심 업무인 요구사항 수집에 대해 알아보자.

A Project Guide to UX DESIGN 2

05

비즈니스 요구사항

• 문제를 해결하기 전에 무엇이 문제인지 파악하라 •

프로젝트가 시작되면 모든 관련자들이 모인 자리에서 이 프로젝트에서 해야 할 많은 것들에 대한 생각을 듣는다. 어떤 회사는 일부 핵심 인사가 원하는 기능이나 중요하다고 생각하는 기능의 목록을 건넨다. 이것이 비즈니스 요구사항의 시작점이다. 프로젝트가 끝날 때 클라이언트가 원하는 완벽한 제품을 만들고, 강력한 비전으로 프로젝트를 이끌어 가려면 다양한 관점에서 고객사의 요구를 듣고 이를 프로젝트 요구사항으로 구체화해야 한다. 이 장에서는 이해관계자들로부터 요구사항을 취합해서 구체화하는 방법에 대해 알아보자.

- 캐롤린 챈들러

4장에서 불분명하고 어지러운 목표를 구체화하는 방법에 대해 이야기했다. 이와 마찬가지로 프로젝트 초반에 듣게 되는 클라이언트의 요청 사항들도 혼란스러울 것이다. 이것은 이해관계자들의 생각일 수도 있고, 사용자들이 제기하는 불만이나 요구일 수도 있다. 이를 프로젝트에 적용 가능한 요소로 변모시키려면 '요구사항'이라고 하는 생각으로 정리할 필요가 있다.

요구사항이란 사이트나 애플리케이션이 수행해야 하는 일을 규정한 진술이다. 비즈니스 요구사항은 다음과 같은 역할을 수행한다.

- 꼭 해결해야 하는 큰 요건이 담겨 있어야 한다.
- 여러 이해관계자들이 제기한 요건을 통합적으로 대변해야 한다.
- UX 디자인의 방향이 제시돼야 한다. 단 너무 구체적이어서는 안 된다.
- 우선순위를 정하고 업무 진척을 체크할 수 있게 개별적인 업무 단위로 나뉘어야 한다.

아래에 적힌 문장은 전자상거래 사이트를 진행할 때 들을 만한 요구사항이다. 요구사항 수집 초기에 여러 경영진들에게 이런 비슷한 말을 듣게 될 것이다.

"사용자들이 주문 내역을 온라인으로 추적할 수 있어야 합니다."

이 정도면 좋은 출발이지만 아직 명확하지 않다. 더 자세한 내용을 알기 위해서 아래와 같은 질문을 하라.

- 고객이 온라인으로 주문 현황을 파악하는 것이 사업의 어떤 측면에 도움이 됩니까? 예를 들어, 고객 센터의 전화 상담이 줄어드나요?
- 현재는 온라인으로 주문 내역을 확인할 수 있습니까? 그렇지 않다면 이번 요구사항에 주문 추적 기능이 들어가야 하나요, 아니면 다른 업체가 구현하나요?
- 조회 내역은 얼마나 정확해야 하나요? 조회 내역에는 어떤 정보가 들어가야 하나요? 예를 들면 예상 배송 날짜가 지속적으로 업데이트돼야 하나요?

이러한 질문을 통해 불분명한 생각들을 견고한 요구사항으로 변모시킬 수 있다. 또 이러한 질문을 던지다 보면 겉으로 보기에 똑같은 문장 속에 담긴 여러 가지 의미들을 잡아낼 수 있다.

예를 들어보자. 주문 추적에 대한 한 이해관계자의 생각은 다음과 같다. 주문이 완료되면 운송 번호가 담긴 확인 이메일이 발송된다. 그 번호를 UPS.com이나 다른 배송사 사이트에 입력하면

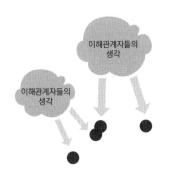

물품이 어디쯤 배송됐는지 확인할 수 있다. 또 다른 이해관계자의 생각은 소포의 겉포장에 GPS 조회가 가능한 칩을 부착해서 온라인 지도에서 실시간으로 정확한 위치를 보는 것이다. 사용자 경험이나 규모의 측면에서 이 두 가지가 얼마나 다를지 충분히 짐작할 수 있다.

UX 디자이너는 이런 차이를 프로젝트 초반에 잡아내야 한다. 그렇지 않으면 경영진의 의도를 벗어난 작업을 하게 되고, 잠재적으로는 프로젝트 목표에도 어긋날 수 있다. 그렇게 되면 이해관계자들의 기분이 나빠질 테고, 작업을 다시 해야 한다면 시간과 예산도 낭비다.

분명하고 구체적인 요구사항은 프로젝트의 핵심이다. 프로젝트 요구사항을 뽑는 과정은 다음과 같다.

1. 현재 사이트와 경쟁 사이트의 현 상태를 분석한다.

2. 이해관계자는 물론이고 현재 및 잠재 사용자의 생각과 니즈를 들어라(사용자와 커뮤니케이션하는 방법은 6장을 보라).

3. 위의 생각들을 요구사항으로 통합 정리한다(그림 5.1).

4. 프로젝트의 목표를 기준으로 요구사항의 우선순위를 정하라(우선순위를 정하는 방법은 9장을 보라).

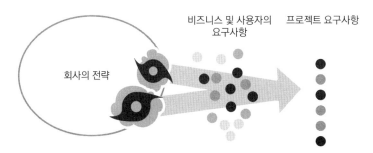

그림 5.1 | 이해관계자들의 생각을 비즈니스 요구사항으로, 사용자 리서치에서 얻은 생각을 사용자 요구사항으로 정리하라. 그리고 프로젝트 목표를 활용해 우선순위를 정하고 최종 통합된 프로젝트 요구사항을 작성하라.

프로젝트 요구사항을 뽑기 위해 가장 먼저 해야 할 일은 그 사이트의 현 상태를 이해하는 것이다. 그렇지 않으면 앞으로 듣게 될 요구사항의 배경을 알 수 없다.

현 상황 이해하기

지금 진행하는 프로젝트의 구체적인 부분까지 속속들이 이해하려면 현재 운영되는 사이트(이미 존재하는 사이트를 개편하는 경우)와 경쟁 사이트(완전히 새로운 사이트를 제작하는 경우)의 상황을 이해해야 한다.

경영진들과 인터뷰를 진행(이에 대해서는 몇 페이지 앞에서 설명한다)하면서 현 상태에 대해 많이 배울 수 있다. 하지만 이들과 인터뷰하기 전이나 사용자 조사를 시행하기 전에 스스로 보고 배워야 하는 부분도 있다. 현 상황에 대한 배경 지식을 얻고, 프로젝트와 관련된 생각들을 뽑는 방법으로 '휴리스틱 분석(heuristic analysis)'이 있다.

휴리스틱 분석의 다른 이름들

'휴리스틱(heuristic)'이란 '제일의 원칙', '최고의 사례'를 의미한다. 휴리스틱 분석은 사용하기 좋은 디자인에 대한 일련의 기준(휴리스틱스, heuristics)을 근거로 UX 디자이너가 제품을 분석하는 것이다. 사용자 친화적이라고 일컫는 사이트들은 이 기준의 대부분, 또는 전부를 따르고 있다.

이 기법은 휴리스틱 평가(heuristic evaluation), 전문가 리뷰(expert review), 또는 위 단어들을 다양하게 합성해서 부르기도 한다.

휴리스틱 분석

휴리스틱 분석이란 UX 분야에서 최고라고 일컬어지는 사례에 공통적으로 나타난 사용자 경험 요소를 바탕으로 해당 사이트의 사용성을 평가하는 기법이다. 개편 프로젝트 초반에 현재의 사이트, 또는 경쟁 사이트를 분석해 다른 회사보다 더 좋은 사용자 경험을 제공할 기회를 모색할 수 있다. 이 분석을 하고 나면 현 사이트의 강점과 약점, 그리고 개선점에 대한 제안이 담긴 문서가 나온다. 이로써 분석된 사이트를 더 깊이 이해할 수 있고, 새로운 요구사항이 될 만한 아이디어를 갖게 된다.

사람들이 많이 사용하는 사용성 기준인 제이콥 닐슨(Jakob Nielsen)의 '10대 사용성 리스트' 중에서 한 항목을 보면 다음과 같다(모든 항목을 다 보고 싶다면 제이콥 닐슨의 사이트를 참고하자. www.useit.com/papers/heuristic/heuristic_list.html).

시스템 상황을 보여줄 것(Visibility of system status).   시스템에서 어떤 일이 벌어지고 있는지를 항상, 너무 늦지 않게, 적절한 방법으로 사용자들에게 알려야 한다.

이 사용성 기준을 따르지 않아 혼선을 초래하는 일은 흔히 볼 수 있다. 사용자가 다운로드 버튼을 클릭해 파일 다운로드가 시작됐는데 이에 대한 메시지가 아무 것도 뜨지 않는 것이다. 다운로드가 진행되는데도 사용자에게 그 사실을 알리지 않은 것이다. 이 사용자는 뭔가 잘못됐다고 생각해서 다시 한 번 누르고, 또 누르고….

결국 이 사용자는 똑같은 파일을 여러 번 다운로드한다. 생각지도 않게 다운로드를 여러 차례 진행시킴으로써 시스템 성능에 문제를 초래할 수 있다.

휴리스틱 분석에서는 이를 문제 영역으로 기술하고 파급 효과의 등급을 매긴다. 이 문제를 해결할 수 있는 아이디어를 공유해서 요구사항에 포함시키기도 한다.

왜 휴리스틱 분석을 하는가?

이 분석은 비교적 빠르고 저렴하게 사용성 디자인을 평가할 수 있다는 장점이 있다. 휴리스틱 분석으로 전반적인 UX 품질을 측정할 수 있고, 잠재적인 UX 이슈를 뽑아낼 수 있다.

하지만 이 분석은 사용자와 상관없이 진행되는 것이라서 사용자 조사를 대체해서는 안 된다. 후에 사용자 조사를 실시하고 휴리스틱 분석의 50%만 살리기로 결정할 수도 있다. 그럼에도 휴리스틱 분석이 필요한 이유는 사이트의 문제 영역을 잘 집어주기 때문이다. 특히 이미 존재하는 사이트를 개편하는 경우 빨리 고칠 수 있는 부분을 발견했다면 다른 활동과 무관하게 즉각 수정하기도 한다.

휴리스틱 분석을 어떻게 하는가?

어떤 휴리스틱을 채택할 것인가는 프로젝트마다 다르지만 어떤 것을 선택하든 휴리스틱 분석의 절차는 거의 유사하다.

1. 제품과 프로젝트의 배경 지식을 파악한다. 먼저 프로젝트 목표, 주 사용자층, 사용자가 주로 활동하는 상황, 사용자가 지녔을 법한 전문 지식(예를 들어 약사를 위한 사이트와 일반 소비자를 위한 사이트는 다르다)을 파악해야 한다. 마지막 항목을 조사하는 데 도움이 필요하다면 경쟁 사이트를 방문하라. 그러면 많이 사용하는 전문 용어나 관심 분야를 알게 될 것이다.

2. 어떤 휴리스틱을 사용할지 결정한다. 참고할 만한 휴리스틱의 종류는 너무나도 많다. UX 디자인을 평가할 때 제이콥 닐슨의 목록 말고도 브루스 토그나치니(Bruce Tognazzini) 목록(www.asktog.com/basics/firstPrinciples.html)도 많이 사용한다. 사이트 주제에 좀 더 친숙해지면 이 목록에 당신만의 항목을 추가해도 좋다. 분석하는 사이트가 여러 개일 때는 특히 더 그래야 한다. 이때 평가 항목의 수가 너무 많아지지 않도록 주의하라. 8개에서 12개 사이가 적당하다. 항목이 너무 많으면 관리하기가 어렵다.

3. 사이트의 주요 영역들을 둘러 보면서 그 휴리스틱이 잘 지켜지는지 평가하라.
    각 영역별 관찰 결과에는 다음과 같은 정보가 담겨야 한다.

    관찰 결과. 관찰 결과를 요약한 짧은 문장. 사람들과 결과를 공유할 때 쉽게 인식할 수 있게 항목별로 번호를 부여하는 것이 좋다.

    간단한 설명. 관찰할 때의 상황을 보여주는 한두 문단의 설명. 예를 들면 문제가 발견된 과제의 수행 지점 같은 것이 있다.

    파급효과. 관찰 결과로 인한 파급 효과를 상중하로 평가할 수 있다. 아니면 사이트가 잘하는 점이 있다면 긍정적인 메모를 할 수 있다. 높은 파급력이란 사용자들이 특정 과제에 실패하거나 정보가 영구히 손실(예를 들면, 어떤 사용자가 문서의 정보를 수정했는데 변경된 정보가 사라졌다)되는 정도다. 중간 파급력은 사용자가 짜증을 느끼고 실수를 하지만 원상 회복 가능한 정도다. 적은 파급력은 약간 혼란스러워하지만 이로 인해 시간이 지연되거나 짜증을 느끼지는 않는 정도다.

    추천안. 사람들과 공유해야 하는 다음 단계 또는 아이디어로서, 목격한 문제에 대한 해결책이 된다.

    그림 5.2에는 위의 요소가 들어간 휴리스틱 분석의 예다.

관찰 #4 검색 결과에 사용자가 필요로 할 만한 내용이 모두 보이지 않는다.	심각도 상
검색 기능을 테스트한 결과 여러 가지 문제점이 발견됐다. 비교적 최근 게시물이면서 많이 다뤄지지 않는 주제로 검색하니 아무 결과도 안 나올 때가 있다. 어떤 검색은 게시물 링크는 보여지는데 비디오는 보여지지 않는다. **추천안** 1. 새로 추가된 콘텐츠도 검색이 가능하도록 공개적으로 노출되기 전, 또는 직후에 인덱스가 붙어야 한다. 2. 사용자가 더 많은 정보를 훑어 볼 수 있게 검색 결과를 보여줄 때 관계 있어 보이는 콘텐츠도 제시하라. 　예를 들면 유사 카테고리에 있거나 유사 태그를 가진 이야기를 보여준다. 3. 검색 결과를 카테고리로 묶어서 보여주는 유니버설 검색(universal search)을 고려하라. 4. 다른 사람들이 많이 사용하는 검색 키워드를 제시하라. 이는 사용자가 검색을 어려워할 때 힌트가 된다.	

그림 5.2 | 휴리스틱 분석 보고서의 예

4.　결과 보고서를 프로젝트 팀과 주요 이해관계자에게 제시하라. 관찰 결과와 추천안이 적힌 보고서를 관련자에게 제시하고 왜 이런 등급을 주었는지 설명하라(이 시간은 추천안을 사장시키지 않고 프로젝트에 활용하도록 설득하는 자리기도 하다. 6장에서 논의되는 몇 가지 방법을 활용할 수 있다).

휴리스틱 분석은 요구사항 수집에 어떤 도움을 주는가?

휴리스틱 분석을 마치면 현재 사이트 또는 경쟁 사이트에 대해 깊이 이해할 수 있다. 그뿐만 아니라 요구사항 수집에 도움될 만한 몇 가지 이슈들도 도출될 것이다. 아마 요구사항을 수집할 때 필요한 주제들을 어떻게 구조화할지도 대략 감이 잡힐 것이다. 이제 이 프로세스의 다음 단계로 넘어가 보자.

이해관계자들의 생각 듣기

이 장을 시작하면서 본 "고객이 온라인으로 주문을 추적할 수 있어야 합니다" 예시에서 배송 내역을 GPS로 실시간 추적하기를 원하는 사람처럼 한 생각에 대한 배경을 알지 못하면 이해관계자들이 원하는 것이 어떻게 다른지를 알 수 없다. 프로젝트를 진행하면서 가장 흔히 저지르는 실수 중 하나가 문제나 해결 방향을 생각하지 않고 기능 하나만 떼서 그것을 요구사항이라고 정의하는 것이다.

요구사항 취합이 종종 생각보다 빨리 끝나버리는 이유가 바로 여기에 있다.

사람들의 생각을 듣고 이를 요구사항으로 정리하려면 많은 시간이 소요된다. 하지만 중요한 요구사항만 정확히 추리기 위해 필요한 질문을 다 하지도 않고 끝내는 경우가 많다. 회의가 체계적이지 않거나 필요한 관련자들이 참석하지 않으면 '다람쥐 쳇바퀴 도는 현상'이 발생해서 프로젝트 내내 귀찮게 따라다닐 것이다(다람쥐 쳇바퀴 도는 현상이란 커뮤니케이션 오류와 적절한 협업의 부재로 똑같은 회의나 작업을 반복하다가 시간을 허비하는 것을 말한다. 이것은 최상의 결과물을 내기 위해 반복 확인하고, 수정하는 반복 프로세스와는 다르다).

그럼 어떻게 해야 다람쥐 쳇바퀴 돌지 않으면서 비즈니스의 요구에 초점을 맞춘 균형 잡힌 프로세스를 진행시킬 수 있을까?

1. **역할과 책임을 정하라.** 요구사항 취합 과정에서 각 프로젝트 멤버들에게 역할을 부여하고 그 책임을 확실히 인지시켜라.

2. **적확한 이해관계자를 불러라.** 회의나 인터뷰가 효율적으로 진행될 수 있게 적확한 책임자를 적확한 그룹으로 묶어 진행하라.

3. **회의 계획안을 만들어라.** 어떤 주제를 다루고 어떤 질문을 할지 상세히 준비하라.

4. **효율적으로 회의를 진행하라.** 생각을 듣고 재차 확인하라. 하나의 생각에 담긴 배경까지 파악할 수 있도록 깊이 파고들어라.

회의가 끝나면 참석자들에게 반드시 감사를 표하고, 최종 요구사항 목록이 업데이트될 때마다 업데이트 현황을 공유하라.

그럼 이제부터 각 단계에 대해 자세히 살펴보자.

책임 정하기

일반적으로 비즈니스 요구사항 수집은 주요 이해관계자들의 생각을 듣기 위해 인터뷰를 진행하는 과정을 말한다.

비즈니스 이해관계자란 프로젝트에서 비즈니스적인 관점을 제공하는 사람이거나 이와 관련해서 공헌이 필요한 주제 전문가, 또는 그 둘 모두를 말한다. 이 사람들은 프로젝트에 항상 참여하지는 않지만 중요 시점에는 반드시 참석해야 한다. 요구사항 취합 기간이 바로 그 시점이다. 이들은 이 프로젝트 외에도 해야 할 일이 많다. 이들과 약속을 잡으려면 반드시 미리 계획을 세워라.

프로젝트 스폰서(들)도 비즈니스 이해관계자이지만 이들은 임원들처럼 회사의 고위 관계자면서 프로젝트 성공에 직접 책임을 지는 사람이다. 이들은 프로젝트 기간 내내 매일 참여하지 않을지도 모르지만 요구사항 취합 기간에는 적극 참여할 것이고, 비즈니스 이해관계자들이 꼭 참여하도록 독려할 것이다. 아마 요구사항 취합 기간 내내, 또는 자주 함께 자리할 것이다.

프로젝트 팀은 프로젝트 진행에 필요한 자원을 지속적으로 제공하는 사람들이다. 프로젝트 매니저, UX 디자이너, 비즈니스 애널리스트, 기술 팀장, 비주얼 디자이너, 품질 검수자 등이 여기에 해당한다. 프로젝트 규모에 따라 이 일이 그들의 주업무가 될 수도 있다.

프로젝트 팀 안에서도 요구사항과 관련해서 각각의 책임이 불분명할 수 있다. 이들의 책임과 역할을 일찍 파악해야 요구사항 수집을 효율적으로 진행할 수 있다.

요구사항 수집에 있어 각 팀원들에게 부여된 구체적인 책임을 파악하기 위해 다음과 같은 질문을 던질 수 있다.

- 적임자를 찾아 생산적인 그룹으로 나누고, 약속을 정하는 일은 누가 담당하는가? 여기에는 내부 인사뿐 아니라, 외부 관련자(협력사, 납품업체 등)도 포함된다.
- 비즈니스 이해관계자들과의 회의에서 주제와 질문은 누가 정하는가? 시간만 허락된다면 이 일은 협업하는 것이 좋다. 회의가 매끄럽게 흐르도록 주 진행자가 잘 배치한다.
- 누가 회의를 진행하는가?
- 누가 기록을 담당할 것인가? 이후에 어떻게 공유할 것인가?
- 이후에 변화되는 내용을 누가 지속적으로 체크할 것인가?
- 기술팀에서 회의에 계속 참석할 사람이 있는가? 그렇다면 그들은 어떤 식으로 참가하는가?(듣기만 하는가, 관련 지식을 제공하는가, 아니면 다른 역할이 필요한가)?

당신이 위 업무를 책임지든 아니든 UX 디자이너로서 발휘해야 할 자질이 있다. 회의 주제와 질문들은 명확한 카테고리로 구조화해야 하고(마치 정보 설계자의 업무처럼 들린다), 회의가 주제에서 벗어나지 않고 모든 참석자가 골고루 참여할 수 있게 원활한 진행 솜씨를 발휘해야 한다.

적확한 책임자 불러모으기

이해관계자와 하는 인터뷰의 주된 목적은 프로젝트와 관련된 그들의 생각, 지식, 니즈, 또는 좌절 요소들을 다양한 각도로 이해함으로써 프로젝트 요구사항의 기초 자료로 활용하는 것이다.

여러 부서의 사람을 다양하게 불러모으는 데는 각 부서 사람들이 프로젝트에 대해 하고 싶은 말을 편하게 하는 자리를 만들려는 숨은 의도가 있다. 아마 이때 참여한 사람들은 최종안을 더 호의적으로 받아들일 것이다. 지지를 위해 많은 사람을 불러들이는 것은 일면 정치적으로 보일지 모르지만, 프로젝트 내내 당신을 지원할 네트워크를 만드는 데 꼭 필요한 행동이다. 또한 중요한 이슈를 언급할 누군가를 불러들이지 않았다가 막판에 수정하는 사태도 피할 수 있다. 따라서 대개의 경우 다양한 사람들을 참여시키는 것이 바람직하다.

그렇지만 일정과 예산을 잊어서는 안 된다. 사람을 많이 참여시키면 회의 하나 여는 데도 그들의 시간과 당신의 시간을 잡아먹는다. 회의 내용을 일일이 파악하고 중복된 내용을 골라내는 작업은 더 말할 필요도 없다. 프로젝트와 관련있는 부서에서 핵심 인사만을 가려서 만나는 것이 효율적인 회의 운영과 당신의 안녕을 보장할 것이다.

그렇다면 어떤 이해관계자를 참석시켜야 하나? 보통 아래의 그룹이 이야기를 나누기에 좋다.

- 사이트에서 전략적으로 뭔가를 보여줘야 하는 그룹(예를 들어, 마케팅 캠페인을 주관하는 부서가 관련 정보를 사이트에 실어야 한다).
- 사이트 뒷단에서 그 사이트를 보조하는 그룹(이를테면, 콘텐츠 제공, 데이터 입력과 관리, 수집된 정보를 즉시 처리하는 곳 같은)
- 고객 서비스의 접점. 전화 상담원, 온라인 상담원 또는 고객과 직접 만나는 사람(판매원 또는 배달원 등)
- 제품이나 서비스를 보여줘야 하는 판매, 제품 관리, 서비스 그룹 등
- 채용 정보를 보여줘야 하는 인력 관리 그룹
- 투자자나 각종 매체에 정보를 제공하는 홍보 그룹
- 프로젝트의 일환으로 만나서 사이트의 UX 디자인에 영향을 끼치게 될 협력 관계(가령 협력사나 납품업체 같은)를 책임지는 그룹

이해관계자를 선별할 때는 적확한 사람을 고를 수 있게 해당 그룹에 대해 잘 아는 프로젝트 스폰서나 프로젝트 팀원의 도움을 받는다.

적임자를 선별했다면 이제 논의가 잘 진행될 수 있게 그룹을 나눈다. 이때 특별히 좋은 방법이 있는 것은 아니지만 많은 사람들이 부서별로 그룹을 나눈다. 다음을 보자.

- 마케팅(5명)
- 제품 관리(4명)
- 고객 서비스(2명)
- 판매 부서(4명)

프로젝트 규모가 작다면 각 부서에서 한 사람씩만 선별해서 모두가 모이는 자리를 두세 차례 가진다.

적임자를 선별했고, 회의 진행의 틀을 잡았다면(다음 절에서 논의한다) 이제 약속을 잡을 차례다. 예약은 최소 2주 전에 잡아라. 모든 사람을 한 시 한 자리로 부르는 것은 어려운 일이다.

회의 계획 세우기

적절한 인터뷰 대상자를 선별하는 한편으로 회의에서 다뤄야 할 주제와 질문을 정해야 한다(역으로 이 작업은 인터뷰 대상자를 선별하는 데도 도움될 것이다). 그룹과 상관없이 중복되는 질문이 있기는 하지만 기본적으로 회의 계획은 그룹별로 다르게 세워야 한다.

이때 회의에서 얼마나 구체적인 정보까지 도출할지도 정해야 한다. 만약 여러 사람과 단 한 번만 만난다면(예를 들어 위에서 제시한 것처럼 여러 부서의 사람들이 한 번만 만나는 경우), 그들의 생각을 골고루 듣되 너무 세세한 부분에 시간을 허비해서는 안 된다. 만약 어떤 이해관계자가 "사용자들이 주문 내역을 온라인으로 확인할 수 있어야 합니다"라고 발언했다면 그 즉시 왜 그 기능이 필요하고, 이 기능을 잘 수행하고 있는 다른 사이트는 어디인지를 물어봐야 한다. 이 두 가지 질문은 위의 주장에 왈가왈부하느라 시간을 허비하지 않으면서 이 기능에 대해 서로가 가진 다른 생각들을 끌어낼 수 있다. 더 구체적인 내용은 이후 프로젝트 팀과 함께 이해관계자들을 돌며 방문할 때 당신이 발전시킨 요구사항이 그들의 의견을 제대로 반영한 것인지 확인한다.

당신이 전자상거래 사이트를 개편 중이고 여러 그룹의 사람과 만나며, 각 그룹별로 한 번의 회의만 진행한다고 해보자. 아래에 판매 그룹과의 회의 계획을 예시로 제시했다.

판매 부서: 요구사항 수집을 위한 회의

참가자

내부 판매 담당: 이순신, 홍길동, 김유신

관리 책임자: 이미화, 장미란

예상 소요시간: 2시간

목적: 현재의 판매 프로세스를 이해하고 웹이 이 판매 프로세스를 어떻게 도울 수 있을 것인지에 대한 생각과 기회 논의하기.

배경 지식: 구매 프로세스에 대한 파워포인트 자료를 검토해 구매 결정이 이뤄지는 배경에 대해 이해했음, 조만간 고객 서비스 팀과 이야기할 예정.

질문

판매 프로세스 관련 질문

- 제품 라인별로 판매 프로세스가 어떻게 다른가?
- 지역적 차이가 존재하는가?
- 고객 규모에 따른 차이가 있는가(예: 작은 회사 대 큰 회사)?
- 지난 2년간 이 프로세스가 어떻게 변했는가? 향후 3~5년 동안은 어떻게 진화할 것으로 예상하는가?
- 잠재 고객들은 그들이 구매해야 할 것과 상호 작용 방식에 대해 어떻게 알고 있는가?

전체적인 인상

- 사이트의 핵심 방문자는 누구인가? 왜 이들인가? 성향은 어떤가? 이들은 사이트에서 무엇을 달성하고 싶어하는가?
- 웹은 최근의 판매 프로세스, 그리고(또는) 판매 결정률에 어떤 영향을 끼치는가?
- 구매 결정을 내릴 때 고객이 알아야 하는 정보는 무엇인가? 이 정보가 현재 사이트에 있는가? 찾기 쉬운가? 정확한가?
- 사이트에서 콘텐츠를 관리하는 방법은 얼마나 어려운가?
- 현 사이트에서 얻을 수 있는 주요 수치는 무엇인가? 그 외에 어떤 수치가 필요하다고 생각하는가? 왜 그렇게 생각하는가?

미래 기대 사항

- 판매 프로세스를 개선시키려면 우리가 미래의 웹사이트를 어떻게 고쳐야 한다고 생각하는가?
- 현재 사이트에 있는 기능이나 서비스 중에서 판매에 꼭 필요한 것은 무엇인가?

(이어서...)

- 그럼 필요하지 않다고 생각하는 것은 무엇인가?
- 없는 것은 무엇이라고 생각하는가?

요약

- 지금까지 다루지 않은 중요한 생각, 제안, 걱정이 있는가?
- 판매 지원을 잘하는 사이트는 어디라고 생각하는가?
- 고객 만족을 증진시키기 위해 회사가 해야 할 단 한 가지 일은 무엇이라고 생각하는가?

효율적으로 회의 진행하기

다음은 요구사항 수집 회의를 잘 진행할 수 있는 몇 가지 실용적인 팁이다.

어휘 통일하기

요구사항을 수집하면서 많이 사용하는 용어나 정의를 미리 합의해 두면 많은 혼란을 줄일 수 있다. 예를 들어 시스템을 사용하는 사람을 유저라고 부를 것인가, 아니면 사용자, 클라이언트? 사람들은 인터랙션 디자이너나 정보 설계자라는 용어를 아는가?

　회의를 시작하면서 어떤 용어를 사용할 것이고, 그것이 어떤 의미인지를 설명하면 많은 혼란을 피할 수 있다. 여러 용어나 역할의 관계를 보여주기 위해 시각적인 도표를 이용하기도 한다(그림 5.3 참고).

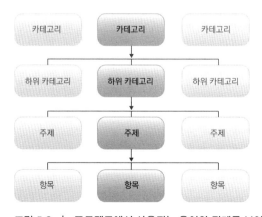

그림 5.3 | 프로젝트에서 사용되는 용어와 관계를 보여주는 도표

프로젝트 도중에 나오는 산출물을 가리키는 용어는 프로젝트의 전체 프로세스를 이해하는 데 도움될뿐더러 이해관계자들이 받게 될 결과물도 알려준다. 또한 논의가 미궁 속으로 빠져들지 않으리라는 신뢰감도 줄 수 있다.

똑같은 단어를 한 번이나 두 번 이상 정의하고 있다면(특히 그 정의가 매번 미묘하게 달라진다면) 프로젝트 용어집에 올리고 프로젝트 팀과 공유하라. 일반적으로 프로젝트 초반에 합의하면 좋은 용어로는 다음과 같은 것이 있다.

- 자주 접하게 될 역할(예를 들어 구직자 대 클라이언트, 콘텐츠 제작자 대 편집자)
- 많은 사람들에게 배포하게 될 주요 산출물(기능 명세서, 와이어프레임, 사이트맵 등), 그리고 그 산출물들이 어떻게 다른지에 대한 간단한 설명.
- 정보의 수준에 해당되는 용어(그림 5.3의 카테고리 정보 같은 것)
- 생각(ideas)과 니즈(needs)의 차이

생각을 경청하고 니즈를 파악하기

이해관계자와 이야기하다 보면 니즈처럼 들리는 말을 할 때가 있다. 아래 예를 보자.

 비즈니스 관련 진술 **"우리 사이트에는 블로그가 필요합니다."**

이것은 니즈가 아니라 생각일 뿐이다. 물론 블로그 기능을 설계하고 실행할 수는 있다. 하지만 이것이 이해관계자가 원하는 깊은 니즈를 가장 잘 충족시키는 해결책인지는 생각해 봐야 한다.

블로그가 왜 중요한지 질문하면 다양한 니즈를 들을 수 있다.

"우리도 최신 추세에 발맞춰 가길 원합니다. 모든 사람들이 블로그에 대해 이야기하는데, 우리 사이트에 블로그가 없다면 뒤떨어진 느낌이 들 것 같아요."

"사람들이 우리 사이트에 계속 방문하게 만들 방법이 필요합니다. 그래야 광고 매출이 늘어나기 때문입니다. 블로그는 팬을 끌고 다니면서 계속 콘텐츠가 업데이트되는 매체 아닙니까."

"우리 회사가 앞서간다는 것을 보여주고 싶습니다. 블로그는 친밀하게 우리의 전문 식견을 보여줄 수 있는 방법이라고 생각합니다."

"우리는 고객과 커뮤니케이션하고 혁신을 이끌어 낼 방안이 필요합니다. 우리는 블로그에 올린 글로 고객의 생각을 들을 수 있습니다."

위의 대답은 다 수긍할 만한 니즈다. 당신의 역할은 그들이 요청하는 구체적인 기능 뒤에 어떤 니즈가 있는지를 끌어내는 것이다. 이렇게 함으로써 요구사항을 뽑아내고 우선순위의 합의점을 도출할 수 있다.

요구사항 통합·정리하기

모든 회의가 끝나면 수집된 생각들을 기능 영역별로 분류한다. 이때 중복되는 항목이 눈에 띤다면 이것은 많은 이해관계자가 요구사항으로 동의할 가능성이 높다는 좋은 신호다. 유사한 내용은 제거하고, 이해관계자의 의도를 효과적으로 보여줄 수 있는 목록으로 다시 정리하라.

수집한 생각들을 프로젝트에 유효하고 추적 가능한 요소로 만들려면 요구사항이라는 이름으로 통합 정리해야 한다. 빗방울이 구름에서 떨어지는 것을 생각해 보라. 요구사항 정리란 정체불명의 큰 구름을 잘 정리된 여러 개의 빗방울로 전환하는 것이다.

"사용자들이 온라인으로 주문 추적을 할 수 있어야 합니다"라는 생각의 구름은 시스템이 할 일을 담은 구체적인 진술문으로 전환해야 한다. 좋은 요구사항은 다음과 같은 특징이 있다.

- 꼭 해결해야 할 큰 니즈가 담겨 있어야 한다.
- 여러 이해관계자들이 제기한 니즈를 통합적으로 대변해야 한다.
- UX 디자인 방향이 제시돼야 한다. 단 너무 구체적이면 안 된다.
- 우선순위를 정하고 업무 진척을 체크할 수 있게 개별적인 업무 단위로 나눠야 한다.

생각을 요구사항으로 정리하기 시작하면 기술 팀장(또는 해당 프로젝트의 개발을 책임지는 사람)을 참가시켜 차후에 얼마만큼의 노력이 투입될지를 가늠하게 한다. 품질 관리 전담 인력이 있다면 요구사항을 뽑아내는 데 영향을 끼칠 상세하고 좋은 질문을 던질 것이다.

주문 추적 사례를 요구사항으로 구체화하는 경우라면 이런 질문을 던질 수 있다.

- 추적 정보는 얼마나 정확해야 하는가?
- 추적 항목에 어떤 정보가 들어가야 하는가? 예를 들면 예상 배송 시간을 지속적으로 업데이트해야 하는가?

시간이 허락된다면 이 생각을 처음 제안했던 이해관계자에게 이런 질문을 던지면서 구체화한다. 하지만 그들과 만날 수 있는 시간이 충분치 않다면 세부적인 내용은 프로젝트 팀과 논의하면서 직접 발전시킨다. 사업적인 목표와 부합하는지 여부는 추후 프로젝트 스폰서와 함께 최종 확인한다.

표 5.1에서 주문 추적에 대한 생각을 어떻게 요구사항으로 정리했는지 보자.

표 5.1 비즈니스 요구사항의 예시

번호	영역	요구사항	비즈니스 니즈
1	주문 추적	온라인에서 주문 번호를 입력하면 주문 내역을 추적할 수 있다.	개인이 스스로 배송 현황을 확인할 수 있다. (고객 지원 우위)
2	주문 추적	고객은 트럭과 비행기를 따라 다니면서 GPS로 상품을 추적할 수 있다.	배송 기술의 혁신을 보여준다(경쟁 우위).
3	주문 추적	고객은 지난 1년간 주문한 내역을 모두 볼 수 있다.	재주문을 유도하고 셀프 서비스를 제공한다(판매, 고객 지원 우위).

위 표에서 앞의 두 가지 항목처럼 어떤 경우에는 요구사항끼리 겹치기도 한다. 이 두 가지는 모두 추적 수단에 대한 것이다. 사용자가 배송번호를 입력하면 GPS로 확인한다는 점에서 이 두 가지는 같은 시스템에서 작동할 수 있다. 하지만 이 두 가지를 분리한 이유는 GPS 관련 요구사항은 큰 노력이 투입되기 때문에 다른 기능과 독립적으로 움직여야 하기 때문이다.

요구사항 진술을 정리하다 보면 비즈니스 요구가 사용자 니즈와 상충할 때도 있다. 예를 들어 경영진은 잠재 사용자들로부터 이메일 주소와 같은 개인 정보를 수집하고 싶어하지만 고객들은 자신의 정보가 제공되는 것을 싫어한다고 해보자. 결국 양식을 채우느라 시간을 뺏고, 보안이나 프라이버시 걱정을 양산시킨다면 고객이 달성해야 하는 더 큰 과제를 방해할 수 있다.

이런 충돌이 예상되면 비즈니스와 사용자의 니즈 모두를 만족시킬 수 있는 방안을 생각해야 한다. 주문 추적 예시를 생각해 보면 이메일 주소도 모으고, 사용자 편의도 증진시키기 위해 '친구에게 보내기' 기능을 제안해 볼 수 있다. 이 제안은 사업적인 요구와 사용자의 요구를 동시에 만족시키는 것으로 긍정적으로 고려할 필요가 있다. 또한 이는 문제에 대해 디자인적인 해결안을 끌어냈다는 측면에서 '요구사항 수집 단계'와 'UX 디자인 단계'(4장 참고)에 동시에 걸쳐 있는 내용이기도 하다(그림 5.4).

그림 5.4 | 요구사항 정의 단계와 UX 디자인 단계가 겹쳐졌다.

비즈니스 니즈와 사용자 니즈가 모순되는지 여부는 사용자 리서치에서 확인할 수 있다. 이것은 다음 장에서 논의하겠다. 사용자 조사가 더해지면 표 5.1이 완전한 잠재 요구사항으로 확장되고, 여기서 최종적으로 프로젝트 요구사항 목록이 뽑힌다. (그림 5.1에서 볼 수 있다. 9장에서 더 자세히 논의하겠다.) 이때 비즈니스 요구사항은 기술적인 가능성 타진이나 사용자 요구사항 수집과 동시에 이뤄져야 한다는 점을 명심하라.

이쟤 본격적으로 사용자에 대해 이야기해 보자!

A Project Guide to

UX DESIGN 2

06

사용자 리서치

• 파티에 초대한 손님이 누구인지 알아야 한다 •

프로젝트 기간 동안 사용자를 이해하거나, 또는 사이트에서 사용자의 행동을 관찰하기 위해 사용하는 사용자 리서치 기법은 너무나 많다. 이 장에서는 프로젝트 초반에 많이 사용하는 몇 가지 리서치 기법에 초점을 맞춘다.

이런 리서치 기법은 프로젝트에서 가장 우선순위가 높은 사용자 그룹을 정의하고, 니즈와 좌절감이 생기는 상황을 파악하며, 사용자 경험 디자인 업계에서 통용되는 좋은 사례를 이용해 현재 사이트(현재 사이트가 있다면)의 성능을 평가하는 데 도움될 것이다.

– 캐롤린 챈들러(Carolyn Chandler)

사용자 리서치 수행 단계

1. **핵심 사용자 그룹을 정의하라.** 이 사이트를 이용하게 될 주요 사용자의 유형을 담은 틀을 만들어라. 이 틀을 기준으로 리서치 대상자를 선발할 것이다.

2. **사용자 참여 계획을 세워라.** 프로젝트 니즈에 따라 적합한 리서치 기법을 선택하고, 어떻게 사용자들을 리서치에 참가시킬지 계획을 세운다.

3. **리서치를 수행하라.** 이 장에서 인터뷰, 설문조사 등과 같은 기본 조사 기법과 조사 수행의 팁을 제공할 것이다.

4. **사용자 그룹을 좀 더 정확하게 재정의하라.** 리서치에서 배운 점을 토대로 사전에 수립한 사용자 그룹의 정의를 더 정확하게 고쳐라. 이 사용자 모델은 페르소나(7장에서 논의한다)의 기초 자료로 활용될 것이다.

5. **사용자 요구사항을 뽑아라.** 요구사항은 사이트에 들어갈 특징이나 기능에 대한 진술문을 의미한다. 이 진술문을 비즈니스 요구사항에 추가하고(5장에서 논의했던), 그 중에서 중요한 것만 선별해 프로젝트 요구사항을 완성하라(9장에서 논의한다).

이 장에서는 처음 세 단계를 다룰 것이다. 그럼 사용자 그룹 정의하기부터 시작해보자.

사용자 그룹 정의하기

조사 전에 조사 계획을 세우는 것은 마치 닭과 달걀의 딜레마같다(누가 먼저인가?) 누구를 불러야 될지 모르는데 어떻게 적확한 사람을 부를 수 있단 말인가?

이때 사용할 수 있는 방법 중 하나는 당신이 디자인하는 대상에 대해 초기 임시 정의를 내리는 것이다. 이때 사이트의 핵심 사용자 그룹을 그린다. 이는 리서치 과정에서 사이트 이용 경험에 영향을 미치는 역할, 인구 통계학적 특성 또는 다른 변수를 고려하는 데 도움될 것이다. 사용자 그룹에 대한 정의는 높은 레벨(타겟 사용자 그룹을 정의한 목록)일 수도, 구체적이고 시각적인 레벨(다양한 유형의 사용자와 그들의 소통 방식을 보여주는 그림)일 수도 있다.

회사 대표 사이트의 사용자를 상위 레벨로 정리하면 잠재 구매자, 현재 구매자, 파트너, 구직자와 같은 사용자 그룹이 나올 수 있다.

사용자 리서치 용도로 사용자 그룹을 정의할 때는 우선순위를 좀 더 구체적으로 규정해야 한다.

초기 사용자 정의는 현재 해당 사이트와 상호작용할 것 같은 사용자 유형을 생각하며 비즈니스 이해관계자와 프로젝트 팀원이 함께 머리를 맞대고 만들어야 한다. 이 정의는 각기 다른 사용자 그룹의 목표와 속성을 파악하는 것부터 시작한다. 다음은 사용자 그룹을 정의하는 기본 단계.

1. 각 사용자 유형을 규정하는 속성을 뽑아 목록을 만든다(다음 절에서 가장 많이 사용하는 속성을 다룬다).
2. 회사에서 그 유형의 사용자(예를 들면 구매자)와 교류하는 사람을 찾아 그 속성에 대해 논의한다.
3. 위의 속성 중에서 해당 사용자들이 당신의 사이트를 사용하는 이유나 방법에 가장 많은 영향을 끼칠 만한 것을 골라낸다.
4. 그 사용자 그룹을 정의하라. 이후 리서치와 사이트 디자인에서 계속 이 그룹에 초점을 맞출 것이다.

다음 절에서는 사용자 속성을 모으고 선별하고 모델링(사용자 리서치에서 초점을 맞추게 될 여러 유형의 사용자 그룹을 선출하기)하는 브레인 스토밍 기법에 대해 더 자세히 다루겠다.

사용자 속성 목록 만들기

사용자 속성 자료를 만들려면 회사가 보유한 각종 조사 자료나 문서를 수집해 사용자와 관련된 방향을 잡는 것에서 시작한다. 그러한 자료로는 다음과 같은 것이 있다.

- 회사 전략, 이를 테면 목표, 경쟁사 정보, 마케팅 전략, 사업 계획 등을 담은 문서
- 마케팅 부서에서 수집한 현재 사용자의 세그멘테이션[1] 자료와 다른 인구 통계 데이터
- 이전에 시행된 사용자 리서치(표 6.1에서 예를 볼 수 있다)
- 설문조사 자료, 이를테면 사용자 만족도 조사나 피드백 양식 등
- 문제가 자주 제기되는 이슈를 담은 고객 서비스 리포트

---

1 (옮긴이) market segmentation이라고도 하며, 우리 말로는 시장 세분화라고 한다. 경제나 마케팅 분야에서 많이 사용하는 단어로, 동일한 제품이나 서비스를 구매하게 만드는 한 가지 이상의 공통된 특징을 가진 집단, 또는 집단을 분류하는 행위를 의미한다.

그다음으로는 회사 안에서 현재 사용자와 기대 사용자에 정통한 사람을 찾아본다. 이때 참가하는 사람의 수와 다양성은 프로젝트 유형, 범위, 기간에 따라 달라진다. 이 임시 사용자 정의를 사용자 리서치를 계획하는 1~2달 동안만 쓸 예정이라면 2~3명의 참석자로 충분하다. 그렇지만 초기 정의를 UX 디자인이 완료되고 그 후 사용성 테스트를 시행할 때까지 가지고 갈 예정이라면 다양한 관점을 지닌 사람을 좀 더 많이 불러야 한다.

이 자리에는 브랜드, 세그멘테이션, 캠페인 등을 담당하는 마케팅 직원, 판매 직원, 고객 서비스나 지원 부서, 교육 담당자 등이 참석할 만하다.

프로젝트 팀장이나 다른 이해관계자도 참석시키는 것이 좋다.

먼저 참가자들에게 그들이 자주 상호작용하는 사용자 유형을 묻는다. 이어서 그들이 가진 공통 속성을 묻는다. 이런 속성으로는 다음과 같은 것이 있다.

- **주요 목적**: 사이트의 주제와 관련된 목적을 말한다. 사용자들은 이 사이트에 왜 오고, 무엇을 달성하고자 하는가? 예를 들면 제품을 구매하는가, 주식을 거래하는가, 질문에 대한 답을 구하러 오는가?
- **역할**: 이것은 여러 방법으로 규정할 수 있지만 그 중 이용할 수 있는 한 가지 방법은 사용자의 주요 목적과 역할을 연결하는 것이다. 구직자, 서비스 문의자, 잠재 사용자 등과 같이 말이다. 사용자에 대한 정보가 많을수록 그들의 니즈나 스타일에 따라 역할을 더 세분화할 수 있다. 예를 들면 상거래 사이트 쇼핑객이라면 세일 선호가나 쇼핑 전문가로 나눌 수 있다.
- **인구 통계 자료**: 나이, 성별, 가족 사항(결혼 또는 자녀), 수입 규모, 지역 등
- **경험**: 교육 수준, 기술 숙련도, 주제 전문성, 사용 빈도(일회성, 가끔, 자주)
- **조직적 속성**: 사용자가 근무하는 회사의 규모, 부서, 업무 형태(신입, 프리랜서, 중간관리자, 경영자), 고용 형태(정규직, 계약직), 업무 패턴(재택근무, 잦은 출장)

참석자들이 자주 언급하는 사용자의 속성을 모아 목록을 만들고 중요도에 따라 우선순위를 정한 후, 이 서열을 사용자 그룹 정의와 모델링 작업에 활용한다.

중요 속성 선별과 정의

위의 과정으로 얻은 사용자 속성 중 사용자들이 해당 사이트를 이용하는 이유와 방법에 가장 큰 영향을 끼치는 것은 무엇일까? 사용자의 목표나 행위에 가장 큰 영향을 미친다고 생각되는 속성에 집중해서 선별하라. 이때 4장에서 정한 목표를 떠올려라. 선택하는 데 도움될 것이다.

속성 선별 과정을 쉽게 이해할 수 있게 예를 들어보자. 온라인으로 주식, 옵션, 선물을 거래하는 도구를 만든다고 해보자. 이 회사의 전략 중 하나는 혼자서 온라인으로 주식 거래하는 비전문 투자자에게 옵션이나 선물과 같은 새로운 상품의 거래를 유도하는 것이다. 이 회사는 사용하기 쉽고, 안전한 환경에서 직접 체험하며 배우기를 원하는 사람을 대상으로 한 트레이딩 도구를 제공하려고 한다.

회사 관계자들과 사용자 속성에 대해 이야기하던 중 이 도구를 이용하는 데 가장 큰 영향을 끼치는 속성은 다음과 같은 것이라는 사실을 발견했다.

- **거래 빈도**: 좀 더 정확히 말하면 온라인 직접 거래의 빈도를 의미한다(예를 들어, 분기당 한 번, 하루에 한 번, 하루에 여러 번). 어쩌다 한 번씩 거래하는 사람은(예를 들면 한 달에 한 번 정도) 새로운 도구에 별 거리낌이 없을 것이다. 하지만 온종일 트레이딩을 하는 사람은 신규 트레이더용 도구에 크게 관심을 보이지 않을 것이다. 하지만 활발한 파트 타임 트레이더라면 이 도구에 큰 관심을 보일 것 같다.
- **거래한 상품의 수**: 주식만 거래하는가, 아니면 주식, 옵션, 선물을 모두 거래하는가? 모든 상품을 다 거래해 본 사람이라면 이미 선호하는 도구가 있을 것이다. 한 가지 상품만 거래하는 사람이라면 다른 도구에도 손을 뻗어볼 것 같다.
- **주제에 대한 전문 지식**(예를 들어 트레이딩 용어): 전문 지식의 수준에 따라 트레이딩 과정에서 어느 정도의 도움(튜토리얼, 용어집)이 필요한지를 결정할 수 있다.
- **기술 숙련도**(예를 들면 온라인 쇼핑이나 인터넷 뱅킹, 트레이딩에 대한 숙련도): 이것은 프라이버시 정보의 노출 수위, 혹은 인터페이스의 난이도에 영향을 준다.

이런 속성들은 리서치의 타겟이 될 만한 사용자에 영향을 끼치기 때문에 주요 속성으로 선별할 만하다. 만약 거주 지역이 트레이딩의 이유나 방식에 큰 영향을 끼치지 않을 것 같다면 지역 조건은 리서치 참석자 대상 조건에서 **빼라**. 반면 특정 속성이 사람들 입에 자주 오르내린다면 이것은 설문 조사나 인터뷰 질문으로 포함될 만큼 중요하다는 증거다(이 장의 후반에서 설문조사에 대해 논의한다).

두 가지 이상의 속성을 비교해 보는 것도 주요 속성을 선별하는 좋은 방법이다. 예를 들면 온라인 트레이더의 두 가지 속성으로 차트를 만들어 각 그룹이 어떤 범위에 속하는지 그려 보는 것이다. 그림 6.1은 온라인 직접 거래 빈도와 거래 상품의 수를 두 축으로 그린 대략적인 사용자 모델이다. 이 또한 논의 과정에서 뽑혀져 나온 사용자 그룹이다.

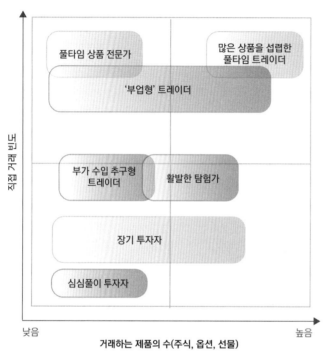

그림 6.1 | 두 가지 속성을 이용해 대략적인 사용자 그룹을 그린 차트. 다 함께 모여 이런 모델을 작성하다 보면 사용자의 이용 계기나 경험의 차이점에 대한 논의를 끌어낼 수 있다.

이런 사용자 모델이 있으면 사용자 유형을 상당히 높은 수준으로 이야기할 수 있다. 그렇다고 이것이 최종 모델이라거나, 모든 그룹이 서로 배타적(예를 들어 주식에서 장기 투자자가 옵션이나 선물에서는 활발한 탐험가일 수 있다)이라는 의미는 아니다. 프로젝트 멤버들이 다양한 사용자 그룹에 대해 이해할 수 있고, 그들이 어떤 이유로 사이트를 이용하는지 알 수 있게 된다는 점에 사용자 모델의 의의가 있다.

주요 속성에 대한 이런 논의는 리서치 참가자를 선정할 때 어떤 속성에 초점을 맞춰야 하는지도 알려준다. 주식 거래 빈도가 중요하고, 그 중에서 중간 정도의 빈도를 보이는 사람을 참가시키고자 한다면 '중간' 수치가 어떤 의미인지 정의한 후(예를 들어 일주일에 한 번에서 세 번), 이에 따라 리서치 참석자를 선별한다.

자, 이제부터 프로젝트에 사용자를 개입시키는 다양한 리서치 기법에 대해 알아보자.

사용자 모델만 가지고 바로 UX 디자인을 할 수 있을까?

UX 분야에서는 리서치를 수행하기 전에 사용자 모델을 만드는 것에 대한 의견이 분분하다. 왜냐하면 실제 사용자 데이터를 갖기 전에 색안경을 끼고 바라볼 수 있고, 프로젝트 팀이나 프로젝트 스폰서가 사용자 모델을 리서치 대체물로 오인하기도 하기 때문이다. 확인되지도 않은 모델을 이용하는 것은 오히려 잘못된 가정을 확신시키는 결과만 가져올 수도 있다. 하지만 사용자와 전혀 접촉할 기회가 없는 프로젝트라면 사용자 모델을 만들지 않는 것보다 심사숙고해서 만든 사용자 모델(고객 서비스 팀이나 교육 팀과 같이 프로젝트 팀 외부에서 나온 자료로 입증된)을 가지고 있는 편이 더 낫다.

리서치 기법 고르기

이제 리서치에 초대할 대략의 사용자 그룹을 만들었으니 다음으로 넘어가보자. 이제 프로젝트에서 시행할 사용자 리서치의 형태와 양을 결정할 차례다.

표 6.1에서는 현업에서 가장 많이 사용하는 리서치 기법과 그 기법이 필요한 시기를 제시한다. 자신의 프로젝트에 어떤 리서치가 가장 적합할지 결정할 때 이 표를 참고하기 바란다. 다음 절에서는 각 기법에 대해 자세히 설명한다.

표 6.1 많이 사용하는 사용자 리서치 기법

리서치 활동	무엇인가	언제 필요한가	어려운 점	일반적인 소요 시간*
사용자 인터뷰	사이트의 핵심 사용자 그룹에 속하는 사람과의 1:1 대화.	사용자에게 접근할 수는 있지만 접근 방법이 제각각일 때(대면, 전화 등). 컨텍스트를 알고 싶지만 사용자에게 갈 수 없을 때.	직접적인 의견만 들을 수 있다. 상황이나 태도에 대한 정보는 얻기 어려운데, 특히 원격 인터뷰라면 더욱 그렇다.	12명 인터뷰에 2~4주: 계획 수립 1주, 인터뷰 1~2주, 결과 분석 1주 정도
컨텍스추얼 인쿼리	매일 접하는 평범한 상황에서 사용자들이 어떻게 사용하는지 관찰하고 배울 목적으로 사용자가 있는 곳을 방문하는 기법.	프로젝트 팀이 대상 사용자에 대한 정보를 거의 가지고 있지 않을 때. 사용자가 독특한 환경에서 일할 때(예: 병원). 사용자가 매우 복잡한 과제나 업무 플로우를 수행할 때.	사용자의 현장에 접근하기가 어렵다. 사용자가 있는 곳에 가는 것이 보안이나 지적 재산권에 대한 우려를 양산하고, 침입 당하는 느낌을 들게 할 수 있다. 그러나 회사용 애플리케이션이라면 현장 방문이 훨씬 수월하다.	질문 12개당 3~4주: 계획 수립 1주, 관찰 1~2주, 결과 분석 및 문서 작업 1주
설문조사	큰 집단 속에서 패턴을 찾기 위해 사용하는 것으로, 주로 객관식 질문으로 구성된 질문지다.	결과를 정량적으로 정리하고 싶을 때(예: 80%의 타겟 그룹이 온라인에서 절대로 차를 사지 않을 것이라고 말했다). 사용자들의 실제 행동보다는 선호도 정보를 알고 싶을 때.	적합한 샘플을 구하기가 어렵다. 특정한 방향을 유도하지 않는 객관적인 답변을 이끌어낼 수 있는 질문을 만들기가 어렵다.	단기 설문조사 3~4주: 계획 수립 및 조사지 작성 1주, 설문조사 실행 1~2주, 결과 분석 및 정리 1주
포커스 그룹	진행자가 어떤 주제에 대한 질문을 던져 진행하는 그룹 토의. 그 주제에 대한 참가자들의 감정, 태도, 아이디어를 파악할 수 있다.	사용자의 태도가 서비스 사용에 큰 영향을 끼친다고 생각할 때(예: 과거에 서비스 사용과 관련해서 큰 문제가 있었을 때).	사용자에게서 옳은 정보를 이끌어낼 수 있도록 정확한 목적을 가진 질문을 만들기가 어렵다. 토론 그룹을 효과적으로 다루기가 힘들다.	3~4주: 계획 수립 및 질문 작성 1주, 포커스 그룹 실행 1~2주, 결과 분석 및 문서 작업 1~2주
카드 소팅	참석자에게 항목(주제 같은)이 적힌 카드를 나눠주고 자신에게 의미 있는 방식으로 분류하게 하는 것.	다뤄야 할 항목이 많은 콘텐츠 사이트 같은 데서 사용자 그룹에게 맞는 효과적인 구조를 설계하고 싶을 때.	카드에 실을 주제를 정하기가 어렵다.	3~4주: 계획 수립 및 준비 1주, 리서치 실행 1주, 결과 분석 및 문서 작업 1~2주

리서치 활동	무엇인가	언제 필요한가	어려운 점	일반적인 소요 시간*
사용성 테스트	사용자에게 과제를 수행하도록 시키고 진행자가 관찰하는 기법, 때로는 행동을 파악하는 질문을 하기도 한다.	현재 상태를 개선하고자 할 때. 경쟁사 제품을 테스트할 수 있을 때. 사용자가 과제를 완료(또는 시뮬레이션)할 수 있을 정도로 프로토타입이 만들어졌을 때.	적합한 과제를 고르기가 어렵다. 테스트를 실시하기 전에 어느 정도까지 완성시켜야 할지를 정하기가 어렵다.	10명의 사용자와 중간 정도의 완성도일 경우 3~4주: 계획 수립 및 과제 정리 1주, 테스트 시행 1주, 결과 분석 및 문서 작업 1~2주

* 소요 시간이란 리서치 참가자와 참가 일정이 잡힌 이후부터 소요되는 기간을 의미한다. 여기서는 6명에서 8명 정도의 사용자 두 그룹으로 가정했다(설문조사는 더 많은 사용자가 필요하므로 여기서 제외된다). 리쿠르팅 기간은 포함되지 않았다. 보통 리쿠르팅은 리쿠르팅에 필요한 심사 질문을 만들고 나서 1, 2주 가량 소요된다.

몇 개의 리서치가 적당한가?

리서치 기법을 고르기 전에 사용자 리서치에 어느 정도의 비용과 시간을 할애할 수 있는지 봐야 한다. 다음의 상황을 고려해 고객사가 리서치에 얼마나 욕심을 많이 내는지도 봐야 한다.

프로젝트 리더나 스폰서가 리서치를 편안해 하고, 목표를 달성하는 데 리서치를 이용하길 원한다면 2개 이상의 리서치를 수행하거나, 한 가지 리서치를 여러 번 수행(예를 들어 디자인을 테스트하고, 그 결과를 바탕으로 내용을 바꾸고, 새 디자인을 다시 테스트한다)할 수 있다.

리서치 계획을 세울 때 고려할 점

리서치 계획을 세울 때는 다음과 같은 점을 고려한다.

- 리서치를 왜 하는가: 리서치에서 무엇을 배워야 하는가
- 누구를 참가시키는가: 위에서 정리한 핵심 사용자 그룹
- 참석자를 어떻게 모집할 것인가: 참석자 선발 및 선별 방식(핵심 사용자 그룹에 속하는지 확인하기 위해 어떤 질문을 할 것인가)
- 참석자에게 어떻게 보상할 것인가
- 필요한 장소와 장비, 소프트웨어는 무엇인가, 예를 들면 대면 접촉 리서치를 할 때와 원격 리서치를 할 때는 필요한 도구가 다르다(원격 리서치에 대해서는 14장을 참고한다)
- 어떤 주제를 다룰 것인가: 핵심 주제
- 의견을 어떻게 끌어낼 것인가: 참가자의 수와 그들이 이용하는 도구

14장에서는 UX 디자이너가 가장 많이 하는 사용성 테스트를 가지고 앞에서 기술한 항목들이 어떻게 적용되는지 자세히 살펴본다.

서핑

스티브 바티(Steve Baty)는 UXmatters에 '아주 쉬운 UX 리서치(Bite-Sized UX Research)'라는 제목으로 다양한 리서치 기법, 개발 단계, 당신이 필요로 하는 정보, 리서치 결과 활용의 유연성에 따라 어떤 리서치를 선택하면 되는지에 대한 글을 기고했다: http://uxmatters.com/MT/archives/000287.php

조직에서 누구도 리서치를 해 본 적이 없고, 전체적으로 리서치에 대한 거부감이 있다면 당신이나 프로젝트 팀, 비즈니스 이해관계자에게 가장 효과가 좋을 만한 리서치를 골라서 한 번만 시행한다. 리서치를 하고 나서 프로젝트가 좋아지는 것을 경험하면 나중에 리서치가 필요할 때 추가로 제안해 볼 수 있다

프로젝트에 최소 두 번 이상의 리서치 여력이 있다면 요구사항을 수집할 때나 UX 디자인 초기에 사용자를 이해하기 위해 한 번, 개발에 들어가기 전 디자인 안의 유효성을 확인하기 위해 나머지 한 번을 실행하는 것이 이상적이다. 예를 들어 태스크 기반의 애플리케이션이라면 UX 디자인에 들어가기 전에 사용자 인터뷰를, 프로토타입이 완성되고 나서 사용성 테스트를 한다. 콘텐츠 사이트라면 초반에 컨텍스추얼 인쿼리를, 나중에 카드 소팅을 할 수 있다.

참고 태스크 기반의 애플리케이션이나 콘텐츠 사이트에 대해 더 알고 싶다면 2장을 참고한다.

이제부터 각 리서치 기법과 활용 방식에 대해 자세히 살펴보자.

사용자 인터뷰

사용자 인터뷰(User Interviews)는 사이트의 잠재 사용자나 현재 사용자와 나누는 계획적인 대화다. 인터뷰는 전화로 하기도 하고, 화상 회의 도구(고투미팅이나 스카이프)를 이용하기도 하며, 중립적인 장소(회의실 같은), 또는 이상적으로는 사용자가 그 사이트를 이용할 것 같은 환경(이 장소는 컨텍스추얼 인쿼리를 하기에 적합하다. 이 기법에 대해서는 이 장의 후반부에서 다루겠다)에서 직접 만나기도 한다. 인터뷰는 사용자의 선호도나 태도를 이해하는 데 도움이 된다. 이 리서치를 실제 행동을 파악하는 용도로 실시해서는 안 된다. 사용자가 사이트에서 어떻게 상호작용하는지 구체적으로 알고 싶다면 사이트를 이용하는 모습을 관찰하거나(컨텍스추얼 인쿼리), 사이트에서 과

제를 수행해 보라고 요청(사용성 테스트)하는 것이 좋다. 사이트의 통계도 사용자 행동에 대한 정보를 제공하는데, 해당 통계 데이터의 상황을 제공하는 인터뷰나 인쿼리와 결합된다면 효과가 배가된다.

프로세스

사용자 인터뷰를 수행할 때 다음과 같은 정보를 뽑아내기 위해 UX 디자이너는 질문 목록을 만든다.

- 사이트, 또는 사이트의 주제와 관련된 경험
- 회사 브랜드에 대한 참가자의 체험담
- 태도, 이를테면 콘텐츠 사이트라면 주제 카테고리, 태스크 기반의 애플리케이션이라면 디자인 중인 프로세스, 마케팅 캠페인 사이트라면 마케팅 기법에 대한 태도
- 자사 사이트, 또는 경쟁사 사이트를 방문하는 일반적인 목적이나 니즈
- 일반적으로 그 사이트를 방문하고 나서 택하는 다음 단계
- 사이트 경험에 결부된 다른 사람들, 예를 들면 달성해야 하는 더 큰 목표를 위해 누군가와 협업하는가? 경험 도중에 정보를 공유하거나 다른 사람의 의견을 물어보는가?
- 사용자 그룹에 대해 내렸던 전제를 확인할 만한 다른 정보, 예를 들면 초기 사용자 모델을 만들 때 가정한 변수가 실제 해당 사용자의 사이트 이용에 영향을 미쳤는가?

인터뷰 참가자가 한 명 이상이라면 동일한 질문 목록과 소개문을 준비해서 인터뷰의 일관성을 유지하는 것이 바람직하다.

인터뷰의 구조를 얼마나 엄격하게 지킬지도 정해야 한다. 인터뷰 수행 결과에 대해 공식적인 보고서를 만들어야 한다면 엄격한 구조를 지키는 편이 좋다. 질문 순서도 바꾸지 않고 모든 질문을 거의 변형 없이 물어야 한다. 그러나 일관성보다 다양한 데이터 확보가 목적이라면 동일한 질문으로 시작하되, 대화가 자연스럽게 흘러가도록 구조의 변형이 허용된다. 따라서 인터뷰 진행자가 재미있는 의견을 듣기 위해 캐묻기도 한다(이를 '추가 질문(probing)'이라고 한다).

인터뷰 길이는 45분에서 60분 사이가 가장 적당하다. 이 정도면 참석자가 지치지 않으면서 친근함을 유지하고, 갖가지 질문을 다루기에 충분하다.

사용자 인터뷰를 마치고 나면 페르소나를 만드는 데 사용할 만한 데이터를 풍부하게 얻을 수 있다. 페르소나는 7장에서 다루겠다.

인터뷰 팁

인터뷰에서 얻는 정보의 질은 전적으로 질문의 질에 달렸다.

참석자 개인의 경험에 초점을 맞춰라. 그들이 미래에 뭘 할 것이라거나, 다른 사람은 어떻게 할 것인지 예측하는 질문을 던지지 마라. 이런 질문은 절대로 실제 행동을 보여주지 못한다.

어떤 답이 맞다는 것을 암시하거나 특정한 답을 이끄는 유도성 질문도 금물이다. 질문은 주관식으로 간단명료하고 중립적이어야 한다. 유도성 질문의 예를 보자.

- 이 회사 사이트에서 좋은 점은 무엇입니까?

  이 질문은 사용자가 이 사이트를 좋아한다고 가정한다. 이것은 싫어하는 점도 함께 물을 때만 해라.

- 이 회사 사이트는 당신의 기대를 충족시켜 주었습니까?

  예, 아니오로 간단히 대답할 수 있는 질문이다. 이런 질문으로는 UX 디자인에 도움될 만한 상세한 정보를 얻을 수 없다.

- 당신은 A 사이트를 이용하겠습니까, B 사이트를 사용하겠습니까? 만약 후자라면, 왜 B가 A보다 좋다고 생각하십니까?

  여기에는 두 가지 문제가 있다. 일단 한 번에 두 가지 답변을 요구하고 있으며, 특정한 견해를 유도한다.

좋은 질문의 예는 다음과 같다.

- 이 회사 사이트에 마지막으로 방문했을 때에 대해 말씀해 주십시오. 왜 그 사이트에 가셨나요?
- 그 방문에서 기억나는 것이 있습니까?

대규모로, 형식을 갖춘 인터뷰를 진행한다면 객관식 질문을 넣고 싶을 수도 있다. 그렇지만 대부분의 경우 객관식 질문은 풍부한 정보를 주지 못한다. 구두로 객관식 질문을 하면 참가자가 이해하기 어려울뿐더러 깊이 있는 답변을 주지도 못한다. 이런 유형의 질문은 리쿠르팅 심사나 설문조사에서 하라.

질문을 만들었다면 프로젝트와 관련이 없는 팀원 중 한 명을 골라 모의 인터뷰를 하라. 그러면 불분명한 질문이 보이고, 시간 배정이나 흐름을 가다듬을 수 있다. 만약 가능하고, 참석자가 동의했다면 인터뷰를 녹음하라. 그러면 다른 사람들도 참가자가 한 대답을 직접 들을 수 있다.

컨텍스추얼 인쿼리

컨텍스추얼 인쿼리(Contextual Inquiry)는 인터뷰와 사용자 관찰을 결합한 리서치다. UX 디자이너가 사용자에게 찾아가는데, 그 사용자가 해당 사이트를 이용하는 장소로 가는 것이 가장 이상적이다. 예를 들어 사무용 애플리케이션을 위한 컨텍스추얼 인쿼리라면 참가자의 책상에서 수행한다.

이 기법을 통해 참가자가 작업을 하는 환경에 대해 풍부한 정보를 얻을 수 있다. 그런 정보로는 다음과 같은 것이 있다.

- 사용자가 직면하는 실제 생활에서의 문제들
- 작업할 때 이용하는 장비
- 작업 공간: 특히 장소 크기, 프라이버시 보호 정도, 방해받는 빈도, 전화나 종이 활용 방식 (특히 주변에 붙어 있는 인쇄물이나 메모에 각별히 주의를 기울여라).
- 마우스나 키보드에 대한 선호도. 이는 UX 디자인에 아주 많은 영향을 끼친다. 특히 많은 데이터를 입력해야 하는 서비스를 디자인할 때 더욱 중요하다.
- 협업이나 리소스 공유의 차원에서 다른 사람과 어떤 상호작용을 하는가. 예를 들어 한 컴퓨터를 한 명 이상 사용한다면 로그인이나 보안 관련 기능의 디자인에 영향을 끼친다.
- 온라인과 오프라인에서 사용하는 다른 도구들, 특히 종이 활용 방식이 흥미롭다. 종이에 견줄 만한 온라인 해결책을 찾지 못하는 과제도 존재한다.

컨텍스추얼 인쿼리는 관찰 시간과 인터뷰 시간으로 나뉜다. 이는 수 시간에서 수 일까지 소요될 수 있다.

참석자가 2시간 이상 내기 힘든 상황이라면 인터뷰만 진행하는 방법을 고려하라. 누군가가 관찰하는 상황에 적응하고 자연스럽게 행동하려면 시간이 걸린다. 15분 만에 자연스러워지는 경우는 없다.

프로세스

리서치를 시작하기 전에 10~15분 가량 인터뷰 소개문을 준비한다. 소개문에는 리서치의 목적, 무엇을 할 것인지에 대한 높은 레벨의 설명(관찰과 인터뷰가 진행된다는), 여기서 얻은 정보를 어떻게 활용할 것인지에 대한 설명이 들어가야 한다. 이때 동의 양식에 서명을 받고, 비밀 준수를 다시 한번 주지시킨다.

참가자의 일반적인 과제 흐름에 대해 높은 레벨의 질문부터 시작한다. 특히 해당 사이트의 디자인과 관련된 질문이어야 한다.

이제 참가자에게 언제 이야기가 중단되고 관찰이 시작되는지 알려준다. 관찰에는 능동적인 관찰과 수동적인 관찰이 있다. 능동적인 관찰은 참가자가 선생님 역할을 맡고 진행자가 제자가 된다. 선생님은 학생을 가르치듯 자신이 하는 일을 설명한다. 능동적인 관찰을 통해 참가자가 하는 행동의 이유를 더 자세히 알 수 있지만 그 설명을 의식하느라 평소 행동과 다르게 할 가능성이 있다.

수동적인 관찰은 진행자가 없다고 생각하고 평소처럼 행동하라고 참가자에게 말한다. 이것의 목적은 최대한 자연스러운 행동을 관찰하는 것이다. 예를 들어 참가자가 진행자에게 말을 한다면 문제 해결 과정에 대해 누군가에게 전화를 걸거나 물어보러 갈 가능성이 낮다. 하지만 수동적으로 관찰할 때는 이런 모습까지 볼 수 있다. 만약 당신이 관찰했던 행동의 원인을 알고 싶다면 이후 인터뷰 시간에 물어볼 수 있다.

이 둘 중 어떤 방식도 좋다. 일반적으로 참가자와 있는 시간이 많지 않다면(약 2~4시간 정도) 깊숙한 정보를 끄집어 낼 수 있는 능동적 관찰을 추천할 만하다. 만약 하루 종일, 또는 그 이상의 시간이 있다면 수동적 관찰을 통해 자연스러운 행동과 추후 논의 과정을 균형 있게 배분한다.

인쿼리를 마치면 데이터를 양껏 확보할 것이다. 그러면 이 결과 속에서 어떻게 유의미한 패턴이나 트렌드를 찾을 것인가?

한 가지 방법으로 친화도 분석 기법(affinity diagramming)이라는 것이 있다. 이 주제를 다룬 좋은 자료들이 많지만 여기서 짧게 설명하겠다.

친화도 분석 기법 단숨에 이해하기

친화도 분석 기법은 개별적으로 분리된 수많은 항목(사용자 진술, 리서치 진행자의 관찰 같은)을 그룹을 나누어 의미 있는 패턴이나 트렌드를 추출하는 것이다. 친화도 분석 기법 단계를 간단히 살펴보자.

1. 인쿼리를 수행한 사람을 모두 모이게 한다. 이때 이들이 확보한 데이터도 가지고 오게 한다.

2. 모든 사람에게 포스트잇을 한 묶음씩 나눠주고, 이니셜처럼 참가자를 확인할 수 있는 짧은 기호와 함께 포스트잇 한 장에 진술 하나를 적게 한다. 이때 사이트 디자인과 관계 있는 진술에만 초점을 맞춘다. 기능과 같은 구체적인 진술도 좋고 회사나 주제에 대한 참가자의 태도를 보여주는 일반적인 진술도 좋다.

3. 다 적었으면 벽에 포스트잇을 붙이게 한다. 분석할 데이터가 많으면 큰 벽이 필요할 것이다. 이때 최소 몇 일 쓸 수 있는 벽으로 구하라.

4. 모두 다 붙이고 나면 유사한 진술끼리 가깝게 모아둔다. 이 작업은 다른 사람을 불러서 함께 해도 좋다. 이를 통해 자연스럽게 결과 공유를 시작할 수 있다.

5. 그룹이 자연스럽게 드러나면 구조가 잡히도록 그룹에 이름을 붙인다. 한 그룹 이상에 속하는 포스트잇이 보이면 '중복'이라고 쓰고 적당한 그룹에 다 배치한다.

참고 친화도 분석 기법은 컨텍스추얼 인쿼리뿐 아니라 다른 상황에도 적용할 수 있다. 예를 들면 다함께 모여서 분류가 안 된 주제로 카테고리를 만들 수 있다. 따라서 카드 소팅 결과를 또 다른 레벨의 구조로 전환시키기도 한다.

패턴은 여러 가지 방식으로 드러나기 때문에 일단은 스스로 패턴이 드러나게 둔다. 다음은 당신이 보게 될 패턴의 예시와 그 안에 적혔을 법한 진술이다.

- **목적:** "그날 일을 마치기 전에 여기 열려 있는 항목을 모두 지워버립니다."
- **멘탈 모델**(사용자가 현실의 경험을 내적인 사고와 어떻게 연결하는지 보여주는 진술): "나는 이 온라인 기능을 서류가방처럼 이용해요. 이 안에서 물건을 많이 꺼내 보지만 계속 들고 다니고 싶지는 않아요."

- **의견이나 기능 제안:** "여기에 '실행 취소' 기능이 있으면 좋겠어요. 실수로 계속 폴더를 이동시키는데 어떻게 취소할지를 모르겠어요."

- **좌절감:** "고객센터에 이것에 대해 몇 번 물어봤는데 문제가 무엇인지도 모르는 사람이 반이나 되더군요."

- **차선책:** "여기서 이걸 하는 데 시간이 너무 오래 걸려요. 결국은 그 목록을 인쇄해서 하루 종일 작업했죠. 그날 저녁이 돼서야 결과를 얻었습니다."

- **가치 진술:** "이 도구 덕분에 시간을 많이 절약하게 됐어요. 개편을 하더라도 이것은 없애지 마세요!"

스쿠버 다이빙

휴 바이버(Hugh Beyer)와 카렌 홀츠블라트(Karen Holtzblatt)가 저술한 『컨텍스추얼 디자인(Contextual Design)』(모건 카우프만, 1997)은 컨텍스추얼 인쿼리의 필독서로 꼽힌다. 친화도 분석 기법을 이용해 결과를 해석하는 방법도 자세히 알 수 있다.

멘탈 모델에 대해 더 자세히 알고 싶다면 인디 영(Indi Young)이 저술한 『멘탈 모델: 사용자의 행동과 일치하는 디자인 전략(Mental Models: Aligning Design Strategy with User Behavior)』(로젠펠트 미디어, 2008)을 읽어보자. 이 책은 콘텐츠 사이트의 정보 구조를 설계할 때 특히 유용하다.

설문조사

설문조사(Survey)는 잘 가다듬은 질문들을 많은 사람에게 배포하는 조사 기법이다. 질문은 대개 객관식으로 구성하는데, 이렇게 하면 나중에 도구를 이용해 답변들 속에서 쉽게 패턴을 뽑아낼 수 있다.

설문조사는 사용자 인터뷰처럼 주관식 질문으로 얻는 답변보다 결과를 정량적으로 보여주기에 좋다("설문조사 결과, 재택 근무자의 82%가 초고속 인터넷을 사용한다"처럼). 그렇지만 사용자의 습관이나 태도와 같은 정성적인 정보도 어느 정도는 얻을 수 있다.

UX 분야에서 설문조사는 현재 운영하는 사이트나 프로그램에 대한 고객 만족도를 조사하거나, 고객 세그멘테이션이나 페르소나와 같은 사용자 모델의 적합성을 확인할 때 주로 사용된다.

프로세스

사용자 인터뷰와 마찬가지로 사용자가 추측하게 만드는 질문은 해서는 안 된다. "만약 X와 같은 기능이 있다면 사용시겠습니까?"라고 묻지 마라.

인터뷰와는 다르게 설문조사에서는 답변을 여러 개 선택하거나, 예/아니오로 대답하는 질문도 가능하다. 사실/거짓 질문은 나중에 분석하기도 좋다. 참가자도 쉽게 답변할 수 있다.

인구 통계 데이터 같은 사실 정보를 알고 싶을 때도 설문조사를 활용하면 좋다. 다음을 보자.

아래의 제품 중에서 현재 어떤 제품을 소유하고 계신가요? 해당하는 제품에 모두 체크하십시오.
_____ 컴퓨터
_____ 핸드폰
_____ 게임기(예: 엑스박스, 플레이스테이션, 닌텐도 위(Wii) 같은)

아니면 태도를 선택하게 하는 질문도 할 수 있다. 예를 들면 다음과 같다.

아래 진술문을 읽고 각각에 대해 얼마나 동의하는지 선택해 주십시오.

A 회사의 고객 서비스는 언제나 나의 요구를 충족시켜 주었다.
_____ 전적으로 동의함
_____ 동의함
_____ 동의하지도, 동의하지 않지도 않음
_____ 동의하지 않음
_____ 전적으로 동의하지 않음

특히 두 번째 예시는 사용성 테스트 과제를 보완하는 데 사용하기도 한다. 사용자가 과제를 수행하면서 짜증스러웠는지 보기 위해 이런 추가 질문을 하기도 한다. 사람들은 부정적인 의견을 말로 하기는 꺼리지만 이런 등급 시스템에서는 좀 더 솔직하게 견해를 밝힌다.

여기서 중요한 사실을 알 수 있다. 즉, 설문조사는 다른 리서치와 병행했을 때 훌륭하게 보완해 준다는 사실이다. 예를 들면 설문조사에서 나온 정량적인 데이터는 사용자 인터뷰나 컨텍스추얼 인쿼리에서 뽑은 정성적인 데이터를 보완해 준다(정량적 데이터와 정성적 데이터에 대해 더 알고 싶다면 14장을 참고한다). 두 가지 방법을 혼합하면 한 가지 기법만 사용할 때보다 사용자에 대해 더 풍부한 그림을 그릴 수 있다.

서핑

결과에 확신을 갖고 싶고, 여분의 리서치 예산이 있다면 사용성의 측면에서 사용자 만족도를 측정할 수 있는 도구가 있다. 이 도구로 테스트지에 들어가는 질문이 대중을 선동하거나 혼란시키지 않는지도 볼 수 있다. 가장 흔히 사용하는 도구는 다음과 같다.

ACSI(전미 고객 만족 지수, American Customer Satisfaction Index): www.theacsi.org/

WAMMI(웹사이트 분석 및 측정 인벤토리, Website Analysis and Measurement Inventory): www.wammi.com

SUMI(소프트웨어 사용성 측정 인벤토리, Software Usability Measurement Inventory): http://sumi.ucc.ie

설문조사 계획을 세울 때는 다음과 같은 사항을 고려하라.

- 누구를 타겟으로 하는가?

  이것을 정할 때 임시 사용자 모델을 이용하라. 이 답에 따라 아래 질문에 대한 답도 달라질 것이다.

- 설문조사는 어떤 방법으로 배포해야 최상의 결과가 나올 것인가?

  당신의 핵심 사용자 그룹이 특정한 장소에 모여 있다면 당신이 그곳으로 가서 자리를 펴고 설문조사 용지를 나눠줘야 결과를 더 많이 얻을 것이다. 만약 사용자 그룹이 왕성한 인터넷 사용자라면 온라인 설문조사가 안성맞춤이다. 아니면 현재 고객의 목록을 이용해 전화로 설문조사하는 것이 당신의 사용자 그룹에게 제일 좋은 방법일 수 있다.

- 설문조사 대상자들이 얼마나 시간을 내줄 것인가?

  만약 설문조사 작성에 대한 대가로 보상이나 다른 혜택을 제공한다면 설문지가 좀 길어도 무방하다. 30분 정도까지 괜찮다. 그렇지 않은 경우라면 짧게 만드는 것이 좋다. 5분에서 10분 사이가 적당하다. 어떤 경우든 설문조사에 소요되는 시간을 알려주고, 설문 중에는 설문이 어디까지 진행됐는지 알 수 있게 해야 한다(2/4 같은 페이지 번호나 백분율 등으로).

- 데이터 분석은 어느 시점부터 시작하는가?

  일정 수의 답변지가 완성되면 시작할 것인가, 특정 기한에 다다르면 시작할 것인가? 무엇이 더 중요한지 판단해서 결정한다.

- 데이터 수집과 분석에는 어떤 도구를 이용할 것인가?

  만약 온라인 설문조사를 한다면 이때 이용하는 도구에 결과 열람과 분석의 기능이 들어 있을 것이다. 그렇지 않다면 당신이 원하는 도구에 데이터를 입력할 방법이 필요하다. 이 말은 종이 설문조사를 하면 입력 시간이 많이 필요하므로 데이터 입력 시간을 미리 감안해야 한다는 의미다.

포커스 그룹

포커스 그룹(Focus Groups)이란 타겟 사용자 집단에서 몇 명을 불러 모아서 그룹 토론을 하는 리서치 기법이다. 포커스 그룹의 목표는 회사나 브랜드와 관련된 주제에 대해 참가자의 의견을 듣는 데 있다. 이런 내용으로 과거의 경험, 연관 니즈, 감정, 태도, 또는 개선안 등이 있다.

포커스 그룹은 다음과 같은 목적을 수행하기에 적당하다.

- **사용자의 다양한 이야기를 들을 수 있다.** 공개 토론은 우리 안에 이야기꾼을 끌어내는 좋은 방법이다. 포커스 그룹이 잘 진행되기만 한다면 참가자들은 서로의 이야기나 아이디어에 살을 붙여가며 이야기하고, 일대일 인터뷰처럼 다소 딱딱한 상황에서는 기억해 내지 못할 법한 상황도 잘 떠올린다. 그룹이라는 형식과 분위기는 사람들이 이야기를 떠올리고 공유할 만한 시간을 확보해 준다.

- **사람들의 경험에 담긴 다양한 차이를 이해할 수 있다.** 대부분의 사람들은 자신과 같은 생각을 가진 사람들과 함께 있으면 본능적으로 정보를 공유하고, 좋아하는 것을 비교하고 싶어한다. 경쟁 사이트나 서비스에 대해 배우기도 하고, 대안, 리소스, 고객 지원과 같은 내용에 대한 팁도 들을 것이다.

- **아이디어를 얻을 수 있다.** 참가자 그룹을 UX 디자이너로 만들겠다는 생각이 없더라도 토의를 하다 보면 새로운 기능이나 디자인에 대한 훌륭한 아이디어들이 토의 중에 직접 나오거나 떠오른다. 이해관계자들에게서 요구사항을 뽑아낼 때처럼 이때 역시 핵심 니즈를 파악할 때까지 깊이 파고들어야 한다(4장 참고).

- **협업 프로세스를 다각도로 이해할 수 있다.** 다양한 역할이나 협업이 내재된 프로세스를 디자인하는 중이라면 그룹이라는 포맷으로 당신이 몰랐던 사람들 간의 소통 방식을 알 수 있다. 예를 들면 인트라넷과 같은 콘텐츠 사이트를 작업하는 중이라면 콘텐츠를 만들고, 편집하고, 소비하는 집단을 불러서 그 프로세스의 어떤 부분이 개선돼야 하는지를 확인한다.

UX 디자인을 위한 리서치의 일환으로 포커스 그룹의 효용성에 대해서는 의견이 분분하다. 사용성을 테스트할 수 없고(대부분의 사용자들은 그룹이 아닌 개별적으로 이용하기 때문에), 사람들이 그룹 내 다른 사람의 의견에 과도하게 휘둘릴 수 있다는 이유 때문이다. 하지만 미리 계획을 잘 세우고, 매끄럽게 진행하기만 하면 포커스 그룹을 통해서 디자인에 도움이 될 만한 다양한 시사점을 도출할 수 있다. 14장에서 콘셉트 테스트라는 상황에서 이에 대해 더 자세히 논의하겠다.

프로세스

포커스 그룹의 질문을 만들 때는 사용자 인터뷰의 질문을 만들 때 제시한 팁을 따른다(앞에서 이미 다룬 바 있다).

포커스 그룹은 쉬운 질문부터 시작하라. "A사 사이트의 마지막 방문에 대해 말씀해 주십시오. 왜 가셨습니까?" 아이디어를 끌어내는 질문은 토론 중반부까지 아껴둬라. 아마 이때가 지나야 참가자들이 진행자, 다른 참가자, 토론 주제에 익숙해질 것이다.

주제별로 시간을 정해놓고 되도록 그 시간을 지킨다. 토의가 활발하게 이뤄지다가 시간이 흘러가 버리는 일이 다반사다. 시간이 걱정이라면 가장 중요한 질문은 토의 중간에 배치하라. 이때는 사람들이 토의에 마음을 푸는 시점이기도 하고, 시간에 쫓기는 후반부로 가기 전이다.

포커스 그룹의 기본 원리는 사용성 테스트와 유사하다고 보면 된다(14장에서 참가자를 거르고, 리쿠르팅하고, 약속을 잡는 방법에 대해 자세히 소개한다). 가장 큰 차이라면 사람들이 들어가 서로 편안하게 대화할 수 있는 테이블이 놓인 큰 방이 필요하다는 것이다. 보통 6~8명의 사람들이 1~2시간 정도 토의할 수 있는 공간이면 된다.

모든 사람들이 서로 이름을 부를 수 있게 명찰을 나눠주거나, 자리에 이름표를 놓는다.

토론 포맷에 소개가 꼭 들어가야 한다. 소개문에는 다음과 같은 내용이 들어가야 한다.

- 진행자로서의 당신의 역할, 그리고 이 토론에서 얻고 싶은 내용(예를 들면 위에서 거론한 항목 중 몇 가지)
- 참가자를 선택한 이유(예를 들면 "여러분은 모두 A사 사이트의 현재 고객이십니다. 우리는 여러분의 경험을 듣고 싶어서 이 곳으로 모시게 되었습니다.)
- 리서치 정보의 활용 방식: 사이트 디자인에 활용될 것이라는 점과 비밀 유지에 대한 내용
- 토의 진행 관련 진술, "저는 여러분의 의견과 경험을 듣기 위해 이 자리에 있습니다. 저는 여러분이 솔직하게 의견을 공유하는 것을 보고 싶습니다. 생각을 솔직하게 말씀해 주시고, 다른 분들의 의견을 존중해 주시기를 바랍니다."

- 다룰 주제가 많다는 점, 모든 내용을 다 다루기 위해서 토론 중에 대화를 끊을 수도 있다는 점.

그러고 나서 토의 참가자를 한분씩 소개하고, 어색한 분위기를 깨는 질문도 한다.

첫 번째 질문에서 진행자는 아무리 짧더라도 모든 사람이 다 이야기하게 해야 한다. 특정 사람을 지목해서 순서대로 돌아가게 할 수도 있고, 자연스럽게 이야기하게 뒀다가 아직 이야기하지 않은 사람을 호명할 수도 있다. 처음 질문 몇 개로 테이블을 몇 번 돌고 사람들이 준비됐다고 느껴지면 이때부터는 보디랭귀지를 써서 질문을 개시한다.

스노클링

보디랭귀지를 잘 이해하면 포커스 그룹이나 다른 개별 리서치를 진행할 때 놀랄 만한 효과를 거둘 수 있다. 보디랭귀지는 어떤 사람이 짜증나 있거나, 흥분해 있거나, 화가 났거나, 위협을 느끼고 있다는 암시를 주기 때문에 언제 그 사람을 편안하게 해야 할지, 또는 언제 발언을 더 깊게 캘지를 파악할 수 있다.

알란 피즈(Allan Pease)와 바바라 피즈(Barbara Pease)의 『보디랭귀지의 결정판(The Definitive Book of Body)』(반탐, 2006)에서 이 주제를 잘 다루고 있다. 이 책을 다 읽으려면 일주일 이상 걸리지만, 읽기 편안하게 잘 쓰여졌다.

아직 얘기하지 않은 사람을 호명할 때는 그들이 질문을 잘 이해하지 못했거나 다른 사람의 이야기를 못 들었을 경우를 감안해서 같은 질문을 반복하라. 또한 서로 동의하지 않는 것처럼 보이는 두 사람의 의견을 차별하는 듯한 발언도 피하라.

"A씨, 아직까지 이야기하지 않으셨군요. 방금 B씨가 하신 이야기에 대해 어떻게 생각하십니까?"라고 묻지 마라. 대신 (A를 바라보며) "A씨의 의견을 묻겠습니다. 이 회사의 고객 서비스와 관련해서 어떤 경험을 하셨습니까?"라고 물어라.

진행자는 가상 마이크가 있다고 생각하고 사람들에게 마이크를 돌리면서 토론의 흐름을 조절한다. 눈을 맞추거나, 목소리 크기를 조정하거나, 손이나 몸을 움직이거나, 몸의 방향을 바꿔서 조절할 수 있다. 대부분은 이런 보디랭귀지를 잘 이해한다. 특히 토론을 지배하는 사람이 있을 때 이런 신호가 더욱 유용하다. 심하게 목소리 큰 사람이 이런 힌트를 전혀 눈치채지 못한다면 부드럽지만 단호하게 말한다. "네, 좋습니다. 이제 다른 분들에게도 그 생각을 묻도록 하겠습니다. 여러분 중에 C씨처럼 생각해 보신 분이 있습니까?"

다른 큰 주제로 옮겨갈 때는 지금 주제가 끝나고 새로운 주제가 시작된다고 구두로 설명하라. 그래야 이전 주제에 대한 생각을 비울 수 있다.

마지막으로 토의가 거의 끝나갈 무렵에는 시계를 힐끔 보고 몸의 방향을 바꿔서 이 토론을 정리할 때가 됐음을 알린다. 여느 다른 리서치에서처럼 시간을 내줘서 감사하다는 말을 잊지 않는다.

포커스 그룹의 결과는 보통 두 가지 방식으로 공유한다. 토론에서 다룬 큰 주제별로 하기도 하고, 컨텍스추얼 인쿼리를 할 때처럼 관련 카테고리로 그룹을 묶어서 공유하기도 한다. 이때도 여러 가지 경향이나 태도를 파악하기 위해 친화도 분석 기법을 쓸 수 있다.

카드 소팅

카드 소팅(Card Sorting)이란 참가자에게(개별적으로 또는 소그룹으로) 항목이 적힌 카드를 주고 그들이 이해하는 방식대로 카드를 배열하게 하는 리서치 기법이다. 이때 이미 정해진 카테고리 안에서 그룹핑만 하는 방법(클로즈드 소트(closed sort))과 처음부터 참가자가 마음대로 그룹핑하고 카테고리 이름도 명명하게 하는 방법도 있다(오픈 소트(open sort)). 카드 소팅이 끝날 때쯤에는 사람들이 항목을 분류하는 공통 패턴이나 혼란스러워 하는, 또는 동의하지 않는 영역 등이 드러난다.

카드 소팅을 하는 주된 이유는 사이트맵을 만들거나, 논문, 문서, 비디오, 사진과 같은 콘텐츠, 또는 이런 항목이 들어간 카테고리, 서브 카테고리의 서열을 정하기 위해서다. 이런 이유로 콘텐츠 사이트에서 카드 소팅을 많이 실시한다.

참고 콘텐츠 사이트에 대해 더 자세히 알고 싶다면 2장을 참고한다.

당신이 일반적인 콘텐츠 사이트의 특징을 가진 인트라넷을 작업한다고 해보자. 인트라넷에서는 보통 정보 카테고리를 해당 정보가 속해 있는 부서로 나누고 인력팀, 운영팀, 법무팀, 마케팅팀 등으로 가는 내비게이션을 제공한다. 오래 재직한 직원들에게 이 방식은 문제가 되지 않는다. 왜냐하면 그들은 각 부서별 책임 소재를 잘 알고 있을뿐더러 어디서 정보를 찾으면 되는지도 알기 때문이다.

하지만 신입사원이나 자주 찾지 않는 정보를 찾을 때는 쉽지 않다. 어떤 정보가 여러 부서에 속한 것처럼 보일 수도, 아니면 어느 부서에도 속하지 않는 것처럼 보일 수도 있기 때문이다. 예를 들면 신규 채용자의 채용 계약 관련 규정을 찾으려면 어디로 가야 할까? 법무팀? 인사팀?

카드 소팅 기법을 이용하면 부서와 무관하게 잠재 사용자들이 정보를 나누는 또 다른 패턴을 찾을 수 있다.

프로세스

먼저 카드에 들어갈 항목을 정하라. 40~60개 정도가 적당하다. 항목의 수는 그룹을 충분히 만들 수 있을 만큼 많아야 하지만, 참가자들이 부담을 느낄 정도로 많아서는 안 된다(아니면 당신이 결과를 분석해야 할 때 부담을 느낄 수 있다).

항목은 이해하기 쉬워야 하고, 불필요한 전문 용어가 없어야 한다. 참가자들이 알 만한 전문 용어는 괜찮지만, 회사 내부자만 사용하는 단어나 본래의 뜻과 다르게 쓰이는 동의어(예: 판매 촉진 캠페인에 사용됐던 'SUCCEED 캠페인')를 써서는 안 된다. 이것은 사람들이 일반적으로 생각하는 정보의 위계 질서가 아닌 회사 마케팅 용어의 효율성을 테스트하는 것이다.

예를 들면 인트라넷 제작과 관련해서 휴가 정책, 퇴직금 정보, 신규 고용 계약서, 용역 계약서, 비공개 협정서, 신입사원 오리엔테이션, 건강 보험 정보, 컴퓨터 보안 정책을 포함시키기로 했다.

위에서 제시한 항목들은 명확하고, 여러 방식으로 분류된다는 점에서 좋다. 어떤 참가자는 신입사원 오리엔테이션과 휴가 정책을 묶어 인사팀 밑에 넣을 수 있다. 또 다른 참가자는 신입사원 오리엔테이션과 신규 고용 계약서를 묶어 '신규 입사자'라는 이름을 붙일 수 있다.

항목을 모두 결정했다면 수집과 해체가 가능한 카드에 항목을 적는다. 항목을 출력해서 카드에 붙일 수도 있고, 카드 묶음에 써서 출력한 뒤 카드를 분리할 수도 있다. 카드 소팅을 실시하기 전에 다른 사람에게 먼저 테스트하라. 포스트잇 같은 곳에 항목을 펜으로 적는다. 모의 테스트 참가자는 이 항목과 카드 소팅을 잘 모르는 사람이어야 한다. 시험 소팅을 통해 리서치에 걸리는 시간을 짐작할 수 있다. 만약 한 시간 이상 걸린다면 항목을 줄여라!

리서치에 사용될 카드가 완성되면 이제 실제 참가자를 부르고 기본 방침을 설명한다.

1. OO 씨가 논리적이라고 생각하는 방식으로 이 카드들을 배열해 주십시오.
2. 한 그룹에 최소한 두 개 이상의 카드가 들어가야 합니다. 어떤 그룹에도 들어가지 않아 보이면 옆으로 빼두십시오.
3. 카드를 분류하는 동안 언제든지 그룹에 이름을 붙일 수 있습니다. 최대한 그룹의 이름을 많이 정해주시기 바랍니다.

카드 소팅 과정을 조금만 지켜보면 규칙이 확연하게 보이는 것이 있다. 반면 규칙을 알기까지 시간이 걸리는 것도 있다. 카드 소팅의 결과를 입력하면 분석을 해주는 도구도 있다. 이런 도구의 상당수가 원격 카드 소트를 지원한다(이에 대해서는 '기타 카드 소팅 기법' 절을 참고).

대표적인 프로그램으로 옵티멀소트(OptimalSort, www.optimalsort.com/pages/default.html)와 웹소트(WebSort, http://websort.net)가 있다. 이 두 프로그램 모두 원격 소팅과 분석 서비스를 제공한다. 도구에 의존하지 않고 손수 결과를 분석하고자 한다면 지침과 함께 훌륭한 스프레드시트를 소개한 도나 스펜서(Donna Spencer)의 글을 읽어본다. 이 글은 www.rosenfeldmedia.com/books/cardsorting/blog/card_sort_analysis_spreadsheet에서 볼 수 있다.

기타 카드 소팅 기법

지금까지 설명한 카드 소팅은 한 명이, 직접 만나서, 그룹에 이름을 붙이는 방식에 초점을 맞췄다. 이것은 오픈 소트로서, 주 카테고리를 참가자에게 주지 않는 것이다. 즉, 이름을 지을 기회가 '열려(open)'있는 것이다. 이 방식은 완전히 새로운 메뉴 구조를 만들거나 기존의 구조를 완전히 새롭게 바꿀 때 실시하면 좋다. 그 외의 상황이라면 다른 카드 소팅 방식을 고려할 수 있다.

- **클로즈드 소트(Closed sort).** 클로즈드 소트는 최상위 그룹이 제시되고, 참가자가 그 아래에 카드를 배치하는 것이다. 카테고리 수가 많지 않고, 어떤 항목이 어느 카테고리에 해당되는지만 알면 되기 때문에 결과 분석이 상대적으로 용이하다. 이 방식은 현재의 정보 구조에 많은 양의 콘텐츠를 추가하거나, 현재 사이트맵의 유효성을 확인할 때 쉽고 빠르게 정보 구조에 대한 시사점을 줄 것이다.

- **그룹 소트(Group sort).** 이것은 개별 카드를 분류하는 것이 아니라 포커스 그룹에 카드 소팅 활동을 추가해서 참가자들이 함께 카드를 분류하게 하는 것이다. 개별 항목이 어떻게 분류되는지는 볼 수 없지만 참가자들이 분류를 위해 논의하는 과정을 지켜봄으로써 각 항목이나 구조에 대해 어떻게 생각하는지 들을 수 있다.

- **원격 소트(Remote sort).** 카드로 분류하는 일은 재미있다. 특히 그룹 소트는 더 그렇다. 일부 프로그램은 사람들이 온라인에서 카드 소팅을 할 수 있게 지원한다. 이런 프로그램을 이용하면 다수의 사람, 또는 참가하기 힘든 사람들을 불러 모을 수 있다. 앞에서 언급한 옵티멀 소트나 웹소트가 이런 형태의 온라인 소팅을 지원하는 대표적인 프로그램이다.

사용성 테스트

사용성 테스트(Usability Testing)는 잠재적인 사용성 이슈를 발견하고, 사용성과 관련된 그들의 생각을 듣기 위해 참가자들에게 웹사이트나 애플리케이션(또는 프로토타입)에서 특정 과제를 수행하게 하는 리서치 기법이다.

요구사항 수집 단계에서 사용성 테스트를 수행해 현재 사이트에서 개선해야 하는 정보를 얻을 수 있다. 아니면 유사 사이트(예를 들면 경쟁 사이트)를 대상으로 실시해 그들보다 더 사용자 친화적인 사이트를 만들 기회를 찾기도 한다.

흔히 사용성 테스트는 UX 디자인 단계에 시행한다. 여러 번 할수록 좋다(디자인 안을 만들고, 테스트하고, 수정하고, 다시 테스트한다). 사용성 테스트에 대해서는 14장 '사용자와 디자인 테스트하기'에서 자세히 다루겠다. 또 이 장의 초반부에서 언급했다시피 참가자 리크루팅과 리서치 계획 수립도 14장에서 함께 다루겠다.

리서치 이후

리서치를 한두 차례 이상 시행했다면 기존에 만든 사용자 그룹으로 돌아가 다시 읽어보라. 지금은 그때보다 더 많은 정보가 생겼으니 예전의 가정은 잠시 치워두고 지금이라면 어떤 사용자 그룹을 만들지 생각하라. 만약 초기 가정이 맞지 않는 것 같다면 핵심 사용자가 포함되지 않아서 리서치에 빈 틈이 있는 것은 아닌지 곰곰이 생각하라. 만약 리서치 초반에 이런 빈틈을 발견했다면 완전한 결과를 얻을 수 있게 계획을 조정하고 다른 참가자를 추가한다.

이제 더 정확한 정보를 확보했으니 이전의 사용자 정의를 정확하게 수정해서 해당 그룹에 초점을 맞춘다. 이 과정은 더욱 상세한 페르소나(7장에서 다룬다) 같은 도구를 만들 때나, 5장에서 만든 요구사항 목록에 사용자 요구사항을 추가하는 데도 도움될 것이다.

이해관계자의 진술을 요구사항으로 가다듬는 과정에 대해서는 5장에서 논의한 바 있다. 사용자의 진술을 가지고도 똑같은 절차를 밟는다. 어떤 생각이나 요구를 듣고 거기에서 끝이 아니다. 그생각에 뿌리 박힌 니즈나 목적을 파헤칠 때까지 깊이 파고들어라. 이렇게 해야 모든 핵심 사용자들의 니즈를 충족시키는 이상적인 프로젝트 결과물을 만들어 낼 수 있다.

다음 장에서는 이후의 UX 디자인과 개발 단계 내내 당신이 사용자 그룹에 집중할 수 있게 해주는 중요한 도구 하나를 만드는 데 이런 리서치에서 얻어 낸 정보를 활용하는 방법을 배운다. 그 도구는 바로 페르소나(persona)다.

A Project Guide to

UX DESIGN 2

07

페르소나

• 고객의 입장에서 디자인하는 가장 좋은 방법 •

UX 관련자 사이에서 페르소나는 종종 논란의 대상이다. 프로젝트에 가치가 있으려면 페르소나에 얼마나 많은 내용을 넣어야 하느냐부터 페르소나를 만들려면 얼마나 많은 리서치를 해야 하느냐까지 논란의 주제도 다양하다. 심지어는 페르소나가 전혀 필요 없다고 말하는 사람도 있다. 당신이 어떻게 생각하든 페르소나는 프로젝트 팀과 클라이언트에게 사용자의 입장에서 생각할 기회를 주는 것은 부인할 수 없는 사실이다. 또한 페르소나는 당신의 고객이 누구이고, 그들의 기대 사항과 행동은 어떤지를 알려줌으로써 프로젝트의 많은 부분(비즈니스 요구사항, 비주얼 디자인, 품질 체크 등)에 심적 확신을 심어준다.

– 러스 웅거

페르소나란 무엇인가?

페르소나란 전형적인 타겟 고객을 묘사한 문서를 의미한다. 이것은 당신의 팀뿐만 아니라 고객사와 경영진에게도 큰 도움이 된다. 적절한 리서치에 의해 뒷받침된 좋은 내용으로 구성된 페르소나는 고객의 모습을 명확하게 보여줄뿐더러 그들의 이용 방식을 예측하는 데 도움이 된다.

페르소나는 고객에 몰입하는 훈련을 하기 좋은 도구다. 프로젝트의 어떤 면을 어떻게 디자인할까, 라는 질문이나 문제가 생길 때마다 정교하게 만들어진 페르소나가 고객과의 접점이 되어 줄 것이다. 즉, 페르소나 하나를 꺼내서 이렇게 묻는 것이다. "<이 사용자>라면 <이 과제>를 어떻게 수행할까?" "<이 사용자>는 <이 상황>에서 어디를 찾아갈까?" 페르소나가 실제 고객을 데리고 기능이나 디자인을 테스트하는 것만큼 정확하지는 않겠지만 대규모 테스트 없이도 프로젝트를 매끄럽게 흘러가도록 도와준다.

조쉬 세이든(Josh Seiden, www.joshuaseiden.com)은 두 가지 유형의 페르소나를 제시했다.

- **마케팅 목적의 페르소나**: 구매 동기를 모델링하기 위한 페르소나
- **인터랙티브 페르소나**: 사용과 관련된 행위를 모델링하기 위한 페르소나

이 장에서는 인터랙티브 페르소나에 초점을 맞춘다.

왜 페르소나를 만드는가?

페르소나는 UX 디자인 과정에서 대표 고객에게 집중하도록 도와주는 도구다. '실제' 고객들의 '실제' 행동을 예측함으로써 UX 디자인과 개발에 대한 의사결정을 내릴 때 발생하는 많은 갈등을 해결해 주고, 따라서 프로젝트가 앞으로 나아가도록 도와준다.

페르소나는 얼마나 사실적이어야 할까? 답은 상황에 따라 다르다. 어떤 팀은 페르소나 하나로 충분한 반면, 어떤 팀은 사용자들이 어떻게 '사는지'를 알기 위해 페르소나들의 완벽한 '생활 공간'을 만들기도 한다. 사용자들의 온라인 행동을 이해하려고 가상 온라인 캐릭터를 만드는 극단적인 경우도 있다. 어떤 수준으로 페르소나를 만들 것인가 하는 문제는 당신에게 달렸다.

페르소나는 끊임없이 고객을 상기시키기 때문에 근무 장소에 페르소나를 두면 아주 유용하다. 이렇게 하다 보면 그들의 사용자가 누구인지를 끊임없이 떠올리게 된다. 34살 일리노이주 시카고에

살고 있는 공인 손 치료사 니콜의 이야기를 아래에 제시했다. 아마 이 글을 읽기 시작하면 그녀에게 딱 맞는 경험을 제공하려고 온갖 노력을 기울이게 될지도 모른다.

페르소나를 출력해서 머리맡에 두고 자는 방법도 있다. 누가 아는가, 페르소나가 슬금슬금 종이에서 기어 나와 베개를 거쳐 당신의 무의식 속으로 들어갈지. 이 모든 것의 목적은 당신과 당신의 팀, 그리고 클라이언트가 의사결정의 순간에 이르렀을 때 혼란을 줄일 수 있게 페르소나가 도와주는 것이다.

페르소나의 정보는 어떻게 찾는가?

효과적인 페르소나는 제품이나 사이트의 다양한 사용자를 정확히 묘사해야 한다. 따라서 페르소나는 리서치의 뒷받침이 필요하다. 페르소나의 튼튼한 기초가 될 리서치와 사용자 모델링에 대해서는 6장에서 자세히 다룬다. 이 중에서 어느 하나가 정답은 아니다. 가능한 데이터를 많이 모으되, 관찰 데이터와 인터뷰 데이터를 섞는 것이(온라인 설문조사를 실시하고, 소셜 네트워크에서 행동을 분석하는 것과 같은) 최선이다.

페르소나를 만들 때 누구나 알아야 할 명제가 있다. 바로 실제 데이터를 구하라는 것이다. 그리고 그것을 이용해 페르소나를 실제 사람처럼 만들어라. 아래의 '사례 연구: 메시지퍼스트 페르소나'를 통해 다른 회사는 페르소나를 어떻게 만드는지 살펴보자.

페르소나 만들기

사용자가 누구인지 알았고, 이들에 대한 데이터를 충분히 모았다면 이제는 펜을 들고 페르소나에 생명을 불어넣을 차례다. 그럼 적절한 페르소나의 개수는 몇 개일까? 최소한 3개가 일반적이지만, 7개를 넘기는 경우도 많다. 개수에 연연하기보다는 타겟 그룹이 몇 개인지, 이들을 모두 대표하려면 몇 개의 페르소나가 적당할지를 생각하라.

이 장에서는 34살의 일리노이주 시카고 서부에서 온 공인 손 치료사 니콜이라는 여성을 페르소나 예시로 제시한다. 니콜은 대중교통으로 출퇴근하느라 하루에 2~3시간을 보낸다. 고객은 ACMEblue라는 가상의 회사다. 이 회사는 애플의 아이폰용 블루투스 헤드셋 제조사다.

사례 연구: 메시지퍼스트의 페르소나

메시지퍼스트(Messagefirst, www.messagefirst.com)사는 데이터 기반의 효과적인 페르소나를 만들기 위해 아래에 적힌 데이터 출처 중에서 최소한 세 개 이상을 참고한다.

- **이해관계자.** 우리는 이해관계자와의 인터뷰를 통해 페르소나에 대해 어떻게 생각하는지, 그들은 어떤 행동을 한다고 생각하는지를 듣습니다. 이들의 의견은 항상 들어갑니다.

- **고객 관련 부서.** 우리는 고객을 직접 상대하는 사람도 인터뷰합니다. 보통 세일즈 마케팅 부서나 고객 서비스 부서의 사람들이죠. 하지만 이들은 어느 정도씩 편견을 가지고 있기 때문에 결과를 정리할 때 이를 감안합니다. 예를 들면 고객 서비스팀이 자주 접하는 고객은 시간이 많거나(퇴직자나 실업자인 경우가 종종 있다) 불만이 많은 사람일 가능성이 높습니다.

- **고객.** 우리는 제품이나 서비스를 현재 이용하고 있거나, 앞으로 이용할 예정인 사람들과 직접 대화를 나눕니다. 이것은 가능하면 꼭 포함하려고 애씁니다.

- **고객 데이터 출처.** 우리는 블로그, 설문조사, 이메일 등 가능한 자료를 모두 살펴봅니다.

- **기타 우리가 아는 사람들.** 우리는 아는 사람 중에서 페르소나 초기 모델에 해당되는 사람을 고릅니다. 이들은 현실에 바탕을 둔 근거를 제공하기 때문에 사실적이고 그럴듯한 페르소나를 만들 수 있게 도와줍니다. 또한 부가적으로 물어볼 내용이 있을 때 연락할 수 있기 때문에 고객 모델을 수정하거나 최종 확인할 때도 유용합니다. 이러한 이유로 이것도 언제나 포함시킵니다.

모든 데이터에는 특유의 편향성이 있습니다. 따라서 우리는 데이터의 편향을 중화시키기 위해 다양한 출처를 참고합니다. 데이터 기반의 페르소나를 만들 때는 페르소나 몇 개를 만들어야 한다는 숫자에 연연하기보다는 데이터 자체가 몇 개의 페르소나가 필요하다고 밝히게 해야 합니다. 우리는 데이터를 분석하면서 행동이나 활동의 빈틈을 찾습니다. 이 빈틈들이 페르소나 하나를 만드는 단서가 됩니다.

– 토드 자키 워펠(Todd Zaki Warfel), 메시지퍼스트 대표이사

그림 7.1에서 볼 수 있듯이 이 짧은 글로 니콜에 대한 많은 것을 알 수 있다. 실제 페르소나에는 더 많은 내용이 들어간다. 페르소나는 니콜에 대해 쓰는 것이지, 니콜이 쓰는 것이 아니라는 점을 기억하라. 페르소나는 제3자의 관점에서 쓰는 것이 가장 좋다. 페르소나의 개별적인 목소리를 창조하느라 애쓸 필요가 없다. 특히 페르소나를 처음 만드는 사람이라면 더욱 그렇다. 페르소나를 많이 만들수록 자신에게 가장 잘 맞고 가치가 높은 스타일을 자연스럽게 찾을 것이다.

니콜 - 일리노이주 시카고 서부에 살고 있는 34살의 공인 손 치료사

배경 이야기

니콜은 지난 10년간 손 치료사로 일해왔다. 그녀는 출근하기 위해서 서부 시카고에서 시카고 시티까지 열차를 이용한다. 그녀는 러스와 결혼해 5살 시드니와 10개월 된 에이버리로 두 자녀를 두었다. 일하지 않는 시간에는 대부분 이들과 함께 보낸다.

니콜은 모든 것을 기계 하나에 담고 있는 아이폰을 너무 좋아한다. 한 가지 단점이 있다면 이어폰이 주머니에서 항상 뒤엉켜서 거치적거리는 것이다. 한 쪽 귀에만 꽂는 조그만 블루투스 헤드셋은 무슨 요원 같아 보여서 별로다. 그녀는 이 귀찮은 요소가 없는 헤드폰을 찾고 있다. 이상해 보이지 않으면서 헤드폰과 마이크(전화하는 동안 사용할) 기능을 충실하게 제공하는 헤드폰이 있다면 사서 써볼 생각이 있다.

아이튠즈에서 구매한 TV 시리즈를 시청할 수 있는 통근 시간은 니콜에게 호사스런 시간이다. 따라서 그녀는 아이폰을 항상 지니고 다닌다. 아이폰으로 이메일이나 문자 메시지를 보내 친구나 가족이랑 연락도 하고, 돌봐야 할 환자들을 찾아보기도 한다. 신나는 비트의 음악을 잔뜩 다운로드해 놓았기 때문에 점심시간 회사 근처의 헬스클럽에서 운동할 때도 듣는다.

"출퇴근 시간은 저에게 너무 소중하답니다. 그래서 일분 일초도 의미 있게 사용하려고 노력한답니다!"

추가 정보

구매 고려 이유

니콜의 아이폰에 달린 이어폰은 주머니에 있을 때 자꾸 뒤엉키거나, 일할 때나 출퇴근할 때 옷에 걸린다. 그다지 불편한 건 아니지만 문제가 없으면 더욱 좋을 것 같다.

ACMEblue 블루투스 헤드셋 구매 자극 요소

니콜은 시카고 미시간 애비뉴에 있는 애플 스토어에서 ACMEblue 헤드셋을 한번 착용해 보았다. 괜찮기는 했지만, Apple.com이나 Amazon.com에 가서 다른 사람들의 구매 후기를 봐야겠다고 생각했다.

관련 활동

PC: 자주 / 능숙; 사람들이 많이 쓰는 응용 프로그램들을 문제없이 사용함
인터넷: 보통 / 능숙; 모험을 즐기는 편은 아니지만 친구와 가족을 위해 블로그, 플리커, 유튜브를 사용함.
핸드폰: 자주 / 능숙; 일상 생활에 더 도움될 만한 새로운 핸드폰을 찾고 있는 중. 문자 메시지를 자주 이용하지만 문자 길이는 그다지 길지 않음
소셜 네트워킹: 페이스북, 링크드인 사용, 마이 스페이스 미사용; 친구나 동료들이 무엇을 하고 지내는지 서로 알고 지내는 것을 좋아함
좋아하는 TV 프로그램: Biggest Loser, Scrubs, How I Met Your Mother, American Idol, Iron Chef, Ace of Cakes
즐겨보는 잡지: Stays Current with Celebrity, Parenting

그림 7.1 | 가상 고객인 ACMEblue사의 페르소나

페르소나에는 어떤 정보가 담겨야 하는가? 딱 봤을 때 그럴 듯하고 적합하게 느껴지는 정보가 들어가면 된다.

리서치 데이터 중에서 무엇이 고객사, 브랜드, 그리고 프로젝트에 중요한지 가려내야 한다.

대다수의 페르소나에는 공통 항목과 데이터, 통계, 관련 정보와 같은 옵션 항목이 섞여 들어간다. 프로젝트마다 모두 달라지지는 않지만 고객사에 따라 요구하는 항목이 다르기 때문이다.

최소 필요 항목

페르소나를 만들 때는 사람들의 이목을 집중시키고, 페르소나가 그 사람으로 느껴질 만큼의 정보가 충분히 들어가야 한다. 페르소나가 어떻게 행동하고 생각하는지를 보여주기 위해서는 사진, 이름, 나이, 위치, 직업, 전기의 6가지는 꼭 들어가야 한다. 다음 절에서 각 항목에 대해 논의하겠다.

사진

사진은 페르소나에게 생명을 부여하는 첫 번째 작업이다. 페르소나용 사진을 고를 때는 너무 포즈를 잡았거나 편집된 사진은 피하는 것이 좋다.

포즈를 잡은 사진은 일상 생활에서 찍은 사진만큼의 효과를 주지 못한다. 그림 7.2의 오른쪽 사진처럼 자연스럽게 찍은 사진이 페르소나를 더욱 효과적으로 보여준다. 겨울 코트를 입고 밖에 있는 여자는 통근 중이라는 느낌을 준다. 사진이 페르소나의 라이프스타일까지 보여줄 수 있게 하라!

포즈를 잡은 사진   자연스러운 사진

그림 7.2 | 자연스러운 사진이 더 효과적이다.

인터넷에는 사진을 구할 수 있는 곳이 많다. 질 높은 사진을 구하려면 아이스탁 포토(www.istockphoto.com), 게티 이미지(www.gettyimages.com), Stock.XCHNG(www.sxc.hu) 등을 참고한다.

상당히 주의를 기울이지 않으면 적당한 사진을 구하는 데 엄청난 시간을 보낼 수도 있다. 도저히 못 찾겠다면(또는 시간과 예산이 허락된다면) 직접 사진을 찍어라.

이름

간단하게 페르소나의 얼굴에 이름을 붙인다고 생각하면 된다. 사진이 그동안 수집한 데이터와 고객 성향을 반영해 실제 인물로 환생시킨 것이라면 이름은 앞으로 사람들이 부를 항목이다. '30대 중반, 금발, 직장인 엄마'보다 '니콜'이 듣기도 좋고, 특정 페르소나를 정확히 지칭하며, 기억하기도 쉽다.

페르소나끼리 너무 비슷한 이름을 사용하지 마라. 예를 들어 니콜과 노엘은 헷갈리기 쉬우니 다른 이름을 써라. 종종 동료나 고객사 사람의 이름 중에서 사용하고 싶다는 생각이 들기도 하지만 바람직하지 않다. 프로젝트와 연관된 사람과 비슷하거나 같은 이름을 사용하면 그 사람을 페르소나화하기 쉽다. 혹여나 불편한 상황에 처하거나 상처를 줄 수 있다. 이름을 찾기가 어렵다면 도움받을 수 있는 온라인 공간이 있다. 바로 작명 사이트다!

- 베이비네임즈닷컴: www.babynames.com
- 베이비홀드: www.babyhold.com
- 사회보장위원회(Social Security Administration)의 인기 아기 이름: www.ssa.gov/OACT/babynames
- 무작위 작명 사이트: www.kleimo.com/random/name.cfm

이름과 관련해서 마지막으로 할 말은 이름은 해당 페르소나에 맞게 지으라는 것이다. 니콜은 중서부에 사는 아기 엄마로서 괜찮은 이름이다. 하지만 니콜라나 나탈리아라면 이탈리아 출신의 엄마 이름으로 더 적당하다. 또한 너무 우습거나 경쾌한 이름, 예를 들어 '신이라 불리는 사나이'같은 이름도 안 된다. 이런 이름은 페르소나를 우스꽝스럽게 만들어 가치를 깎아내릴 수 있다.

나이

리서치에서 고객의 나이가 연령대로 제시되기는 하지만 페르소나 용도로는 특정한 나이를 부여해야 그 인물의 고유함이 살아난다. 21살의 대학생과 34살의 직장 엄마가 하는 행동은 확연히 다르다!

위치(지역)

얼핏 보면 위치는 그다지 중요해 보이지 않을 수도 있다. 하지만 다시 생각해 보면 사는 지역에 따라 문화적, 행태적 차이가 있다. 예를 들면 이탈리아는 지역마다 쓰는 사투리가 다르다. 미국이라면 시카고에 사는 사람과 조지아주 사반나에 사는 사람의 생활비 규모는 다를 것이다.

직업

페르소나의 직업을 알면 하루하루 일상의 패턴을 파악할 수 있다. 만약 페르소나가 치료사라면 매일 많은 사람을 만날 것이다. 반면 도개교(들어올릴 수 있는 다리)를 관리하는 사람이라면 다른 사람과 만날 일이 그다지 많지 않을 것이다.

전기

전기는 페르소나를 사실적으로 보여주는 이야기다. 이 부분이야말로 리서치 데이터에서 끌어낸 정보를 '진짜 사람'으로 가공해서 보여주는 대목이다. 이 말은 데이터가 아주 중요하기는 하지만 끊어진 인용문만으로는 충분치 않다는 의미다. 데이터, 일화, 관찰을 잘 엮어서 듣는 사람이 고개를 끄덕일 수 있을 정도의 이야기를 만들어야 한다.

꾸며낸 이야기지만 믿을 만해야 한다. 이 말은 페르소나에 사람의 정보를 추가한다고 해서 거짓으로 지어내서는 안 된다는 뜻이다. 니콜의 경우에는 통계 데이터뿐 아니라, 그녀와 비슷한 활동을 하고, 비슷한 생각과 욕망을 가진 사람들의 실제 행동을 기반으로 작성한 것이다.

어떤 프로젝트에서는 그 사람의 전기를 쓰느라 꽤 많은 노력을 들인다. 내용이 상세할수록 더 좋은 프로젝트가 있기 때문이다. 그렇다고 한 장의 종이에 엄청난 내용을 쥐어 짜야 한다는 의무감을 가질 필요는 없다. 페르소나가 충분히 현실적이고 프로젝트에 의미만 줄 수 있다면 어떤 방식이든 좋다.

기타 선택 항목

페르소나를 많이 만들다 보면 페르소나가 프로젝트에 제대로 적용되려면 들어가는 항목이 조금씩 달라진다는 사실을 알게 된다. 위에서 언급하고 있는 최소 필요 항목은 어느 페르소나에나 다 들어가는 공통 분모이고, 대부분은 페르소나의 핵심을 표현하기 위해 몇 가지 부가 항목을 추가한다.

페르소나에 가치를 줄 부가 항목으로는 다음과 같은 것이 있다.

- **교육 수준.** 얼마나 많은 교육을 받았느냐에 따라 사람들의 습성이 달라진다. 예를 들어 고등학교를 졸업한 사람과 석사 학위를 받은 사람은 구매 패턴이나 브랜드 인지에 있어 상당한 차이를 보인다. 따라서 이 정보도 페르소나가 어떻게 인지되는지에 영향을 끼친다.

- **연봉 또는 연봉 범위.** 돈 이야기다. 많은 경우 수입 수준은 생활 수준과 지출 범위에 큰 영향을 끼친다. 이 정보는 당신이 어떤 수준의 경제 집단을 타겟팅하는지 보여준다.

- **개인 인용문.** 페르소나가 외치는 모토는 무엇인가? 인용문은 페르소나의 사고 방식을 함축적으로 보여준다.

- **온라인 활동들.** 이 부분은 좀 어렵다. 사람들이 온라인에서 하는 활동이 너무 많기 때문이다. 어떤 사람은 온라인으로 세금을 내고, 어떤 사람은 블로그나 소셜 네트워크에 빠져 살고, 어떤 사람은 할 일이 있을 때 켜고 들어가서 일을 처리한다. 프로젝트마다 온라인 구성요소가 모두 다르기 때문에 이 부분을 결정하려면 판단이 필요하다. 그림을 제대로 그리려면 리서치로 배워야 한다.

- **오프라인 활동들.** 페르소나에게 취미가 있는가? 온라인상에 있지 않을 때 그 페르소나의 삶을 보여주는 정보가 있는가? 이 역시 온라인 활동처럼 어렵긴 하지만 페르소나의 중요 단서가 될 수 있다.

- **고객사, 브랜드 또는 프로젝트로 들어오는 진입 경로.** 페르소나가 고객사, 브랜드, 또는 프로젝트와 어떻게 소통하는지 알아야 할 때가 있다. 구전으로 알게 됐는가? 아니면 온라인 후기? 게시판? 텔레비전? 라디오? 온라인 광고? 문제가 생겨서 이 고객사나 브랜드, 프로젝트를 통해 해결하려고 하는가? 이를 이해하려면 통계 수치를 참고해 페르소나에 적어라. 이는 사용자에게 접근하는 방식의 논리적인 토대가 된다.

- **기술 숙련도.** 페르소나는 PC를 쓰는가 매킨토시를 쓰는가? 컴퓨터를 소유했는가? 메신저, 플리커, 블로그를 사용하는가? 그렇다면 아무 문제 없이 사용하는가, 혼란스러워 하는가? 초보자를 위한 간단한 해결책만으로 도움이 되는가? MP3 플레이어나 다른 휴대용 기기를 가지고 있는가? TV를 시청할 때 DVR을 사용하는가, 애플 TV를 사용하는가 아니면 주문형 비디오를 이용하는가? 이런 항목은 끝도 없이 많다. 고객사, 브랜드, 프로젝트가 어떤지에 따라 이런 질문을 반드시 짚고 넘어가야 할 수 있다.

- **소셜 서비스 숙련도.** 소셜 미디어나 소셜 네트워킹 서비스 시장이 확대됨에 따라 페르소나가 그런 공간에서 어떻게 활동하는지를 알아야 할 때도 있다. 트위터 계정을 가지고 있는가? 그렇다면 팔로워는 몇 명인가? 얼마나 왕성하게 활동하는가? 리더인가? 마이스페이스, 페이스북, 링크드인, 또는 다른 소셜 네트워킹 서비스나 온라인 커뮤니티에 가입돼 있는가?

- **핸드폰 숙련도.** 핸드폰 사용이 일상화되면서 페르소나가 모바일 공간에서 어떻게 자리 잡았는지 생각할 필요가 있다.

- **고객사, 브랜드 또는 프로젝트의 사용 동기.** 페르소나가 고객사, 브랜드 또는 프로젝트를 이용하게 된 이유를 넣어야 할 수도 있다. 페르소나의 헤드폰 줄이 주머니 속에서 얽히거나, 귀에 꽂힌 헤드폰이 자꾸 걸려서 빠져 나온다면 새 헤드폰 구매를 고려할 만하다. 리서치 데이터를 바탕으로 페르소나의 시나리오를 써 내려가다 보면 해당 페르소나가 구매를 고려하게 되는 핵심 동기를 찾아낼 수 있다.

- **사용자의 목표.** 페르소나가 고객사, 브랜드, 프로젝트를 이용함으로써 바라는 것이 무엇인지를 규명해야 할 수도 있다. 이를 통해 페르소나가 그것을 사용하게 되는 원동력을 알아낼 수 있다.

위의 데이터 항목은 그저 시작일 뿐이다. 페르소나를 만들고 구성하는 방법은 무한히 많다. 페르소나의 세계에 대해 더 자세히 알고 싶다면 스티브 멀더(Steve Mulder)와 지브 야르(Ziv Yaar)의 『사용자는 언제나 옳다: 웹 페르소나를 만들기 위한 실무 가이드(The User Is Always Right: A Practical Guide to Creating and Using Personas for the Web)』(뉴 라이더스, 2006)를 참고한다.

페르소나 확장

이제 페르소나의 기본 지식을 이해했을 것이다. 여기서 페르소나를 확장시키는 방법은 무한히 많다. 그저 고객의 입장에 몰입할 용도로 페르소나를 만드는 경우라면 아마 기본 페르소나만으로 충분히 목적을 달성할 수 있을 것이다.

하지만 페르소나를 클라이언트에게 발표해야 한다면 좀 더 흥미진진할 필요가 있다. 아마 기본 페르소나에 들어가는 항목 외에 더 많은 정보가 필요할 것이다. 그림 7.3에서 7.6까지는 페르소나를 확장하는 몇 가지 방법을 보여준다.

당신의 프로젝트에 아래의 예시가 도움된다면 마음껏 발췌하고 편집해도 좋다.

THE VISITOR

줄리아

3학년 : 미디어&커뮤니케이션 : 비 NYU 학생

목표 : 뉴욕과 뉴욕대 경험하기 ; 새로운/다른 과정 듣기 ; 인턴십 기회 : 이력서 업그레이드

어려움 : 제공되는 과정이 한정적임 ; 비용 ; 재정 지원이나 대출과 관련해서 모대학과 NYU 사이에 커뮤니케이션이 원활하지 않음 ; 프로그램이 시작되기 전에는 NYU의 혜택을 동일하게 받을 수 없음 ; 숙박 정보 부족

> 내 인생 최고의 시간이었다. 나는 뉴욕의 봄을 사랑한다. 몇 주 후면 나는 친구들을 방문할 것이다. 그 프로그램 자체는… 강한 연대감을 주는 경험이었다. **"**

줄리아는 NYU에서 한 학기를 보낼 생각에 들떠 있다. 그 프로그램을 소개하는 우편물을 받은 것은 운명이라고 생각한다. 그리고 얼마 지나지 않아 그녀는 모대학에서는 절대 제공하지 않는 기회를 NYU에서 제공하고 있다고 부모님을 설득하기 시작했다.

등록 절차는 간단했지만 숙박이나 대출 이전이 악몽이었다. 아빠가 나서서 도와주지 않았다면 그 엄청난 기회를 얻지 못했을 것이다. 줄리아는 셀프 디자인 과정을 신청해서 몇 개의 강의를 섞어 들었다. 강의 찾기는 귀찮지만 덕분에 모교에서는 제공하지 않는 멋진 강의를 들을 수 있었다. 더 흥미진진한 일은 인턴십 기회를 얻은 것이다. 다른 곳이라면 얻기 힘든 기회다. 강의나 교수는 약간 기대에 못 미쳤다. 하지만 특별 강의는 보너스받은 기분이다.

이 경험을 통해 그녀는 NYU로 편입하기로 결심했다. 요구사항을 채우기 위해 이번 여름 학기에 두 강의를 등록했다.

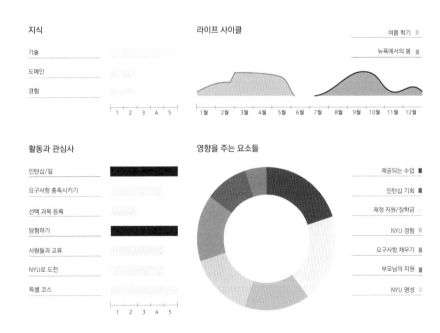

messagefirst | 디자인 스튜디오

그림 7.3 | 메시지퍼스트사가 대학 고객을 위해 만든 데이터 집약적인 페르소나. 토드 자키 워펠(Todd Zaki Warfel) 제공.

NEW TO XXXXXX

→ Knows that keeping hydrated is good for her.

→ Enjoys a variety of flavored waters, but has not yet commited her loyalties.

→ Prefers water beverages to sodas.

→ Participates in websites that keep her coming back for more; likes to be connected to others and feel like a participant.

→ Busy work schedule prohibits business-hours online activiy.

THE MAINTAINER

→ Has established views about his fitness and health.

→ Enjoys an active lifestyle with a lot of food and travel.

→ Knows that sodas have a lot of calories and tries to guide his choices to flavored and healthy alternatives—prefers flavored waters unflavored.

→ Extreme online user—uses email and IM more than his phone.

→ Active in online communities for gaming.

TRYING TO KEEP ACTIVE

→ Not as physically active as she used to be.

→ Trying to implement more activity into her daily life; takes extra steps to make her common activities more strenuous and physical.

→ XXXXXX is her beverage of choice around the house.

→ Online activity is growing—finding special interest groups that relate to her and beginning to get more involved.

Favorite Brands
Favorite Brands
Favorite Brands

Cheryl
45 Year Old Freelance Journalist, Lafayette, CO

Cheryl is a freelance journalist who writes for multiple magazines and newspapers across the United States. Since she does not maintain the same 9-5 schedule as so many other Americans, Cheryl makes a conscious effort to keep herself fit and active. She enjoys her almost-rural subdivision in Lafayette, a suburb of Boulder, and she shares her spacious property with her two dogs.

"It's important for me to stay physically fit and to compete with others outside of work—as long as they understand that I'm going to win."

In the 80s and 90s, Cheryl used to do her research at the Lafayette library, or would make the trip to nearby Boulder to their library or to the University of Colorado at Boulder's library to access their resources. Given the availability, popularity and cost-effectiveness of broadband, she can now handle the majority of her research in her home office—but it also means that she spends less time "up and running". This means that she needs to take a more proactive approach to maintaining a healthy lifestyle, and her dogs a good reminders of the value of getting outside, stretching her legs and shaking off the cobwebs (and burning a few extra calories, too!).

Cheryl just started using Facebook and is getting the hang of it quickly. She has been introduced to some great new music that she would never have found on her own. She's been able to add Ben Taylor, Vince Martin & Natalie Merchant to her standards of James Taylor, Carole King, Jackson Browne and, of course, John Denver. She has joined a couple of Facebook groups for Work-At-Homers and has been interacting with the discussions around incorporating simple activities into her day that will count as additional exercise. She's starting to get comfortable enough to contribute to the discussions and is beginning to expand her online community exposure beyond Facebook and into other areas.

Cheryl buys XXXXXX in bulk at her local Costco and finds that she drinks several bottles a day when she's working on a story. XXXXXX is light—in taste and calories—and is often the only beverage she'll consume for several days on end. She feels that, in addition to the low calories and good taste, XXXXXX is good for her and supports her choice of a healthy lifestyle.

SCENARIO SUMMARY

XXXXXXwater.com Entry Point
Typing in "XXXXXX water" in her browser or cross-promotional link from Gatorade.com, GSSweb.com or other online communities. Search engines & advertising from the new sites she's visiting for SOHO, WAH and music.

Technical Comfort Level
PC: High / Fluent
Web: High / Fluent
Mobile: High / Fluent, does not have a land line

User Motivations
Seeks a beverage that fits with her lifestyle XXXXXX is a brand she has always easily left associated with. Wants a beverage that won't slow her down nor add lots of calories to her diet.

Instant Messaging: Very High, easy to keep in touch quickly

Text Messaging: Medium, occasional part of her communications

Social Networking: Medium, just getting started on Facebook, but branching out into other online communities as she becomes more engaged.

그림 7.4 | 페르소나의 전체 개요와 하나 하나의 타겟 페르소나(세로 편집). 왼쪽의 개요 페이지는 전체적인 정보를 상위 레벨로 요약해서 보여주고, 세 페르소나 각각의 사진, 그리고 이들이 어떻게 소통하고, 어떻게 연관돼 있는지를 보여준다. 오른쪽의 상세 설명 페이지에는 각 페르소나의 개요 및 전기를 행동이나 구매 동기와 함께 제시한다.

주택 소유자: 중대한 사건

폴과 헬렌

나이: 24~65

"우리는 무엇이든 거기에 넣을 수 있을 거라 생각했어요.
그저 얼마나 많이 들어가는지 몰랐을 뿐이에요."

헬렌의 어머니가 몇 주 전에 돌아가신 후 지금은 어머니 짐들을 정리하느라
분주하다. 이 집을 처분하기로 마음먹었기 때문에 필요 없는 것들은 정리해야
한다. 욕실도 고쳐야 한다.

지하실은 헬렌의 어머니가 지난 20년간 모아둔 물건들로 꽉 차있다. 그녀는
무엇을 버리는 법이 없었다. 거기에는 지난 20년 동안의 신문이나 타임지까지도
보관되어 있다. 그 중에 헬렌이 남기고 싶은 것은 몇 가지 되지 않는다.
대부분의 옷가지나 가구들은 굿윌(Goodwill)에 기부할 생각이다.
헬렌의 어머니가 남긴 '소장품'들은 안타깝게도 습기나 곰팡이로 대부분
파손되었다. 페인트 칠해진 깡통이 있었는데, 폴과 헬렌은 그 페인트에 납성분이
있을 수도 있다고 생각했다.

폴과 헬렌은 이런 일을 처음 해보기 때문에 어디서부터 시작해야 할지 감이
잡히지 않는다. 그저 가능한 쉽고 간단하게 끝내고 싶다는 마음뿐이다.
그들은 덤스터(dumpster – 금속으로 만든 대형 쓰레기 수집 용기)가 필요하다고
생각했지만 거기에 얼마나 담아낼 수 있는지는 모른다. 누가 가르쳐 주지 않는다면
그저 무엇이나 다 담을 생각이다. 그들이 걱정하는 단 한 가지는 덤스터가 집을
흉하게 만들지는 않을까 하는 것이다. 그들은 앞마당을 공사장처럼 보이지 않게
하고, 덤스터를 드러낼 때 마당을 헤치지 않게 할 회사를 찾고 있다.

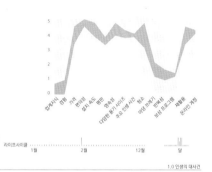

라이프사이클 　1월　　2월　　12월　　달

1.0 인생의 대사건

주요 특징들	목표	영향을 끼치는 요소들	어려운 점
• 부동산 처분, 욕실 리모델링을 해야 함	• 덤스터를 빨리 구하기	• 필요할 때 바로 쓸 수 있는지 여부	• 물건에 붙이는 딱지로 물건이 손상될 가능성
• 덤스터를 이용해 본 경험이 없음	• 보관을 하지 않거나 기부하지 않을 물건들 처분하기	• 가격	• 이 과정에 대해 잘 모름
	• 치우는 동안 집의 손상을 최소화하기	• 집을 원상태대로 깨끗이 돌려놓을 수 있는지 여부	• 무엇을 모르는지도 모르는 상태
	• 보기 흉한 덤스터는 사용하지 않기	• 컨테이너 사이즈	• 업체를 주관적인 기준으로 비교할 가능성
	• 덤스터가 하나 채워질 때마다 재빨리 치우기	• 계약 이후 설치와 수거에 걸리는 시간	
		• 예약과 지불이 온라인으로 가능한지 여부	
	궁금증	• 사용하는 기구의 품질과 청결함	
	• 덤스터 안에 넣지 못하는 것은 없는가?	• 브랜드 인지도	
	• 배달하고 수거하는 데 얼마나 걸리는가?		
	• 원래 있던 상태 그대로 집을 깨끗하게 해놓을까?		
	• 이것이 좋은 방법이 맞는가?		
	• 혹시 허가가 필요한 것은 아닌가?		
	• 가격은 얼마나 들까?		
	• 혹시 인력이 필요하면 바로 구할 수 있나?		

그림 7.5 | 그룹 페르소나. 이러한 형태의 페르소나는 리서치 데이터에서 추출한 나이 범위를 타겟으로 한다. 이 안에 들어간 정보는 범위가 광범위하고, 개인이 아닌 집단에게 이야기한다. 이런 페르소나는 마케팅 문구를 만들 때나, 예산이 넉넉해서 구체적인 것까지 다룰 수 있을 때 만들면 좋다. 토드 자키 워펠 제공.

트레이더계의 젊은 여성

아만다 스톤

나이: 28~55

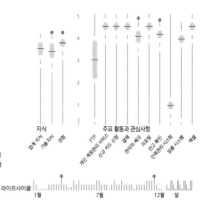

"클라이언트를 관리하기 위해 여러 개의 프로그램을 동시에 띄워놓고 일한답니다."

아만다는 회사에서 쓰는 인센티브 프로그램을 다른 동료와 함께 이용하고 있다. 그들은 접근과 관리 권한을 함께 공유한다. 써야 하는 프로그램이 여러 가지이기 때문에 항상 고객에 맞는 제대로 된 프로그램을 이용하는지 확인하느라 애를 먹는다. 그녀는 지금 쓰고 있는 프로그램을 쉽게 알 수 있고, 또 다른 프로그램으로도 용이하게 이동할 수 있었으면 한다.

개인 계정 관리 서비스 덕분에 새 카드 발급이 편리하고, 지불 절차도 빨라졌다. 한 가지 아쉬운 점이 있다면 현재 쓰는 프로그램이 어떻게 돌아가는지 확인하고 싶고, 프로그램들 간에 진행되고 있는 상황도 체크했으면 한다. 지금은 그 일을 엑셀에서 한다. 가끔 실수로 그 파일을 클라이언트에 보내거나, 파워포인트로 내보낸다. 개인 계정 관리 서비스 안에 각각의 프로그램과 모든 프로그램들에 대한 현황 리포트를 만들 수 있는 기능이 있다면 정말 편리할 것 같다.

아만다는 개인 계정 관리 서비스를 일주일에 여러 번, 정기적으로 쓴다. 그리고 여러 가지 프로그램을 관리하고 있기 때문에 항상 바쁘다.

주요 특징
- 여러 개의 프로그램을 동시에 관리
- 중간 이상 규모의 회사
- 적절한 규모(한 번에 50~2000+ 주문 처리)
- 여러 사람이 같은 역할 수행
- 70/30 빠른 결제와 관리자 체크
- 주간 ~ 2주 단위로 사용
- 일년 내내
- 리포팅 기능에 관심이 많음
- 여러 프로그램에 대한 통합 리포트 기능 원함
- 잦은 엑셀 사용
- 내부 시스템과 호환

목표
- 고객들에게 빠르고 쉽게 지불하기
- 중복 작업 하지 않기
- 고객에게 잔액을 알려줘야 할 때마다 현재 잔고 확인하기
- 거래 내역을 주별, 2주별, 월별, 분기별, 연별로 확인하기

질문
- 프로그램에서 사용하는 모든 내용들을 리포트로 만들 수 있을까?
- 이카운트(Ecount)에 전화하지 않고도 로그인 정보를 알 수 있을까?
- 여러 프로그램들 사이를 왔다 갔다 하지 않고도 클라이언트존(ClientZone)과 통합하여 사용할 수 있을까?
- 내가 제대로 하고 있나?

사용자 경험에 영향을 끼치는 요소들
- 현 시스템과의 통합 여부
- 고객에게 빠르고 쉽게 지불할 수 있는지 여부
- 가격(대부분 시간)
- 전문가의 도움

사용하고 있는 다른 프로그램
- 엑셀
- 파워포인트
- 인터넷 익스플로러

어려운 점
- 한 번에 여러 가지 프로그램을 동시에 지켜볼 수 없다.
- 한 번에 여러 가지 프로그램에서 운영되는 내용들을 리포트로 만들 수 없다.
- 에러를 수정하기 어렵다.
- 문제가 무엇인지 정확히 알지 못하고 고칠 수 있는 방법도 모른다.
- 여러 프로그램에서 여러 가지 일을 하다 보니 일 처리가 비효율적이고 무슨 일을 하고 있었는지 헤매기 쉽다.
- 여러 개의 확인 화면
- 기억해야 할 ID와 패스워드가 많다.
- 로그인 후 이메일을 찾기가 쉽지 않다.

그림 7.6 | 개인 페르소나. 이 페르소나는 굉장히 데이터 중심적이다. 일상 내용은 이야기이지만 아래 글머리 기호에 담긴 항목은 사이트 설계와 연관돼 있다. 오른쪽 위의 도표는 작은 공간에 상당히 많은 정보를 넣을 수 있다. 토드 자키 워펠 제공.

보다시피 다양한 상황에 맞게 데이터를 재단해서 여러 방법으로 페르소나를 구성할 수 있다. 기본적인 페르소나에서 시작해 필요에 따라 확장해 가면 된다.

게릴라 페르소나: 공감 지도

데이터 집약적인 페르소나를 만들 만한 시간이나 예산이 없는 경우가 너무 많다. 그럼에도 타겟 고객을 보는 것이 너무 중요해서 간과할 수 없다는 생각이 든다면 공감 지도(Empathy Map)를 활용하라는 암시다. 공감 지도는 페르소나를 구체화하는 활동의 하나로, 당신의 고객(이해관계자나 사

용자/소비자에 대해 지식을 가진 사람들이 좋다)들이 그 페르소나가 보고, 말하고, 하고, 듣고, 생각하는 것을 밝히게 하는 것이다.

참고 제임스 마카누포(James Macanufo)의 슬라이드셰어에서 공감 지도 템플릿을 구할 수 있다.
http://www.slideshare.net/jmacanufo/empathy-map-template-v1

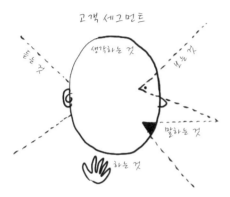

그림 7.7 공감 | 지도 템플릿. 공감 지도 활동을 이끌어 나갈 수 있게 도와준다. 데이브 그레이 제공

데이브 그레이(Dave Gray), 수니 브라운(Sunni Brown), 제임스 마카누포(James Macanufo)는 『게임스토밍: 이노베이터, 룰브레이커, 체인지메이커를 위한 놀이책(Gamestorming: A Playbook for Innovators, Rulebreakers, and Changemakers)』(오라일리 미디어, 2010)에서 스콧 매튜스(Scott Matthews)가 개발한 '공감 지도' 활동을 멋지게 전개하고 있다.

공감 지도 활동(그림 7.8)은 15~20분 안에 끝나야 한다. 이것은 제대로 된 페르소나만큼 논리적이고 엄격한 데이터가 나오는 것은 아니지만 시간이나 예산이 충분치 않고, UX 디자인과 관련된 의사결정에 중심이 필요할 때 좋은 대안이 될 수 있다.

참고 공감 지도에 대해 더 상세한 정보를 보려면 게임스토밍 블로그(http://www.gogamestorm.com/?p=42)를 방문하라.

그림 7.8 | 공감 지도 예시. 이 공감 지도는 티셔츠 판매 사이트의 한 남자 고객 세그먼트를 규정하기 위해 만든 것이다. 브래드 너널리&킴 너널리 제공.

페르소나에 대한 마지막 생각

UX 업계에 종사하는 실무자 중에는 페르소나가 고객의 니즈, 목적, 태도를 제대로 대변하지 못한다고 믿는 사람이 많다. 이들은 여러 가지 이유로 페르소나가 창의성, 혁신, 좋은 디자인을 방해한다고 믿는다. 반면 고객의 니즈를 잘 설명하는 페르소나는 디자인 프로세스에 긍정적인 영향을 끼친다고 생각하는 사람도 있다. 견실한 리서치 데이터를 기반으로 현실 세계와 잘 융합하면 충분히 가능하다고 말한다. 어떤 생각을 지지하든 당신의 마음이다.

이 책에서 당신을 설득할 생각은 없다. 온라인에 이 주제에 대한 수많은 글이 있고, 많은 전문가들이 그들의 생각을 전하고 있다. 이런 자료들을 탐색하다 보면 당신의 프로젝트에 어떻게 페르소나를 활용해야 할지 알게 될 것이다. 사용자 인터페이스 엔지니어링(User Interface Engineering, www.uie.com)의 CEO이자 창립자인 자레드 스풀(Jared Spool)도 이 주제에 대한 자신의 견해를 밝혔다.

페르소나의 가치는 프로젝트 팀이 고객을 만나고 관찰할 때, 관찰한 내용을 흡수하고 토론할 때, 그리고 혼란함 속에서 패턴(결국 이것이 페르소나가 된다)을 찾아갈 때 발휘된다.

디자인할 때 머릿속에 있는 생각에 따라 결과물이 달라진다. 페르소나는 어떤 일이 벌어졌는지를 모든 사람에게 상기시키기 위해 존재한다.

자레드의 요지는 간단하다. 고객을 관찰하고, 리서치 데이터와 함께 당신이 배운 것을 쏟아 넣고, 이 모든 것을 혼합한 세그먼트를 뽑아서 공감대가 극대화된 페르소나를 만들어야 한다는 것이다. 이것은 팀이 중심을 지키고, 최선의 결과물을 만드는 데 도움될 것이다.

그러나 결국 페르소나는 산타클로스 같다. 믿을 때만 나타나니까.

A Project Guide to UX DESIGN 2

08

콘텐츠 전략

· 글 이상의 것 ·

콘텐츠 전략은 친구다. 이 친구는 이방인에게 느껴지는 까닭 모를 두려움 때문에 처음에는 별로 눈에 띄지 않는다. 누구나 미지의 것을 두려워하고, 새로운 것을 시도하기가 겁난다. 하지만 콘텐츠 전략하에서 행하는 작업과 그 작업에서 나오는 결과물, 그리고 이것이 어떻게 더 좋은 UX로 인도하는지를 이해하기 시작하면 모든 것이 수긍되기 시작한다. UX 디자이너에게는 콘텐츠 전략이 필요하다. 콘텐츠 전략을 알기 위해 약간만 노력을 기울여도 남들 앞에서 당신을 똑똑하게 보이도록 만들어주는, 당신에게 좋은 향기가 난다고 말해주는, 그리고 당신의 외모까지 돋보이게 만들어 주는 새로운 절친이 곁에 있는 것을 발견하게 될 것이다.

- 러스 웅거
(정말 영리한 마곳 브룸슈타인, 로라 크릭모어, 팀 프릭, 매튜 그로키,
사라 크쥐나리히의 도움을 받음)

다 행스럽게도 콘텐츠 전략은 사용자 경험보다 훨씬 정의를 내리기가 쉽다. 그렇다고 제대로 이 해하기도 쉽다는 의미는 아니다. 다행히 이 분야의 앞선 전문가들은 모든 사람이 같은(또는 정말 근접한) 생각을 할 수 있게 정의를 잘 해주었다. 브레인트래픽(Braintraffic)의 CEO이자 『웹 콘텐츠 전략을 말하다(Content Strategy for the Web)』(에이콘, 2010)와 『콘텐츠 전략의 원칙(The Discipline of Content Strategy)』(리스트 어파트)의 저자인 크리스티나 할버슨(Kristina Halvorson)은 그 중에서 자주 인용되는 좋은 정의 하나를 내려주었다(http://www.alistapart.com/articles/thediscip lineofcontentstrategy/).

> "콘텐츠 전략은 유용하고, 사용하기 편리한 콘텐츠를 만들고, 출판하고, 관리하는 계획을 세우는 일이다."

일단 하나만 확실히 하자. 콘텐츠는 글만 말하는 것이 아니다. 콘텐츠란 당신의 프로젝트에 들어가는 그 모든 멋진 것을 의미한다. 레스토랑 비디오나 PDF 메뉴뿐만 아니라 유명 배우의 영화 속 장면을 보여주는 애니메이션 gif 이미지, 그리고 이 외에 모든 것이 다 콘텐츠다. 이는 중요한 사실이므로 기억에 자리 잡힐 때까지 모니터에 포스트잇으로 붙여 두자.

이것은 좋은 출발점이다. 콘텐츠 전략(내, 외부 클라이언트들이 마지막까지 손대고 싶어 하지 않는)은 모든 콘텐츠를 계획하는 일이다. 현재 어떤 콘텐츠를 가지고 있는가, 어떤 것을 잘라야 하는가, 어떤 것을 보유해야 하는가, 어떻게 콘텐츠가 생성되는가, 누가 콘텐츠를 만드는가, 누가 콘텐츠를 편집하는가, 누가 승인하는가, 누가 출판하는가, 얼마나 자주 출판하는가, 앞으로 제작할 콘텐츠에 적용할 규칙은 무엇인가? 이런 것들이 콘텐츠 전략이라는 큰 바퀴를 굴리는 요소다. 물론 굴리기 쉬운 바퀴는 아니다.

왜 콘텐츠 전략이 필요한가?

이 절의 제목으로는 "콘텐츠 전략이 왜 필요하지 않은가?"가 더 적합할지도 모른다. 제때 세운 좋은 콘텐츠 전략은 UX에도 큰 도움을 주기 때문이다. 그라스 페드 콘텐츠(Grass Fed Content)의 콘텐츠 전략가인 매튜 그로키(Matthew Grocki)와 크릭 콘텐츠(Creek Content) 대표인 로라 크릭모어(Laura Creekmore)는 둘 다 모든 프로젝트에 콘텐츠 전략가가 있을 필요는 없지만 모든 프로젝트에 콘텐츠 전략은 꼭 있어야 한다고 말한다. 그리고 이런 요구는 앞으로 하게 될 일의 범위, 그리고 할당된 시간과 자원에 따라 달라진다고 말한다. 어프로프릿(Appropriate)의 회장이자 『실무 콘텐츠 전략:

인터랙티브 프로젝트를 더 성공시켜 줄 진짜 세상의 이야기(Content Strategy at Work: Real-World Stories to Strengthen Every Interactive Project)』(모건 카우프만, 2012)의 저자인 마곳 브룸슈타인 (Margot Bloomstein)도 이 말을 이렇게 지지한다.

> "뭔가를 커뮤니케이션하려면 목표와 계획이 필요하다. 그렇지 않으면 소음이나 수다일 뿐이다. 이 세상과 웹은 이미 그런 것으로 가득 차 있다. 콘텐츠 전략은 메시지 아키텍처부터 심사, 에디토리얼 캘린더, 스타일 가이드라인 등과 같은 도구를 통해 그러한 목표와 계획의 틀을 잡아준다."

주위에 물어보면 프로젝트가 한참 지나고 나서야 콘텐츠를 걱정하는 고객 이야기를 적지 않게 들을 수 있다. 할당된 시간이나 자원에 비해 할 일이 엄청나게 많아지는 마감일을 맞추려고 디자인과 개발을 독촉한 연후에 콘텐츠에 신경 쓰는 것이다. 하지만 계획을 세우려면 시간과 생각이 많이 필요하다. 마이티바이즈(Mightybytes)의 대표인 팀 프릭(Tim Frick)은 이렇게 말한다.

> "네트워크에서 공유되는 콘텐츠는 사용자나 고객이 당신의 브랜드와 접하는 첫 경험일 가능성이 높다. 반면 웹 사이트나 애플리케이션에 들어간 콘텐츠는 브랜드와 관계가 형성된 후 충성도를 높이는 요인이 된다."

이 말은 사용자가 당신의 사이트에서 처음으로 보게 되는 것이 콘텐츠라면 콘텐츠를 다루는 작업을 마지막까지 미뤄서는 안 된다는 의미다. 콘텐츠에 신경 쓰지 않거나 계획을 세우지 않아서 모든 공과를 덮는 위험을 감수하지 말자.

여보게 친구, 이것이 콘텐츠 전략을 제때 세워야 하는 중요한 이유라네.

콘텐츠 전략은 언제 필요한가?

어제.

왜냐하면 콘텐츠 전략이 필요한 프로젝트를 이미 시작했을 테고, 그 일을 어디서부터 시작해야 할지 알고 싶을 것이기 때문에.

진짜 답은 콘텐츠 전략은 프로젝트의 모든 사람에게 즉시 알려야 한다는 것이다. 프로젝트 논의가 시작되자마자 콘텐츠 전략, 그리고/또는 콘텐츠 전략의 니즈를 알려라. 컨설팅 세계의 용어로 콘텐츠 전략에 적절한 시간과 자원을 보장받기 위해 RFP 단계부터 자리를 만들라는 말이고, 내부 용어로는 최대한 빨리 이해관계자의 귀에 콘텐츠 전략이라는 칩을 심으라는 말이다. 콘텐츠 전략은 테이블의 한 자리를 차지해 마땅하다.

콘텐츠 전략은 사업 목표를 구체화시켜줄뿐더러 콘텐츠를 만들고, 방향을 잡고, 관리하고, 측정하는 방법을 생각하게 만든다. 한마디로 콘텐츠 전략은 넓은 사용자 경험의 일부일뿐더러 당신의 브랜드 전략에 잘 맞춰 들어갈 수 있는 요소이기도 하다. 따라서 조직 내에서 동등한 대우를 받아야 마땅하다.

솔직히 이 장을 읽고 있다면, 그리고 프로젝트가 이미 진행 중이라면 이 전에 이미 콘텐츠 전략이 있었어야 한다. 그렇다고 희망이 없는 것은 아니다. 프로젝트에 필요한 모든 니즈를 충분히 생각하기 전에, 또는 다 파악하기도 전에 시작된 프로젝트는 당신의 프로젝트가 처음은 아니다. 이론이야 어떻든 우리는 때때로 비행을 하면서 비행기를 만들어야 한다. 그러니 계속 가보자!

전문가에게 물어보세요: 매튜 그로키

 *매튜 그로키(Matthew Grocki)*는 그라스 페드 콘텐트(*Grass Fed Content*, *http://grassfedcontent.com*)의 콘텐츠 전략가다.

***

몇 년 전 나는 아주 큰 규모(수십억 달러짜리)의 금융 소프트웨어 프로젝트를 맡은 적이 있다. 개발만 대략 12개월 걸리는 프로젝트였다. 10달이 지나서야 나는 클라이언트에게서 필요한 모든 콘텐츠를 만들어 달라는 요청을 받았다. 일할 시간은 8주 남았고, 프로젝트가 시작된 지 10개월이 지난 시점에 나는 어떤 콘텐츠가 필요한지를 물었다. 내가 업무 정의서를 자세히 검토하기 전까지 "콘텐츠는 추후 제공될 것이다"라는 조항이 있다는 사실을 아는 사람은 아무도 없었다. RFP 단계에 콘텐츠 목표를 정의하지 않았기 때문에 큰 이윤이 감소한 것은 두말할 필요가 없었다.

실무 관점에서 콘텐츠 전략을 이해했을 때 얻는 가장 큰 장점은 단지 그 일을 수행하는 데 있는 것만이 아니라 프로젝트 기간 동안 콘텐츠의 중요성을 크게 각인시켜 콘텐츠가 거대 괴물이 돼버리는 사태를 막을 수 있다는 데도 있다. 프로젝트에서 콘텐츠의 역할을 옹호한다고 해서 당신이 콘텐츠 전략가가 되라는 말은 아니고, 콘텐츠 전략의 원칙을 전파하는 전도사가 되라는 말이다.

누가 콘텐츠 전략을 짜는가?

이건 쉽다. 이 질문에 대답해보자. 프로젝트에 콘텐츠 전략가가 있는가?

이 대답이 '네'라면 잘됐다. 당신의 콘텐츠 전략가를 찾았다.

답이 '아니오'라면 주위를 둘러보라. 프로젝트에서 콘텐츠 전략의 소유권을 부르짖는 사람이 있는가?

이 답이 '네'이면 잘됐다! 당신의 콘텐츠 전략가를 찾았다.

답이 '아니오'이면 거울을 보라. 그리고 웃어라. 친절하게 손을 흔들어라. 당신이 보는 그 아름다운 사람이 바로 당신의 콘텐츠 전략가다.

당신이 프로젝트에서 새로운 콘텐츠 전략가로 거듭날 기회가 생길 수 있다. 반가운 소식은 당신을 도와줄 자원이 세상에 너무나 많다는 것이다. 이 장에서도 당신이 올바른 방향으로 갈 수 있게 적절한 출발점을 제시할 것이다. 이미 알고 있겠지만 콘텐츠 전략은 UX의 '비밀 병기' 같은 것이다. UX와 분리돼 있지만 일부이기도 하다. 맛있는 땅콩잼은 맛있는 초콜렛과 별개지만 그 둘을 합치면 훨씬 더 맛있다!

얼마나 오랫동안 콘텐츠 전략을 세워야 하는가?

'영원히'라는 답이 나와야 한다. 이론적으로 콘텐츠는 브랜드/제품/프로젝트와 그 사용자 사이의 최전방에 위치하고 있어 콘텐츠 전략이 결부된 곳이라면 어디나 측정과 조정의 도구가 있어야 하고, 거기에서 프로세스가 새로 시작된다.

'영원히'는 좀 강하게 들릴지 모르지만 "좋은 UX는 끝이 없다"라는 말은 콘텐츠 전략에도 적용된다. 하지만 좋은 관리안을 가동한다면, 그리고 잘 지킨다면, 이 노력이 영원히 지속될 필요는 없다. 그로키는 이렇게 말했다.

> "저는 언제나 정원일에 비유합니다. 만약 5년 동안 정원을 손보지 않는다면 정원이 제 역할을 할 리 없습니다. 정원 일을 끝마친 직후에도 보살필 것은 여전히 많고, 뽑아낼 잡초도 많습니다. 더군다나 처음 손볼 때처럼 하기는 거의 불가능합니다."

어디서 들어본 듯한데⋯

이 모든 콘텐츠 전략은 아마 UX 업계에서 당신이 하고 있는 일과 많이 닮은 것 같다는 느낌이 들 것이다. 정보 설계자가 정보 설계를 하는 한 정보를 정리하고, 카테고리를 만들고, 문구를 만들어야 한다. 콘텐츠 전략가가 하는 일을 들으며, 이들이 귀를 쫑긋 세울지 모른다.

이는 전혀 나쁜 생각이 아니다. 오히려 바른 생각이다.

프로젝트 문화는 그 어느 때보다 '린'과 '애자일'의 추세를 따르고 있다. 당신이 있는 곳의 밋업(meetup) 그룹에서 키워드 검색을 하거나 메일링 리스트(아직도 가지고 있다면)를 따라가다 보면 이런 단어와 마주칠 것이다. UX 디자이너가 콘텐츠에 더 깊이 빠져들수록 자신의 과제(이 책의 다른 장을 참고하라)를 다룰 시간이 적어진다. 디자인과 개발의 차이가 중요한 것처럼 이 또한 중요한 사실이다. 즉, 모두가 콘텐츠 전략가가 가진 역량을 수행할 만큼의 충분한 솜씨를 갖고 있지 않다. 더구나 모든 사람이 이 일을 맡고 싶어하는 것도 아니다.

이 또한 괜찮다. 괜찮지 않은 것은 이 역할이 프로젝트에 기여하는 기능과 중요성을 무시하는 것이다. 몇 가지 더 명심할 점은 다음과 같다.

- **콘텐츠 전략은 정보 설계가 아니다.** 정보 설계자가 정보를 정리하고, 카테고리를 정하고, 문구를 달고, 정보의 중요도를 정하는 일에 관여하기는 하지만 콘텐츠 구조, 톤과 어조, 콘텐츠 출처, 콘텐츠 관리, 그리고 이런 모든 계획들은 아주 "정치적이고 어려운" 영역에 속하기 때문에 다람쥐 쳇바퀴 도는 상황에 빠질 수도 있다. 따라서 이 두 일을 함께 밀접하게 진행하더라도 업무 자체는 완전히 분리시켜야 할 때도 있다. 늘 그렇듯이 어떤 방식으로 진행할지는 일의 범위, 시간, 자원에 따라 달라진다.

- **콘텐츠 전략은 카피라이팅이 아니다.** 아니다. 아니다, 아니다, 아니다, 아니다. 카피라이터는 카피를 쓰는 사람이다. 많은 경우 이들은 톤과 어조, 구조, 그리고 가능하면 스타일까지 적용하기도 하지만 이들의 주된 역할은 브랜드에 적합한 카피를 만드는 것이다. 콘텐츠 전략가는 카피라이터가 잘 정리해서 만든 이야기를 받아 해당 프로젝트에 적합한지 확인한다. 하지만 콘텐츠 전략을 카피 라이팅이라고 해버리면 프로젝트에 둥지를 틀어야 할 다른 모든 훌륭한 콘텐츠(비디오, 문서, 이미지 등)는 간과하는 셈이다. 이상적인 환경이라면 그 이후에 통계를 분석하고, 거기에서 시사점을 뽑아낸 후, 업데이트 계획을 세운다.

맞다. 위의 말들이 절대적인 것은 아니다. 이 역할들은 어느 정도 서로 겹친다. 콘텐츠 전략가가 정보 설계를 할 수 있고(실제로 종종 그렇게 한다), 그 반대도 가능하다. 마찬가지로 콘텐츠 전략가가 카피라이팅을 맡을 수 있고(실제로 종종 그렇게 한다), 그 반대도 가능하다. 헉, 정보 설계자가 카피라이팅 업무를 맡기도 한다. 그 반대도 있다. 프로젝트나 조직에 따라서 이 세 가지 역할을 한 사람이 맡는 경우도 있다.

전문가에게 물어보세요: 사라 크쥐나리히

사라 크쥐나리히(*Sarah Krznarich*)는 온라인 ASU(*Arizona State University*, *http://asuonline.asu.edu*)의 콘텐츠 전략 및 학생 참여 분야의 조교수다.

***

ASU 온라인에서 콘텐츠 전략은 사용자 경험과 편집 감독(editorial direction) 분야의 중심에 떡 하니 자리 잡았고, 웹사이트 통계나 정보 설계와도 긴밀하게 작동한다. 이것은 콘텐츠 전략가의 비밀 병기다.

우리는 사업 목표와 사용자 목표를 모두 충족시키는 콘텐츠를 계획하고, 만들고, 유지보수한다. 이 일을 성공시키려면 갖가지 원칙들을 잘 지켜야 한다.

우리 웹 사이트에서 가장 자주 바뀌는 콘텐츠는 영웅담이다. 나는 마케팅 팀과 함께 아이디어를 논의했다. 그들은 무엇을 "팔고" 싶은가? 이 콘텐츠가 그것을 지원하는가? 우리는 계획을 세우기 위해 에디토리얼 캘린더를 이용하고, 콘텐츠를 만들기 위해 프리랜서 작가와 사진가를 고용하고, 마지막으로 데이터를 분석하고 개선한다.

우리 웹 사이트에서 가장 중요한 사업 목표는 방문자들이 정보를 요청하고 대학에 지원하도록 만드는 것이다. 사용자 목표 중에서 가장 중요한 것은 필요한 정보를 쉽게 찾게 하는 것이다. 우리의 사용자 경험 책임자인 존 데보이(John Devoy)는 구글 애널리틱스에 들어가 갖가지 데이터를 정기적으로 관찰하고, 모두 함께 모여 검토하는 시간을 가진다. 방문자들은 어떤 페이지를 가장 많이 보는가? 그 페이지에 얼마나 오래 머무는가? 그 콘텐츠는 방문자를 전환시켰는가? 어떤 콘텐츠가 우리의 목표에 공헌하는가? 어떤 콘텐츠에 좀 더 주목해야 하는가? 그리고 나서 우리는 사용자 테스트와 A/B 테스트를 실시한 후 우리의 핵심 목표를 더 잘 지원하려면 디자인, 콘텐츠, 내비게이션 구조를 어떻게 바꿔야 할지 결정한다.

우리는 예비 고객에게 멋진 사용자 경험을 제공하는 데 집착한다. 정량적인 데이터와 정성적인 데이터는 우리가 콘텐츠에 집중할 수 있게 도와준다. 이것은 나의 비밀 병기인 셈이다.

콘텐츠 전략에 이용하는 도구

우리의 용감한 전문가단(그리고 몇몇 영리한 저자들)은 콘텐츠 전략가, 또는 콘텐츠 전략을 수행하는 사람들이 이용할 만한 산출물의 종류를 정리해 주었다. 이는 고객이나 팀원들에게 이 정보를 전달할 때 유용하게 활용할 수 있다.

산출물

누구는 이것을 '작업물'이라고 하고, 누구는 '클라이언트/프로젝트 문서'라고 부른다. 어떻게 부르든 이것은 콘텐츠라는 가축을 잘 몰게끔 도와주는 콘텐츠 전략 도구다. 여기에 나온 도구 목록이 전부가 아닌 것은 확실하지만, 콘텐츠 전략을 검토하기 시작한 사람들에게 좋은 출발점이 될 것이다. 또한 이런 문서들이 하나둘씩 이해되기 시작하면 어느새 당신만의 콘텐츠 전략이 담긴 문서를 만들게 될 것이다.

정량적 검수

이것은 콘텐츠 검수 또는 페이지 인벤토리라고 한다. 정량적 검수(그림 8.1)는 아주 기본적인 검수 방식으로서 어떤 스프레드시트 도구로도 쉽게 완성할 수 있다. 정량적 검수에서 핵심 항목은 URL(웹 기반의 프로젝트일 경우)과/또는 페이지 위치(사이트 맵에서 페이지 번호와 같은), 페이지 타이틀, 페이지 설명이다.

정량적 검수의 예		
〈고객사명〉을 위한 정량적 검수		
버전 0.1		
날짜: 2012/2/22		
주의: 신디케이션 콘텐츠와 게시판 콘텐츠는 제외됨		
URL	**페이지 제목**	**설명**
http://instantbwong.com/	INSTANT BWONG!	이 웹사이트의 메인 페이지이자 유일한 페이지. 누르면 소리가 나는 큰 플래시 버튼이 있다.

그림 8.1 | 정량적 검수의 예

필요하다면 키워드, 여러 요소에 대한 설명과 같은 부가 정보도 넣을 수 있다.

정성적 검수

이것은 콘텐츠 검수, 페이지 인벤토리, 콘텐츠 평가라고도 한다. 정성적 검수(그림 8.2)는 콘텐츠를 좀 더 철저히 분석하는 것이다. 양적 검수에 들어가는 모든 항목에 제목, 본문 설명, 주요 메시지, 이미지 세부 항목과 크기, 비디오 세부 항목과 크기, 페이지에 들어가는 다른 콘텐츠 유형, 메모, 트래픽 정보(콘텐츠 사용), SEO 정보, 콘텐츠 정확도, 콘텐츠 유용성, 콘텐츠의 사용자 편의성 정도, 문법, 철자, 구조 등과 같은 추가 정보가 더해진다. 그 콘텐츠의 품질이나 효율성에 대한 점수를 내기도 한다. 크리스티나 할버슨에 따르면 "정성적 검수는 콘텐츠의 품질과 효율성을 분석하는 것"이다(www.peachpit.com/articles/article.aspx?p=1388961&seqNum=5).

Creek CONTENT 사이트 검수

번호	브라우저 타이틀	제목	글자수 제한 여부	본문 설명	글자수 제한 여부	주요 내용	이미지
1.0	UserGlue · 사용자 경험 디자인 전략과 리서치, 정보 설계, 그리고 사용성	끈끈한, 단순한, 당신의 요구에 맞춘		두 단락에 걸친 브랜딩 문구		UserGlue는 사용자 경험 디자인과 사용성 서비스를 제공합니다. 당신의 프로세스에 최적화시켜 드립니다.	크고 완전한 화 새로고침할 때 여러 이미지 트
2.0	러스 웅거의 약력	러스 웅거 약력 소개		여러 개의 그래프로 된 약력, 샘플 프레젠테이션, 강연 목록		러스 웅거는 UX 디자인 전문 컨설턴트이자 저자, 경험이 풍부한 강연자다.	웅거가 저술한 책의 이미지
3.0	UserGlue의 작업	UserGlue의 작업		두 섹션: 우리와 함께 한 [클라이언트 목록], 우리가 제공하는 [서비스 내역]		고객사와 서비스 목록	와이어프레임 이미지 컬럼
4.0	UserGlue 소개	UserGlue 소개		여러 개의 그래프로 된 에이전시 설명		프로세스와 전문성	지하철 터널 컬럼
5.0	UserGlue와 연락하기	UserGlue와 연락하기		연락 양식		연락처	-
6.0	UserGlue 사용자 블로그			주 컬럼에 표시되는 블로그 글, 오른쪽 컬럼: 검색창, 최신 포스트 링크, UX 블로그롤, 카테고리, 아카이브, 메타, 소셜 링크, 신디케이션, 광고			상단에 조그만 풍경 이미지
6.1	UserGlue › 블로그 아카이브 › 당신을 불행하게 만드는 것은 페이스북이 아니다. 당신이.	당신을 불행하게 만드는 것은 페이스북이 아니다. 당신이다.		블로그 글 페이지			
7.0	UserGlue 법적 고지	UserGlue 법적 고지		여러 개의 그래프로 된 법적 고지		사용자 동의	상단에 조그만 양식 이미지

user glue USER EXPERIENCES THAT STICK

그림 8.2 | 로라 크릭모어가 제공한 정성적 검수의 예

메시지 아키텍처

이것은 당신이 관여해야 할 첫 번째 활동 중 하나다. 마곳 브룸슈타인(Margot Bloomstein)은 메시지 아키텍처를 "공통 어휘를 반영한 커뮤니케이션 목표들의 서열. 당신이 만들어야 하는 항목이 아닌 당신이 담아내야 하는 속성"으로 정의했다. 메시지 아키텍처는 팀의 모든 사람이 이해할 수 있는 언어로 이런 속성을 규정할 수 있게 도와준다. 마곳은 킥오프 회의에서 카드 소팅 활동을 열어 다음의 세 단계에 걸쳐 "우리가 누구인지, 누가 아닌지, 무엇이 되고 싶은지"를 규정하라고 제안한다.

1. 브랜드나 제품을 묘사하는 형용사 카테고리를 만든다.
2. 그 브랜드나 제품이 이 프로젝트를 통해 어떻게 인지돼야 하는지에 초점을 맞추며 형용사들을 걸러낸다.
3. "무엇이 되고 싶은지" 란에만 초점을 맞춰 우선적인 목표를 뽑아낸다.

이 분야의 전문가인 마곳은 앞으로 나올 책인 『콘텐츠 전략 실무(Content Strategy at Work)』(모건 카우프만, 2012)에서 메시지 아키텍처로 한 장을 배정했다. 이 책은 읽을 가치가 충분하고, 온라인에서 멋진 프레젠테이션(www.slideshare.net/mbloomstein/message-matters-confab-2011)도 제공한다.

콘텐츠 매트릭스

콘텐츠 매트릭스는 양적 검수와 아주 비슷하다(아니면 확장판 정도). 가장 큰 차이라면 콘텐츠 매트릭스는 출간 상태, 관련 링크, 메타데이터, 이미지나 다른 페이지 자산의 대체 텍스트, 콘텐츠 출처, 콘텐츠 소유자, 콘텐츠의 승인 여부, 또는 해당 콘텐츠의 상태, 그리고 콘텐츠 마감일 같은 내용까지 추적한다는 것이다.

콘텐츠 템플릿

이것은 페이지 템플릿 또는 페이지 테이블이라고도 한다. 콘텐츠 템플릿은 와이어프레임은 아니지만 페이지나 템플릿 수준의 정보를 제공하기 때문에 와이어프레임과도 잘 어울린다. 기본 콘텐츠 템플릿에는 페이지 타이틀, 페이지에 들어가는 콘텐츠 설명, 콘텐츠의 샘플이 들어간다. 제목, 글자 수 제한, 캡션, 다른 문구를 넣기도 한다. 카탈로그나 제품 페이지라면 더 광범위해지기도 한다. 이렇게 이것은 콘텐츠라는 무리를 몰 때 쓰면 유용하다. 에린 키싼(Erin Kissane)은 http://www.alistapart.com/articles/content-templates-to-the-rescue/에서 "당신을 구출할 콘텐츠 템플릿(Content Templates to the Rescue)"(리스트 어파트)라는 글로 이를 자세히 다뤘고, 당신이 이용할 만한 샘플도 제공한다.

에디토리얼 캘린더

이것은 관리 계획(governance plan)이라고도 한다. 에디토리얼 캘린더는 미래 콘텐츠에 대해 세우는 계획을 말한다. 에디토리얼 캘린더는 신문이나 잡지 업계에서 나온 말이지만 이제는 우리 모두가 정보 제공자이므로 콘텐츠 전략에도 적용된다. 어떤 콘텐츠도 계획을 세울 수 있고, 또 계획을 세워야 마땅하다. www.reachcustomersonline.com/2010/08/20/09.16.39/?doing_wp_cron=1328403570에서 팀 슬라빈(Tim Slavin)이 쓴 "블로그, 페이스북 팬 페이지, 트위터, 이메일 뉴스레터를 위한 에디토리얼 캘린더를 만드는 법(How to Create an Editorial Calendar to Publish Blogs, Facebook Fan Pages, Twitter, and Email Newsletters)"(온라인에서 고객에게 다가가기)"라는 글에 따르면 에디토리얼 캘린더에는 다음의 핵심 요소가 들어가야 한다.

1. 고객의 니즈와 당신이 브레인스토밍한 아이디어에 근거해 어떤 글을 출판할 것인가
2. 출판할 글에 대한 우선순위 목록 만들기
3. 각각의 콘텐츠를 출판하는 데 들어가는 노력의 정도
4. 필요한 마이크로 콘텐츠(예: 페이지 타이틀, 제목, 내비게이션 링크 문구, ALT 태그, 푸터, 안내문)
5. 각 콘텐츠를 쓰고, 편집하고, 출판하는 날짜
6. 출판 위치(예: 인쇄, 블로그, 이메일 뉴스레터, 트위터, 페이스북)

에디토리얼 캘린더는 미래의 콘텐츠 니즈를 계획할 수 있게 도와준다. 또한 미래의 콘텐츠를 책임지거나, 영향을 미치는 사람들에게 미리 고지할 수 있다. 에디토리얼 캘린더와/또는 관리 계획을 고려할 때는 다음의 질문을 생각해 봐야 한다.

- 누가 어떤 콘텐츠를 소유했는가?
- 얼마나 많은 콘텐츠가 변하지 않아도 되는가?
- 얼마나 많은 콘텐츠를 정기적으로, 그리고/또는 스케줄에 따라 다시 돌봐야 하는가?
- 언제 콘텐츠가 내려가야 하는가?

이런 질문을 생각하다 보면 콘텐츠의 미래에 대해 철저한 계획을 세울 수 있다.

참고 DivvyHQ는 이 프로세스를 관리할 수 있게 www.divvyhq.com/에서 온라인 캘린더 도구를 유료로 제공한다.

콘텐츠 플로우

이것은 에디토리얼 워크플로우(editorial workflow)라고도 한다. 콘텐츠 플로우는 콘텐츠가 어떻게 생성되고, 편집이나 승인 채널을 어떻게 통과하며, 그리고 어떻게 띄워지는지를 보여주는 도표다. 리차드 인그램(Richard Ingram)은 http://richardingram.co.uk/downloads/110318_pr_workflow_example.pdf에서 그 예시를 보여준다. 스윔레인(11장의 "사이트맵과 태스크 플로우" 참고)을 안다면 이 문서가 익숙하게 느껴질 것이다.

꼭 필요한 단 하나의 문서는 무엇인가?

아마 누구한테 물어보는가에 따라 답이 다를 것이다. 5명의 전문가 중 세 명은 콘텐츠 심사 문서를 말하고, 다른 사람들은 진솔한 맞춤형 워크숍을 개최하거나, 킥오프를 하면서 메시지 아키텍처를 만들라고 할 것이다. 콘텐츠 전략 초보라면 콘텐츠 심사 문서가 가장 안전하다. 지금 다루는 콘텐츠나 앞으로 다룰 콘텐츠를 배우면서 감을 잡을 수 있기 때문이다. 이런 문서들에 대해 더 많이 알고 편안해질수록 깊게 파고들기를 주저하지 마라. 고객사나 팀과 함께 직접 자신만의 메시지 아키텍처를 만드는 것도 좋다.

부가 자료

발전하는 분야의 좋은 점은 배우는 데 도움을 받을 수 있는 자료가 너무 많다는 것이다. 영리한 작가들이 쓴 훌륭한 책은 다음과 같다.

- 『웹 콘텐츠 전략을 말하다(Content Strategy for the Web)』, 크리스티나 할버슨 저, inmD 옮김, 에이콘 출판, 2010: 멜리사 레이치와 함께 2012년 2판 예정
- 『콘텐츠 전략의 요소(The Elements of Content Strategy)』, 에린 키싼, 북 어파트, 2011
- 『실무 콘텐츠 전략: 인터랙티브 프로젝트를 더 성공시켜 줄 실제 세상의 이야기(Content Strategy at Work: Real-world Stories to Strengthen Every Interactive Project)』, 마곳 브룸슈타인, 모건 카우프만, 2012
- 『참여로의 회귀: 디지털 마케팅을 위한 콘텐츠, 전략, 디자인 기법(Return on Engagement: Content, Strategy and Design Techniques for Digital Marketing)』, 팀 프릭, 포컬 프레스, 2010
- 『클라우트: 영향력 있는 웹 콘텐츠 과학(Clout: The Art and Science of Influential Web Content), 콜린 존스, 뉴 라이더스, 2010
- 『콘텐츠 UX 디자인(Letting Go of the Words)』, 재니스 레디쉬 지음, 이지현/이춘희 옮김, 위키북스, 2011:

그리고 최신 트렌드에 발맞추게 해 줄 온라인 자료도 끝도 없이 많다.

- 리스트 어파트의 콘텐츠 전략 섹션에 담긴 글: www.alistapart.com/topics/content/content-strategy

- 리차트 인그램(Richard Ingram)이 운영하는 콘텐츠 전략을 자세히 다룬 멋진 블로그: www.richardingram.co.uk

- 최근에 발행됐지만 벌써 멋진 내용이 담겨 있는 콘텐츠 매거진(Contents Magazine): http://contentsmagazine.com

- 사라 와처-베처(Sara Wachter-Boettcher)가 운영하는 콘텐츠 전략에 대한 블로그: http://sarawb.com/blog

- 당장 콘텐츠 피드를 받고 싶을 정도인 브레인 트래픽(Brain Traffic)의 블로그: http://blog.braintraffic.com. 또한 "Check These Out" 섹션에서 가장 잘 엄선한 블로그 목록을 볼 수 있다.

- 쉘리 보웬(Shelly Bowen)의 피밥(Pybop)이 제공하는 콘텐츠 전략가를 위한 훌륭한 부가 자료 목록: www.pybop.com/2010/03/content-strategy-books

- 인텐셔널 디자인(Intentional Design) 사에서 제공하는 콘텐츠 전략 산출물 목록: http://intentionaldesign.ca/category/content-strategies/deliverables

- 도나 스펜서(Donna Spencer)가 제공하는 사람들이 콘텐츠 심사를 할 수 있게 도와주는 콘텐츠 인벤토리 스프레드시트: http://maadmob.com.au/resources/content_inventory

아울러 콘텐츠 전략에 대해 심도 있게 다루는 콘퍼런스도 있다.

- 콘팹(Confab): www.confab2012.com
- 콘텐츠 전략 포럼(Content Strategy Forum): http://csforum2012.com
- 인텔리전트 콘텐트(Intelligent Content): http://rockley.com/IC2012
- 콘텐츠 마케팅 월드(Content Marketing World): http://www.contentmarketingworld.com)
- 뉴미디어 콘텐츠 마케팅을 위한 랭글리 센터(Langley Center for New Media Content Marketing Retreat): www.langleynewmedia.com/programs/marketing-pr/bootcamp/content-marketing-retreat
- …거의 대부분의 웹 디자인이나 개발 콘퍼런스 또는 UX 콘퍼런스
- … 밋업 그룹도 빼먹지 마라(http://meetup.com으로 가서 "content strategy"를 검색한다)

전문가에게 물어보세요: 팀 프릭

 팀 프릭(Tim Frick)은 마이티바이츠(Mightybytes, http://mightybytes. com)의 대표다. 이 회사는 윤리적인 클라이언트나 사회적인 책임을 지키는 비즈니스를 우선적으로 상대하는 시카고의 크리에이티브 회사다.

***

우리가 하는 프로젝트의 대부분은 어느 정도 콘텐츠 전략이 들어간다. 당연히 계약상의 합의나 의무에 따라 다루는 수준이 달라지지만, 전체 콘텐츠 전략을 모두 담당할 때는 최소 단위(키워드)에서 시작해 다음의 항목으로 범위를 넓혀간다.

- 모든 팀의 최우선적인 목표를 규정하는 비즈니스 규칙과 마케팅 목표
- 그 사업에 대한 검색 문구에서 브랜드 진술, 디렉터리 구조에서 파일명까지 관련 용어를 알아보는 키워드 분석
- 콘텐츠 구조의 기준선을 측량하기 위한 콘텐츠 심사
- 콘텐츠 평가 문서. 다음과 같은 내용이 들어간다.
  - 검색 양, 트렌드, 브랜드 기준에 준거한 키워드나 문구 추천
  - 페이지 데이터, 키워드 집적도, 앵커 텍스트 등을 최적화하기 위한 SEO 추천안
  - 브랜드 자산을 유지하는 데 필요한 목소리, 명료함, 기타 다른 글쓰기 기준
  - 참여를 극대화할 수 있는 주제 추천(일명 '가치 필터(value filter)')
- 두 가지 시안으로 된 프로젝트 콘텐츠
- 디자인, 프로토타이핑, 개발이 진행됨에 따라 사이트나 앱을 어떻게 편집하고 트위킹[1]

하는지에 대한 방향 제시.

위의 대부분은 프로젝트 초반에 여러 시점에 걸쳐 전달한다. 이것은 우리가 '발굴' 단계라고 생각하는 시점이다. 발굴 시기에는 내비게이션 구조에 대한 제안 등이 담긴 인터페이스 와이어프레임과 정보 설계 문서를 제공한다. 애자일 방법론을 따르는지, 폭포식 방법론을 따르는지에 따라서도 접근법을 달리한다.

오픈 후 콘텐츠 개발을 포함한 유지보수까지 계약한 경우에는 아래의 사항도 제공한다.

- 3개월, 6개월, 또는 1년 간의 콘텐츠 개발 방향을 요약한 전략 문서
- 지속적인 참여, 사회 캠페인, 프로모션 등을 위한 커뮤니티 건설 전략
- 시간의 흐름에 따른 콘텐츠 생성, 관리 가이드라인을 담은 에디토리얼 캘린더

---

1 (옮긴이) 복잡한 시스템의 성능을 개선시키기 위해 전체 시스템을 바꾸지 않고 미세하게 조정하거나 튜닝하는 것

> **전문가에게 물어보세요: 팀 프릭 (계속...)**
>
> - 위에서 언급한 것처럼 블로그 글, 새 페이지의 콘텐츠, 이메일 캠페인, 트위트, 상태 업데이트 등을 포함한 콘텐츠 개발안
> - 미리 규정한 목표에 기반한 성능 측정 리포트, 월간이나 분기별로 전달한다.
> - 웹사이트, 이메일, 소셜 네트워크에서 나온 통계 데이터를 기반으로 성능을 개선할 수 있는 실행 가능한 시사점
>
> 프로젝트가 제대로 진행되어 오픈할 즈음, 불가피하게 유지보수로 넘어갈 때가 되면 우리는 문서, 트레이닝 워크숍, 또는 그 둘을 결합한 형태로 위에 정리한 몇 가지 중요 사항들을 제안한다.
>
> 마이티바이츠는 고객사의 마케팅 목표와 사용자 경험을 동일하게 중시하기 때문에 기존의 마케팅 에이전시나 일반적인 웹 회사와는 접근 방식이 약간 다르다. 이런 혼용된 접근 방식 덕분에 각 원칙에서 최선을 끌어내는 것이다. 이 말은 UX에 초점을 맞춘 프로젝트에서 보게 되는 문서보다 더 많은 문서를 제공한다는 의미이기도 하다.

자세히 살펴볼 만한 콘텐츠 전략계의 인물도 있다. 소셜 네트워크, 콘퍼런스, 지역 행사에서 이들을 찾아 다니기 바란다.

- 마곳 브룸슈타인(Margot Bloomstein), 팀 프릭(Tim Frick), 로라 크릭모어(Laura Creekmore), 사라 크쥐나리히(Sarah Krznarich), 매튜 그로키(Matthew Grocki), 카렌 맥그레인(Karen McGrane), 크리스티나 할버슨(Kristina Halvorson), 에린 키쌘(Erin Kissane), 멜리싸 레이치(Melissa Rach), 에린 스카임(Erin Scime), 앤 록클리(Ann Rockley), CC 챕맨(Chapman), 스콧 아벨(Scott Abel), 앤 핸들리(Ann Handley), 맨디 브라운(Mandy Brown), 라헬 베일리(Rahel Bailey), 다니엘 에이잔스(Daniel Eizans), 그리고 이 외에도 많다. 이들은 당신이 배움을 시작해 볼 수 있는 훌륭한 사람들이다.

조심할 사항

실제로 콘텐츠 전략은 이 장에 담긴 내용보다 훨씬 더 광범위하다. 이 내용들은 콘텐츠 전략이나 콘텐츠 전략가라는 이름의 겉핥기밖에 안 된다. 배울 것도 많거니와, 이전에 다른 사람들이 저지른 실수를 피하기 위해 조심할 것도 많다.

- 콘텐츠를 삭제하는 것은 좋다. 그러나 계획이나 이유 없는 콘텐츠 삭제는 나쁘다.

전문가에게 물어보세요: 로라 크릭모어

 로라 크릭모어(Laura Creekmore)는 크릭 콘텐트(Creek Content, http://creekcontent.com)의 대표다.

***

나는 몇 년 전 7~8년 간 운영하던 사이트를 대상으로 프로젝트를 한 적이 있었다. 이 사이트에는 수천 페이지가 있었는데(대략 40,000페이지 정도), 클라이언트는 그 URL이 너무 오래돼서 페이지 대다수를 삭제하고 싶어했다. 그러나 그 페이지는 구글에게 "꿀"(SEO 가치 측면에서) 같은 것으로, 우리는 그것을 지키려고 사투를 벌였다. 이 페이지들은 검색엔진에 훌륭하게 최적화돼 있었는데 아무도 그것을 신경 쓰지 않는 듯했다. 주제는 고객에게 적합했고 수천 페이지 대부분에 내부로 들어오는 링크가 있어서 웹 사이트의 트래픽으로 차곡차곡 쌓였다. 결국 수많은 페이지를 없앴고, SEO는 전혀 고려하지 않고 모든 페이지의 CMS와 URL을 바꿨다. 새로운, 그리고/또는 적합한 콘텐츠로 가는 간단한 리다이렉트조차 없었다. 아마 이들은 이전에 누렸던 검색 랭킹을 차지하지 못할 것이다.

- 콘텐츠는 상당히 정치적이고 복잡한 것이다. 이는 단순히 무엇이 사이트나 페이지 어디에 들어가느냐는 문제가 아니라 누가 소유했느냐의 문제이기도 하다. 한 페이지에 들어가는 내용의 소유자가 각기 다르고, 그 목표나 우선순위도 완전히 다른 경우를 다뤄야 할 때도 있다.

전문가에게 물어보세요: 사라 크쥐나리히

사라 크쥐나리히는 온라인 ASU(http://asuonline.asu.edu)의 콘텐츠 전략 및 학생 참여 분야의 조교수다.

***

내가 예전에 일했던 어떤 회사에서는 뭔가가 미심쩍어서 굳이 콘텐츠를 발행하지 않아도 됐었다. 서로 다른 이해관계자들이 목표나 예민해 하는 부분이 각기 다를 때는 정치적인 미궁에 빠지기 쉽다. 이때 "왜"라는 질문을 던지면 의외로 연약함이 드러나기도 한다. "당신이 만든 콘텐츠가 왜 여기에 필요한가요? 왜 이 메인 페이지에 이 모토가 들어가야 하나요? 왜 마케팅 부서는 모든 페이지에 이 태그라인을 넣고 싶어하나요? 왜 당신은 페이스북 페이지가 필요한가요?

- 누가 콘텐츠 전략에 비용을 부담하는가? 콘텐츠가 프로젝트 사후 과제로 여겨지는 일은 흔하다. 이 말이 사실이 아니라고 생각한다면 이 업계의 누구에게라도 와이어프레임이나 다른 디자인 문서에 "Lorem ipsum dolor sit[1]"을 얹혀 본 적이 있는지 물어라. 이 말은 콘텐츠 전략은 이미 쪼일 대로 쪼이는 예산의 한 항목에 지나지 않는다는 의미이기도 하다. 그러니 만족스러울 리 만무하다. 어떤 작전도 통하지 않는다면 옛 명언을 되새기자. "계획 세우기에 실패하면 실패를 계획하는 것이다."

- 사후의 콘텐츠 전략을 위해 시간과 자원을 배정하는 일은 도전이다. 모두가 바쁘다. 그런 사람에게 새로운 콘텐츠 책임을 맡기는 것은 무리다. 하지만 이렇게 하지 않으면 전략은 와해된다. 계획을 실행하려면 모두의 헌신이 필요하다.

- 추후 고려 대상으로서의 콘텐츠 전략. 이 장의 앞 부분에서 몇 번 언급했지만, 콘텐츠 전략은 프로젝트를 이끄는 존재로서 테이블의 한 자리를 얻어 마땅하다. 프로젝트가 시작될 때 콘텐츠 전략도 함께 시작하라.

---

1   (옮긴이) 이런 단어로 시작하는 문장은 인쇄, 편집, 활자 업계에서 표준으로 사용하는 문장으로, 레이아웃과 활자 등을 확인하는 데 사용되는 문구다.

전문가에게 물어보세요: 팀 프릭

 팀 프릭은 마이티바이츠(*http://mightybytes.com*)의 대표다.

***

주제는 끌어내기 쉽다. 하지만 규모가 작은 웹 회사의 역량 내에서 시간과 자원(돈, 인력 등)을 할당하기란 끝없는 도전이다.

우리는 다음을 통해 이런 도전을 극복해 나간다.

- 다음에 무엇이 나오는지, 업계 뉴스는 무엇인지 등을 의논하는 짧은 주간 회의를 잡는다.
- 주제별 가이드라인이 될 에디토리얼 캘린더를 만든다.
- 직원에게 콘텐츠 의무를 부과한다(철수가 디자인을 맡고, 영희는 메인 웹을, 미미는 마케팅, 전략, 비즈니스 등을 맡긴다)
- 콘텐츠 생성과 출판을 총괄하는 콘텐츠 에디터를 지명한다.
- 내부 자원이 꽉 찬 경우에는 부족한 부분을 메워 줄 외부 자원을 활용한다.

프로젝트 전 과정에 걸쳐 마케터처럼 일하려면 작가, UX 디자이너, 프로젝트 매니저, 프로그래머의 역량이 모두 필요하기 때문에 팀 전체를 이 과정에 참여시키려면 시간이 걸린다. 마찬가지로 성능 향상을 위해 지속적인 측정을 할 때도 일반적인 콘텐츠 작가나 비주얼 디자이너의 역량 이상이 요구된다. 우리는 팀원들이 모든 것에 다 능하기를 기대하는 것은 아니지만 애자일 방법론하에서 일하려면 끊임없이 자신을 세일즈해야 한다. 즉, 모든 팀원이 프로젝트의 모든 과정과 다른 팀원의 역할을 숙지해야 한다는 말이다. 콘텐츠 전략은 한 가지나 또는 다른 형태로 전 단계에 걸쳐 퍼져 있기 때문에 팀별로 접근 방식을 표준화하는 것은 크나큰 도전이다.

콘텐츠 전략에 대해 배울 것은 이 밖에도 너무 많다. 맥주 한 잔과 친절한 미소를 띄우고 콘텐츠 전략 커뮤니티에 드나들어라. 이들은 도와주면서 큰 기쁨을 느낄 것이다. 콘텐츠 전략을 위한 밋업 그룹이나 콘퍼런스에 참가하거나, 여기서 제공된 많은 링크를 탐험하라. 이 장을 당신이 가고자 하는 곳의 도약대로 삼아 점점 더 확대되는 콘텐츠 전략의 바다에 뛰어들어라.

A Project Guide to
UX DESIGN 2

09

요구사항 수집에서 UX 디자인으로 전환하기

· 구체화하기, 선별하기, 계획 세우기 ·

이제 잘 정리한 비즈니스 요구사항과 사용자 요구사항이 마련됐을 것이다. 또 논의의 초점이 될 사용자에 대한 정보도 충분히 확보했을 것이다. 그럼 이제 부터 뭘 해야 할까?

지상 낙원의 프로젝트가 아닌 이상 분명히 부족한 예산과 시간에 쫓기고 있을 것이다. 아무리 훌륭한 요구사항이더라도 잘라내고 조정해야 한다. 이 장에서는 수집된 요구사항을 UX 디자인으로 전환하는 방법을 알아본다. 여기서는 요구사항을 기능으로 구체화하기, 요구사항을 통합적으로 반영하는 기능 선별하기, 프로젝트의 다음 단계가 될 UX 활동 계획하기의 세 가지 내용이 들어간다.

– 캐롤린 챈들러

4장에서 다양한 프로젝트 접근법과 방법론, 그리고 그것이 팀과 이해관계자들과의 협업에 어떤 영향을 미치는지에 대해 다뤘다. 이때 이전 단계와 이후 단계가 승인을 기준으로 엄격하게 분리되는 폭포식 접근과 단계마다 조금씩의 중복을 허용하는 수정 폭포식 접근법을 비교했다.

이 장에서는 요구사항 수집과 UX 디자인이 겹치는 시기에 일어나는 활동에 대해 논의하려고 한다. 이 시기에 해야 할 일은 다음과 같다.

- **경영진 인터뷰나 사용자 리서치에서 거론되지 않았던 사이트의 기능을 생각하고 구체화한다.** 요구사항을 선별하기 전에 하는 이유는 고객사와 사용자를 모두 만족시키는 혁신적인 기능을 생각하고 계획할 시간을 확보하기 위해서다.

- **프로젝트 요구사항을 선별한다.** 비즈니스 요구사항, 사용자 요구사항, 팀의 아이디어를 통합하고 프로젝트 목표를 만족시키는 데 각 항목이 얼마나 중요한지 판단한다. 이때는 개발팀과 만나 요구사항별로 얼마만큼의 노력이 들어가는지도 반드시 확인해야 한다.

- **UX 디자인 단계에서 이용할 활동과 문서를 계획해야 한다.** 다른 팀 사람과 어떻게 일할지, 그들에게 어떤 형태의 도구나 문서(이를 테면, 사이트맵과 와이어프레임)를 전달할지를 계획한다(11장과 12장에서 논의함).

이제부터 이 세 가지에 대해 하나하나 짚어보겠다. 우선 UX 디자이너로서 프로젝트 팀원들과 공동으로 해야 하는 아이디어 구체화 작업부터 시작해보자.

> ### 요구사항을 선별하기 전에 기능을 생각하는 이유는?
>
> 요구사항을 다 정리하고 승인까지 받았으니 이제 사이트의 기능을 설계하면 된다. 그러나 한참 UX 작업을 하는 중에 사용자들에게 정말 좋을 것 같은 기능이 떠오르기도 한다. 정말 좋은 생각이긴 하지만 그 기능에 대한 요구사항이 없다는 게 문제다. 이 기능을 추가하자니 이미 선별된 요구사항까지 바꾸게 생겼다.
>
> 이 내용이 너무 좋아서 큰 맘 먹고 요구사항 목록을 변경하기로 했다. 그러나 이는 목록에 있는 다른 항목을 누락시키거나(누락 사항을 결정하는 데도 시간이 걸린다), 일정이 늦어질 수도 있다는 의미다. 단순히 아이디어가 늦게 떠올랐다는 이유로 좋은 생각이 버려질 수 있는 것이다.
>
> 새로운 아이디어는 프로젝트의 어떤 시점에서든 제기될 수 있지만 요구사항이 다 수집된 후, 그러나 완전히 선별하기 전에 따로 시간을 내서 기능을 생각해 보는 이유는 좋은 아이디어를 좀 더 빨리 떠올려서 개발 범위에 포함시킬 가능성을 높이기 위해서다. 그뿐만 아니라 이해관계자나 사용자들이 미처 생각하지 못했던 혁신적인 기능을 생각하도록 촉진하는 시간이기도 하다.

기능을 상상해서 구체화하기

UX 디자이너는 말(예: 요구사항)을 이미지(예: 사이트맵, 와이어프레임)로 표현하는 특별한 능력을 지니고 있다. 많은 사람들이 요구사항을 말하고, 단어를 가지고 왈가왈부하지만 그 생각들을 눈으로 보기 전까지는 같은 생각을 하기가 어렵다.

반대로 너무 빨리 사람들에게 상세한 그림을 그려주면 큰 질문을 해결하기도 전에(예를 들어 사용자들이 특정 양식에 정보를 기입해야 하는지 여부) 지나치게 세부사항에 집중하게 될 수도 있다(예를 들면, 선택 옵션을 라디오 버튼으로 할 것인가, 드롭다운 버튼으로 할 것인가).

지금까지 사람들이 말로 해오던 컨텍스트, 플로우, 스토리를 그림으로 표현하는 콘셉추얼 디자인 기법은 많다. 이는 상세 디자인이 시작되기 전에 그림을 떠올리는 데 도움을 준다. 또한 요구사항을 선별하기 전에 요구사항 목록에 추가할 만한 기능을 끌어낼 수도 있다.

그 중 하나로 함께 모여 스토리보드를 그리는 방법이 있다. 브레인스토밍 회의를 열어 종이나 화이트보드에 특정 사용자의 시나리오를 그리는 것이다. UX 디자이너들은 이런 대략의 스케치를 통해 세부적인 내용을 추가해 나간다.

스토리보드 작업 절차

스토리보드 회의를 준비하려면 먼저 살펴보고 싶은 시나리오 목록을 정해야 한다. 시나리오를 만들 때는 다음 질문에 대한 답을 가지고 회의에 임해야 한다.

- **이 시나리오의 주 사용자는 누구인가?** 그는 어떤 역할을 하는가? 이때가 사용자 모델과 페르소나를 곁에 두고 활용할 때다. 만들어 놓은 것이 있다면 회의 자리로 가지고 온다. 논의를 초점에서 벗어나지 않게 해줄뿐더러 사용자 모델링 도구가 UX 디자인에 어떻게 활용되는지를 프로젝트 팀이 더 잘 이해할 수 있게 된다.

- **선택된 주인공은 이 사이트를 처음 방문하는가?** 그렇지 않다면 가끔 오는가, 자주 오는가? 이것은 기능의 수준에 영향을 끼친다. 예를 들면 자주 방문하는 사용자는 선택 옵션이 많은 것을 좋아할 수 있지만 신규 방문자는 그 수에 질려버릴 수 있다. 사용자 그룹별로 최적화된 기능을 제공하기 위해 시나리오를 그룹별로 나눠서 검토할 수도 있다. 예를 들면, 신규 사용자는 사이트 이용에 도움을 주는 시나리오를, 자주 오는 사용자에게는 커스터마이징 기능을 제공하는 시나리오를 구상하는 것이다.

- **그 사용자가 이 사이트에 온 즉각적인 이유는 무엇인가?** 사이트에서 무엇을 하고 싶어하는가? 왜 그런가? 일단 비즈니스와 사용자의 요구사항 리스트에서 상위 레벨의 과제, 예를 들면 "상품 추천"과 같은 것을 뽑아서 생각을 전개시킨다. 예를 들면 겨울 부츠를 사려는 사용자가 물이 새지 않는 제품을 찾기 위해 상품 추천을 보고 싶어할 수 있다.

이제 팀을 브레인스토밍 회의로 불러라. 당신과 다른 한 사람으로 구성된 회의일 수도, 3~4명의 작은 그룹일 수도 있다(더 많을 수도 있다. 하지만 사람이 너무 많아지면 화이트보드 앞에 효과적으로 모일 수 없고, 과제에 집중하기도 어렵다).

스토리보드 세션 참가자 중 최소한 한 사람이 사용자 관점을 대변하게 한다. 그리고 다른 사람이 비즈니스 관점을 책임진다(예를 들면 프로젝트에 관여하는 이해관계자나 비즈니스 애널리스트의 입장). 그렇다고 그 입장만 고수해야 한다는 뜻은 아니다. 오히려 회의 중에 가능한 많이 사용자와 비즈니스의 니즈를 번갈아 책임지는 것이 좋다. 이 둘 사이에 균형잡는 방법을 알고 싶다면 이후의 '건전한 긴장 유지하기' 절을 참고한다.

사람들이 다 모이면 먼저 이 활동의 목적을 설명하라. 비즈니스와 사용자를 모두 만족시키는 기능을 생각해 내고, 이후의 UX 디자인 작업으로 전환하는 것이 목적이다. 이어서 앞서 언급한 질문의 답변과 앞으로 논의할 시나리오를 제시한다. 그리고 모두 화이트보드로(또는 연필을 들고 종이 앞으로) 모이면 그 시나리오에 대한 질문을 던진다. 예를 들어 다음과 같다.

- 이 사용자는 어떤 경로로 이 사이트에 들어오게 됐을까? 온라인 검색, 배너 광고, 구전, 또는 다른 방법?

- 만약 온라인 검색이라는 답변이 나왔다면, 그 요구사항은 사용자의 검색을 보조하는 기능이나 활동(예: SEO를 위한 태깅)을 정확히 반영하는가?

- 이 사용자가 사이트에 들어왔을 때 그들의 니즈에 적합한 무엇을 볼 것 같은가?

- 이 사용자는 과제를 완수하기 위해 어떤 경로를 밟을 것인가? 높은 수준에서 이 경로를 스케치하라.

- 이 과제에 다른 사람이 연루됐는가? 만약 그렇다면 어떤 방식으로 연루됐는가(전화, 이메일, 사이트 협업 기능)? 그리고 그들은 이 사용자의 결정이나 행동에 어떤 영향을 끼치는가?

- 이 사용자는 그 길에서 어떤 도움을 필요로 하는가? 어떻게 도움을 받을까?

- 이 사용자가 자신의 과제를 끝내면 어떤 일이 벌어지는가? 흔히 저지르는 실수 중 하나가 과제가 완료되면 끝이라고 생각하는 것이다. 그렇지만 이때야말로 사이트의 다른 부분으로 끌어들이거나, 연관 상품으로 유도하기에 좋을 때다.

회사에서 흔히 벌어지는 시나리오를 예로 들어보겠다. 회사 대표 사이트에 구인 게시물을 올려야 한다고 해보자. 이 시나리오를 만들기 전에 당신은 이해관계자들과 인터뷰를 하면서 회사의 채용 과정을 한 사람이 관장한다는 사실을 알게 됐다. 그는 인사과에서 일하는 제프라는 사람으로, 채용을 하려면 반드시 이 사람에게 연락해야 한다.

제프는 현재 공고되는 게시물에 어떤 내용이 들어가는지를 잘 안다. 새 직종에서 사람을 뽑으려는 매니저가 그에게 구인 광고를 요청하면 그는 이제 새로운 내용이 필요한 때라는 것을 알게 된다. 이제 게시 내용을 만들고 올리려면 제프와 매니저(에밀리라고 하자)가 공동으로 작업해야 한다.

그림 9.1은 이 시나리오를 스토리보드로 그린 모습이다. 이 그림은 이 경우에 만들 수 있는 스토리보드의 일부만 보여준다. 당신이 스토리보드를 그릴 때는 에밀리가 신규 채용을 결재받는 과정처럼 시나리오의 좀 더 앞 부분부터 시작하거나, 헤드 헌터를 찾아 나서거나, 누군가 그 직종에 지원하는 그 이후의 시나리오로 연결된다.

이런 스토리보드가 중요한 이유는 단순히 연속된 페이지 이상으로 작업의 흐름을 파악할 수 있기 때문이다. 이것은 시나리오에 인간의 요소와 컨텍스트를 부여한다. 만약 페르소나의 인간적인 요소가 없었다면(제프), 아마 기존에 작성해 둔 채용문에서 끌어오는 것은 생각지 못했을 것이다. 시간을 절약하고 모든 내용이 다 들어갔는지 확인하기 위해 흔히들 이렇게 작업하는데도 말이다.

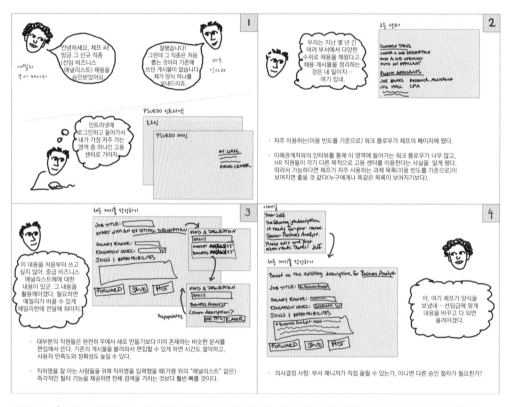

그림 9.1 │ 이 스토리보드는 맨 처음 화이트보드에 그린 후, 와콤 태블릿을 이용해 마이크로소프트 비지오(Microsoft Visio)로 구체화시켰다.

여기서 명심할 점은 스토리보드나 다른 형태의 스케치(사용자 플로우(user flows)나 콘셉트추얼 와이어프레임(conceptual wireframe) 같은)는 브레인스토밍 도구라는 것이다. 브레인스토밍을 하면서 훌륭한 아이디어가 나오기도 하지만, 궁극적으로 디자인을 구체화하는 활동이 아니다. 스케치가 그려진 모습만 봐도 이 사실이 명백하기는 하지만(프로토타입과 달리), 아무리 스케치 형태라도 기능들이 시각적으로 구현되는 것을 보면 그 기능이 최종 제품에 들어간다는 헛된 기대를 가질 수 있다.

또 다른 위험은 스케치를 그리는 도중에 인터페이스 요소로 논의가 새는 것이다. 이를 테면, 어떤 항목을 페이지로 제작할지, 팝업으로 제작할지에 대한 문제로 논의가 새는 것이다. 큰 문제보다는 이런 상세한 내용을 풀어가는 것이 더 쉽기 때문이다(또는 더 익숙하기 때문에). 프로젝트를 매끄럽게 진행하고 시간을 효율적으로 활용하려면 이런 논의는 선별된 요구사항을 구체적으로 디자인하는 시점에 하자고 참석자들에게 주지시켜라.

이제 다음 작업으로 넘어갈 차례다. 바로 그동안 엄청난 시간을 들여 모은 요구사항들을 잘라내고 선별하는 즐겁고도 가슴 아픈 단계다.

요구사항 선별하기

이제 사용자들의 요구사항과 브레인스토밍으로 도출된 내용을 어느 정도 웹사이트 기능과 연결한 업무 요구사항 목록을 가지고 있을 것이다. 이제부터 가장 가슴 아픈 작업을 해야 한다. 그 목록에서 가치가 높은 것들만 골라내는 선별 작업이다.

요구사항을 선별할 때는 논의가 타겟 그룹에 초점이 맞춰지도록 프로젝트 목표와 사용자 그룹을 항상 떠올려야 한다. 요구사항 선별 과정에는 사용자를 대변하는 역할을 하는 당신 외에도 다음과 같은 사람들이 함께해야 한다.

- 비즈니스의 견해를 대변할 사람(비즈니스 옹호자)
- 개발팀의 견해를 대변할 사람(개발 옹호자)
- 프로젝트의 입장을 대변할 사람(예: 프로젝트 관리자). 이 사람들이 꼭 회의에 나올 필요는 없지만 요구사항 선별에 영향을 끼칠 만한 제약(데드라인, 예산 등)을 정해주고, 최종 목록에 그 한계가 잘 반영됐는지 확인한다.

> **요구사항 선별 작업에서 UX 디자이너의 역할**
>
> 선별 작업은 UX 디자이너의 일이라기보다 프로젝트 스폰서, 프로젝트 매니저, 개발팀장의 책임이라고 생각하기 쉽다. 하지만 이것은 고려할 가치도 없는 생각이다.
>
> 선별 작업이야말로 웹사이트가 잘 만들어지느냐 못 만들어지느냐를 가늠하는 논의다. UX 디자이너라면 이 중요한 대화에서 능력을 발휘할 책임이 있다.
>
> 이미 선별 과정의 일원이라면 이 절의 내용을 보면서 참여 요령을 터득하라. 그렇지 않다면 일원으로 참여할 방법을 찾아라. 이때 반드시 당신의 기술(예를 들면 원활한 회의 진행)과 균형 감각을 발휘해야 한다. 당신이 다른 사람의 입장을 잘 이해하고, 합의를 도출할 능력이 있음을 적극적으로 과시하라. 이 균형을 이루는 방법에 대해 좀 더 알고 싶다면 이후의 '건전한 긴장 유지하기' 절을 참고하라.

요구사항을 선별할 때는 각 요구사항에 대해 다음의 질문들에 대한 답이 나와야 한다.

- **사업에 얼마나 중요한가?** 프로젝트 목표 한 가지나 그 이상을 달성하는 데 있어 이 요구사항은 얼마나 중요한가? 만약 이것이 누락되면 얼마나 큰 영향을 미치는가?

- **사용자에게 얼마나 중요한가?** 이 요구사항은 사용자들의 공통 니즈인가(아니면 핵심 사용자에게 큰 영향을 끼치는 니즈인가)? 이것이 누락되면 사용자의 경험에 어떤 영향을 미치는가? 유사하거나 또는 경쟁이 되는 다른 요구사항이 있는가?

  마지막 질문과 관련해서 문제 하나에 대한 해결안 몇 가지가 서로 경쟁해서 사용자를 혼란스럽게 하는 경우도 있다는 점을 명심해야 한다(물론 할 일도 더 많아진다). 예를 들어, nytimes.com에 기사 공유 기능(그림 9.2에서 파란색으로 칠한 부분)을 관장하는 개발자들이 충분히 많더라도 사용자 입장에서는 친구들과 기사를 공유할 때 Recommend를 클릭할지, E-Mail을 클릭할지, Share를 클릭할지 혼란스러울 수 있다. 몇 년간 공유 옵션이 폭발적으로 증가해 왔지만 당신의 사용자가 그것에 대해 잘 모를 때는 아주 작은 규모부터 시작하는 것이 좋다.

- **이 요구사항을 개발하는 데 필요한 기술적 고려사항은 무엇인가?** 개발하는 데 얼마나 많은 시간이 걸리는가? 비교적 새로운 기술로 작업한다면 소요 시간을 더 높게 잡아야 한다.

- **개발하는 데 필요한 자산상의 고려사항은 무엇인가?** 이 기능을 개발하는 데 필요한 인력, 기술, 예산이 확보됐는가? (새로운 기술이나 도구를 구매하거나 교육받는 비용까지 감안해야 한다).

그림 9.2 | www.nytimes.com의 한 장면. 온라인 신문에서 제공하는 다양한 기사 공유 기능을 강조해 놓았다.

각 요구사항에 대해 위의 항목들을 체크할 수 있는 평가표를 만들어라. 상·중·하도 좋고, 점수 척도도 좋다. 특히 후자는 숫자를 더할 수가 있어 분류하기가 더 편하다. 비슷한 요구사항은 통합하고, 요구사항이 너무 크다면 작은 단위로 나눠서 독립된 업무 단위로 만든다.

이 도표는 분류와 선별을 위한 것임을 명심하라. 요구사항들의 실행 가능성을 과학적으로 분석한 것이 아니라는 말이다. 항목이 많은 큰 목록을 다루거나, 토론을 이끌어내거나, 상대적 중요성을 평가하기에 유용한 도구다.

그림 9.3에서 선별 작업 워크시트의 예를 볼 수 있다. 요구사항별로 상대적 가치를 평가하기 위해 중요도와 실행 가능성(상, 중, 하)을 높은 수준의 카테고리로 제시하고 있다.

요구사항 선별작업용 워크시트

	요구사항	설명	비즈니스 중요도	사용자 중요도	기술적 타당성	자산 활용성
1	연락처 정보 양식	사용자는 판매자 목록을 보기 전에 반드시 연락처 정보를 제공해야 한다.	상	하	상	상
2	확인 이메일	주문이 완료되면 확인 이메일을 보낸다.	상	상	상	상
3	주문 히스토리	로그인하면 지난 365일간의 주문건을 모두 볼 수 있다.	상	상	상	중
4	주문 추적	발송이 시작된 후 송장 번호를 입력하면 주문 내역을 추적할 수 있다.	상	상	중	중
5	GPS 추적	트럭, 비행기 등을 따라다니는 GPS로 사용자는 주문 상품을 추적할 수 있다.	중	중	하	하
6	구매 후기	사용자들은 이 회사의 주문 프로세스에 대한 다른 사용자들의 후기를 읽을 수 있다.	하	중	상	중
7	주문 채팅	사용자는 그들의 주문 경험에 대해 다른 사용자와 채팅할 수 있다.	하	중	중	중

그림 9.3 | 요구사항 선별을 위한 워크시트의 예

각 항목별로 중요도를 평가하다 보면 선별 담당자 간에 많은 이야깃거리가 생겨난다. 어떻게 하면 토의를 원활히 진행하고 결정을 내릴 수 있을까?

가장 중요한 두 가지는 균형 잡힌 해결안의 핵심인 다양한 견해를 이해하는(또는 대변하는) 것과, 프로젝트 팀 안에서 문제가 되는 부분을 푸는 것이다.

그러면 먼저 선별 과정에서 올바른 관점을 갖는 것에 대해 알아보자. 이는 사용자 대변자, 비즈니스 대변자, 개발 대변자 사이에 긴장을 만들고 유지시키는 것과 관련이 있다. 이는 사용자에게 좋은 경험을 제공하고, 프로젝트의 한계를 지키며, 비즈니스 목표에 부합하는 균형 잡힌 해결책을 내도록 만들어 주는 것으로, 건전한 종류의 긴장이라고 할 수 있다.

건전한 긴장 유지하기

요구사항을 수집할 때, 아니 프로젝트 기간 내내 팀 회의를 하면서 서로 대립하는 세 가지 역할이 존재한다는 사실을 눈치챘을 것이다.

 비즈니스 대변자: 비즈니스 대변자란 비즈니스 니즈나 요구사항을 대변하면서 그것이 충실히 반영됐는지 확인하는 사람들이다. 이들의 주요 관심사는 회사와 부서의 전략적 목적을 충족시키고, 프로젝트에서 사업의 비전이 실종되지 않도록 감시하며, 프로젝트 목표를 설정하거나 초점을 맞추는 것이다.

 사용자 대변자: 사용자 대변자는 사이트 핵심 사용자의 관점과 니즈를 대변하는 사람이다. 이들의 주요 관심사는 해당 사이트가 사용성 기준에 부합하는지 확인하고, 만족스럽게 빠져들 수 있는 사용성을 제공하며, 프로젝트의 목표에 부합하는 행동을 유발하게 하는 것이다.

 개발 대변자: 개발 대변자란 기술팀이나 품질 보증팀의 니즈와 한계를 대변하는 사람이다. 할당된 자원 안에서 효과적으로 개발하면서 사용자나 이해관계자들이 바라는 높은 수준을 충족시키는 것이 이들의 주요 고민이다.

이 세 집단의 긴장은 삼자 간의 힘 대결로 볼 수 있다. 세 세력 간에 긴장이 잘 유지된다면(어떤 한 집단이 지배하지 않는다면) 세 집단은 프로젝트 목표에 부합하는 균형 잡힌 결과물을 향해 조화롭게 협업한다.

모든 팀원들은 프로젝트 내내 균형을 유지하려고 노력해야 한다. 어떤 한 세력이 장악하면 다른 세력들이 존재 근거를 상실하고 프로젝트의 목표를 달성하지 못할 위험에 처하게 된다. 목표를 달성하더라도 많은 비용을 치를지도 모른다. 이 긴장이 조화롭게 공존하지 않을 때 어떤 일이 일어나는지 그림 9.4에서 살펴보자.

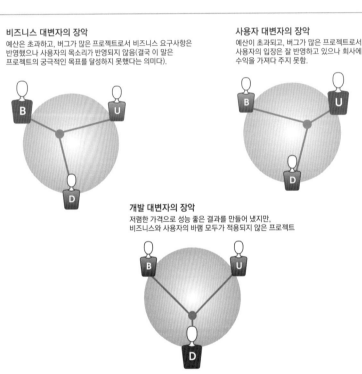

균형 잡힌 결과

비즈니스와 사용자의 니즈를 효과적으로
반영하면서도 예산 내에서 (또는 근접하게)
개발된 높은 품질의 프로젝트

비즈니스 대변자의 장악
예산은 초과하고, 버그가 많은 프로젝트로서 비즈니스 요구사항은
반영했으나 사용자의 목소리가 반영되지 않음(결국 이 말은
프로젝트의 궁극적인 목표를 달성하지 못했다는 의미다).

사용자 대변자의 장악
예산이 초과되고, 버그가 많은 프로젝트로서
사용자의 입장은 잘 반영하고 있으나 회사에
수익을 가져다 주지 못함.

개발 대변자의 장악
저렴한 가격으로 성능 좋은 결과를 만들어 냈지만,
비즈니스와 사용자의 바램 모두가 적용되지 않은 프로젝트

그림 9.4 | 건전한 긴장이 유지되지 않았을 때의 결과

이 세 가지 입장 중에서 한 가지 이상을 취해도 좋을까? 물론이다! 각 팀이 한 가지 주된 입장을
대변하는 것이 가장 이상적이지만, 그렇다고 역할을 바꾸지 말라는 법은 없다. 회의마다, 또는 주제
마다 역할을 바꿔도 좋다. UX 디자이너는 주로 사용자 옹호자 역할을 많이 맡겠지만 성공적인 UX
디자인을 만들려면 세 가지 관점을 모두 이해하고 일관되게 반영해야 한다.

역할을 가끔씩 바꾸는 것은 생산적이지만, 동시에 두 가지 이상의 역할을 맡는 것은 피해야 한다. 이런 경우에는 중요한, 그러나 불편한 질문을 일관되게 던지는 입장이 될 수 없기 때문에 그저 편하게 타협해버릴지도 모른다. 만약 불가피하게 두 가지 이상의 역할을 맡아야 한다면 다른 입장을 대변할 파트타임 인력을 찾아서 좋은 긴장이 유지될 수 있게 하라.

지금까지 이 책에서는 비즈니스 대변자와(특히 4장, 5장에서) 사용자 대변자의 입장(특히 1장과 6장)에 대해 많이 다뤄왔다. 이제는 선별 작업에서 주된 역할을 맡는 또 다른 집단인 개발 대변자에 대해 살펴보자.

개발 대변자

당신이 진정 뼛속까지 UX 디자이너라면 다른 사람의 니즈와 목표를 이해하기 위해 다른 사람의 입장에서 생각하면서 행복을 느낄 것이다. 이 능력은 사용자 대변자의 역할을 훌륭히 수행하고, 조직 내에서 효과적인 커뮤니케이션과 협업을 이끌어 내는 소중한 역량이다. 이제 이 역량을 활용해 개발 대변자들의 목표를 정리해 보자.

UX 디자인과 관련한 가장 격렬한 논쟁 중 하나가 개발 관련자들을 요구사항 수집 단계에 어느 정도까지 참가시켜야 하느냐와 그 기간 동안 그들이 어떤 역할을 해야 하느냐는 것이다. 기술적 가능성과 한계점을 너무 일찍 타진하면 혁신적인 발상을 제한할 수 있다. 아무리 허황된 생각이라도 조금만 더 기술적으로 연구하면 해결 가능할 때가 있다. 설사 실행 가능성이 적더라도 논의를 하면서 그 안에 잠재된 니즈를 끄집어낼 수 있다(니즈를 기능으로 매핑하는 방법은 이 장의 후반부에서 논의하겠다).

개발 대변자들의 목표와 책임은 다음과 같다.

- 할당된 시간과 예산 안에서 요구사항 충족시키기
  - 팀 효율 극대화(중복 업무 피하기, 커뮤니케이션 잘 하기)
  - 이용할 수 있는 프로그램과 플랫폼 최대로 활용하기
  - 부가적인 도구는 가격 효율성이 높은 것으로 선택하기

- 추후 요구사항이 변경되어 업무가 과중해지는 상황 피하기
    - 점진적으로 개발할 수 있게 개발 대상을 단계화하기
    - 개별 부분들을 쉽게 수정할 수 있게 개발 대상을 모듈화하기
    - 개발 대상을 최대한 표준화하기: 구매한 시스템을 적게 수정할수록 재작업이 적어진다.

- 개발팀 원활히 운영하기
    - 재미있고 보람된 업무를 배정해 잦은 인원 교체 피하기
    - 프로젝트 마감 시점에 무리하게 몰리지 않게 하기

개발팀이 적당히 일찍 투입되지 않으면 일이 너무 깊이 진행되어 비용이 높아지는 결과를 초래할 수 있다. 결국 개발 대변자들의 목표 중 몇 가지를 달성하지 못하는 것이다. 마지막이지만 결코 사소하지는 않은 집단인 개발 대변자들은 최종 결과물이 더욱 멋져지도록 기술상의 가능성을 타진하는(신기술을 적용하거나 불필요한 기능을 제거하는 등의 방법으로) 중요한 원천이다.

브레인스토밍이 완료됐을 때, 상위 레벨의 요구사항이 만들어졌을 때, 그리고 선별 작업이 막 시작됐을 때 개발 대변자와 핵심 리뷰를 갖는 것이 가장 효과적이다. 이렇게 하면 개발팀은 프로세스 초반에 특정 내용이 구현 가능한지 탐색할 수 있기 때문에 추후 어떤 주제나 아이디어에 힘이 실리기 시작했을 때 요구사항 프로세스에 더욱 적극적으로 참여할 수 있다.

반드시 개발자들이 참가해야 하는 요구사항 수집 세션이라고 생각된다면 회의에서 그들이 해야 할 역할과 혹여나 개발자들이 가질 만한 근심거리를 미리 협의해 같은 생각으로 회의에 임할 수 있게 해야 한다. 또한 나중에 다시 들을 수 있도록 회의를 녹음하는 것도 좋다. 아마 한참 UX 디자인이 진행되는 중에 분명히 그 내용이 필요하게 될 것이다.

요구사항을 수집하면서 커뮤니케이션을 분명히 하고, 이후의 내용도 계속 전달하다 보면 팀들이 좋은 관계를 가질 수 있다. 이는 이후의 선별 과정이 얼마나 매끄럽게 진행되는가에도 영향을 미친다. 하지만 아무리 노력해도 갈등은 생긴다. 이제부터 이것을 어떻게 풀어나갈지에 대해 이야기해 보자.

갈등 상황 헤쳐나가기

팀 간 이견의 폭이 크다면 선별 작업은 쉽지 않다. 그렇다고 제때 의견 차이를 좁히지 않으면 UX 디자인이나 개발 단계에서 계속 같은 문제에 맞닥뜨리게 된다.

갈등이 생기는 근본 원인은 모두 다르다. 가장 흔히 발생하는 이유는 다음과 같다.

- 프로젝트 목표, 이면의 비즈니스 전략에 대한 사람들의 생각이 같지 않을 때(아니면 잘못 이해했거나, 잊었거나, 동의하지 않을 때)
- 다른 팀이 특정 기능을 강하게 주장할 때(그들이 좋아하는 기능이거나, 영향력 있는 사용자나 이해관계자들에게 이 기능을 약속한 바 있을 때)
- 비즈니스 니즈와 사용자 니즈 사이에 풀리기 어려운 모순이 있을 때
- 아직 개발팀이 써보지 않은 신기술이라 정확한 예측을 꺼려할 때

위의 상황 중 두 가지를 살펴보면서 이 문제를 해결하기 위해 UX 디자이너가 어떻게 개입하면 좋을지 논의해 보자.

전쟁터에서 사용할 무기 고르기

요구사항을 선별할 때 자신이 좋아하는 기능이 자꾸 도마 위에 올라가면 기분이 불쾌해진다. 특히 사용자의 요구사항이라는 이유로 계속해서 목록에서 제거될 때는 더 그렇다.

그렇다고 모든 요구사항을 똑같이 강하게 밀어붙이면 당신이 결정을 모두 내리는 위험을 감수해야 한다. 꼭 밀어붙여야 할 것과 타협해야 할 것을 결정할 때 던져야 할 질문이 있다.

- 이 요구사항은 프로젝트 목표를 어떻게 달성시켜 주는가?
- 이것은 어떤 고질적인 문제를 현저히 해결해 주는가? 예를 들면 이것으로 인해 사용자가 스팸에 덜 노출되는가? 사이트에 대한 부정적인 견해를 잠재우는가?
- 다른 요구사항이 제대로 작동하려면 이것의 도움이 필요한가?
- 어떤 고생을 하더라도 이 기능을 개발할 가치가 있는가(다른 사랑하는 기능을 희생하고서라도)?

이 4가지 모두 확신이 선다면 자신 있게 협상 테이블에 올려라. 그렇지 않다면 버려라. 하지만 이때도 이유를 분명히 밝힘으로써 프로젝트 전체를 위해 당신이 양보할 줄도 안다는 점을 과시하라. 이로써 당신은 큰 그림을 본다는 인상을 심어줄 수 있고, 이후의 선별 논의나 수정을 요청하는 자리에서도 당신의 입지를 확고히 다질 수 있다.

프로젝트 방향에 대한 이해가 다른 경우

프로젝트 목표나 이면의 비즈니스 전략에 대해 다른 생각을 하고 있다.

이 갈등의 원인을 커뮤니케이션과 공감대라는 두 가지로 나눠보자.

프로젝트 목표나 비즈니스 전략에 대한 커뮤니케이션이 문제라면 이를 개선할 방법이 무엇일지 자문해보자. 모든 사람들이 다 볼 수 있는 곳(회의실, 온라인 협업 공간, 또는 회의 주제를 적어놓는 곳의 가장 윗자리 등)에 목표나 전략을 명기하면 해결될까? 아니면 팀이 초점을 맞추고 있거나, 그들이 향해 가는 곳을 좀 더 명료하고 시각적으로 표현해야 할까? 이 장의 첫 부분에서 시각적으로 구체화하는 역량이 언급된 것을 기억하는가? 그 능력을 활용해 출력하거나 부착하기 쉬운 이미지를 만들거나, 화이트보드에 빨리 스케치해서 사람들이 초점을 맞출 수 있게 하라.

공감대 부족이 문제라면 어떻게 모두의 공감대를 끌어낼 수 있을지 자문하라. 사용자에게 서로 다른 기능을 제공하는 것이 걱정인가? 그렇다면 이런 걱정을 해결할 만한 리서치를 시행해 봄 직하다. 설문조사, 인터뷰, 컨텍스추얼 인쿼리(6장 참고) 같은 것을 시행해 볼 수 있다. 또는 의견 대립이 있는 부분을 중심으로 철저히 계획된 회의를 열어 문제되는 이슈를 하나하나 건드리면서 해결될 때까지 이야기해 볼 수도 있다.

선호하는 기능에 대한 의견 대립

각 팀들이 자신들이 원하는 기능에 애착이 심하다.

교육팀장은 주제별로 통합된 교재를 원하고, 판매팀장은 흥미 창출을 위한 흥미진진한 데모를 원한다. 게다가 역할이 다른 이해관계자가 열 명 더 있다. 이들 모두가 절박한 상황이다. 이 상황에서 어떻게 합의를 이끌어낼 것인가?

이때 시도할 수 있는 한 가지 방법이 6장에서 다룬 친화도 분석 기법이다. 이미 수집된 요구사항으로 해도 좋고, 이해관계자들에게 원하는 요구사항을 브레인스토밍하게 해도 좋다(요구사항 수집 단계의 초기에 하면 더욱 좋다). 기존에 수집된 요구사항으로 하는 경우라면 종이 한 장에 요구사항 하나를 적어 모두 벽에 붙인다. 브레인스토밍하는 경우라면 사람들에게 포스트잇을 나누어 주고 머릿속에 제일 먼저 떠오르는 내용을 적게 한다.

이때 필요한 것은 다음과 같다.

- 이해관계자 모두가 마음껏 돌아다닐 수 있고, 포스트잇을 붙일 만한 큰 빈 벽이 확보된 큰 방

- ■ 최소한 한 명의 이해관계자에게 한 팩을 돌릴 수 있을 만큼의 충분한 양의 포스트잇
- ■ 원형 스티커(사무용품점에서 구할 수 있고, 색상이 다양하다). 이해관계자 한 명당 10개의 스티커 한 세트

주요 이해관계자를 모두 한 방으로 불러서 그들이 원하는 중요한 요구사항을 한 장에 하나씩 기재하게 한다. 15분에서 20분 정도의 시간을 준다(엿보기 금지!)

이제 모두에게 그들이 적은 것을 벽에 붙이라고 한다. 그리고 돌아가면서 자신이 적은 내용에 대해 설명해 달라고 요청한다. 비슷한 요구사항이 보이면 묶어 놓는다(당사자들이 비슷하다고 동의한다면).

설명을 다 듣고 그룹도 나눴다면 이제 원형 스티커를 나눠준다. 그리고 이해관계자에게 포스트잇에 원형 스티커를 붙여서 요구사항의 우선순위를 알려달라고 한다. 어떤 사람은 요구사항 하나에 10개의 스티커를 줄 수도, 어떤 사람은 10개의 요구사항에 각각 하나의 스티커를 붙일 수도 있다. 스티커가 다 붙으면 이제 사람들의 선호도가 확연하게 보일 것이다.

스티커가 다 자리를 잡으면 이제 다 함께 결과를 공유한다. 이 방법을 쓰면 이해관계자들은 우선순위를 확연히 알 수 있고, 회의 진행도 훨씬 편해진다.

서핑

우선순위를 결정할 때 이 기법을 다양하게 응용하는 방법에 대해 알고 싶다면 자레드 스풀(Jared M. Spool)의 글인 'KJ 기법: 우선순위를 결정하는 그룹 프로세스(The KJ-Technique: A Group Process for Establishing Priorities)을 참고한다.

www.uie.com/articles/kj_technique

이런 방법으로 요구사항 선별 작업에 본격적으로 시동을 걸 수 있고, 아니면 의견 대립으로 멈췄던 대화에 물꼬를 틀 수 있다. 일단 전환점이 생기고 공통의 이해에 도달하면 선별 작업 문서(그림 9.3에서 본 것과 같은)를 완성하기가 훨씬 수월해진다.

선별 작업과 함께 이제 코앞으로 다가온 디자인 작업에도 총력의 준비를 다해야 한다. 계획을 미리 세우면 상세 디자인에 소요되는 노력을 예측하고, 개개인의 작업물을 효과적으로 통합하며, 프로젝트의 중요 분기점에 맞춰 작업을 조절할 수 있다. 다음 절에서 계획을 세울 때 고려해야 할 사항에 대해 다루겠다.

UX 디자인 계획 세우기: 활동과 문서

이제 요구사항이 모두 선별되고, 바라건대 초기 개념도(이 장의 앞부분에 거론했던 스토리보드 같은 것)까지 완성됐다면 이제 당신의 매니저는 당신이 디자인에서 어떤 일을 할지 상세하게 요구하기 시작할 것이다.

디자인 활동은 여러 가지가 있고, 어떤 활동을 선택하느냐에 따라 디자인 방식, 소요되는 시간, 문서의 종류가 달라진다. '문서'라고 하긴 했지만 화이트보드 스케치가 될 수도 있고, 와이어프레임이 될 수도 있고, 프로토타입이 될 수도 있다.

이 다음 장부터 세 개의 장에 걸쳐 몇 가지 인터랙션 디자인 기법을 다루겠다. 계획을 세울 때는 다음의 질문을 머릿속에 떠올려야 한다.

- **어떤 프로세스로 진행할 것인가?** 먼저 여러 가지 다른 콘셉트를 빠르게 탐색하고(예를 들어 자세한 스케치를 가지고), 이 중 하나를 택해서 세부적으로 들어가는 것이 가장 좋다. 이때 한 개나 그 이상의 디자인 콘셉트를 골라 사용자에게 테스트하기도 한다(디자인 테스트는 14장에서 자세히 다룬다).

- **디자인 중에 얼마나 협업할 수 있는가?** 한 팀이 한 장소에서 가까이 일한다면 여러 사람이 참여하는 화이트보드 세션을 많이 넣을 수 있다. 만약 팀이 각지에 흩어져 있다면 협업 도구를 이용해 웹 컨퍼런스 세션을 자주 시행한다.

- **상위 부서와는 어떻게 디자인 문서를 공유할 것인가?** 하위 부서에게 이메일로 보낼 것인가, 온라인 협업 공간에 올릴 것인가? 파일 용량이나 문서 버전은 어떻게 관리할 것인가?

- **문서는 얼마나 상세해야 하는가?** 예를 들어 이 문서가 품질 체크의 공식적인 근거로 사용된다면 초반에 품질 관리팀의 인력을 포함시켜 어느 정도까지 상세하게 작성할지 미리 알려줘야 한다.

- **문서가 얼마나 오랫동안 '살아 있을' 것인가?** 복잡다단한 프로젝트에서 와이어프레임 같은 문서는 업데이트를 멈추는 순간 곧 '죽는다'. 시간이 지날수록 정확도가 줄어드는 것이다. (어떤 변화가 일어나고 있는지 잘 따라잡기만 한다면 꼭 나쁜 것만은 아니다). 반면 일반적인 가이드라인, 예를 들면 브랜드 가이드라인이나 인터랙션 디자인 패턴 라이브러리 같은 문서는 좀 더 오랫동안 살아남는다.

- **각 문서의 주요 독자는 누구인가?** 이 대답은 프로젝트 시점별로 달라진다. 디자인 콘셉트 문서는 주로 사업쪽 이해관계자와 UX 디자인팀이 보면서 생각을 전달하는 데 사용할

것이다. 이에 반해 아주 구체적인 방향까지 담고 있는 상세 디자인 문서는 그 안을 개발하게 될 개발자들이 주로 참고할 것이다.

- **이 문서와 함께 참고해야 하는 다른 문서가 있는가?** 예를 들면 위의 과정을 통해 만든 요구사항 문서는 상세 디자인 문서와 깊은 관련이 있다. 모든 사람들이 같은 곳을 바라보려면 몇 가지 다른 문서도 함께 챙겨야 한다. 이런 문서로는 브랜드 가이드라인, 콘텐츠 개발 계획서, 기능 명세서, 또는 유스 케이스 같은 것이 있다(UX와 관련된 여러 역할과 문서를 살펴보려면 2장을 참고한다).

- **각 문서를 작성하는 데 어느 정도의 노력이 들어가는가?** 프로젝트에는 시간에 영향을 끼치는 변수가 많아서 이 질문에 대답하기는 꽤나 어렵다. 하지만 일단 대략적인 기준을 잡아 놓으면 이를 기준으로 시작해 볼 수 있다. 변수가 생길 때마다 숫자를 수정해 나가면 된다. 예를 들어, 각 기능별로 상세 와이어프레임을 작성하는 데 6시간이 걸린다고 기준을 잡았다. 만약 어떤 기능 설계에 5페이지가 소요된다고 예측했다면(이 장 초반부에 거론한 스토리보드 세션의 결과를 근거로) 총 30시간의 예상 시간이 나온다. 그러나 막상 작업에 해보니 와이어프레임당 8페이지가 만들어졌다면 왜 그런지를 생각해 보라. 아마 계속 이 정도가 걸린다는 생각이 들면 예측치를 수정하고 재선별 작업을 시작한다.

- **문서의 일정에 영향을 끼치는 다른 요소로는 무엇이 있는가?** 소요 시간에는 경영진과 문서를 리뷰하거나, 문서를 수정하는 데 걸리는 시간까지 들어간다. 아주 복잡한 사이트라면 다른 문서와 상세 디자인 문서를 조율하는 데 걸리는 시간까지(예를 들면 상세 기능 요구서나 유스 케이스와 같은 문서와 조율) 포함돼야 한다. 예측되는 상황을 모두 고려해 나중에 체크할 수 있게 한다.

- **여러 명의 UX 디자이너와 작업하는가?** 그렇다면 어떻게 일을 나눌 것인가? 다른 사람과 함께 일하더라도 각자 다른 부분을 작업한다면 어느 정도의 독립성을 가지고 문서 작업을 할 수 있다. 만약 서로 긴밀히 얽혀 일한다면 각자의 디자인을 조율할 시간까지 감안해야 한다. 또한 문서를 관리하고 각기 다른 버전을 통합할 방법도 마련해야 한다. 막판에 골머리를 앓지 않으려면 초반에 이런 것들을 정하는 것이 좋다. 또한 내비게이션과 같은 핵심 요소는 미리 가이드라인을 만들어 모든 사람들이 같은 선상에서 출발하게 해야 한다.

디자인 활동을 선택할 때 고려해야 할 내용을 알아봤으니 이제 그러한 활동의 종류를 알아보자. 이제부터 세 개의 장에 걸쳐 사이트맵, 태스크 스케치, 와이어프레임, 프로토타입과 같은 다양한 문서에 대해 논의하겠다.

A Project Guide to UX DESIGN 2

10

UX 디자인 원칙

· 디자인 의사결정 기준 수립 ·

무대도 만들어졌고 이제 디자인에서 가장 알찬 부분으로 옮겨갈 차례다. 어쩌면 지금은 빈 화면만 있을지도 모른다. 아니면 화면이 나 좀 봐달라고 외치는 요소로 꽉 차 있어서 어디서부터 제거해야 할지 감을 못 잡고 있을 것이다.

좋은 소식은 UX 업계에서 널리 사용되는 공통 원칙이 있어서 이 원칙의 도움을 받아 시작할 수 있다는 것이다. 하지만 안 좋은(그러나 즐거운) 소식은 모든 디자인 과제마다 나름의 문제가 있고, 그만의 해결책이 나와야 한다는 것이다. 공통의 디자인 원칙을 이해하고 자신만의 원칙을 만들면 디자인 비전을 세우고 유지하는 데 도움이 된다. 이를 통해 콘셉트안을 실행으로 옮겨도 심플하고, 타겟에 맞춰져 있으며 몰입할 수 있는 디자인을 지킬 수 있는 것이다.

- 캐롤린 챈들러

이미 있는 사이트를 다시 만들든, 처음부터 새로운 사이트를 만들든 틀이 있으면 매우 유용하다. 이 틀은 디자인 원칙을 이용해 만든다. UX 원칙이란 디자인 요소 간의 관계를 규정한 공통 규칙, 전제, 지도 진술을 말한다. 이 장에서는 디자인 원칙을 지도 진술의 형태로 정리하는 방법에 대해 배울 것이다. 이를 토대로 당신의 제품에 존재하는 독특한 요구를 충족시키는 의사결정을 내릴 수 있는 것이다. 하지만 먼저 이 영역에서 사용되고 대부분의 디지털 디자인에 적용되는 공통 원칙을 소개하겠다.

- **눈으로 보이는 요소(웹 페이지 같은)의 관계를 반영한 비주얼 디자인 원칙.** 통일성, 위계질서, 균형 같은 개념이 여기에 속한다. 이는 사용자가 당신의 제품을 어떻게 보느냐에 대한 기준을 제시한다.

- **사용자들이 사이트 공간 안에서 움직이는 방법과 관련된 인터랙션 원칙.** 여기에는 페이지 내에서의 흐름(온라인 양식의 흐름과 같은)과 내비게이션이 들어간다. 이것은 사용자가 당신의 제품 안에서 어떻게 행동하느냐에 초점을 맞춘다.

- **디자인을 인지하고 몰입하는 데 영향을 끼치는 심리학적인 원칙.** 여기에는 정보의 신뢰성에 영향을 끼치는 일반적인 인식, 다른 사용자와의 관계, 배우고자 하는 열의 등이 들어간다. 이것은 사용자들이 당신의 제품을 이용할 때 어떻게 느끼느냐에 초점을 맞춘다.

이러한 주제를 아주 상세하게 다룬 훌륭한 자료가 아주 많다. 여기서는 이와 관련해서 가장 많이 논의되는 내용과 어디에서 그런 자료를 찾을 수 있는지 보게 될 것이다.

그럼 사용자가 사이트에서 가장 먼저 주목하는 첫 번째 요소부터 시작하자. 바로 비주얼 디자인이다.

비주얼 디자인

비주얼 디자인은 브랜드에 대한 인식과 제품의 신뢰도에 영향을 미친다(하긴 누군가 훌륭한 비주얼 디자인에 투자를 했다면 그 뒤에 뭔가 좋은 것이 있을 확률이 크기는 하다. 안 그런가?). 매력적인 비주얼 디자인은 보는 사람의 잠재 의식에 영향을 미친다. 제품에 대한 의식적인 판단 없이 그 가치, 적합성, 중요성을 몸으로 느끼는 것이다.

접근성에 대해

이 장에서 다루는 여러 디자인 원칙들은 당연히 디자인을 눈으로 보고, 직접 상호작용하는 사람에게 잘 적용된다. 하지만 장애가 있는 사용자들을 위해 접근성을 고려하는 것도 중요하다. 예를 들어 시각 장애인은 당신의 페이지에 있는 요소를 큰 소리로 읽어주는 화면 판독기를 가지고 있어서 이들에게는 이미지가 아닌 말로 내비게이션할 수 있는 수단을 제공해야 한다. 이를 디자인에 반영하지 않는다면 이들에게는 과제가 고통스럽거나 불가능한 것이 된다. 만약 접근성이 높은 우선순위를 차지한다면(예를 들면 대부분의 정부 사이트에서는 의무다) W3C의 WAI(Web Accessibility Initiative, http://www.w3.org/WAI/gettingstarted/Overview)를 방문해 관련 디자인 표준과 기법을 배우길 바란다.

효율적이라고 해서 꼭 아름다워야 하는 것은 아니다. 크레이그리스트(Craigslist.com)는 아름답지 않지만 폭발적인 인기를 누리고 있다. 오히려 장식이 없다는 점이 사람을 끌어들인다. 얼마나 세련돼 보이는가와 무관하게 즐겁고 사용하기 좋은 제품을 디자인하기 위해 꼭 생각해야 하는 비주얼 디자인의 기본 원칙이 있다. 가장 많이 이용하는 몇 가지는 다음과 같다.

통일성과 다양성

통일성(Unity)은 디자인 안에 들어간 요소가 서로 명백하게 연결돼 있음을 보여주는 정도다. 통일성은 여러 방법으로 보여줄 수 있다. 가령 색상, 모양, 스타일, 요소의 배치 방식(근접성(proximity)이라고도 한다)이 있다.

모든 것이 똑같으면 당연히 시각적인 재미가 떨어진다! 다양성이 있어야 요소 간의 차이가 있다는 것을 알 수 있고, 신선하거나 탐험하고 싶은 마음을 줄 수 있다(그림 10.1) 디자인의 어려움은 제품이 타겟으로 하는 각기 다른 사용자나 니즈를 모두 만족시키면서도 시각적으로는 통일성을 부여(사용자가 이해할 수 있게 도와주는)하는 것이다.

그림 10.1 | 피딩 아메리카(Feeding America)는 헝거 액션 몬쓰(Hunger Action Month, 9월)를 맞아 사이트를 열었다. 매니페스트 디지털의 디자이너는 통일성과 다양성을 조화롭게 공존시켜야 한다는 과제를 받았다. 헝거 액션 몬쓰가 피딩 아메리카와 관련이 있음을 보여주면서 그것만의 독특한 정체성을 표현해야 했다. 가운데 오른쪽에 위치한 헝거 액션 몬쓰의 로고는 모양(두 꼭지점이 둥근 직사각형)과 근접성 측면에서 사진과 통일성을 보여준다. 좌측 상단에 있는 피딩 아메리카 로고에 쓰인 색깔(피딩이라는 단어의 색깔은 헝거 액션 몬쓰 로고의 기본색인 주황색과 같다), 기호(밀 줄기), 폰트 스타일과 크기에서도 통일성을 찾을 수 있다. 두 로고 간의 거리, 모양의 차이, 피딩 아메리카에 사용된 색상 외의 부가적인 색상에서는 다양성을 엿볼 수 있다.

디자인 요소를 표현할 때의 또 한 가지 어려움은 성격은 다르지만 목적이 같은 것을 어떻게 보여 주느냐다. 예를 들면 사용자가 정보를 읽고 난 후 택할 수 있게 텍스트 기반의 정보와 버튼 기반의 동작을 결합하는 것을 들 수 있다. 이 경우 시각적으로는 다르게 그리되 관계 있어 보이게끔 근접성을 활용할 수 있다. 정보를 그룹핑하거나 덩어리를 만들어 주는 것이 그 방법이다. 요소들이 너무 넓은 자리로 퍼져 있어서 연결돼 보이지 않으면 그 관계는 쉽게 이해할 수 없다.

요소의 근접성에 영향을 미치는 비율에 대해서는 이 장의 후반부에 나오는 절에서 자세히 볼 수 있다.

서열과 장악력

서열은 화면에 보이는 요소의 정해진 순서다. 서열이 높을수록 눈에 띄고 도드라져 보인다. 서열이 낮은 것은 보완의 느낌이 강하고 덜 중요해 보인다. 서열은 사용자가 페이지를 훑는 경로에 영향을 미친다. 이것은 제품 구매 선택처럼 특정 동작을 유도할 때 명심하면 유용하다.

사용자가 느끼는 서열에 영향을 미치는 요소로는 동작 요소(버튼과 같은)의 위치, 색상, 크기와 글자의 어조와 길이가 있다. 일반적으로 길고, 밝고, 대조가 확연한 것이 장악력이 높다. 짧은 명령투의 문구도 주의를 집중시킨다. "장바구니에 이 제품을 담으려면 여기를 클릭하세요"보다 "지금 구매!"가 장악력이 높다. 이는 시각적인 이유(사용자는 '지금 구매'를 더 빨리 훑을 수 있다)와 명령형 어투, 긴급함을 드러내는 구두법 때문에 그렇다.

참고 서열이 명확하게 보이고 중요한 동작이 도드라져 보이게 하고 싶다면 지배적인 요소의 수를 제한하라.

이미지도 주의를 집중시킨다. 얼굴은 시선을 집중시키는 효과가 있고, 인상적인 사진은 페이지를 장악할 수 있다(그림 10.2). 마케터들도 이 사실을 잘 안다. 따라서 팔려는 제품과의 관련성과 무관하게 배너 광고에 사진들을 넣는다. 애니메이션이 살짝(아니면 살짝을 훨씬 넘긴) 가미된 것도 시선을 집중시킨다.

위치도 사용자가 느끼는 서열에 영향을 끼친다. 이는 문화적인 차이를 감안해야 하는 부분이기도 하다. 대부분의 서구권 언어는 위에서 아래로, 왼쪽에서 오른쪽으로 흐르기 때문에 페이지를 훑어볼 때 시선이 자연스럽게 그 방향으로 흐른다. 화면 하단의 오른쪽은 시선이 마지막에 이르러쉴 때 보는 위치일 확률이 크다. 아랍이나 유태의 글, 중국 한자는 오른쪽에서 왼쪽으로 읽는 언어로, 사용자가 어디에 익숙한가에 따라 시선의 경로가 달라진다. 이는 타겟을 잘 알아야 하는 또 한 가지 이유이기도 하다!

그림 10.2 | healthychildren.org는 글자 크기와 이미지의 압도력, 그리고 애니메이션으로 시각적인 서열을 만들어냈다. 가장 지배적인 요소는 아기 사진이고, 이는 Car Safety Seats라는 제목과 그 주제로 들어가는 간단한 버튼(GO 버튼)으로 연결된다. 이 영역은 시선을 끄는 애니메이션을 이용해 주제와 사진이 번갈아 돌아가게 했다. 그다음으로 압도적인 영역은 비교적 제목의 크기가 큰 Ages & Stages 섹션과 Hot Topics 섹션이다.

페이지 디자인을 시작하기 전에 페이지에 들어갈 요소를 모두 뽑아서 일순위, 이순위, 삼순위와 같은 가중치를 정하면 편리하다. 이를 토대로 페이지의 서열을 표현할 때 어떤 위치, 크기, 색상을 쓸지 판단할 수 있다. 전체적인 형태가 갖춰지면 잠시 뒤로 물러서서 다시 한번 서열을 확인하라. 제대로 된 요소가 장악하고 있는가? 확신이 들지 않으면 사시검사를 하라. 즉, 눈을 가늘게 떠서 요소가 명확하게 보이지 않게 하고 눈에 확 들어오는 것에만 집중하라. 아니면 사용성 테스트를 시행해 사용자가 어떤 요소에 끌리는지(아니면 놓치는지) 확인하라. 사용성 테스트에 대해서는 14장을 참고한다.

디자인을 전체적으로 고려할 때는 여러 페이지로 확장되는 그래픽 요소에 대해서도 생각해야 한다. 예를 들어 양식을 디자인할 때는 두 가지 동작이 있을 수 있다. 하나는 양식을 기입하는 동작(예: 비행기 예약 애플리케이션에서 공항 코드를 찾는 것), 다른 하나는 다음 단계로 이동할 수 있게 양식을 제출하는 것이다. 이 가운데 양식을 제출하는 동작의 중요도가 높기 때문에 후자의 비중이 훨씬 더 커야 한다. 이는 양식의 목적이기도 하다. 이 동작을 통해 정보가 저장되고, 사용자가 다음 단계로 옮겨간다. 당신은 이런 관계를 규정한 사이트의 비주얼 언어를 만들어야 한다. 이는 서열 안에서 위치와 요소를 처리하는 일관된 방식을 보여주는데, 이를 통해 사용자는 간접적으로 그 의미와 동작을 이해할 수 있다. 아직 비주얼 디자인이 시작되지 않았어도 간단한 와이어프레임에서 요소에 갖가지 처리를 해서 비주얼 언어를 보여주기도 한다(이를테면, 비중 있는 요소에는 버튼을, 다른 것에는 링크를 이용한다).

참고 와이어프레임에 대해 더 자세히 알고 싶다면 12장을 참고한다.

요소의 경제학

10명 정도가 모인 소규모 칵테일 파티에 있다고 상상해보라. 당신은 누군가와 대화를 시작했고, 아주 재미있는 주제에 관해 이야기하고 있다. 갑자기 다른 곳에서 대화를 하던 한 친구가 뭔가를 물어보려고 당신을 불렀다. 그가 하는 이야기를 듣자마자 당신은 그에게 집중했고, 곧 그에게 다가간다.

이제 똑같은 방에서 100명이 대화에 참여하고 있다고 상상해보자. 아마 여기저기에서 소음이 들려 개개인의 목소리를 알아듣기가 어려울 것이다. 당신의 주의를 끌려면 친구는 더 크게 소리치거나, 직접 오거나, 당신의 어깨를 쳐야 할지도 모른다.

이것은 디자인 요소에도 동일하게 적용된다. 각종 요소로 북적북적한 디자인은 수많은 사람이 사용자에게 소리치는 것과 같다. 아마 그 사람은 어떤 것을, 언제 들어야 할지 모를 것이다. 사실 사용성 테스트에서 많이 듣는 의견 중 하나가 페이지에 무엇이 너무 많다거나, 다음에 어떻게 해야 할지 모르겠다는 것이다. 요소의 경제학(페이지의 요소에 목적이 있고, 적합하며, 정보가 풍부하고, 그렇지 않은 것은 없는 것)이 달성됐을 때 정보를 쉽게 소화할 수 있고, 적합한 행동을 취할 수 있다.

에드워드 터프티(Edward Tufte)는 디자인의 경제학을 지지하는 사람이다. 그는 차트에 들어갔지만 데이터를 설명하는 데 별 도움이 되지 않는 디자인 요소를 가리키면서 차트정크(chartjunk)라는 표현을 썼다(그림 10.3). 차트에서 얼마나 많은 요소를 제거할 수 있는지를 보면 놀라울 정도다. 불필요한 것은 다 정리하고 정말 보여야 할 진짜 정보에만 초점을 맞춰야 한다. 3D 효과는 이때 자주 거론되는 용의자다!

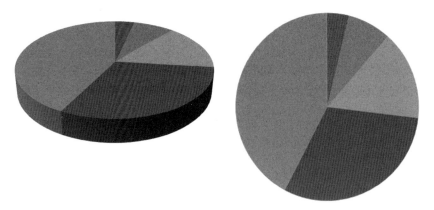

그림 10.3 | 파이 차트의 3D 효과는 차트정크의 좋은 예다. 각도가 기울고 선이 비스듬하면 비교가 부정확해진다. 왼쪽 그림의 4번째 조각(독자와 가장 가까이에 있는)은 반시계 방향에 있는 3번째 조각보다 훨씬 커 보인다. 같은 파이 차트를 특수 효과를 제거한 상태에서 보면 둘의 차이가 그렇게 크지 않다.

간단한 요소도 한 가지 이상의 기법을 활용하면 많은 정보를 담을 수 있다. 예를 들어 이 상태 아이콘은 그 의미를 전달하기 위해 색깔, 모양, 기호를 사용했다. 모두 비교적 작고 깔끔하다. 단순한 색상만으로 색맹 사용자의 사용성까지 고려할 수 있기 때문에 상태를 표현하는 데 특히 좋다(그림 10.4).

그림 10.4 | 이 상태 아이콘에는 세 가지 레벨의 정보가 담겨 있는데, 각각이 의미를 강화시킨다. 첫 번째 레벨은 모양(원 대 삼각형), 그다음은 기호(체크마크 대 느낌표), 마지막은 색상이다. 일반적으로 "좋다"를 보여줄 때는 초록색 체크마크를, 경고의 의미일 때는 붉은색 느낌표를 쓴다. 하지만 색상은 색맹 사용자나 흑백일 때는 효과가 없다. 따라서 이 세 가지 레벨을 결합함으로써 다양한 상황을 포괄할 수 있다. 꼭 흑백 상태에서 디자인을 테스트해서 당신의 메시지가 잘 전달되는지 확인하라.

스쿠버 다이빙

데이터 시각화에 대한 흥미롭고 아름다운 예시를 더 보고 싶다면 에드워드 터프티의 책인 『정량 정보의 비주얼 디스플레이(The Visual Display of Quantitative Information)』(그래픽 프레스, 2001)로 시작하라.

비율과 균형

디자인에서 비율이란 다른 요소에 대한, 그리고 전체 디자인의 바깥쪽 크기에 대한 해당 요소들이 맺는 크기의 관계를 말한다. 포스터처럼 고정된 디자인에서는 방향이 바뀌어도 비율은 변하지 않는다(그림 10.5).

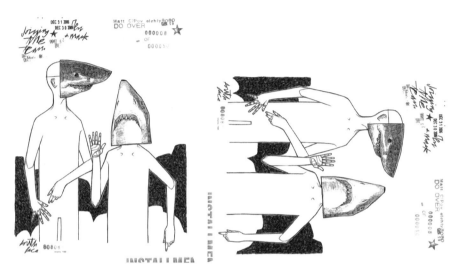

그림 10.5 | 이것은 매트 M. 시포브(Matt M. Cipov)의 인쇄물로서 비율이 고정돼 있다(어떤 인쇄물도 마찬가지다). 세로로 들든 가로로 들든 글자나 면에 대한 이미지의 비율은 같다. 요소의 크기와 상대적인 위치는 바뀌지 않는다("Joining the Team," www.mattcipov.com, 2011).

아이패드 애플리케이션처럼 유동적인 디자인에서는 세로와 가로가 전환돼야 한다. 이와 관련한 비율에 대한 논의는 앞으로 더 활발해질 것이다!

사용자 화면 크기에 대한 제어권이 별로 없는 디지털 제품의 디자인에서는 얼마나 화면을 유동적으로 설계할지를 정할 필요가 있다. 기기의 종류나 크기에 따라 요소의 비율이 달라지게 하고 싶다면 상황에 따라 요소들이 조정되도록 규칙을 정해야 한다. 그림 10.6에서 이것의 예를 볼 수 있고, 12장에서는 이것이 모바일 인터페이스 디자인에 어떻게 영향을 끼치는지를 설명한다.

그림 10.6 | 보스턴 글로브는 정말 멋진 유동 디자인을 만들었다. 요소의 비율과 레이아웃은 브라우저의 크기에 따라 역동적으로 재조정된다. 첫 번째는 윈도우 창의 폭이 비교적 좁다. 따라서 사진도 작고 글자도 거기에 맞춰진다. 두 번째 예에서는 창이 확 넓어지고 비율 또한 그에 맞게 조정된다. 사진이 커지고, 관련 단락도 넓어지고, 새로운 칼럼이 오른쪽에 나타났다. 사진의 비율도 변하기 때문에 상단의 보스턴 글로브 로고처럼 크기가 고정된 것보다 상대적으로 커진다. 주 내비게이션까지 좁은 화면에서는 섹션이 통합되고, 화면이 넓어지면 펼쳐진다.

일반적으로 글자가 들어가는 넓은 영역을 유동적으로 설계한다. 주 내비게이션 요소를 통합하더라도 상단이나 왼쪽 자리를 고수해 사용자가 메뉴의 위치를 찾아다니지 않게 한다.

때로는 그리드로 비율을 조절하기도 한다. 그리드는 콘텐츠가 많은 웹 사이트에서 명백하게 드러난다. 예를 들어 내비게이션은 왼쪽, 콘텐츠는 가장 넓은 중앙, 연관 콘텐츠는 오른쪽에 둔다. 상단에 내비게이션을 모두 모으고 콘텐츠에 칼럼을 더 많이 배분하는 패턴도 많이 쓴다(그림 10.7).

그림 10.7 | 보스턴 글로브 화면으로 본 기본 그리드. 보스턴 글로브에서는 두 가지 그리드를 쓴다. 이것은 세 칼럼짜리이고, 좁은 화면에서는 칼럼이 두 개로 된 그리드를 이용한다.

사용자는 그리드를 보면서 페이지 구조를 이해할 수 있다. 그리드를 너무 엄격하게 지키면 기능성은 뛰어나지만 너무 딱딱하거나 지나치게 실용적으로 보일 수 있다. 비주얼 디자이너는 종종 의도적으로 그리드를 파괴해 어떤 요소가 더 튀어 보이거나 멋있어 보이게 만든다. 이 두 가지가 균형을 이뤄야 멋있어 보이면서 사용하기도 좋은 디자인을 만들 수 있다.

스쿠버 다이빙

스케일, 리듬, 무브먼트와 같은 다른 비주얼 디자인 원칙의 예를 보고 싶다면 포피 에반스(Poppy Evans)와 마크 A. 토마스(Mark A. Thomas)의 『디자인 요소 파헤치기(Exploring the Elements of Design)』를 참고한다. 웹 디자인에서 그리드가 어떻게 활용되는지를 더 알고 싶다면 코이 빈(Khoi Vinh)의 『무질서 바로잡기: 웹 디자인의 그리드 원칙(Ordering Disorder: Grid Principles for Web Design)』(뉴 라이더스, 2010)을 참고한다.

여러 종류의 콘텐츠로 그리드를 테스트하라. 특히 동적 콘텐츠(정기적으로 올려야 하는 뉴스나 기사 같은)를 설계할 때는 더욱 중요하다. 이 경우 디자인과 콘텐츠 가이드라인이 잘 어우러져서 균형 잡혀 보이게끔 만들어야 한다. 생각지도 않게 큰 자리에 아무 내용도 안 들어가면 화면이 우스워 보일 뿐 아니라, 스크롤을 과도하게 해야 하고, 가까이 있어야 하는 요소들이 분리되어 페이지의 사용성에도 영향을 끼칠 수 있다.

이 같은 현상을 방지하려면 콘텐츠 팀과 이야기해서 화면에 나타날 다양한 화면 유형을 숙지해야 한다. 그리고 모든 사람이 콘텐츠가 길고 짧음에 따라 어떻게 다뤄야 하는지 알 수 있게 기사나 뉴스의 양에 대한 가이드라인을 세워야 한다.

지금까지 비주얼 디자인 작업을 할 때 명심해야 할 몇 가지 중요한 원칙을 살펴봤다. 이제 인터랙션 원칙으로 넘어가서 사용자들이 그 안에서 어떻게 상호작용하는지 알아보자.

인터랙션

인터랙션은 클릭이나 터치에서 시작되는 것이 아니다. 뭔가를 하고 싶은 바람, 이걸로 하면 되겠다는 이해에서 시작된다. 이곳이 바로 비주얼 디자인과 인터랙션 디자인이 겹치는 부분이기도 하다. 어떤 버튼을 클릭할지 알기 전에 클릭할 수 있는 뭔가가 있다는 사실을 인지해야 한다. 이 말이 쉬워 보여도 잘 지켜지지는 않는다.

인터랙션 디자인에 대해 아주 상세하게 다루는 자료가 많다. 이 절에서는 사용자 인터랙션의 가장 기본적인 단계를 다뤄보려고 한다. 바로 실행할 수 있다는 것을 알아내기, 실행하기, 응답 받기가 여기에 해당한다. 그리고 인터랙션 디자인을 도와주는 가장 공통적인 원칙도 살펴볼 것이다.

먼저 실행할 수 있는 뭔가가 있다는 사실을 전달하는 방법을 알아보자.

연상(어소시에이션)과 행동유도성(어포던스)

당신이 좋아하는 상거래 사이트를 방문해 보라. 키보드와 마우스에서 손을 떼고 잠시 그 페이지를 바라보자. 무엇을 클릭할 수 있고, 무엇을 클릭할 수 없는지 선명하게 구분되는가?

그 사이트가 일반적인 사이트라면 아마 인터랙션을 알리기 위해 흔히 사용하는 상징물, 즉 탭과 버튼을 보게 될 것이다. 디지털 세계에서는 실제 폴더를 넘나드는 것처럼 탭을 넘나들 수 없다.

화면을 누르거나, 버튼을 만지거나, 클릭할 수도 없다. 하지만 현실 세계에서 이런 사물과 나눴던 경험을 연상(어소시에이션, association)시킴으로써 디지털 세계에서 어떻게 작동하는지 분명히 알 수 있는 것이다.

연상을 활용하는 것은 매우 강력하지만 조심할 부분도 있다. 원칙을 깨기 쉽고 그 상징물 자체가 가진 원칙도 깨지기 쉽다는 것이 그것이다. 아마존은 2000년 정도에 사이트에 카테고리를 추가하면서 이런 문제에 봉착했다. 모든 카테고리를 다 보이게 하면서 탭이라는 상징물을 깨뜨린 것이다 (그림 10.8과 그림 10.9).

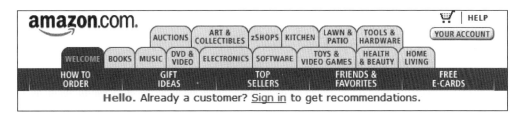

그림 10.8 | 몇 년 전 아마존에서는 탭은 그대로 유지하되 모든 카테고리를 다 보여줌으로써 (이들만 그런 것은 아니었다) 탭 연상 규칙을 깼다. 여기에 보이는 것들을 자세히 보라. 만약 사용자가 상단 열의 "zShops"을 클릭하면 그 탭은 계속 뒤에 있고 페이지만 zShops의 메인으로 바뀌어야 하는가?(이는 실제 세계에서 탭이 작동하는 규칙에 위배된다). 아니면 zShops이 앞으로 오고 다른 모든 탭이 거기에 맞춰 재정렬돼야 하는가?(이는 브라우징을 하거나 이전 페이지로 돌아갔을 때 탭의 위치를 기억하게 해야 한다는 사용성의 원칙을 깬 것이다). 다행히 이것은 잠시만 올라왔다가 다음 해에 그림 10.9의 디자인으로 개편됐다.

그림 10.9 | 아마존은 2001년도에 혼란스럽고 상징체계를 교란시키던 탭 디자인을 이것으로 교체했다. 이 그림은 사용자가 탭으로 연상하는 규칙과 더 일관된다. 그렇다고 이 사이트에 있는 모든 콘텐츠를 이상적으로 보여준다고는 할 수 없다. 아마존은 그림 10.11에서 보는 것처럼 카테고리 목록을 왼편에 길게 늘어놓고, 아주 큰 검색창을 상단에 위치시킴으로써 탭을 주된 내비게이션 상징물로 활용하는 정책에서 물러섰다. (이전 디자인은 인터넷 아카이브 웨이백 머신(Internet Archive Wayback Machine, http://www.archive.org/web/web.php)에서 볼 수 있다.)

뭔가 실행되는 것을 디자인할 때는 다음의 규칙 중 하나를 따라야 한다.

- 디지털 세계에서 어떻게 작동하는지 단서를 줄 수 있도록 현실 세계에서 흔히 사용하는 사물(탭이나 버튼 같은)과 결합시켜라.

- 온라인 인터랙티브 요소의 표준을 따라라. 예를 들면 링크는 다른 글자와 확연히 다른 색으로 하라.

- 디자인 요소만 봐도 쓰임새를 인지할 수 있게 '행동유도성(어포던스)'을 고려하라.

행동유도성이란 사물의 속성을 통해 그것이 어떻게 사용되는지를 파악할 수 있는 것을 말한다. 흔히 드는 예로 야구공은 둥글고 한 손으로 쥐는 반면 배트는 길고, 잡을 때 두 손으로 아래를 잡는다. 사람들이 뭔가를 던진다면 배트보다는 야구공을 던질 가능성이 크다. 공의 모양이 공을 어떻게 이용하면 된다는 행동유도성을 주었기 때문이다. 디지털 사물에는 물리적인 속성이 없지만 모양, 느낌, 움직임으로 어떻게 실행될 것인지 행동유도성을 인지시켜 준다.

스쿠버 다이빙

사용자 경험 디자인 분야의 고전이 있다. 도널드 노먼은 디지털 세계에 행동유도성이라는 개념을 적용했다. 아직 읽지 않았다면 그의 『일상 생활의 디자인(The Design of Everyday Things)』(베이직 북스, 2002)을 읽어보길 바란다. 전화기나 차 주전자를 바라보는 당신의 시선이 완전히 바뀔 것이다.

상호작용하는 디자인 요소들은 색상으로 구분할 수 있어야 한다. 아니면 버튼에 그림자 같은 효과(그림 10.9의 featured stores처럼)를 넣기도 한다. 사용자들은 이런 것을 보면서 클릭이 될 거라고 생각한다.

반짝임이 늘거나 주는 것 같은 약간의 애니메이션이나 페이지 말림과 같은 움직임도 사용자가 클릭하도록 유도할 수 있다.

참고 각 요소의 서열을 분명히 보여주고, 핵심적인 동작만 도드라질 수 있게 압도적인 항목의 수를 제한하라. 만약 사용자가 당신의 화면에서 클릭 가능한 요소를 자꾸 놓친다면 해당 요소가 작동한다는 사실을 분명히 인지시키는지 확인하기 위해 지배력(앞의 서열에 대한 절을 참고한다)이 얼마나 강한지, 어떤 행동유도성을 주는지 확인하라.

흔히 저지르는 실수 중 하나가 호버 효과로 클릭이 가능하다는 것을 충분히 암시할 수 있다고 생각하는 것이다. 예를 들어 어떤 링크가 링크처럼 보이지 않는데, 사용자가 그 글자에 마우스를 갖다 대면 밑줄이 나온다. 이것은 링크가 확실하다. 그런가?

호버 효과를 주는 것과 같은 식의 접근은(상호작용의 유일한 지시자로 쓰는 것) 사용자가 뭔가가 클릭되리라는 기대를 가지고 페이지 위에서 마우스를 이리저리 움직일 것이라고 가정하는 것과 같다(그림 10.10). 만약 미스터리를 심어 놓고 단서를 찾아 나서는 탐험 게임이라면 적합할지도 모른다. 이런 기법은 의도를 가지고 써야지 누구나 사용하는 내비게이션에 적용해서는 안 된다.

사용자는 무엇이 클릭되는지를 찾으려고 사이트를 이리저리 돌아다니고 싶어 하지 않는다. 사용자가 작업을 빨리 하거나 정보를 빨리 찾게 해줘야 하는 제품이라면 다음 주제에 집중하라. 바로 모션의 경제학이다.

그림 10.10 | 이 사이트는 무엇이 클릭되는지를 알리는 시각적인 단서가 잘못됐다. 사람들은 메뉴를 볼 때 Lunch나 Dinner를 클릭해야 한다고 생각할 것이다. 하지만 이것은 링크가 아니다. 아니면 왼쪽 하단의 NAVIGATE를 클릭해야 한다고 생각할 수도 있다. 하지만 이것도 클릭이 안 된다. 이것은 가운데 계란을 가리키는 기호다. 이 계란은 사용자가 커서에 마우스를 갖다 대면 일부가 확대되면서 클릭이 가능해진다. 짐작했겠지만 계란을 링크의 행동유도성으로 생각하는 사람은 거의 없다.

모션의 경제학

이제 사용자가 동작을 취할 수 있다고 이해하는 것에서 동작을 취하는 것으로 넘어가자. 사용자가 얼마나 빠르고 효과적으로 행동을 취하는가는 사용자가 가려는 곳까지의 거리, 그리고 그것을 얼마나 쉽게 할 수 있는가에 좌우된다. 예를 들어 현재 커서에서 멀리 떨어진 조그만 버튼은 바로 옆에 있는 큰 버튼보다 클릭하는 데 더 오래 걸릴 것이다. 이것이 피츠의 법칙이다.

참고 피츠의 법칙은 목표 지점까지 이동하는 데 걸리는 시간을 목표 지점까지의 거리와 그것의 크기를 계산해서 예측한다. 이는 1954년 심리학자 폴 피츠(Paul M. Fitts)가 만든 수학 모델에 기초한 것이다.

그럼 왜 대부분의 내비게이션은 사용자가 멀리 있을 것 같은 상단이나 화면 아래 구석에 놓을까? 이는 부분적으로 화면 중간의 변화하는 콘텐츠에 방해가 되지 않기 위해서이기도 하고 내비게이션을 구석에 '고정'시킴으로써 사용자가 커서로 이동하거나 손가락으로 가리킬 때 빗나갈 확률을 낮추는 것이기도 하다. 위치 자체가 큰 목표 지점이 된 것이다.

거리와 크기의 관계는 당연해 보이지만 내비게이션 요소를 디자인할 때 꼭 고려해야 하는 모션 경제학의 핵심이면서, 디자인하면서 잊기 쉬운 사실이기도 하다. 요소를 배치할 때는 다음과 같은 사항을 고려한다.

- **이것은 사용자가 현재 있을 법한 위치에서 얼마나 떨어져 있는가?** 예를 들어, 좋은 양식을 디자인하려면 이것을 반드시 고려해야 한다. 사용자가 화면 맨 왼쪽의 입력란부터 움직인다면 마지막 기입 항목의 바로 아래에 있는 것보다 맨 오른쪽에 있는 버튼이 더 멀다. 사용자가 자주 이용하는 양식이라면 매우 성가시고 비효율적으로 느껴질 수 있다.

- **사용자가 입력 도구를 전환해야 하는가?** 예를 들면 키보드에서 마우스로 바꿔야 하는가? 전환은 비효율적이므로 사용자가 두 가지 입력 도구를 모두 이용하는 페이지나 과제를 고려하라. 키보드 중심의 사용자가 키보드를 사용해서 양식에 들어갔다면 마우스로 완료를 클릭하는 것보다 엔터키를 사용하는 방식을 더 환영할 것이다.

- **그 사물을 실행하기가 얼마나 쉬운가?** 목표물이 크면 마우스를 갖다 대거나 클릭하기가 더 쉽다. 단순한 큰 버튼이 한 예다. 사용자가 다른 옵션을 열기 위해 마우스를 갖다 댔다가 메뉴를 고르는 동안 열려 있게 한 중첩 메뉴는 사용하기가 어렵다. 특히 사용자가 옵션을 고르다가 조금만 커서를 옮겨도 사라지는 경우에는 더욱 그렇다.

모션의 경제학과 더불어 과제를 완료하는 데 필요한 클릭 횟수도 고려해야 한다. 여기서도 마찬가지로 매일매일의 중요한 작업을 할 때 클릭을 여러 번 하는 것은 비효율적일뿐더러 사용자를 짜증나게 만든다.

그림 10.11 | 아마존은 중첩 메뉴를 이용한다. 이것은 사용자가 커서를 가져가면 확장되는 것을 말한다(여기서 보다시피). 이 디자인에서는 두 가지 레벨만 사용한다. Books 메뉴에 마우스를 갖다 댔을 때 다른 옵션이 나오지 않기 때문이다. 레벨이 세 개가 넘어가면 사용하기가 어려워진다. 왜냐하면 마우스를 갖다 댔는데 활성 영역 밖으로 나가 버리면 메뉴가 없어지면서 길을 잃기 때문이다. 중첩 메뉴는 카테고리가 많을 때는 효과적이지만 간단한 버튼이나 링크보다는 실행하기가 더 어렵다. 시력이 낮거나 소근육을 제어하기가 어려운 사용자라면 더욱 그렇다.

모션의 경제학이 너무 심하게 적용되기도 하는가? 대부분 그렇듯이 이 또한 그렇다. 모든 옵션을 가깝게 모아놓고 보여주는 것도 사용자를 압도할 수 있다. 당신은 아마 이해관계자가 클릭이 모션 경제의 전부인 것처럼 "나는 어떤 것도 클릭 횟수가 세 번을 넘어가지 않기를 바랍니다"라고 이야기하는 것을 어렵지 않게 들을 것이다. 디자인에서 '발견성', '접근성'(모든 옵션을 따닥따닥 붙여놓는 것)은 위의 비주얼 디자인 절에서 이야기한 '단순함', '요소의 경제학'과 균형을 이뤄야 한다.

사용자가 실행을 시켰다. 이제 시스템이 응답할 차례다.

응답

사용자는 실행을 시키고 나면 다음에 어떤 일이 일어날지에 대한 기대를 갖는다. 사용자 경험이 훌륭한 제품은 그 기대를 충족시키거나, 아니면 기대보다 훨씬 더 강력하고 즐거운 뭔가로 신선한 충격을 준다(그림 10.12 참고).

그림 10.12 | 유후와 친구들은 아이들을 위한 온라인 게임 경험을 제공한다. 여러 가지 요소에 마우스를 갖다 대면 갖가지(즐거운) 응답이 나온다. 유후와 친구들 타이틀이 돌아가고, 상단 내비게이션은 부드럽게 앞뒤로 흔들리며, 캐릭터들은 각기 다른 실력을 뽐낸다(http://yoohooworldwide.com/games/fling-the-furry-5/).

그러나 기대감과 현실의 차이로 실망감이나 짜증이 생기는 것이 대부분이다. 가장 흔한 용의자로는 다음과 같은 것이 있다.

- **검색 결과가 한참 걸려서 나오는 것 같은 낮은 성능.** 디자인을 하는 도중에 개발팀이 성능에 문제가 생길 수 있음을 종종 이야기했을 것이다. 이는 디자인을 어렵게 만드는 한계이지만 꼭 알아야 할 중요한 사항이기도 하다.

■ **형편 없는 에러 대처.** 에러를 충분히 막지 못한 디자인으로 이런 일이 일어난다. 하지만 일단 에러가 생겼다면 그 에러에 대한 명료한 설명(그리고 사용자가 제어할 수 있는 상황 이라면 어떻게 고칠 수 있는지에 대한 제안)이 필요하다. 그림 10.13에서 흔히 일어나는 문제의 예를 볼 수 있다.

그림 10.13 | 상단의 이미지에서 자주 부딪치는 문제를 볼 수 있다. 개발자만 알고 사용자는 알 수 없 는 언어로 적은 에러 내용이다. 이와 반대로 아래의 지메일 에러 메시지는 친근하다. 대화체를 사용했고, 사용자가 정보를 잃지 않을 거라고 안심시켰으며, 이 에러 후에 준비되는 즉시 실행할 수 있는 링크를 제 공했다. 물론 이런 에러 메시지가 안 나오는 것이 가장 바람직하다.

■ **결과에 대한 피드백 부족.** 사용자의 행위가 성공했다면 디자인에 분명한 변화가 생겨서 이 사실을 알려주는 것이 이상적이다. 예를 들면 사용자가 '저장'을 클릭했을 때 아무 응 답도 주지 않는 애플리케이션이 많지만 아주 중요한 것이라면 저장되고 있다는 간단한 단서(저장 버튼에 애니메이션 효과를 주거나 '마지막으로 저장됨'이라고 표시하는 등)만 으로 한결 더 안심시킬 수 있다.

좋은 응답은 긍정적인 결과로 보상을 준다. 중독성이 강한 여러 온라인 제품들이(소셜 네트워킹 사이트나 게임과 같은) 사용자에게 도파민(즐거움을 관장하는 뇌의 부위에서 나오는 호르몬)을 듬뿍 줄 수 있도록 설계돼 있다.

심리학 연구는 이런 응답, 그리고 좋은 경험을 한 후 다시 그 제품으로 돌아오게 되는 동기에 초점을 맞춘다. 다음 절에서는 이런 연구에서 나온 원칙 몇 가지를 다루겠다.

심리학

여기까지는 주로 심미적인 것과 움직임, 즉 디자인의 인지적이고 기계적인 측면(본능적인 수준의 심리학)에 초점을 맞췄다. 그러나 UX 디자인에서 정말 매력적인 부분은 사용자가 제품이나 경험에 이끌리는, 그리고 몰입하게 되는 이면의 심리를 이해하는 데 있다.

UX 디자인에서 심리학은 그 자체로도 아주 풍부한 영역이라 이 주제를 다룬 여러 자료들을 깊이 파고들 만한 가치가 있다. 이 절에서 다루는 심리학 연구는 UX 업계에 던져준 몇 가지 시사점을 맛보는 정도에 불과하다. 여기에는 다음과 같은 것이 있다.

- 좋은 디자인의 감정적인 효과
- 당신의 제품에서 새로운 도전을 감행하는 개인적이거나 본질적인 동기(구체적으로 플로우와 게임화[1]) 원칙)
- 소셜 프루프(Social proof), 아니면 두 번째, 세 번째… 그리고 164번째 의견과 행동이 제품에 대한 사용자 결정에 미치는 영향

가장 먼저 매력적인 디자인의 중요성(그리고 의도하지 않은 결과)에 대해 더 살펴보자.

매력적인 디자인의 효과

UX 디자인 업계에서 일하고 있다면 아마 비주얼 디자이너를 움츠러들게 만드는 이런 말을 들어본 적이 있을 것이다.

 비즈니스 대변자 "그럼 이걸 디자이너에게 넘겨서
예쁘게 만들어 달라고 하죠."

샹들리에나 핸드폰까지 비슷비슷한 모델들이 나란히 저울질되는 소비재 시장에서는 제품의 외관이 중요한 차별화 요소가 된다. 하지만 ATM이나 은행 웹사이트 같은 실용적인 제품도 외관이

1 　(옮긴이) gamification, 사용자의 참여를 유도하기 위해 게임 환경이 아닌 곳에서 게임 기법, 사고, 원리를 적용하는 것

중요할까? 외형보다 기능이나 사용성이 더 중요하지 않을까?

도널드 노먼은 자신의 책인 『이모셔널 디자인(Emotional Design)』에서 제품의 종류와 상관없이 디자인의 감성적인 측면을 고려해야 한다는 주장을 하면서 몇 가지 놀라운 사실을 제시했다.

- **일반적으로 사람들은 매력적인 제품이 사용하기가 더 쉽다고 인지한다.** 사용성은 단지 사용성만이 아니라는 것이 입증된 것이다. ATM 디자인에 대한 한 다문화 연구는 사용성 에 전혀 변화를 주지 않고 약간 더 아름답게 ATM 인터페이스를 바꾼 것만으로 훨씬 더 제품이 사용하기 쉬워 보인다고 인식한다는 것을 보여준다. 시각적으로 기분 좋은 디자 인은 실제로 사용자의 과제가 더 빠르고 효과적으로 완료되는지와 상관없이 더 즐거운 상호작용을 촉진한다(이는 사용성 테스트에서 이슈가 될 수 있다. 이 절의 마지막 부분을 참고한다).

- **매력적인 디자인이 신뢰를 쌓는다.** 반 할렌(Van Halen, 데이비드 리 로쓰가 보컬로 있 던 미국의 4인조 하드락 밴드로서, 1991년 그래미상 최우수 하드락 보컬상을 받기도 했 다 - 옮긴이)이 계약서 부칙에 "M&M 초콜렛(주의: 갈색은 절대 안 됨)?"이라고 분명히 적었는데 갈색 M&M을 발견했다는 사실 때문에 콘서트장을 맹렬히 비난한 이야기를 들 은 적이 있는가? 데이비드 리 로쓰(David Lee Roth)는 자신의 전기에서 이 부칙은 콘서트 장 직원이 얼마나 꼼꼼한지를 시험하려고 일부러 넣은 것이라고 주장했다. 이 밴드는 콘 서트장에 무겁고, 위험을 부를 수 있는 기계를 대량으로 설치해야 했는데, 이곳은 그런 종류의 공연을 한 번도 해본 적이 없었다. 따라서 계약서를 완전히 숙지하지 않으면 콘서 트에 큰 문제가 생길 수도 있었다. 갈색 M&M은 조금만 해이해도 큰 문제가 생길 수 있 다는 신호였다. 이와 비슷하게 사용자들도 제품의 미적인 꼼꼼함(예를 들면 요소의 배치, 명확한 시각적 서열, 그리고 미적인 디자인과 관련해서 이 절에서 다룬 다른 고려사항)을 느끼곤 하는데, 이는 눈에 보이지 않는 다른 영역으로까지 전이된다. 즉, 제품에 대한 신 뢰에 큰 영향을 끼치는 것이다.

- **만족스러운 제품은 긍정적인 기분을 고취시켜서 창의적인 접근이 가능해진다.** 사람들 은 스트레스를 받으면 문제를 편협하고 흑백논리의 관점으로 본다. 이런 감정적 상호작 용 때문에 창의적인 접근이 어려워진다. 사용자들이 컴퓨터 문제로 짜증이 났을 때 아주 쉬운 해결책도 보지 못하는데, 고객지원 부서에서 가장 자주 하는 고객 응대 질문 중 하 나가 "전원을 연결하셨습니까?"라는 사실이 그것을 잘 보여준다. 반면 만족스러운 제품 은 사람을 편안하게 만들어 문제 상황에서도 탐험적인 마음을 고취시킨다. 사용자의 창 의적인 사고가 요구되는 제품이라면 무엇이든 **매력적인 디자인의 혜택을 얻을 것이다.**

그렇다면 이런 사실 때문에 외형이 사용성보다 더 중요하다고 할 수 있는가? 전혀 그렇지 않다. 긍정적이고 몰입할 수 있는 사용자 경험을 창출하려면 두 가지가 나란히 있어야 한다. 아름답지만 그저 그렇게 작동하는 제품은 잘 팔릴지 모르지만 곧 잡동사니 서랍(실제로나 디지털적으로나)으로 들어갈 것이다. 진짜 니즈를 충족시키는 실용적인 제품은 사용은 하겠지만, 비슷하게 더 매력적이고 유용한 제품이 나오면 대체될 것이다. 사용자가 계속 돌아오고 즐기는 제품이 되려면 미와 사용성이 동시에 있어야 한다.

사람들은 매력적인 디자인을 더 사용하기 쉽다고 여기기 때문에 사용성 테스트를 할 때 이 점을 감안해야 한다. 사람들은 아직 '시안' 단계거나 앞으로 바뀔 것이라고 생각하는 스케치보다 매력적이고 완전한 형태의 디자인을 덜 비판한다. 이들은 몇 가지 사용성 문제를 겪은 후라도 디자인이 매력적이면 높이 평가한다. 따라서 완성된 디자인 시안을 테스트할 때는 두 개 이상의 변형안을 함께 테스트해서 사용자가 동등하게 비교할 수 있게 하라. 그래야 편견을 줄일 수 있다.

외형적인 매력이 기능적인 제품의 디자인에서 과소평가되는 것처럼 재미 요소도 마찬가지다. 다음 절에서 제품 안에서의 상호작용을 좀 더 몰입되고 의미 있게 만드는 몇 가지 요소에 대해 다뤄보자.

플로우와 게임 디자인

인간 활동의 긍정적인 측면(예를 들면 행복이나 기쁨의 순간)을 수십 년 연구하고 나서 미하이 칙센트미하이(Mihaly Csikszentmihalyi)는 자신의 책인 『몰입: 미치도록 행복한 나를 만나다(Flow: The Psychology of Optimal Experience)』(한울림, 2004)에서 플로우라는 개념을 소개했다. 플로우는 사람들의 인지 능력에 적합한 도전거리를 제공했을 때 그 활동에 깊이 몰입된 상태를 말한다. 친구와 함께하는 시간과 더불어 플로우 상태는 칙센트미하이의 연구에 참가한 많은 사람들에게 가장 큰 행복감을 안겨주었다.

플로우 상태로 들어가면 시간이 다르게 흐른다. 운동선수라면 팔이나 다리의 움직임에 고도로 집중하면서 시간이 느려지고 초가 분처럼 흐른다. 화가가 얼굴을 완성하다 보면 몇 시간이 흐르기도 하는데, 그에게는 시간이 정지된 것처럼 느껴진다.

사람들이 깊은 몰입감을 느끼고 플로우 경험을 하도록 조정할 수는 없다. 하지만 디자인에서 이를 지원해서 사람들이 기능이나 주제를 더 잘 배울 수 있을 만큼 몰입감을 느끼는 제품을 만들 수는 있다. 플로우 상태를 위한 몇 가지 조건은 다음과 같다.

- **활동 목표를 분명히 제시하기.**   무엇을 달성해야 하는지에 대한 지식과 활동에 적용된 기본 법칙은 참가자가 활동에 집중하는 틀이 된다.

- **난이도와 참가자가 스스로 인지하는 실력 사이에 균형이 잡혀야 한다(그림 10.14).**   타겟 사용자, 그리고 그들의 실력을 아는 것이 극도로 중요한 이유이기도 하다. 이에 대해 더 알고 싶다면 사용자 리서치에 대해서는 6장을, 페르소나에 대해서는 7장을 참고한다.

- **활동을 수행하면서 참가자가 쌓은 성과를 분명히 피드백한다.**   이로써 참가자는 뭔가를 시도하고, 결과를 보고, 다시 시도한다. 시도할 때마다 새로운 것을 배우고 실력을 쌓는다.

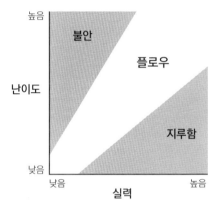

그림 10.14 | 이것은 난이도와 실력의 균형에 따라 느끼는 감정 상태를 보여주는 칙센트미하이 버전의 그래프다. 자신의 실력에 적당한 엄청난 도전에 맞닥뜨렸을 때, 또는 그 도전으로 자신의 실력이 늘 것이라고 느낄 때 플로우 상태에 이른다.

게임 디자인을 할 때 플로우를 감안해야 한다. 워크래프트나 헤일로를 하느라 이틀 밤을 새는 게이머들을 보면 알 수 있다. 성공적인 게임에는 다음과 같은 특징이 있다.

- 짜임새 있고, 설명이 잘 돼 있고, 규칙이 일관된 상호작용
- 정의가 잘 돼 있고 순차적인 일련의 목표(예를 들어 게임 안에서의 탐험이나 레벨 같은)
- 다양한 감각(이를테면 시각, 청각, 촉각 요소를 동시에 활용)을 자극하고 빠져드는 플레이
- 성과에 대한 피드백을 제공하고, 실력을 향상시킬 수 있게 수많은 도전을 허용함
- 팁이나 결과를 공유할 수 있게 동료 플레이어나 커뮤니티와 사회적인 상호작용

『The Art of Game Design』(에이콘출판, 2010)의 저자인 제시 셸(Jesse Schell)은 게임을 '즐거운 마음으로 접근하는 문제 해결 활동'이라고 규정했다. 게임 디자인이라는 개념은 한 활동을 완수하려는 참가자의 내재적인 동기(내재적인 동기란 외부적인 보상이나 처벌보다 내부 동인을 기반으로 하는 감정을 말한다)를 고취시키기 위해 다른 상황에서도 점점 더 많이 적용되고 있다. 예를 들어, 퀘스트 스쿨은 재미있고 몰입이 잘 되는 학습 환경을 조성하기 위해 게임 같은 커리큘럼을 이용한다. 이곳에서는 학생들이 도전을 파헤치고 극복하도록 권장한다(그림 10.15).

그림 10.15 | 퀘스트 스쿨은 인스티튜트 오브 플레이에서 디자인한 곳으로, 뉴욕시와 시카고에 위치한다. 이곳은 수학, 생물, 윤리 같은 학문들을 결합시켜 핵심 수업으로 편입시켰고, 학생들은 도전을 기반으로 한 게임과 유사한 커리큘럼 하에서 교차 학문의 기술을 배운다. 또한 게임을 디자인하고 해보기도 한다. 디지털 미디어 역시 디지털 공간에서 창의력을 표출하고 실력을 키우게 하는 데 초점을 맞춘다(http://q2l.org).

점점 더 많은 디지털 제품들이 사용자의 참여를 끌어내기 위해 놀이 요소를 가미한다. 게임화(Gamification)는 사용자를 참여시킬 목적으로 전통적으로 게임이라고 여겨지지 않았던 상황에 게임 디자인의 개념을 이용하는 과정이다. 예를 들어 스피짓(Spigit)의 페이스오프(FaceOff, 그림 10.16)에서는 회원들이 제품이나 서비스 아이디어를 제시하면 다른 사용자들이 좋아하는 의견에 투표한다. 인기 아이디어는 순위 게시판에 올라오기 때문에 경쟁의 기분을 고무시킨다.

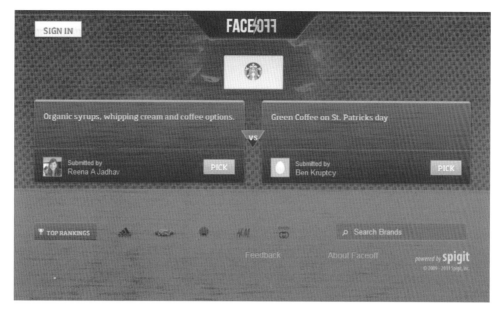

그림 10.16 | 스피짓은 게임화 기법을 활용한 제품으로 회사에 가치를 안겨다 준다. 페이스오프의 인기 아이디어는 제안자에게 주는 점수 이상의 가치를 띤다. 그 대회를 후원하는 회사는 사용자가 제안하고 입증한 훌륭한 아이디어를 얻게 된다(어쩌면 사용자가 그 브랜드에 전반적으로 참여한다는 사실이 이보다 더 큰 가치일지 모른다).

게임화는 개인이나 사회에 보탬이 되도록 행동을 변화시키는 데도 이용된다. 헬쓰 몬쓰(Health Month)는 건강한 생활 습관에 대한 정보에 소셜 게임의 원리를 결합해 게이머들이 영양에 대한 목표를 정하고 달성하게 할뿐더러 재정적이고 정신적인 건강을 얻도록 돕는다(그림 10.17 참고).

"재미는 문제를 정신적으로 극복하는 행위다."
—라프 코스터(Raph Koster), 재미 이론

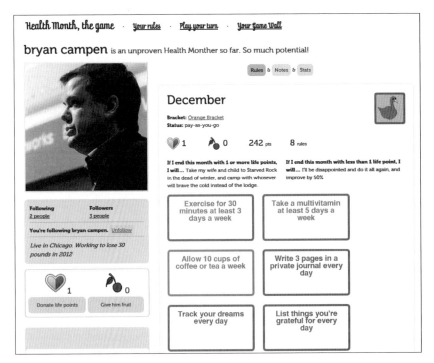

그림 10.17 | 헬쓰 몬쓰를 하려면 사용자는 온라인에서 목표를 설정하고 경위를 보고해야 한다. 경위를 지속적으로 보고하는 사람이나 목표를 달성한 사람에게는 점수를 준다(기대 목표가 더 달성하기 어렵다고 여겨지면 더 많은 점수를 준다). 저울, 만보계, 혈압 모니터와 같은 갖가지 기술을 결합해 자동으로 정보를 보내주기 때문에 손쉽게 보고할 수 있다.

단순히 점수나 배지 같은 경쟁 요소를 더하는 것만으로 흠뻑 빠져드는 경험을 주기는 어렵다. 사용자를 놀게 하면서 참여를 고취시키고자 한다면 그들의 니즈가 무엇이고, 그들에게 어떤 스타일의 놀이가 가장 적합할지 생각해야 한다. 예를 들어 비영리 단체를 위한 게임이라면 경쟁적인 게임(플레이어와 플레이어가 대결하는)보다는 협동적인 게임(목표를 달성하기 위해 플레이어들이 함께 작업하는)이 더 효과적일 수 있다.

배우거나 문제를 해결하는 능력이 필요한 경험을 디자인할 때는 게임의 동기부여적인 측면을 생각하라. 당신의 제품은 재미있고 효율적인 경험을 주기 위해 분명한 목표, 즐거운 활동, 건설적인 피드백을 제공하는가?

스쿠버 다이빙

플로우의 개념과 그 이면의 연구에 대해 더 알고 싶다면 미하이 칙센트미하이가 쓴 『몰입: 미치도록 행복한 나를 만나다(Flow: The Psychology of Optimal Experience)』(한울림, 2004)를 읽어보라.

제시 셸은 『The Art of Game Design』(에이콘출판, 2010)에서 빠져드는 경험을 만드는 게임 디자인과 그것의 영향력에 대해 설명한다.

비즈니스 상황과 직접 연계된 게임화 기법을 보고 싶다면 게이브 지커맨(Gabe Zichermann)과 크리스토퍼 커닝햄(Christopher Cunningham)가 쓴 『게미피케이션(Gamification)』(한빛미디어, 2012)을 참고한다.

워크래프트에서 용을 끌어내는 것이든 좋은 웹 디자인책을 고르는 것이든 온라인에서 나누는 사회적인 상호작용은 강력하다. 다음 절에서는 사용자가 의사결정을 내릴 때 다른 사람에게 어떻게 기대는지, 그리고 디지털 제품의 디자인이 이를 어떻게 지원하는지 다루겠다.

사회적 증거

귀가 닳도록 들은 이야기다. 인간은 사회적인 동물이라고. 꼭 교제를 위해 만나는 것만은 아니다. 불확실함 속에서 의사결정의 도움을 받으려고, 심지어는 낯선 사람까지 서로 의존한다.

이런 경험을 해본 적이 있을 것이다. 큰 소리가 오가는 논쟁이나 싸움처럼 전혀 생각지도 못한 일이 군중들 속에서 일어났다. 누군가가 개입해야 하나를 판단하기 위해 암묵적인 눈치를 길게 주고받는다. 상황이 너무 불확실하거나 불가항력으로 치달으면 자신이 조치를 취해야 할지(만약 취해야 한다면 어떤 조치를 취할지) 결정하기 위해 주변 사람들을 본다.

온라인상에서도 다르지 않다. 선택의 가짓수는 압도적으로 많고 시간과 돈은 한정적이다. 소셜 프루프(social proof, 특정한 선택이나 조치에 대한 사람들의 인기)의 힘이 더 좋은 투자를 하도록 이끌 수 있다. 어떤 상품을 구매할 것인가부터(그림 10.18) 회사 인트라넷에서 어떤 문서를 다운로드하고 읽을지를 선택하는 것까지 여러 면에서 사용자의 결정을 돕는다.

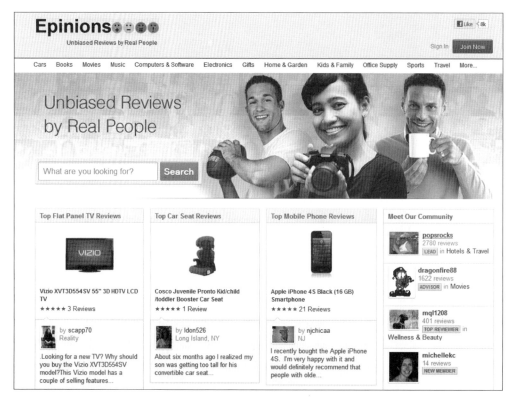

그림 10.18 | 이피니언은 제품에 대한 의견을 공유하는 플랫폼을 제공함으로써 다른 사용자가 구매를 결정할 때 이를 이용하게 한다. 등급이 높은 제품은 높은 수준의 사회적 증거를 갖게 되고, 이는 강력한 선택의 이유가 된다. 평가자의 이력도 확신을 주고, 이피니언이 사진, 이름, 위치를 덧붙여 신뢰를 주면서 궁극적인 결정에 영향을 끼친다. 오른편에 활발한 공헌을 한 평가자들이 등급(Lead, Advisor, Top Reviewer)을 부여받은 것을 보라.

　사용자가 당신의 제품에 평가글을 올릴 수 없더라도 그 제품을 이용하는 다른 사람이 있다는 것을 보여주고, 무엇에 주의를 기울여서 결정하면 되는지(그림 10.19)를 디자인 표면에 사용자 활동으로 끄집어내라.

　다른 사람들이 그 제품을 어떻게 활용하는지 패턴을 보여주지 못하면 그것은 외딴 섬처럼 보일 수 있다. 외관에 이어 사용자를 몰입시키고 의사결정에 소중한 정보를 제공하는 강력한 도구를 잃는 것이다.

의사결정을 돕는 것이 사용자의 니즈를 충족시키는 열쇠라는 것을 프로젝트 초반에 깨달았다면 어떻게 해야 할까? 일정이나 예산 때문에 기능이 추가되고 없어질 때마다 어떻게 이 원칙에 초점을 맞추고 유지할 수 있을까? 다음 절에서는 디자인을 하는 내내 일관된 초점을 지킬 수 있게 당신만의 디자인 원칙을 만드는 기법(협업을 통해)을 다루겠다.

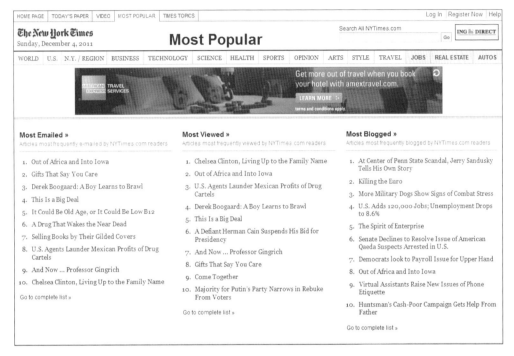

그림 10.19 | 뉴욕 타임즈는 이야기를 중심으로 사람들이 봤는지, 이메일로 보냈는지, 블로그에 올렸는지를 알려주는 섹션을 제공한다. 어떤 독자들은 이처럼 기사를 섹션별로 교차 편집한 것에 큰 흥미를 느낀다(각 섹션을 개별적으로 들어가는 것보다 이 목록이 훨씬 짧다).

> **스노클링**
>
> 아래에 소개하는 책들은 재미있게 빨리 읽을 수 있는 것들로, 사회적 증거(소셜 프루프, 소셜 밸리데이션이라고도 함) 개념을 다루고 있다.
>
> 이 분야의 고전으로 로버트 치알디니(Robert B. Cialdini)의 『설득의 심리학(Influence: The Psychology of Persuasion)』(21세기북스, 2002)이 있다.
>
> 수잔 와인생크(Susan Weinschenk)는 디자인에 영향을 끼치는 인간 심리와 관련된 원칙을 『모든 기획자와 디자이너가 알아야 할 사람에 대한 100가지 사실(100 Things Every Designer Needs to Know About People)』(위키북스, 2012)에서 다루고 있다.
>
> 미학, 그리고 사용자가 제품에 몰입할 수 있도록 유도하는 원칙을 다룬 훌륭하고 재미있는 책으로 스테판 앤더슨(Stephan P. Anderson)이 지은 『매혹적인 인터랙션 디자인(Seductive Interaction Design)』(뉴 라이더스, 2011)이 있다.

당신만의 원칙을 만들어라

지금까지 디자인 커뮤니티에서 광범위하게 채택하고 대부분의 사용자 유형에 적용되는 리서치 기반의 디자인 원칙을 배웠다. 하지만 당신만의 니즈와 방향에 맞는 원칙들을 뽑아내지 못하면 수많은 추천과 가능성의 바다에서 길을 잃고 말 것이다.

이 절에서는 당신 팀만의 독특한 과제를 반영한 비전을 세울 수 있게 리서치에서 얻은 시사점을 기억에 남을 만한 지도 진술의 형태로 정리하는 과정을 다룬다.

5장에서 휴리스틱을 소개한 바 있다. 이것은 지도 진술의 좋은 예다. 그 예로 다음과 같은 것이 있다.

시스템 상태의 가시성. 시스템에서는 어떤 일이 일어나고 있는지를 적당한 시간 안에 적절한 형태로 항상 사용자에게 피드백해야 한다.

이 지도 진술은 폭넓게 적용되는 것이므로 어디서나 많이 인용된다. 이것은 비교적 짧을뿐더러 이해하기 쉽도록 중간쯤에 제한 진술이 포함돼 있다.

다음은 당신만의 디자인 원칙을 만드는 팁이다.

- **디자인 원칙은 타겟 사용자를 대상으로 실시한 리서치를 기반으로 하라.** 이는 당신의 원칙을 적합하고 구체적이며 의사결정과 관련된 격론이 벌어졌을 때 방어할 수 있게 만들어 준다.

- **주요 진술은 짧고 명료하며 기억에 남게 하라.** 팀원들이 그 원칙의 핵심을 기억하기 위해 다른 내용을 참조할 필요가 없는 것이 이상적이다. 짧고 기억하기 쉬운 문장이 적은 개수(예를 들면 8~10개 정도)로 있어야 화이트보드 앞에 서서도 바로 인용할 수 있다.

- **팀이 초점을 지키고 그 제품을 차별화할 수 있는 원칙만 추가하라.** 불분명하거나 어디에나 적용되는 원칙은 어떤 기능에 대해 "아니오"라는 대답을 할 수 없게 만들고, 당신만의 독특한 디자인을 만들어 주지도 않는다. 이 둘은 좋은 디자인 원칙의 조건이기도 하다. 이를테면 "사용하기 쉽게 만든다"는 진술은 시간 낭비다. 디자인 원칙은 "완전히 정확한 검색보다는 단순한 검색"과 같이 특정한 입장을 취해야 한다. 그러면 가능한 모든 조합을 시도하는 대신 관련성 있는 몇 개만 선택하도록 집중하게 된다. (시간이 지나면서 사용자의 니즈가 변한다면 그에 따라 원칙도 조정한다.) 당신의 회사나 경쟁자와 했던 과거 경험의 기대를 저버리지 않으면서도 사용자를 즐겁게 할 수 있는 방법을 생각해 내도록 팀을 도와야 한다.

- **프로젝트 팀들이 머리를 맞대고 원칙을 정제한다.** 팀의 모든 사람이 원칙을 잘 알고 책임의식을 지녀야 한다. 그래야 기능을 생각하고 우선순위를 정할 때 초점을 지킬 수 있다.

디자인 원칙의 예는 다음과 같다.

수도(Pseudo) 사는 고객 정보 수집 방식을 제대로 파악하지 못했다. 최대한 많은 데이터를 받아낼 욕심에 왜 데이터가 필요한지도 알려주지 않은 채 엄청난 수의 개인정보를 기입하는 사이트를 만들었다.

사용자 리서치를 하면서 고객들이 입력해야 할 데이터가 많은 것에 짜증을 느낀다는 사실을 알아냈다. 특히 문제를 해결하는 과정이라면 더욱 짜증이 심했다(데이터를 많이 입력해야 한다는 사실에 인내심을 발휘하기 어려운 상황). 이들은 이 회사가 분명한 응답도 없이 그들의 시간과 정보를 빼앗는다고 느꼈다. 사용자에게 보탬이 되려면 언제 어떻게 사용자 정보를 수집해야 하는지를 파악했기에 프로젝트 팀은 이와 관련된 원칙을 만들기로 했다.

중심을 지킬 수 있도록 다음과 같은 원칙을 정했다.

고객 정보를 수집할 때는 "주고 받고 주고."

이것은 짧은 원칙으로 "주고 받고"라는 관용구 덕분에 기억하기가 쉽다. 다 함께 진술을 다듬는 자리에서 이것을 언제 적용하면 되는지를 판단할 수 있게 다음과 같은 테스트 질문도 추가했다.

고객 정보를 수집할 때는 "주고 받고 주고"

우리는 이 정보가 이 시점에 꼭 필요하다고 사용자에게 설명할 수 있는가?

우리는 다른 방법으로는 받을 수 없는 정보만 요구하는가? 우리는 사용자가 이 정보를 빨리 참조하고 입력할 수 있게 했는가?

우리는 사용자가 자신의 소중한 정보를 공유한 후에 바로 혜택을 주는가? 그들이 기대하는 것 이상으로 주고 있는가?

서핑

자레드 스풀은 프로젝트의 일생 동안 디자인 비전을 정하고 유지할 수 있게 프로젝트마다 디자인 원칙을 정해야 한다고 주장한다. 이에 대해 더 알고 싶다면 http://www.uie.com/articles/creating-design-principles/에서 "디자인 원칙 만들기: 6가지 반직관적인 테스트(Creating Design Principles: 6 Counterintuitive Tests)"를 참고한다.

휘트니 헤스(Whitney Hess) 같은 디자이너는 높은 수준(제품군이나 회사 전략 수준에서)의 디자인 원칙을 정해야 한다고 주장한다. 회사의 브랜드 비전이나 가치와 연계해서 제시하면 효과가 더욱 막강해진다.

댄 새퍼(Dan Saffer)는 아이디어에서 디자인 원칙으로 옮겨가는 과정을 『인터랙션 디자인: 혁신적인 사용자 경험을 위한(Design for Interaction: Ideation and Design Principles)』(에이콘, 2012)에서 논한다.

http://johnnyholland.org/2009/09/10/ideation-and-design-principles/

그리고 수도(Pseudo) 팀은 다른 양식이나 항목이 추가될 때마다 이 원칙을 활용했다. 이는 데이터가 필요한지뿐 아니라 과제 전체에서 어떤 지점에 요청하면 좋을지를 결정하는 데 이바지했다. 그뿐만 아니라 사용자에게 추가적인 가치를 어디에서 제공할 수 있는지 생각하도록 이끌었다.

이제 아이디어도 냈고 의사결정의 틀도 만들었으니 이제 스케치북이나 좋아하는 다이어그램 도구를 열어보자. 다음 장에서는 플로우, 스케치, 와이어프레임과 같은 기법을 다루겠다. 이제 그림을 그릴 차례다!

A Project Guide to
UX DESIGN 2

11

사이트맵과 태스크 플로우

· 프로젝트를 다각도로 조각하기 ·

사이트맵은 웹사이트의 구조를 파악하는 데 유용하다. 이것은 사이트의 계층 구조와 연결 관계를 보여주기 때문에 사용자는 사이트맵을 보고 콘텐츠가 어디에 있는지 쉽게 알 수 있다. 태스크 플로우는 사이트맵보다 한 발 더 나아간 것으로, 사용자가 사이트 곳곳을 항해하면서 겪는 일련의 행위를 알려준다. 태스크 플로우는 판단 기점에 따라 에러, 콘텐츠, 장면이 어떻게 연결되는지도 보여준다. 사이트맵과 태스크 플로우를 함께 사용하면 사이트의 전체적인 구조와 상세한 내비게이션 방식을 이해할 수 있다.

— 러스 웅거

정의부터 시작해보자. 사이트맵은 웹사이트에 보여지는 페이지를 시각적으로 보여주는 한 가지 방식이다(그림 11.1). 사이트맵은 대개 한 장의 종이에 딱 들어가고, 회사 조직도처럼 생겼다. 사이트맵은 웹사이트에만 있는 것은 아니다. 사용자에게 보여지는 것이라면 페이지, 장면(view), 상태(state) 등등 무엇이든 사이트맵을 그릴 수 있다.

주로 팀 사람들이나 고객에게 콘텐츠가 어떻게 배치됐는지를 보여줄 때 사이트맵을 이용한다. 이를 통해 대략적인 내비게이션을 파악할 수 있고, 때로는 각 페이지 간의 연결 관계도 파악한다.

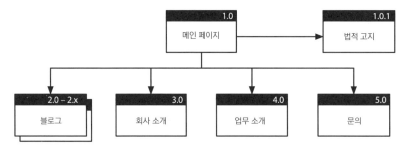

그림 11.1 | **블로그 기능이 들어간 단순한 웹사이트의 사이트맵**

태스크 플로우는 사용자들(때로는 시스템)이 웹사이트를 내비게이션하면서 취하는 경로나 과정(그림 11.2)을 그리는 다이어그램이다. 태스크 플로우는 얼핏 보면 사이트맵과 비슷해 보이지만 목적은 다르다. 사이트맵은 사이트의 수직적인 구조를 보여주는 반면, 태스크 플로우는 사용자의 옵션이나 경로를 상세히 보여준다.

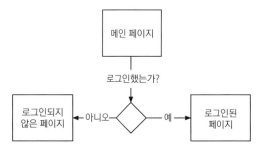

그림 11.2 | **로그인 상태에 따른 사용자의 경로를 보여주는 기본적인 수준의 태스크 플로우**

제작 도구

UX 분야에서 사용하는 다이어그램을 그릴 때 자주 사용하는 프로그램은 다음과 같다.

- 마이크로소프트 비지오(Microsoft Visio): http://office.microsoft.com/visio
- 악슈어 RP 프로(Axure RP Pro): www.axure.com
- 옴니그래플(OmniGraffle): www.omnigroup.com/products/OmniGraffle
- 어도비 인디자인(Adobe InDesign): www.adobe.com/products/indesign
- 어도비 일러스트레이터(Adobe Illustrator): www.adobe.com/products/illustrator
- 마이크로소프트 파워포인트(Microsoft PowerPoint): http://office.microsoft.com/powerpoint
- 오픈오피스 드로(OpenOffice Draw): www.openoffice.org
- HTML
- 블루프린트 CSS(Blueprint CSS): www.blueprintcss.org

이 중에서 무엇을 선택해야 할까? 일단 주위의 선배 디자이너들에게 선호하는 프로그램을 물어 보라. 혹시 '연필과 종이'라고 해도 놀랄 필요는 없다(내가 그렇다). 온라인에서 무료 체험 버전을 시험 삼아 써보거나, OpenOffice.org의 프로그램 중 일부인 오픈오피스 드로 같은 무료 프로그램을 이용하더라도 다른 사무용 프로그램과 동일한 결과물을 낼 수 있다.

연필과 종이 말고 또 무엇이 있을까? 발사믹(www.balsamiq.com)의 사용자 경험 디렉터이자 유명 웹사이트인 konigi.com의 운영자인 마이클 엔젤레스(Michael Angeles)는 옴니그래플에서 이용할 수 있는 수많은 템플릿을 온라인에서 제공한다(http://konigi.com/tools/overview). 이 밖에도 인포메이션 아키텍처 인스티튜트(Information Architecture Institute)의 **Learning IA** 페이지(http://iainstitute.org/en/learn/tools.php)에서도 많은 도구가 소개돼 있다.

어떤 프로그램을 선택하든 온라인에서는 다른 전문가들이 만들어 놓은 수많은 예시를 볼 수 있다. 아마 그들은 기꺼이 공유해 줄 것이며, 당신의 작업에 많은 도움을 줄 것이다. 대부분 무료이고, 전문가의 손길이 닿은 것처럼 보이는 문서의 틀(최소한의 내용만 담긴)을 제공한다.

사이트맵과 태스크 플로우의 기본 요소

아마 당신이 선택한 프로그램에는 사이트맵과 태스크 플로우를 멋지게 작성하고도 남을 정도로 충분히 많은 기능이 있을 것이다. 그렇지만 다른 사람이 당신의 작업물을 쉽게 이해하려면 표준화된 도형을 활용하는 것이 가장 좋다.

그와 같은 표준의 하나로 정보 설계를 위한 시각 기호(Visual Vocabulary)가 있다. 이 책에서도 그것을 이용했다. 이는 어댑티브 패스(www.adaptivepath.com)의 창립자 중 한 명인 제시 제임스 가렛(Jesse James Garrett)이 만든 것으로 www.jjg.net/ia/visvocab에서 구할 수 있다. 이 사이트에서는 사이트맵과 태스크 플로우를 잘 그리는 데 필요한 요소를 제공한다. 설명이 자세할뿐더러 다양한 프로그램(곧 이것에 대해 더 자세히 다룰 예정이다)에서 사용할 수 있는 스텐실도 내려받을 수 있다.

기본에 익숙해질 수 있게 다음 절에서는 시각 기호의 핵심 요소와 그것이 의미하는 바를 살펴보겠다.

페이지

제시 제임스 가렛에 따르면 페이지란 '웹사이트 사용자 경험의 가장 기본 단위'다. 최근에는 콘텐츠의 '장면(instance)'이나 '뷰(view)'라는 표현이 더 정확할 때가 있지만 여전히 페이지라는 개념은 유효하다. 페이지를 그리는 방법은 아주 많지만 가장 많이 사용하는 포맷은 단순한 직사각형(그림 11.3)이다. 사이트맵이나 태스크 플로우를 많이 그려볼수록 페이지에 이름과 번호를 붙이는 자신만의 스타일을 찾을 수 있을 것이다.

그림 11.3 | 제시 제임스 가렛의 시각 기호 요소 중 '페이지'

페이지 더미

페이지 더미는 유사한 콘텐츠가 여러 페이지에 걸쳐 나타나는 것을 의미한다(그림 11.4). 이를 더 쉽게 이해하려면 동적 콘텐츠(예를 들어 블로그 편집 시스템을 이용해 만든 일반적인 블로그 페이지)를 떠올려 보자. 블로그 템플릿을 이용해 한번 페이지를 만들어 두면 페이지 이동 없이 만들어 둔 템플릿 안에서 여러 페이지에 있는 콘텐츠를 클릭해서 볼 수 있다.

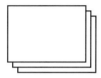

그림 11.4 | 제시 제임스 가렛의 시각 기호 요소인 '페이지 더미'

판단 기점

판단 기점은 질문의 답변에 따라 사용자가 타게 되는 경로를 보여줄 때 이용한다(그림 11.5). 판단 기점 10a는 "사용자가 입력한 로그인 정보가 정확한가?"를 의미한다. 이 질문의 답에 따라 어떤 페이지(또는 콘텐츠 뷰)가 보여질지 결정된다. 로그인에 실패하면 에러 메시지가 나타날 것이고, 로그인에 성공하면 회원용 메인 페이지로 이동할 것이다. 판단 기점을 설명하는 이름을 지을 때 시간을 들여 적절한 것으로 골라라. 팀 사람들이나 고객사와 작업물을 공유할 때 좋은 이름을 사용하는 보람을 느낄 것이다.

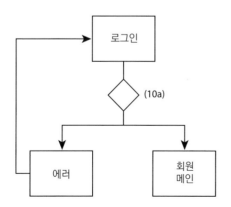

그림 11.5 | 제시 제임스 가렛의 시각 기호 요소 중 '판단 기점'

연결고리와 화살표

연결고리와 화살표는 페이지, 페이지 더미, 판단 기점 등의 사이를 이동하거나 진행 상황을 표시할 때 사용하는 기호다. 연결고리는 한 페이지에서 다른 페이지로의 호출을 의미한다. 예를 들면 메인 페이지에서 회사 소개 페이지로 걸려 있는 링크는 두 페이지 사이의 연결고리가 될 수 있다. 화살표(그림 11.6의 위쪽)는 과업을 완료시키기 위해 '아래쪽'으로 이동하는 것을 의미한다.

  가로줄이 쳐진 연결고리(그림 11.6의 아래쪽)는 처음 출발한 페이지에서 뒤로 돌아가는 것이 불가능한 경우에 사용한다. 예를 들면 사용자가 로그인하고 들어오면 그 사용자를 위한 개인화된 페이지가 나오는데, 이제부터 이 사용자는 지금까지 자신이 본 이전 페이지로 돌아갈 수 없다.

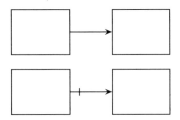

그림 11.6 | 제시 제임스 가렛의 시각 기호 요소 중 연결고리와 화살표

조건

조건을 표시할 때는 흔히 점선을 사용한다. 조건 기호는 사이트맵, 태스크 플로우뿐 아니라 다른 작업물에서도 자주 이용한다.

  페이지와 연결됐음을 보여주기 위해 연결고리를 점선으로 그리거나(그림 11.7), 어떤 구역(또는 페이지의 전체 구역)을 점선으로 그리면 특정 행위나 사건이 조건부로 일어난다는 의미다.

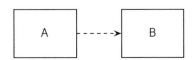

그림 11.7 | 제시 제임스 가렛의 시각 기호 요소 중 조건

자주 저지르는 실수

프레젠테이션 날에 뺨에 고추장을 묻히거나 와이셔츠에 커피를 흘리고 가지는 않는다. 조그만 오점들은 당신의 노고를 깎아내릴뿐 아니라 프로젝트를 실패로 이끌기도 한다. 전문가답지 않은 사이트맵이나 태스크 플로우 또한 그런 피해를 끼칠 수 있다.

작은 실수가 엄청난 결과를 부르지 않도록 다음 절에서 흔히 저지르는 실수에 대해 알아보자. 그리고 당신은 부디 그와 같은 실수를 저지르지 않기 바란다.

허술한 연결

허술한 연결이란 말 그대로 허술한 것이다. 그저 잘 못 그린 것이다. 아마추어처럼 보일 뿐 아니라 꼼꼼하게 신경 쓰지 않은 것처럼 보인다. 대부분의 프로그램에는 상자를 깔끔하게 이어주는 기능이 탑재돼 있다. 이 기능을 마음껏 활용하라.

아무리 시간이 없고 스트레스가 많이 쌓였어도 게을러지지 마라. 대부분의 프로그램에서 Shift와 다른 키를 함께 누르고 연결 시작점부터 드래그하면 45도 각도까지 말끔히 그릴 수 있다. 이런 탑재 기능을 잘 활용해 항상 연결선을 잘 그려라! 연필로 그릴 때는 항상 지우개를 챙겨라.

규칙이다: 다른 면에 닿는 선은 모두 정확하게 연결하라.

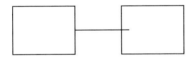

그림 11.8 | 두 페이지끼리 잘 연결되지 않은 경우

제대로 정렬되지 않았거나 균등하게 배치되지 않은 그림

어떤 프로그램은 정확하게 정렬하거나 간격을 균등하게 만들어 주는 기능을 제공하지 않는다(그림 11.9). 하지만 이를 해결하는 아주 간단한 방법이 있다.

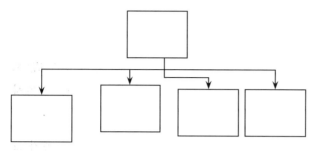

그림 11.9 | 제대로 정렬되지 않고 균등하게 배치되지도 않은 페이지

먼저 어떤 프로그램을 사용하든 화면에 그리드를 띄운다. 그 프로그램에 균등하게 배치하거나 적절히 정렬하는 기능이 없더라도 그리드 사이의 숫자를 세며 정확하게 간격을 맞출 수 있다. 연필과 종이를 이용할 때는 그래프 종이에 그리면 된다.

문서를 전문가스럽게 만드는 방법은 이렇게 쉽다. 마찬가지로 문서의 품질 따위는 전혀 신경 쓰지 않은 것처럼 보이게 하는 것 또한 쉽다.

배치가 잘못된 글자

글자는 주의 깊게 배치할 수 있을 것 같지만 이 또한 흔히 저지르는 실수다. 글자는 도형 안에 딱 맞게 들어가야 하고, 만약 바깥에 놓인 문구라면 제대로 연결되게 해야 한다(그림 11.11).

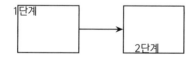

그림 11.10 | 일관성 없이 배치된 글자

그림 11.11 | 잘 배치된 글자

글자 배치는(적당한 폰트나 크기까지 포함해) 아무것도 아닌 것처럼 보이지만 문서를 쉽게 읽히게 만드는 중요 요소다.

페이지 번호 부재

또 하나의 예외 없는 규칙이다. 사이트맵에 들어가는 모든 페이지 기호에 번호를 기재하라. 그림 11.12와 같이 페이지 번호가 없거나 불분명한 번호는 금기 사항이다.

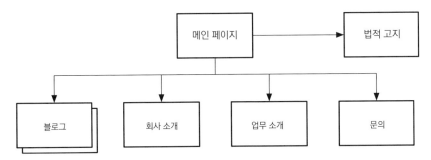

그림 11.12 | 페이지 번호 체계가 없는 사이트맵

사이트맵에 들어가는 어떤 페이지에도 번호가 들어가야 한다. 그리고 번호 체계는 사이트맵이 수정되거나 새로운 버전이 만들어질 때마다 연동해서 바뀌어야 한다.

번호를 시작하는 방법은 여러 가지다. 가장 많이 사용하는 방법은 메인 페이지를 1.0이나 0.0.0.0 (그림 11.13)으로 두는 것이다. 작업을 계속 하다 보면 선호하는 번호 체계가 생기지만 이 두 가지 체계에 모두 익숙해지고 서로의 장단점을 잘 알기 전이라면 되도록 1.0 체계를 권장한다. 이것은 메인 페이지보다 먼저 나와야 하는 사항이나 페이지가 생길 때 아주 편리하다(예를 들면 플래시 로딩 화면, 로그인이나 등록 화면, 기타 다른 페이지 유형에 0.X로 기재한다).

사이트맵의 페이지 번호는 다른 문서와도 호환해서 사용할 수 있다. 예를 들면 다음과 같은 문서가 있다.

- **콘텐츠 매트릭스.** 콘텐츠 제작자는 카피나 다른 콘텐츠의 번호를 사이트맵의 페이지와 매치할 수 있다(와이어프레임의 특정 요소와도 매핑할 수 있다. 이에 대해서는 추후에 더 이야기하겠다).
- **태스크 플로우.** 태스크 플로우와 같은 번호 시스템을 이용하면 사용자가 어떤 페이지를 거쳐 과제를 실행하는지 보여줄 수 있다.
- **와이어프레임**(12장 참고). 두 문서 간의 연결고리를 분명하게 보여주기 위해 와이어프레임과 사이트맵은 반드시 같은 번호 체계를 사용해야 한다.

- **비주얼 디자인.** 비주얼 디자이너는 자신들이 디자인하는 페이지나 요소를 사이트맵의 번호와 동일하게 가져갈 수 있다. 이렇게 하면 디자인을 작은 단위로 분절해서 개발자들에게 넘겨줄 수 있다.

- **품질 관리 문서.** 품질 관리 팀에서는 사이트맵의 특정 페이지에 품질 체크와 관련된 스크립트를 기입해 넣기도 한다.

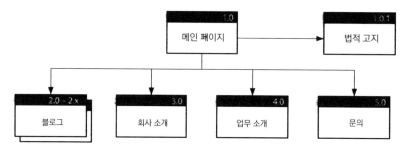

그림 11.13 | 좋은 사이트맵의 예시, 연결이 정확하고, 모든 상자가 균일하고 똑바로 정렬돼 있으며, 번호도 달려 있다.

이 시점에는 작업의 전체 구조와 세부사항에 신경 써야 한다. 그래야 프로젝트가 제대로 굴러갈 수 있고, 전체 업무 속에서 자신의 위치를 파악할 수 있다. 요약하자면 사이트맵의 페이지 번호는 모두의 일을 쉽게 만든다는 것이다. 고로 당신의 일도 쉬워진다.

기본 사이트맵

페이지에 번호가 달려 있다는 것과 함께 그림 11.13은 동적인 기능이 거의 없이 정적인 페이지로만 구성된 기본 사이트맵의 좋은 예다. 이 웹사이트에 들어가는 페이지는 다음과 같다.

- 메인 페이지
- 블로그
- 회사 소개
- 업무 소개
- 문의

보다시피 이 사이트맵은 핵심 시각 기호들을 잘 활용하고 있을뿐더러 전문가적인 스타일과 모습을 뽐낸다. 그러나 무엇보다 사이트의 내비게이션, 페이지, 조건들을 아주 명확하게 그리고 있다는 사실이 가장 중요하다.

고급 사이트맵

기본 사이트맵은 보통 종이 한 장에 다 들어가고 회사 조직도처럼 생겼다. 하지만 더 발전된 사이트 맵을 그리려면 여러 장의 종이가 필요할 수도 있다.

고급 사이트맵, 또는 대규모 사이트를 위한 복잡한 사이트맵을 그릴 때는 사이트맵의 첫 장에 사이트 홈에 도달하기까지의 단계를 그린다(그렇다. 고급 사이트맵의 첫 단계로 태스크 플로우를 그리라는 말이다). 더불어 모든 최상위 페이지, 글로벌 내비게이션, 푸터의 요소도 정한다. 첫 장에서 최상위 레벨을 개략적으로 보여주면 관련자들이 프로젝트에 대한 전체 그림을 명확하게 그릴 수 있다.

사이트맵을 볼 때 알아야 할 내용은 범례나 기호 해설로, 첫 장에서 소개하는 것이 좋다(그림 11.14 참고). 팀원과 고객사 또한 이 내용을 숙지해야 하기 때문이다. 절대 빼먹지 마라!

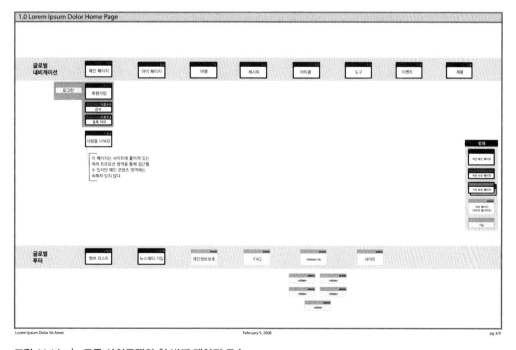

그림 11.14 | 고급 사이트맵의 첫 번째 페이지 모습

첫 장 이후의 페이지에는 반드시 첫 장으로 돌아갈 수 있는 장치가 있어야 한다. 그리고 모든 상위 페이지마다 웹사이트의 모든 페이지, 페이지 더미, 외부 페이지를 최소한 한 장에 걸쳐 보여줘야 한다(그림 11.15). 필요하다면 서브 페이지를 연결해도 좋다. 사이트맵의 구조가 잘 잡히고, 서로의 연결고리만 명확하다면 사이트맵이 커져서 표준 종이 한 장을 넘어가더라도 걱정할 필요가 없다.

위에 제시된 예시로는 이제는 충분히 혼자서 사이트맵을 그릴 수 있으리라 생각한다. 프로젝트를 많이 하다 보면 당신의 솜씨가(그리고 팀 동료나 고객사의 욕심도) 좋아지는 것을 느낄 것이고, 사이트맵을 그리는 다양한 방식이 있다는 사실도 알게 될 것이다.

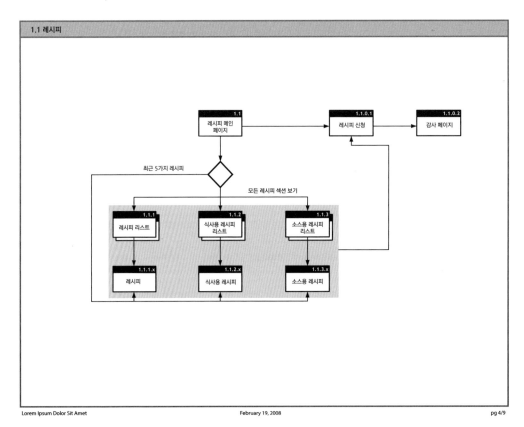

그림 11.15 | 고급 사이트맵에 들어간 한 섹션의 모습

사이트맵 틀 깨기

지금까지 본 사이트맵으로도 당신의 과업을 달성하는 데 충분하다. 그렇다고 더 좋은 사이트맵을 시도하기를 멈추지 않길 바란다. 그리고 새로운 사이트맵을 그렸다면 부디 공유해 주기 바란다! 사이트맵을 그리는 방법에 따라 사이트 구조 말고 다른 정보까지 부가적으로 강조할 수 있다. 예를 들면 맥쿼리움(Macquarium)의 선임 인포메이션 아키텍트인 앤드류 힌튼(Andrew Hinton)이 제공한 그림 11.16의 사이트맵을 보자.

이 사이트맵은 웹사이트의 페이지뿐 아니라 사용자 경로나 우선 사항까지 제공한다. 앤드류(www.inkblurt.com)는 울프 노딩(Wolf Noeding)의 작업에서 영감을 받아 이런 사이트맵을 만들게 됐다고 한다. 그는 이 사이트맵을 웹사이트와 관련된 사용자 시나리오와 멘탈 모델을 보여주려고 만들었다고 한다. 원의 크기는 부가적인 기능을 수행한다. 이는 가장 트래픽이 많이 들어오는 사이트의 상위 영역을 보여준다.

모든 앞서가는 UX 전문가가 그렇듯 앤드류 또한 다른 사람의 작업에서 배웠고, 그에게 공을 돌리고 있다. 소프트웨어를 이용해 기본 사이트맵을 그리는 데 문제가 없고, 고객사의 니즈를 만족시킬 수만 있다면 창의적으로 확장할 수 있는 방안을 찾아라. 새로운 시도를 두려워하지 마라. 하지만 당신이 쏟은 노력이 값어치를 발휘하려면 시간을 들여 꼼꼼히 고민해야 한다.

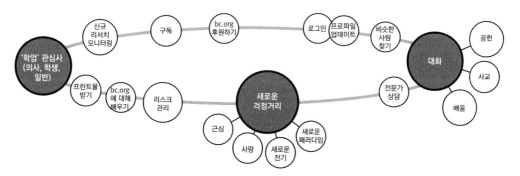

그림 11.16 | 고급 사이트맵, 앤드류 힌튼 제공

태스크 플로우

태스크 플로우는 사용자들(또는 시스템)이 웹사이트를 돌아다니면서 취하는 경로나 과정을 보여주는 도표로서, 사이트맵에 쓰는 많은 기호를 함께 사용한다.

태스크 플로우는 여러 방법으로 활용할 수 있다. 사이트맵과 함께 사용하면 페이지에 도착한 사용자에게 어떤 정보를 제시할지를 보여줄 수 있다. 때로는 특정 유형의 고객이(또는 페르소나가) 웹사이트를 어떤 방식으로 내비게이션하는지를 보여주거나, 그 멘탈 모델을 기반으로 무엇을 보고 싶어하는지를 알려주기도 한다. 또는 개발팀에게 전달하기 전에 복잡한 프로세스를 정확히 이해할 목적으로 태스크 플로우를 그리기도 한다.

모든 프로젝트에서 태스크 플로우를 그리거나, 고객사에게 제시할 만한 형태의 작업물이 나오는 것은 아니다. 하지만 연필과 종이 스케치에 불과하더라도 플로우를 그리는 것이 더 좋다.

약간의 수고로 많은 부분이 명료해질 수 있다.

태스크 플로우를 만들려면 먼저 사용자의 목표를 알아야 한다. 이를 파악하기 위해 때로는 요구사항 문서를 받기도 하고, 때로는 유스 케이스를 받기도 한다. 유스 케이스는 과제와 목표를 불과 몇 문장으로 정리한 것이지만 사용자의 관점을 웹사이트 경험에 녹여내는 데 도움을 준다.

그림 11.17에 보이는 시나리오의 유스 케이스는 아마 이런 모습일지도 모른다.

- 시스템에서 프로젝트 목록을 보여줌
- 사용자가 프로젝트를 선택함
- 시스템에서 쓰기 모드에서 기본 프로젝트 정보를 보여줌
- 사용자는 프로젝트 상태를 '완결'로 변경
- 시스템에서 부속 태스크가 있는지 확인
    - 만약 부속 태스크가 있다면 시스템에서는 에러 메시지를 보여줌
    - 만약 부속 태스크가 없다면…

- 시스템에서 결제가 필요한지 확인함

  · 만약 결제가 필요하다면 시스템에서는 에러 메시지를 보여줌

  · 만약 결제가 필요없다면…

- 시스템에서 요약 페이지를 보여줌

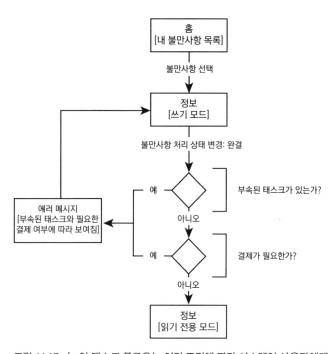

그림 11.17 | 이 태스크 플로우는 여러 조건에 따라 시스템이 사용자에게 어떤 메시지를 보여주는지를 규정한다.

이 그림에 나온 태스크 플로우는 유스 케이스를 충족하는 여러 조건에 따라 시스템이 사용자에게 어떤 순서로 정보를 보여주는지를 알려준다. 만약 중앙에 있는 질문("부속 태스크가 있는가?", "결제가 필요한가?")에 대한 답변이 모두 "예"라면, 시스템에서는 에러 공지를 보여준다. 아마 사용자가 이 절차를 계속 진행하려면 그 전에 완료해야 하는 과제를 안내해 줄 것이다. 두 조건 다 "아니오"라면 시스템은 사용자에게 성공 화면을 보여줄 것이다.

그림 11.18의 태스크 플로우는 고객이 캘린더를 보다가 여행 구매 사이트로 갈 법한 경로를 보여준다. 이는 매우 상위 레벨에서 그리고 있는데, 세 가지 완전히 다른 경로를 제시했다. 이 각각의 플로우를 사용자 니즈에 맞게 구체화하려면 사용자 테스트가 필요하다.

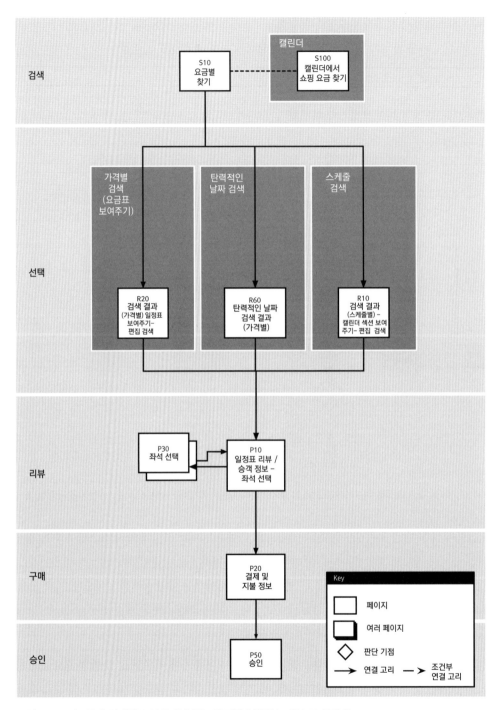

그림 11.18 | 구매 단계별로 사용자가 밟는 경로를 보여주는 태스크 플로우

이 애플리케이션의 사용자는 여행 날짜를 입력하면 원하는 조건에 맞는 여행 상품을 구매할 수 있다. 날짜를 넣고 여행 상품을 검색하면 그들이 중요하게 생각하는 기준, 즉 가격, 여행 일자의 탄력성, 여행 일정에 따라 결과를 선별할 수 있다.

이 태스크 플로우는 이 페르소나에 해당되는 테스트의 방향을 잡기 위해 사용자가 취할 법한 상위 레벨의 경로를 그리고 있다. 아마 이 태스크 플로우는 경로별로 더 상세하게 그려질 것이고, 개발팀에 전달해서 테스트에 필요한 페이지가 나오게 할 것이다.

태스크 플로우 한 단계 발전시키기

이 책의 다른 모든 주제가 그렇듯이 태스크 플로우 역시 여기서 소개한 내용은 시작에 불과하다. 여기서 제시한 기초를 바탕으로 새롭게 응용하기 바란다. 물론 목적에 맞을 때만 말이다.

태스크 플로우를 그리는 기술이 늘어날수록 색깔이 화려해지고, 옵션도 많아지고, 언어 규칙을 더 많이 응용하거나 개선해 나갈 것이다.

스윔레인

에잇셰이프스(www.eightshapes.com)의 UX 수장인 제임스 멜처(www.jamesmelzer. com)는 지금까지 기본 태스크 플로우를 한층 넘어선 다이어그램을 많이 만들어 왔다. 그림 11.19는 태스크 플로우를 '스윔레인(swimlane)'으로 확장했다. 이것은 동시에 많은 일이 일어나는 프로세스에서 수많은 행위, 공지 등을 보여주기 위한 다이어그램이다. 아마 기존의 태스크 플로우로 이 많은 내용을 설명하려 한다면 악몽과도 같을 것이다.

제임스는 기본 태스크 플로우를 확장해 수많은 단계와 동작을 훨씬 이해하기 쉬운 형식에 담았다.

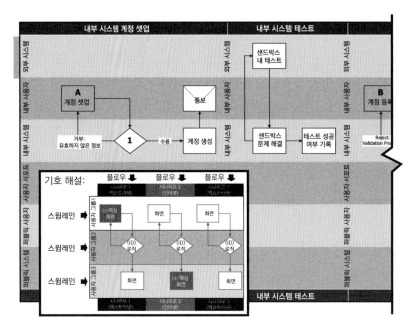

그림 11.19 | 이 스웜레인은 여러 장소에서 벌어지는 복잡한 사건을 표현하는 데 태스크 플로우를 응용했다. 제임스 멜처 제공.

제임스는 이 프로젝트와 스웜레인에 대해 다음과 같이 설명했다.

"이것은 빌딩 소유주들이 빌딩에 대한 정보를 관리하는 시스템이다. 이 프로젝트의 목적은 데이터를 시스템끼리 주고받게 함으로써 이 서비스를 이용하는 파트너들이 입력해야 하는 데이터를 대폭 줄이는 것이다. 이 프로젝트는 크게 세 부분으로 나뉜다. 파트너들이 데이터 서비스를 자신이 원하는 대로 조정할 수 있는 부분, 고객이 회원 가입을 하고 파트너 데이터 서비스를 이용하게 하는 부분, 그리고 지속적인 데이터 관리와 문제가 생겼을 때 백엔드에서 해결해 주는 부분이 여기에 해당한다.

우리는 기존 시스템을 대폭 개편하기로 했다. 우리는 거의 모든 서비스가 다수의 사용자, 다수의 시스템과 결부돼 있다는 사실을 프로젝트 초반에 알게 됐다. 많은 프로세스가 비대칭적이었고, 전달해야 할 고지도 많았다. 그래서 우리는 이 프로젝트에 들어가는 서비스 시나리오를 확인하고, 디자인하고, 설명하기 위해 이 그림을 만들었다. 최종 산출물에는 이 그림 아래에서 움직이는 수많은 플로우를 보여주는 상세 와이어프레임까지 포함됐다. 우리가 그린 것으로 벽 하나를 덮을 정도였다. 디자인 콘셉트에 확신이 생기자 우리는 이것을 잘게 잘라 기존의 페이지 방식으로 그렸다.

스윔레인은 프로세스의 일부가 디지털에서 현실 세계로 전환될 때도 유용하다(그림 11.20). 이 경우 단계를 규명하려면 여기에 결부된 배우와 역할, 그리고 그들이 하는 활동을 규명해야 한다.

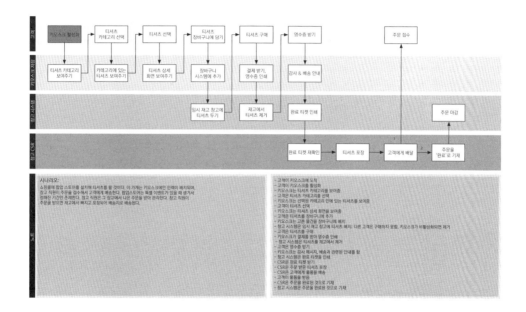

그림 11.20 | 이 스윔레인은 디지털과 실제를 오가는 활동을 나타낸 것이다.

여기서 반드시 기억해야 할 점은 당신의 태스크 플로우나 사이트맵 작업에 한계를 두지 말라는 것이다. 이 장에서 설명한 기본적인 내용을 바탕으로 조금씩 확장하라. 당신의 열정을 테스트하고 싶다면 신발끈 묶는 태스크 플로우라도 그려라.

파이팅!

A Project Guide to

UX DESIGN 2

12

와이어프레임과 주석

• 비주얼 디자인이 시작되기 전에 디자인 방향 잡기 •

와이어프레임과 거기에 달린 주석으로 지금까지 제안돼 온 웹 페이지의 콘텐츠, 구조 그리고 기능을 확인한다. 사이트맵이나 태스크 플로우와 연계하면 훌륭하게 프로토타입 시나리오를 정하고, 콘셉트를 검증할 수 있다. 와이어프레임은 그래픽 요소나 최종 콘텐츠 없이 흑백으로 제작한다. 대신 비주얼 디자이너들이 파악할 수 있게 자리 잡기용 콘텐츠로 자리만 잡아둔다. 와이어프레임은 디자인 과정의 필수 도구로 사용된다.

– 러스 웅거

와이어프레임은 웹 페이지에 대한 신뢰도 낮은 프로토타입으로, 페이지나 화면에 보이는 요소를 확인할 용도로 이용한다. 구체적인 요소는 다음과 같다.

- 내비게이션
- 양식 요소
- 콘텐츠 섹션
- 액션 호출
- 이미지, 그리고/또는 미디어

와이어프레임은 보통 흑백, 또는 다양한 명도의 회색으로 제작한다. 자리 잡기용 콘텐츠를 쓰기는 하지만 아직 구체적인 폰트까지는 들어가지 않는다(서로 다른 종류의 카피를 보여주기 위해 다양한 폰트 크기를 적용하는 정도다). 와이어프레임은 여러 모양과 크기로 나온다. 아주 기초적인 것부터 실제 디자인을 보는 것처럼 정교한 것까지 다양하다.

와이어프레임은 발전하고 있다. 이제 더는 비주얼 디자이너와 개발자들의 과제만 정리한 수준이 아니다. 이제 와이어프레임은 프로젝트에 핵심적으로 결부된 고객사, 디자이너, 개발자, 그리고 다른 사람들에게 사이트를 대변할 용도로 사용한다. 비주얼 디자인과 개발이 시작되기 전에 '디자인적인 사고'를 입증하기 위해 고객사에게 제시한다. 와이어프레임은 보통 비즈니스 요구사항을 작성한 사람과 밀착해서 그린다(대부분 이들은 같은 사람이다).

최고의 와이어프레임과 주석은 다양한 업무 관계자들(업무 분석가부터 개발자, 다른 UX 디자이너까지)의 직접적인 상호작용과 협업이 있어야 가능하다. 어떤 회사는 비즈니스 요구사항 문서를 와이어프레임과 주석으로 대체하기도 한다. 이 말은 요구사항 문서가 사라져도 좋다는 의미가 아니라 와이어프레임과 주석을 만들어 내려면 얼마나 사려 깊고 철저해야 하는지를 보여준다.

사용자에게도 와이어프레임을 보여주는데, 대부분 페이지 요소가 적합한지, 수정이 필요한 요소는 무엇인지를 묻기 위해 사용한다. 보통 사용자들에게 보여주는 와이어프레임은 다른 이름으로 부른다. 바로 프로토타입이다(프로토타입에 대해서는 13장을 참고한다).

이제부터 와이어프레임을 제작하는 데 필요한 기초를 현직 UX 디자이너들이 그린 예제와 함께 제시하겠다. 이 책의 다른 부분들이 그렇듯 이 장의 내용 또한 시작에 불과하다. 항상 새로운 것을 탐험하고 혁신을 시도하라.

주석이란?

간단히 말해 주석은 와이어프레임에 그려진 요소와 인터랙션에 대한 설명이나 메모를 의미한다. 여기에는 보통 다음과 같은 정보가 담긴다.

- 콘텐츠 식별, 콘텐츠 레이블링
- 인터랙션의 도착점
- 콘텐츠 출처
- 프로세스 규칙
- 디스플레이 규칙
- 에러 콘텐츠 / 메시지
- 인터랙션 규칙

주석은 직접적이고 명료하게 작성해야 한다. 어떤 가능성도 남기면 안 된다. 다음의 '~해야 한다'와 '~할 것이다'의 차이를 주목하라.

나쁜 예 : "이 액션을 호출하면 메인 페이지를 보여줘야 한다."

좋은 예 : "이 액션을 호출하면 메인 페이지를 보게 될 것이다."

솔직히 첫 번째도 완전히 틀린 것은 아니다. 하지만 친한 UX 디자이너가 옆에서 모든 질문에 답해 주지 않는 한 "~해야 한다"와 같은 표현은 개발자에게 혼동을 줄 수 있다. 주석의 안내를 읽는(또는 의지하는) 사람들을 위해 주석의 스타일은 간단명료해야 하고, 일말의 모호함도 없어야 한다.

누가 와이어프레임을 보는가?

간결하고 명료한 주석이 곁들어진 와이어프레임은 멋지다. 그럼 누가 이 문서를 읽을까? 이 질문에 한마디로 답하기는 어렵다. 어떤 프로젝트에서는 혼자서 보고, 어떤 때는 여러 부서가 본다. 표 12.1에 와이어프레임의 잠재적인 사용자를 정리했다.

표 12.1 와이어프레임을 보는 사람들

독자	목적
프로젝트 매니저	프로젝트 매니저는 와이어프레임을 이용해 전략, 기술적 니즈, 상위 레벨의 사용자 경험에 대해 논의할 것이다.
비즈니스 애널리스트	비즈니스 애널리스트는 와이어프레임을 보면서 그들의 요구사항이 충족됐는지, 혹시 누락된 내용은 없는지 확인한다.
비주얼 디자이너	비주얼 디자이너에게 와이어프레임은 비주얼 결과물에 대한 청사진 같은 것이다. 페이지에 꼭 들어가야 하는 요소나 기능, 그리고 그에 대한 설명을 볼 수 있다.
콘텐츠 제작자	카피라이터, 콘텐츠 전략가, 에디터처럼 카피를 책임지는 사람들은 그들이 담당하는 콘텐츠 영역의 카피들이 적절한지 본다. 또한 콘텐츠 니즈가 잘 표현됐는지도 검수한다.
검색 엔진 최적화(Search Engine Optimization, SEO) 전문가	SEO 전문가들은 와이어프레임을 이용해 네이밍이나 카피, 또는 다른 조치들이 전체 SEO 전략에 부합하는지 확인한다(SEO에 대해 더 자세히 알고 싶다면 이 책 웹사이트에서 제공하는 "사용자 경험 디자인과 검색 엔진 최적화"를 참고한다).
개발자	개발자들은 와이어프레임을 비즈니스 요구사항 문서와 함께(또는 대신) 보면서 앞으로 구현될 기능과 동작을 이해한다. 어떤 경우에는 와이어프레임을 콘셉트 발현의 기초 자료로 활용하기도 한다.
품질 관리팀	품질 관리팀은 와이어프레임에 품질 관리와 관련된 스크립트를 기재한다. 클라이언트가 와이어프레임을 승인하면 그때부터는 소소한 변화만 일어난다. 따라서 품질 관리팀은 와이어프레임으로 그들의 작업을 미리 시작할 수 있는 것이다.
사용자	디자인 방향을 제대로 잡았는지 테스트하기 위해 와이어프레임 초기 버전을 '페이퍼 프로토타입' 형태로 보여주기도 한다. (13장 참고)
고객사	와이어프레임을 보면서 비즈니스 요구사항, 목표, 비전이 충족됐는지 확인하는 고객사가 점점 많아지고 있다. 이들의 승인을 얻어야 비주얼 디자인 단계로 넘어갈 수 있다.

와이어프레임 제작하기

와이어프레임을 만들 때는 요구사항 목록이 필요하다. 고객사로부터 공식적인 비즈니스 요구사항 문서의 형태로 받을 수도 있고, 프로젝트 방향을 기술한 크리에이티브 브리프(creative brief)나 프로젝트 브리프(project brief), 회의록, 잘 정리된 사이트맵이나 태스크 플로우, 또는 냅킨에 적은 메모까지 모두 참고할 수 있다. 다르게 표현해 보면 와이어프레임을 그리기 전에 당신은 사용자를 위해 무엇을 만들어야 하는지, 그 연결고리가 무엇인지, 기술적인 한계나 기대 사항은 무엇인지를 반드시 알아야 한다는 말이다.

참고 비즈니스 요구사항을 정의하는 것에 대해 더 알고 싶다면 4장과 5장을 참고한다. 효과적인 회의 기록에 대해 알고 싶다면 www.projectuxd.com의 온라인 보너스 자료인 '간략한 회의 가이드(A Brief Guide to Meetings)'를 참고한다.

필요한 정보를 모두 모았다면 내용을 구석구석 살펴본다. 모르는 내용이 있으면 반드시 질문해서 명료하게 밝혀낸다. 이제 이 정도면 와이어프레임을 그릴 준비가 모두 끝났다!

제작 프로그램

사이트맵이나 태스크 플로우를 그릴 때 이용할 수 있는 소프트웨어는 많다. 좋은 소식은 와이어프레임과 주석을 그릴 때도 거의 같은 프로그램을 사용할 수 있다는 것이다. 안 좋은 소식은 처음으로 와이어프레임을 만드는 것이라면 어디서부터 시작할지 약간 막막할 것이라는 점이다.

이때 선택할 만한 몇 가지 소프트웨어는 다음과 같다.

- 마이크로소프트 비지오(Microsoft Visio): http://office.microsoft.com/visio
- 악슈어 RP 프로(Axure RP Pro): www.axure.com
- 옴니그래플(OmniGraffle): www.omnigroup.com/products/OmniGraffle
- 발사믹(Balsamiq): http://balsamiq.com
- 어도비 파이어웍스(Adobe Fireworks): www.adobe.com/products/fireworks
- 어도비 인디자인(Adobe InDesign): www.adobe.com/products/indesign
- 어도비 일러스트레이터(Adobe Illustrator): www.adobe.com/products/illustrator
- 애플 키노트(Apple Keynote): http://www.apple.com/iwork/keynote
- 키노트 쿵후(Keynote Kung-fu): http://keynotekungfu.com
- 마이크로소프트 파워포인트(Microsoft PowerPoint): http://office.microsoft.com/powerpoint
- 오픈오피스 드로(OpenOffice Draw): www.openoffice.org
- HTML& CSS

많은 소프트웨어에 스텐실이나 라이브러리가 있어서 특정 요소를 그리는 데 필요한 디자인 패턴을 가져다 쓸 수 있다. 예를 들어 야후! 디자인 패턴 라이브러리(http://developer.yahoo.com/ypatterns/)에서는 옴니그래플, 비지오, 파이어웍스, 악슈어, 인디자인에서 쓸 수 있는 패턴들을 내려받을 수 있다. 아마 이 정도면 당신이 사용할 법한 프로그램의 상당수가 포함될 것이다.

스텐실 또한 온라인에서 충분히 찾을 수 있다. 몇 가지 들어가 볼 만한 곳은 다음과 같다.

- 위라이닷컴(http://www.welie.com/patterns)
- UI-패턴닷컴(http://ui-patterns.com)
- 패턴리(http://patternry.com)
- 그래플토피아(http://graffletopia.com)
- 악슈어 위젯 라이브러리(http://www.axure.com/widgetlibraries)
- 로런 박스터(Loren Baxter)의 악슈어 위젯 라이브러리를 위한 더 나은 위젯(http://www.acleandesign.com/2009/04/better-defaults-for-axure-a-widget-library)

전문가에게 물어보세요: 레아 불리

레아 불리(Leah Buley)는 이뉴이트의 헤드 디자이너다. 레아는 "하나 되는 UX 팀을 위해(How to Be a UX Team of One)"라는 프레젠테이션에서 나처럼 연필과 종이의 중요성을 강조한다.

***

와이어프레임을 위한 아이디어를 그리다 흔히 벌어지는 일이 있다. 한두 가지 좋은 아이디어가 떠오르고 기쁨에 벽을 친다. 이 아이디어는 분명 어디에서 봤거나, 평소에 좋아했거나, 아니면 과거에 만든 것일 가능성이 크다. 하지만 이것은 끝이 아니다. 시작일 뿐이다.

사람들은 익숙한 것에 끌리게 돼 있다. 하지만 문제는 익숙한 것이 제일 좋은 것은 아니라는 점이다. 여기서 몇 가지 아이디어(4가지나 5가지까지)를 더 끌어내야 새롭고 흥미로운 아이디어가 나온다. 왜 그런지는 모르겠지만 그냥 항상 그렇다.

이때 템플릿의 도움을 받으면 유용하다. 어댑티브 패스의 식스 업 템플릿(six-up template)도 그 중 하나다. 여기에는 조그맣게 스케치할 수 있는 여섯 개의 빈 공간이 있다. 사실 숫자는 중요하지 않다. 중요한 것은 처음 몇 가지 뻔한 아이디어에서 벗어날 수 있게 자신을 괴롭히는 것이다. 나에게 6은 요술 같은 숫자다. 왜냐하면 이 템플릿의 6개 상자가 다 채워질 때까지 나를 생각하게 만들기 때문이다.

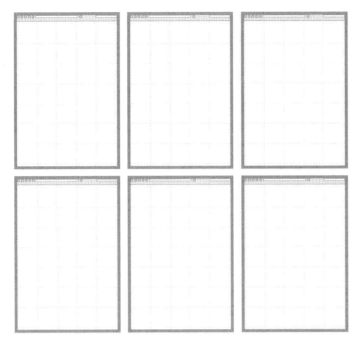

그림 12.1 | 어댑티브 패스의 식스 업 템플릿(six-up template)

하지만 좋은 소식이 있다. 거의 대부분의 능숙한 사용자 경험 전문가들도 처음에는 연필과 종이로 시작했다는 것이다. 그러니 당장 기술의 도움을 받아야 하는 것은 아닌가 걱정할 필요가 없다 (아마 연필로 한 스케치를 그대로 디지털로 변환해야 할 필요는 생길 것이다).

이 말은 특히 UX 업계를 이제 좀 알기 시작한 사람들이 기뻐할 만한 말이다. 시간이 지나면 자신에게 가장 잘 맞는 방법을 찾겠지만 레아의 충고보다 더 좋은 것은 많지 않다. 그녀의 생각을 좀 더 알고 싶다면 www.slideshare.net/ugleah/how-to-be-a-ux-team-of-one에서 '하나 되는 UX 팀을 위해'라는 프레젠테이션을 보기 바란다.

연필과 종이로 시작하기를 부끄러워하지 마라. 지우개만 많으면 된다. 실수도 작업의 일부다. 연필로 정말 열심히 스케치했어도 디지털로 옮길 때는 수정해야 한다. 아직 스케치를 하지 않았다면 프로그램부터 열기 전에 연필과 종이를 들고 아이디어를 스케치하라.

UX 전문가만큼 업무를 자주 일관되게 반복하는 사람도 거의 없을 것이다. 한 번에 작업이 끝나는 경우는 거의 없기 때문에 '방향만이라도 제대로 잡기를' 희망한다. 이런 이유로 시작은 소박해야 한다. 문서 한 장, 또는 프로젝트 하나부터 시작한다. 첫 작업물이 만들어지면 프로젝트 팀원들과 리뷰하고, 고객사와 다시 검토해서 방향을 제대로 잡았는지 확인한다. 비즈니스 목표에 대한 생각이 고객사와 일치해야 향후에 재작업을 줄일 수 있다. 이는 사용자를 테스트할 때도 마찬가지다. 일찍 유효성을 확인하라!

기본 와이어프레임으로 가뿐히 시작하기

이제부터 기초적인 수준의 와이어프레임을 만드는 방법을 알아보자. 아주 간단한 사이트맵이나 요구사항만 가지고 출발할 때도 있는데, 이 정도만으로도 메인 페이지를 위한 와이어프레임을 제작할 수 있다.

9장에서 제시한 기본 사이트맵을 기억할 것이다. 이것은 기초적인 수준의 웹사이트의 예를 잘 보여준다. 그림 12.2에서 그 그림을 다시 한 번 제시했다. 보다시피 이 그림으로 내비게이션의 수직 구조를 알 수 있다. X.0으로 기재된 페이지는 모두 상위 레벨의 페이지다. 이 페이지의 내용은 비즈니스 요구사항과 와이어프레임 기본 사항으로 간주하고 진행해 보자.

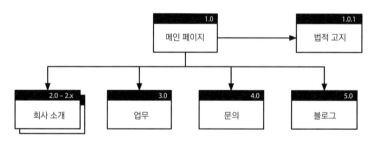

그림 12.2 | 블로그 기능이 갖춰진 기본 웹사이트의 사이트맵

시작하기

당신은 비즈니스 요구사항 문서를 자주 작성하게 될 것이다. 이는 축복일 수도, 저주일 수도 있다. 당신이 요구사항 문서를 작성한 사람이라면 애매모호한 부분이나 정의가 더 필요한 부분에 대해

의견을 나눌 사람이 당신밖에(또는 당신의 고객사밖에) 없다는 의미다. 따라서 시간이 갈수록 문서를 지어내는 것 같은 느낌이 들기도 한다. 그렇다고 그만둬서는 안 된다.

많은 경우 와이어프레임 작업을 하면서 어디가 미진한지 알게 된다. 따라서 그만두지 않고 계속 진행하다 보면 결국 최적의 해법을 제시할 수 있다. UX 실무자는 사용자를 위해 가장 좋은 결과물을 만들려고 일한다. 첫 번째 작업은 사람들의 피드백을 듣고 다음 작업에 반영하는 용도로 쓰인다는 사실을 기억하라. 모든 작업이 완벽하기보다는 깔끔하고 전문가스럽게 보이는 것이 더 중요하다. 최악의 경우 잘못됐더라도 방향은 제대로 잡은 셈이다.

이 메인 페이지에 대한 요구사항은 매우 한정적이고 간단하다. 다행히도 그림 12.2의 사이트맵은 이 웹사이트에서 사용될 내비게이션에 대해 충분한 정보를 제공한다.

- 1.0 번호가 매겨진 메인 페이지는 최상위 레벨의 내비게이션이다. 법적 고지(1.0.1)는 가장 일반적인 푸터 메뉴 중 하나다. 그렇지 않더라도 최소한 메인 내비게이션은 아니라고 간주될 것이다.
- 다른 메인 내비게이션 메뉴로는 회사 소개(3.0), 업무 소개(4.0), 문의(5.0), 블로그(2.0-2.x)가 있고, 이 메뉴들은 페이지더미로 표시돼 있다. 따라서 이것은 동적 콘텐츠이고, 아마 '이전', '다음' 형태의 내비게이션이 들어가게 될 것이다.

이 내비게이션 요소는 뭔가를 그려 볼 만한 충분한 정보가 되기는 하지만 아직도 웹 사이트의 메인 페이지를 만들기에는 역부족이다. 따라서 방향을 잡는 데 도움을 주기 위해 고객사에서 추가적인 정보를 제공해 주었다.

우리 회사는 작지만 좋은 이미지를 가진 사용자 경험 디자인 회사로 블로그와 그간 작업해 온 여러 프로젝트로 우리를 알렸습니다. 이 웹사이트에서 중요한 것은 한정된 텍스트, 그리고 사용자 경험 디자인을 환기시키는 강렬한 이미지를 통해 이 회사와 웹사이트가 무슨 일을 하는 곳인지를 빠르게 알리는 것입니다. 한 가지 또 중요한 것으로는 내비게이션이 명확해야 하고(가능하면 헤더와 푸터는 재활용할 수 있기를 희망합니다), UX 업계의 최신 소식을 전하는 우리의 블로그 글을 빨리 접할 수 있게 최근에 올라온 블로그 글을 메인에서 불러올 수 있어야 한다는 것입니다. 가능하다면 우리 회사의 최근 프로젝트도 메인에서 보여주면 좋을 것 같습니다. 하지만 개발 중이거나 비공개인 프로젝트가 종종 있기 때문에 이는 부차적인 고려 대상입니다."

와이어프레임과 주석

이러한 요구를 풀어낼 방법은 많다. 위의 내용을 반영해 고객사에 제시하는 첫 번째 와이어프레임은 대략 그림 12.3처럼 보일 수 있다.

와이어프레임과 주석

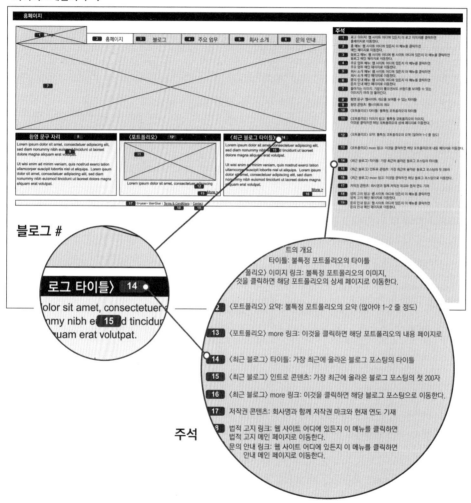

그림 12.3 | 메인 페이지를 위한 와이어프레임과 주석

위의 와이어프레임과 주석은 메인 페이지의 요소를 모두 담고 있을뿐더러 액션 호출, 그리고 그 호출로 인한 결과(특정 페이지를 로딩하라는 것과 같은)까지 보여준다. 들어가는 요소도 많지 않고 특별히 까다로운 내용도 없기 때문에 이 예시(그림 12.4) 정도면 충분하다.

그림 12.4 | 오픈 이후의 www.userglue.com 웹사이트

그림 12.4에 보이는 실제 홈페이지와 그림 12.3의 와이어프레임은 조금 다르다. 예를 들면 타임라인 처리와 콘텐츠 문제가 생겨서 포트폴리오 섹션이 없어졌다. 또 메뉴명이나 액션 호출명도 다르다. 와이어프레임은 지침일 뿐 최종 명칭이나 결과는 아니다. 와이어프레임에 보여지는 내용은 다양한 수준으로 변하거나 업데이트된다.

에반티지 컨설팅(http://evantageconsulting.com)의 수석 사용자 경험 컨설턴트인 프레드 비처(Fred Beecher)는 현업에서 사용하는 와이어프레임의 예를 제공해 주었다(그림 12.5).

\\ 기능 명세서

메인

이것은 이 페이지 전체 내용이다. 여기에 있는 글에서는 이 페이지의 목적과 타겟 등에 대해 논의한다. 여기에 나온 것은 상세 UI 요소가 아닌 페이지 전체에 해당한다. 이 정보를 보려면 아래 주석에 나온 도표를 참고한다.

비즈니스 규칙이나 에러 메시지 등과 같은 부가적인 항목의 제목도 이곳에 나올 수 있다.

와이어프레임

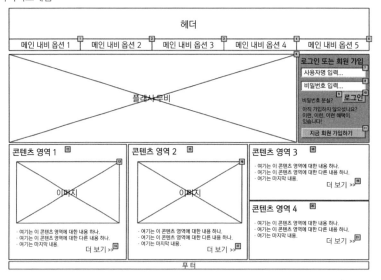

주석

번호	제목	설명	조작 방식	콘텐츠 유형	고려해 볼 만한 처리 방식	비즈니스 규칙	링크 종착지
1	메인 내비 1	이 링크를 클릭하면 사용자는 xxx 섹션의 허브 페이지로 이동한다	버튼 (내비게이션)	텍스트	Off; 호버; On		xxx 섹션의 허브 페이지
2	메인 내비 2	이 링크를 클릭하면 사용자는 xxx 섹션의 허브 페이지로 이동한다	버튼 (내비게이션)	텍스트	Off; 호버; On		xxx 섹션의 허브 페이지
3	메인 내비 3	이 링크를 클릭하면 사용자는 xxx 섹션의 허브 페이지로 이동한다	버튼 (내비게이션)	텍스트	Off; 호버; On		xxx 섹션의 허브 페이지

그림 12.5 | 악슈어로 만든 와이어프레임과 주석

와이어프레임 만들기: 샘플 프로세스

와이어프레임을 처음 그릴 때 필요한 것은 무엇일까? 우선 프로젝트에 대해 가능한 한 많은 정보를 가지고 시작해야 한다. 바라건대 다음과 같은 정보 패키지를 가지고 있으면 좋다.

- 비즈니스 요구사항
- 디자인 브리프나 크리에이티브 브리프, 또는 이와 적합한 다른 이름의 브리프들. 디자인 브리프에 대해 더 알고 싶다면 댄 브라운(Dan Brown)이 지은 『UX 디자인 커뮤니케이션 (Communicating Design)』(위키북스, 2012)를 참고한다.
- 이해관계자와 시행한 인터뷰
- 시행했던 리서치 자료
- 웹 사이트 통계 자료
- 사용자에 대해 풍부한 정보를 담고 있는 페르소나
- 사이트맵
- 사용자/태스크 플로우나 경로
- 콘텐츠 전략 문서
- 업무 정의서
- 그 외에 프로젝트와 관련이 있다고 생각하는 것이라면 어떤 것이나…

이 모두를 소화하라. 탐욕스러울 정도로 말이다. 당신에게 주어진 이 모든 정보와 친해져라. 프로젝트에서 이 시점까지 왔다면 당신의 두뇌에 이 정보들을 집어넣기 위한 활동을 따로 할 필요는 없을 것이다.

이제 연필과 종이를 꺼내라. 이 과정에서 쓸 만한 스케치용 종이가 필요하다면 토드 자키 워펠이 공유해 준 자료를 사용하라(http://zakiwarfel.com/archives/sketchboard-templates/).

이제 스케치를 해보자.

방금 언급한 스케치는 도대체 뭔가요?

빌 버스턴(Bill Buxton)은 『사용자 경험 스케치(Sketching User Experiences: The Workbook by Saul Greenberg, Sheelagh Carpendale, Nicolai Marquardt, and Bill Buxton)』(인사이트, 2010)에서 스케치에 대해 가장 잘 말해준 바 있다.

> 스케치는 그림이 아니다. 그보다 디자인이라고 할 수 있다.
>
> - 스케치는 디자이너가 아이디어를 표현하고, 발전시키고, 커뮤니케이션할 수 있게 도와주는 핵심 도구다.
> - 아이디어를 내는 것에서 시작해 디자인으로 발전시키고, 선택하고, 궁극적으로 개발에 이르는 과정을 통틀어 가장 핵심적인 부분이다.

이것은 매우 중요하다. 소프트웨어로 작업하기 전에 스케치를 하면 각종 아이디어를 빠르게 탐색할 수 있고, 프로젝트에 가장 적합한 아이디어로 확장할 수 있으며, 프로젝트에 어울리지 않는 것은 제거할 수 있다(아니면 작업 과정이나 사고 기법을 볼 수 있게 포트폴리오에 보관하거나, 사진을 찍어서 보관하거나 저장해 둔다).

전문가에게 물어보세요: 토드 자키 워펠

『프로토타이핑: 실무 가이드(Prototyping: A Practitioner's Guide)』(로젠펠트 미디어, 2009)의 저자인 토드 자키 워펠은 6-8-5 방식의 스케칭을 주장했다. 이것은 그룹에 적당하지만 혼자서 하는 스케치에도 이런 형태의 엄격함을 적용할 수 있다.

6-8-5 기법

참가자들을 작은 팀으로 나눈다(보통 3~5개). 첫 회에는 에잇 업 스케치 템플릿에 6~8개의 콘셉트를 스케치하라고 시킨다. 그동안 참가자는 자신의 팀 안에서 작업한다. 최초 콘셉트를 스케치하는 동안은 팀원끼리 협업하면서 그 디자인에 대해 논의한다. 최초 스케치가 끝나면 팀들은 돌아가면서 발표와 평가의 시간을 보낸다. 각 팀이 콘셉트를 설명하고 그것이 UX 목표를 어떻게 충족시키는지를 설명하는 데 3분이 주어진다. 나머지 팀은 그 디자인에 대해 2분 동안 평가하는데, 반드시 머리를 맞대어 이 디자인이 어떻게 목표를 달성하는지의 근거를 2~3가지, 어떻게 목표를 충족하지 못하는지를 1~2가지 제시한다. 더 확실히 알고 싶은 부분이 있다면 다음 회에서 논의를 요청한다.

첫 번째 발표 및 평가의 시간이 끝나면 다시 팀으로 돌아와 가장 좋은 아이디어와 추가 확인이 필요한 항목을 고른다. 두 번째 회와 그 이후에도 계속 같은 시간 제한을 두고 다시 디자인에 대해 협업한다.

이제 다음 타자가 나선다. 제한 시간은 5분이고 바로 시작한다.

내부에서 스케치를 가지고 고객사, 이해관계자, 사용자까지 다양한 독자와 발표 및 평가를 하다 보면 당신이 디자인하는 대상을 더 상세하게 파악할 수 있다. 스케치가 편안해지는 시점이 오면 이제 좋아하는 소프트웨어를 열고 더 깔끔하게 다듬어라.

 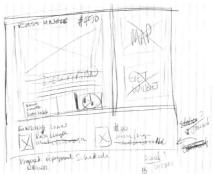

그림 12.6 | 스케치. 예쁘지 않은 예. 이것은 마술을 부린다.

스케치를 그린다고 예술가가 될 필요는 없다. 그림을 잘 그릴 필요도 없다. 그림 12.6에 보이는 그림이 그 증거다! 원, 정사각형(아니면 이미지나 미디어를 알리기 위해 정사각형에 X를 치는 것), 직선, 삼각형만 그릴 수 있다면 스케치에 필요한 대부분을 표현할 수 있다.

더욱 창의적인 스케치 활동을 하고 싶다면 프로젝트 동료, 고객사, 사용자(만날 수만 있다면)와 함께 회의를 열어라. 그리고 프로젝트가 어떻게 됐으면 좋겠는지를 그들의 도움을 받아 스케치하라.

디지털로 변환하기: 와이어프레임

이제 와이어프레임을 그릴 디지털 도구를 열 차례다. 선택할 수 있는 가짓수는 많다. 너무나 많다. 여기에는 몇 가지밖에 적지 못했다. 아마 쓸 수 있는 프로그램이 매달 늘어날 것이다. 당신에게도 이용 가능한 도구가 많을 것이다. 예산에 맞거나 당신에게 편안한 것, 또는 당신에게 주어진 것으로 고르면 된다. 사용자에게 디자인을 설명할 수 있는 뭔가를 만들 수만 있다면 무엇이든 상관없다.

어떤 도구를 사용하든 당신의 생각과 스케치에 좀 더 활기를 불어넣어야 한다. 이를 글로 완벽히 설명하기는 쉽지 않다. 당신에게 주어진 도구가 너무나 많기 때문에 그 사용법을 한 장에 담는 것은 불가능에 가깝다. 하지만 궁극적인 목표는 당신이 그린 스케치를 활용해야 한다는 것이다. 그림 그림 몇 장을 보자!

이전에 본 스케치를 기억하는가? 그림 12.7을 다시 한번 보여주겠다.

발사믹으로 그렸을 때도 약간 스케치 느낌이 나지만 이 둘을 보면 차이가 많이 난다(그림 12.8).

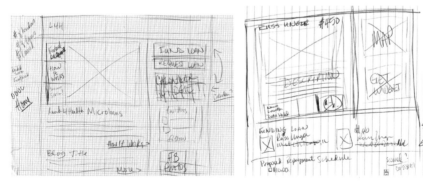

그림 12.7 │ 아직도 똑같은 스케치

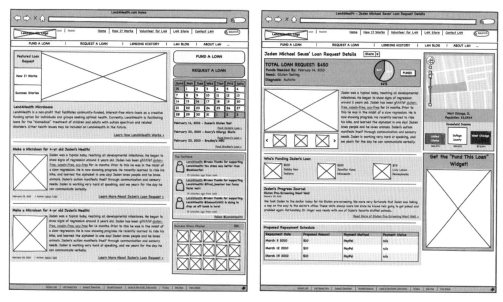

그림 12.8 | 스케치가 아름다운 발사믹 와이어프레임으로 바뀌었다

디지털 도구를 이용하면 스케치보다 세밀한 부분, 간격, 배치, 명료성을 높일 수 있다. 스케치나 그림 그리기에 정말 능하지 않은 이상 레이아웃을 효과적으로 표현하거나, 공간들의 구체적인 크기를 지정하기는 어렵다. 그렇게 할 줄 아는 사람은, 그리고 아주 잘 하는 사람은 천부적인 재능을 가진 사람이다. 그들과 친해져라.

디지털로 변환하기: 비주얼 디자인

이제 이 그림이 당신의 손을 떠나서 비주얼 디자이너의 손으로 들어가면 어떤 모습으로 변할까? 운 좋게도 콘텐츠 전략가, 비주얼 디자이너, 개발자들과 그동안 함께 일했었다면 야심 차게 '짜잔'하는 비주얼 디자인을 보는 대신 스케치에서 시작한 것이 조금씩 개선되고, 계속 다듬고 정제하면서 시각적으로 멋지게 변하는 과정을 볼 수 있을 것이다(그림 12.9).

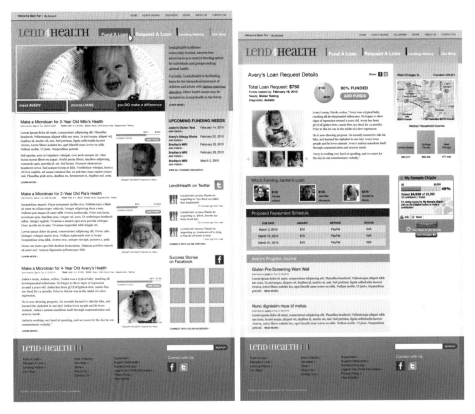

그림 12.9 | 뛰어난 디자인으로 바뀐 와이어프레임. 멋지다…

전문가에게 물어보세요: 브래드 심슨

베이커리(Bakery, http://done-n-done.com)의 대표인 브래드 심슨(Brad Simpson)은 UX와 긴밀하게 작업했을 때 비주얼 디자인이 더 좋아진다는 사실을 발견했다.

***

나는 오래 동안 디자인을 했었는데 프로젝트 기간 내내 UX 팀(그리고 개발자)과 긴밀히 협업할수록 결과가 더 좋아진다는 사실을 알게 됐다. 모든 디자인 요소는 납득이 가야 하고 목적이 있어야 한다. UX 팀이나 개발팀과 긴밀히 협업할수록 원래 의도한 목표와 기능이 더 분명해진다. 따라서 내가 그리는 부분도 더 좋아진다. 디자이너들이여, 당신의 고객, UX 팀, 개발 팀을 포용하라. 그러면 더 멋진 결과가 나올 것이고, 모든 관계자들이 자랑스러워할 것이다.

반응형 디자인은 어떨까요?

반응형 디자인은 코드를 한 번 작성해 두면 다른 기기에서도 유연하게 잘 보이게 하는 것이다. 이런 접근법은 새로운 것이고 해법에 대한 사고방식도 새롭지만, 문제는 오랫동안 웹 디자인 공간을 괴롭혀 왔다는 것이다. 우리가 디자인한 것을 어떤 기기에도 맞게 보이게 하려면 어떻게 해야 할까?

이것은. 정말이지. 끝내준다.

이단 마콧(Ethan Marcotte)은 이 주제를 가지고 『반응형 웹디자인(Responsive Web Design)』(웹액추얼리코리아, 2012)이라는 책을 하나 썼다. 아마 웹 프로젝트를 하는 사람이라면 그 프로젝트에서 모바일 이용자를 고려해야 할 가능성이 높을 것이다. 따라서 시간을 들여 반응형 디자인을 공부할 가치가 충분하다.

하지만 공짜는 아니다. 반응형 디자인을 만들려면 약간의 "비용"이 든다. 특히 이해관계자나 고객사가 당신이 아니니 더 그렇다. 콘텐츠가 어떻게 보여지는지를 승인해야 하는 사람은 보여지는 것이 무엇인지를 규정하고 동의하는 문서 기록이 언제나 필요하다. 그래서 보여지는 기기에 정보가 맞춰지도록 크기가 아름답게 재조정되도록 코드를 작성하더라도 환경에 따라 디자인이 어떻게 업데이트되는지를 설명할, 그리고 지침을 정할 필요가 있다. 이것은 우리가 더 많은 와이어프레임을 그려야 한다는 말이기도 하다.

그림 12.10의 스케치와 와이어프레임은 동일한 디자인이 다른 크기의 브라우저(태블릿과 스마트폰)에서 어떻게 다르게 보이는지 보여준다.

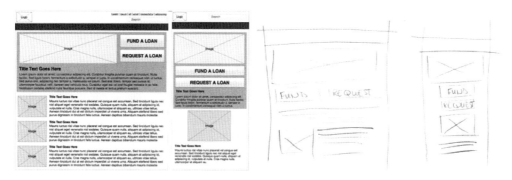

그림 12.10 약간의 반응성이 가미된 스케치와 와이어프레임

인터넷에서 반응형 레이아웃을 반영할 수 있게 도와주는 추가적인 자료를 찾을 수 있다.

- 리스트 어파트, 이단 마콧, 반응형 웹 디자인(Responsive Web Design): http://www.alistapart.com/articles/responsive-web-design
- 와이어프레임 잡지에 나온 반응형 레이아웃 와이어프레임: http://wireframes.linowski.ca/2 0 1 1 /09/responsive-layout-wireframe
- 반응형 웹 디자인에 대한 이상적인 접근: http://goldilocksapproach.com

디자인과 개발에서 새로운 접근 방식이 나타날 때마다 그것이 당신의 UX 작업에 어떤 영향을 끼칠지 아는 것이 중요하다. 보통 각종 접근법을 조금씩만 파악해 둬도 프로젝트 초반에 올바른 질문을 던지고 당신의 일을 철저히 준비하는 데 도움될 것이다.

와이어프레임 대 프로토타입

와이어프레임을 만들어야 할지, 프로토타입을 만들어야 할지를 선택하는 문제는 UX 커뮤니티 안에서도 의견이 분분하다. 와이어프레임이나 프로토타입 모두 좋지만, 무엇을 그릴지 선택하기 전에 몇 가지 내용을 고려해야 한다.

- 어떤 것을 만드는 것이 편하고, 무엇을 더 잘 아는가?
- 고객사에서 무엇을 보고 싶어하는가? 또한 어떤 것을 선택하든 클라이언트마다 원하는 정교함이 다르기 때문에 미리 그 수준을 알려주는 것이 중요하다.
- 문서 작성에 필요한 시간, 자원, 예산을 확보했는가?

이 질문에 해당되기만 한다면 어떤 것을 택해도 좋다. 다른 사람, 또는 다른 사람의 신조에 적합한 것이 아닌 "이 상황에서 무엇이 더 좋을까?"가 신조가 돼야 한다.

물론 무엇을 택하든 스케치부터 먼저 해야 한다.

어떤 디자인이 옳은가?

요구사항만 충족시킨다면 옳고 그른 디자인이란 없다. 때로는 여러 가지 방식을 살펴보고, 세부 사항을 정리하고, 잠재 사용자, 동료, 고객사에게 보여주기 위해 웹 페이지 한 장에 여러 장의 와이어프레임을 그리기도 한다.

이 또한 충분히 수용 가능하다.

UX 디자인은 반복 작업임을 잊지 마라. 고객사에 제시하는 작업물이 첫 시도에 "옳다"거나 "최종"인 경우는 거의 없다. 오히려 반복과 업데이트가 더 흔하다. 심지어 아주 여러 번 반복하기도 한다. 이것이 프로젝트의 생리다. 이후 디자인 작업을 받게 될 사람들이 최대한 반복을 적게 하는 것이 목적이다.

제시된 두 개의 와이어프레임을 비교하면서 접근 방식과 스타일의 차이를 관찰하라. 앞에서 제시한 메인 페이지와 당신이 그린 것도 비교하라. 특별히 정해진 템플릿이 있지 않은 한 이 둘의 유사점과 차이점을 찾아서 당신에게 가장 잘 맞는 방법을 택하라.

대개 와이어프레임에서 가장 어려운 부분은 처음 종이를 꺼내서 연필로 그릴 때다. 레아 불리의 충고를 따라서 여러 가지 아이디어를 스케치하라. 끄적이고 그려라. 다양한 방식을 탐색하라. 동료, 옆 사람, 가족에게 테스트하라. 디자인을 변호할 수 있을 정도로 자신이 생길 때까지 이렇게 하라. 그러면 올바른 방향으로 가고 있음을 알게 될 것이다.

와이어프레임에 대한 마지막 이야기

몇 차례 와이어프레임을 그리다 보면 점차 작업이 편해지고, 이 문서가 전체 과정에서 얼마나 중요한 역할을 하는지 깨닫게 된다. 하지만 그러다 보면 당신이 쏟은 생각과 시간을 다른 사람이 모두 다 알 수 없다는 사실을 잊곤 한다. 설사 고객사나 작업 파트너가 와이어프레임을 잘 안다고 해도 품질이나 세밀함, 주석의 스타일이 모두 달랐을 것이다.

어떤 경우에는 한 번도 와이어프레임을 본 적이 없는 고객사와 만나기도 한다(본 적이 있었다고 해도 말이다). 사이트맵과 와이어프레임의 차이나, 그 둘의 목적을 혼동하는 경우도 많다.

다시 말해 당신의 첫 번째 와이어프레임이 고객사에게도 첫 번째 와이어프레임이 될 수 있다는 말이다! 따라서 당신이 보여주게 될 것이 무엇인지를 미리 정확하게 알려주는 것이 매우 중요하다. 와이어프레임을 보여주기 전에 와이어프레임이 무엇이고, 최종 디자인과 비교해 어떻게 다른지, 목적이 무엇인지를 분명히 알려줄 필요가 있다.

아래에 와이어프레임 프레젠테이션과 관련된 조언을 적었다.

- 가능하다면 발굴 단계부터 고객사를 참여시키고 화이트보드에 적극적으로 그림을 그리도록 유도하라. 이들은 와이어프레임 제작 과정에 기여하는 중이고, 최종 결과물은 이와 비슷하게 보일 것이며, 전자적인 형태로 제작될 것임을 설명하라. 이 활동은 와이어프레임 제작으로 이어질 것이며, 어떤 디자인 방식을 선택하느냐에 따라 모습이 아주 달라진다는 점을 설명하는 것도 중요하다.

- 와이어프레임과 최종 결과물의 차이를 쉽게 이해할 수 있는 메타포를 찾아라. 흔히 사용하는 메타포는 '웹사이트에서 와이어프레임은 주택에서 평면도/설계도'다. 와이어프레임은 이후에 좀 더 쉽고 효과적으로 개발될 수 있도록 변화가 허용된다. 이 단계에서의 변화는 개발 팀을 꾸려서 기반을 잡은 뒤에 바꾸는 것보다 비용이 적게 든다.

- 와이어프레임은 사이트의 최종 그래픽 화면이 아니라는 사실을 알려야 한다. 와이어프레임은 콘텐츠, 레이아웃, 각 요소의 인터랙션을 보여주기 위해 제작하는 것이다. 실제 작업은 와이어프레임에 승인이 떨어지고 나서 시작된다(물론 이후에도 조금씩 계속 변한다).

- 시간과 예산이 허락된다면 비주얼 디자이너들에게 디자인 모형을 만들게 해서 최종 디자인과 와이어프레임이 어떻게 다른지 알려준다. 가능하면 다른 프로젝트에서 사용된 와이어프레임과 최종 결과물을 제시해서 이 둘이 어떻게 유사하고 다른지를 알려줘도 좋다.

- 다른 프로젝트 구성원이 와이어프레임을 어떻게 사용할 것인지 설명하라. 고객사의 리뷰와 승인이 얼마나 중요하고 다른 프로젝트 구성원들이 와이어프레임으로 어떤 정보를 얻는지를 알려주는 것은 대단히 중요하다.

고객사와 업무 파트너들이 와이어프레임의 가치를 깨닫고 이것이 UX 디자인의 어떤 단계에 해당되는지를 이해하기 시작하면 프로젝트는 좀 더 순탄하게 흘러갈 것이다.

왜 그럴까?

와이어프레임은 남은 프로젝트 기간 동안 시각적인 방향성과 내용을 알려준다. 아마 파트너와 고객사가 당신을 대신해서 와이어프레임의 중요성을 설파하고 다닐지도 모른다. 그러면 당신은 와이어프레임의 필요성을 알리는 시간에 UX 디자인에 더 집중할 수 있다.

A Project Guide to **UX DESIGN 2**

13

프로토타입

• UX 디자인에 생명 불어넣기 •

본격적으로 개발에 들어가기 전에 지금까지 제안된 기능이나 디자인의 유효
성을 효과적으로 테스트할 수 있는 방법이 프로토타이핑이다. 특히 페이지
뷰의 흐름이나 복잡한 인터랙션을 다룰 때 팀과 고객사가 프로토타입을 가지
고 머리를 맞대고 생각한다. 프로토타입을 만드는 도구와 방법은 다양하다.
빨리 대충 만드는 방법이 있는가 하면, 활발한 인터랙션을 투입하면서 정성을
많이 들이는 방법도 있다. 어떤 방법을 택할지는 다음의 세 가지에 달려있다.
첫째는 프로토타입의 목표나 의도, 두 번째는 프로토타입 개발에 활용할 수
있는 자원(도구, 능력, 물질), 마지막으로 일정이다. 프로토타입은 나와야 할
시점에 나와야 한다.

– 조나단 놀과 러스 웅거

U X 업계에서 프로토타이핑이란 웹사이트의 모든 기능 또는 일부 기능을 그리거나, 모사하거나, 사용자와 함께 테스트하는 활동(많은 경우 예술)을 의미한다. 프로토타입은 아날로그 상태(화이트보드, 연필과 종이)로 제작하기도 하고, 디지털 상태(파워포인트, 아크로뱃, 비지오, 옴니그래플, 악슈어, HTML 기타 등등)로 제작하기도 한다.

프로토타입 단계는 사용자 경험과 관련된 이슈를 정의하는(또는 유효성을 확인하는) 과정이므로 반복적으로 수행돼야 한다. 피드백을 받으면 프로토타입을 수정하고 다시 테스트한다. 성공적으로(또는 충분히) 프로토타이핑 과정을 거치면 자연스럽게 프로젝트의 다음 단계로 넘어간다.

프로토타입은 결과물이 아닌 과정이다. 프로토타입이라고 하는 몇 장의 화면이나 모형을 만들었더라도 이것은 모두 프로토타이핑 과정의 일부일 뿐, 최종 결과라고 할 수는 없다. 프로토타입 과정의 결과는 UX 디자인을 보완하고 개선할 수 있도록 실행 가능한 내부적인, 또는 외부적인 피드백이 돼야 한다.

이 장에서는 프로토타입을 제작하는 것에만 초점을 맞춘다. 테스트에 대한 자세한 내용은 14장에서 다루겠다.

얼마나 많은 프로토타입이 필요한가?

어떤 UX 디자인 과정에도 어느 정도의 프로토타이핑이 들어간다. 공식적이든 비공식적이든, 상호작용이 화려하든 정적이든 말이다. 단 전체 사이트를 대상으로 프로토타입을 만들 필요는 없고, 오히려 시스템을 대표하는 몇 부분만을 대상으로 할 때 더 효과적이다. 다른 말로 하면 전체 시스템이 아닌 일부 핵심적인 부분만 시뮬레이션하면 된다는 말이다. 당신이 테스트하고 싶은 몇 가지 콘셉트가 있다면 프로토타입에 그 콘셉트를 추가하면 된다.

프로토타이핑에 참여할 때는 당신이 이용할 수 있는 여러 가지 도구를 활용한다. 화이트보드, 연필-종이 스케치, 스토리보드 만들기, 보드지 자르기 등등 무엇이든 좋다. 좀 더 역동적인 프로토타입을 만들기도 하고, 더 현실적인 환경에서 사용자를 테스트하기 위해 디지털 도구를 활용하기도 한다.

당신에게 배분된 시간과 자원, 타겟 고객, 정교함의 수준에 따라 원하는 프로토타이핑 기법을 선택한다. 지금부터 당신이 프로토타입과 관련된 니즈를 꽤 많이 포괄할 수 있게 사람들이 많이 사용하는 기법을 살펴보자.

종이 프로토타이핑

수공예적인 종이 프로토타입처럼 당신을 신입 시절로 데려다 주는 활동은 별로 없다. 연필이나 펜, 종이, 가위, 그리고 화방이나 사무용품 전문점 같은 곳에서 살 수 있는 도구면 충분하다.

종이 프로토타입은 융통성이 뛰어나다. 지우개 같이 지울 수 있는 재료만 있다면 얼마든지 필요한 시나리오를 만들 수 있다. 테스트 결과에 따라 신속하게 수정할 수도 있다. 만약 어떤 사용자가 테스트를 하는 중에 큰 문제에 부딪쳤다면 다른 테스트로 넘어가기 전에 그 의견을 바로 반영해서 고친다.

이 방식은 저렴하기도 하다. 프로토타입을 그리는 데 투자하는 시간을 제외하면 좋은 품질의 라떼 두 잔을 마실 가격으로 어떤 시나리오든 그릴 수 있다. 종이, 포스트잇, 인덱스 카드, 연필 기타 등등의 재료는 대개 풍부하게 구비돼 있다. 설사 떨어졌더라도 그것을 사려고 은행을 털 필요는 없다.

과정도 간단하다. 테스트하고 싶은 기능을 그린다. 사용자에게 제시한다. 피드백을 적는다(종이라면 뒷면에 써도 된다). 그리고 다음 사용자로 넘어간다. 업데이트할 내용이 있다면 업데이트하고 다시 시작한다.

간단하고, 재미있고, 효과적이다.

프로세스 초반에 종이 프로토타이핑 방식을 쓰면 디자인으로 깊이 들어가기 전에 문제될 만한 이슈를 발견할 수 있다. 이 단계에서는 빠르고 효과적으로 수정할 수 있기 때문에 위험이 적다. 이 방법으로 디자인에 너무 많은 시간과 공을 들이기 전에 효과적으로 내용을 변경할 수 있다.

그림 13.1처럼 각 탭에 색깔이 다른 세 장의 종이를 하나씩 포개면 마치 웹 사이트를 방문한 것처럼 표현할 수 있다. 맨 위에 놓인 Global Now 탭이 사용자가 처음 메인 페이지를 방문했을 때 보는 콘텐츠다. 각 탭은 사용자에게 주어진 내비게이션이고, 각각 다른 화면을 볼 수 있다.

사용자가 다른 탭을 선택한 경우에는 그 탭을 맨 위에 놓는다. 그러면 My Itinerary 탭이 활성화된 그림 13.2처럼 그 페이지가 활성화됐을 때의 콘텐츠를 볼 수 있다.

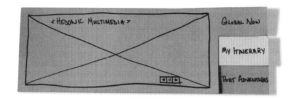

그림 13.1 | 수직 탭 내비게이션을 그린 종이 프로토타입

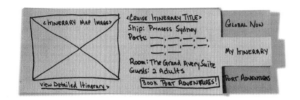

그림 13.2 | My Itinerary(내 일정표) 탭이 활성화된 수직 탭 내비게이션을 표현한 종이 프로토타입

종이 프로토타입은 보다시피 알뜰하고 간편하다. 그러나 전체 시스템을 대상으로 제작할 때는 상당한 시간을 투자해야 한다(그렇다고 재료비가 많이 올라가지는 않는다). 몇백 장 되는 프로토타입에서 주 내비게이션을 일일이 변경하는 작업은 만만치 않다. 이 경우에도 여전히 재료비는 적게 들겠지만 최적화된 재활용 방식은 아니다. 이때는 소프트웨어를 활용하는 것이 더욱 득이 된다.

디지털 프로토타이핑

프로토타입이 종이로 감당할 수 있는 수준을 넘어서면 당신을 위해서도, 독자를 위해서도 기술의 도움을 받는 것이 현명하다. 소프트웨어를 이용하면 사용자에게 보여지는 인터랙션을 정확히 제시할 수 있다.

디지털 프로토타입은 그간 진행했던 다른 작업과도 효과적으로 결합할 수 있다. 디지털 프로토타입을 보여주거나 테스트할 때 페르소나를 언급할 수 있다. 공간 배치를 보기 위해 와이어프레임을 참고하기도 한다. 이미지 처리 방식을 보기 위해 디자인 화면(이 시점에서 활용할 수 있는 것이 있다면)을 참고하면서 프로토타입의 매무새나 마감을 다듬기도 한다.

와이어프레임 대 실제 같은 프로토타입

종이 프로토타입처럼 디지털 프로토타입도 여러 방식으로 제작할 수 있다. 사용하는 도구, 자원, 역량, 그리고 요구사항에 따라 와이어프레임과 비슷한 정도로 충분할지 모른다. 사실 대개는 이 정도 수준을 권한다. 와이어프레임이 계속 진행되고 있고, 최종이 아닌 제작 대기 중인 사이트라는 것을 암시할 수 있기 때문이다.

반면 사용자와 테스트하는 어떤 상황에서는 실제 웹사이트를 최대한 사실적으로 보여주는 것이 중요할 때가 있다.

아래의 세 가지 요소에 따라 디지털 프로토타입의 결과물이 달라진다.

■ **누구를 위해 프로토타입을 만드는가? 왜 만드는가?**

프로토타입 제작에 성공하려면 너무 깊이 들어가기 전에 이를 어떻게 활용해야 할지 파악해야 한다. 사용자와 테스트 하려고 프로토타입을 그리는가? 그렇다면 어디에 초점을 맞춰야 하는가? 와이어프레임이 흑백으로 보여도 되는가? 아니면 실제 웹사이트처럼 보여야 하는가? 버튼이나 링크의 가시성을 테스트하는가?

회사 중역, 매니저, 투자자, 또는 다른 대금 결제 부서의 동의를 얻기 위해 프로토타입을 그리는가? 그렇다면 그들에게 어떤 내용을 전달해야 하는가? 실제로 작동돼야 하는 것은 무엇이고, 작동되는 것처럼 보이면 되는 것은 무엇인가? 디지털 프로토타입을 그리기 전에 이런 내용들을 먼저 규명하는 것이 필수다.

■ **활용 가능한 자원과 소프트웨어는 무엇이고, 당신은 어떤 역량을 갖추고 있는가?**

당신이 HTML이나 플래시 전문가가 아니고, 그런 사람을 고용할 예산도 없다면 파워포인트나 키노트처럼 비교적 간단한 프레젠테이션 프로그램이나 비지오나 옴니그래플과 같은 와이어프레임용 프로그램으로 직접 그리면 된다. 간단한 PDF 정도도 괜찮다.

■ **일정은 어떤가?**

프로젝트 구성원들을 모두 불러 모아서 실제 사이트의 비전과 모습이 거의 완벽히 구현된 환상적인 프로토타입을 만들 시간이 있는가? 와이어프레임을 HTML로 추출할 몇 시간이 허용되는가? 아니면 페이지의 흐름이나 기본 인터랙티브 요소를 보여주기 위해 간단한 플래시 파일을 제작할 수 있는가?

두 가지 모두 유용한 형태의 디지털 프로토타입이지만 마감에 쫓기는 현실 세계에서는 당신에게 주어진 시간과 자원을 고려해 그 수준을 미리 정하는 것이 중요하다.

HTML 대 위지윅 에디터

HTML은 종이 프로토타입의 디지털 버전이다. 이것은 (때로) 무료이고, (비교적) 쉽다. 당신이 HTML이나 코드를 잘 알지 못하더라도 간단한 HTML 지식으로 HTML 프로토타입을 만들 수 있다.

HTML 프로토타입을 만드는 방법은 두 가지가 있다.

- 손으로 코딩하는 방법
- 위지윅(WYSIWYG) 에디터를 사용하는 방법. 어도비의 드림위버(Dreamweaver), 리얼맥(Realmac)의 래피드위버(RapidWeaver), 마이크로소프트의 비주얼 스튜디오(Visual Studio) 등. 코드뿐 아니라 레이아웃도 볼 수 있어 브라우저를 열지 않고도 코드가 어떻게 그림으로 그려지는지를 볼 수 있다.

최근에는 위지윅 에디터가 더욱 인기를 끄는데, 웹 기반 프로그램이 점점 더 많아지고 있다. 핸드크래프트(Handcraft, 이전의 Quplo), 저스트인마인드(Justinmind), 발사믹(Balsamiq), 익스에디트(IxEdit), 펜슬(Pencil), 모크플로우(Mockflow), 저스트프로토(JustProto), 인비전(InVision), 프로토셰어(Protoshare) 등이 있다.

위지윅 에디터로 프로토타입 만들기

위지윅 HTML 에디터에 있는 '레이아웃 뷰'의 장점은 파워 포인트나 키노트, 또는 다른 간단한 그래픽 레이아웃 프로그램(이에 대해서는 나중에 더 자세히 설명하겠다)에서 페이지 틀을 잡는 정도의 적은 노력으로 페이지 레이아웃을 그릴 수 있다는 점이다. 그리고 링크, 마우스 움직임 등과 같은 인터랙션을 추가하기도 쉽다.

드림위버(그림 13.3)에서 가장 인상적인 기능 중 하나는 어도비에서 라인 뷰(Line View)라고 하는 것이다. 이것은 오픈소스의 웹킷 렌더링(WebKit rendering) 엔진에서 동작한다. 이것은 무슨 뜻인가? 간단히 말해 라인뷰에서 보는 모든 모습이 애플의 사파리나 구글의 크롬 브라우저에서도 똑같이 보인다는 말이다. 이는 당신이 프로토타입의 세세한 부분까지 세심하게 신경 쓴다고 가정하는 것이다. 드림위버는 매우 강력한 프로토타입 도구로서 어도비의 파이어웍스(Fireworks)와 연계하면 더욱 진가를 발휘한다.

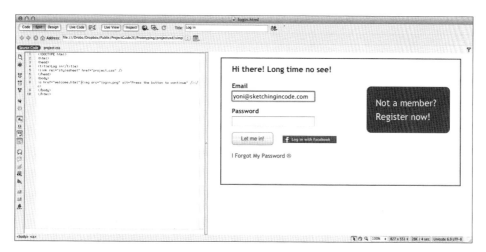

그림 13.3 | 드림위버로 제작한 간단한 프로토타입

기본 HTML 프로토타입 만들기

가장 저렴하고 간단하게 HTML 프로토타입을 만드는 방법은 '손'으로 하는 것이다. 텍스트 편집 프로그램에 손수 코드를 입력할 수 있다.

와이어프레임을 프로토타입으로 전환하는 가장 큰 이유는 기존에 제안된 서비스 흐름이나 내비게이션을 눈으로 확인하거나 테스트하기 위해서다. 와이어프레임(또는 디자인 목업)에서 특정 영역이나 전체 페이지를 클릭할 수 있도록 설정하면 프로토타입이 작동하는 모습을 쉽고 빠르게 보여줄 수 있다.

가장 간단한 방법은 화면이 클릭되도록 만들어 브라우저에서 보게 하는 것이다. 클릭을 하면 새 브라우저에 그 모습이 뜬다. 입력하고, 확인하고, 또 반복한다. 간단할 뿐만 아니라 특별히 "코딩 지식"이 많이 필요하지 않기 때문에 짧은 시간에 만들어 올릴 수 있다.

이제부터 소개하는 활동에 참여하려면 로그인 페이지와 도착(환영) 페이지로 추출할 수 있는 와이어프레임이나 화면을 가지고 있어야 한다. 이때 두 개의 파일이 필요하다. 바로 login.png와 welcome.png이며, 각각 로그인 전후의 화면이다. 화면이 없다면 http://www.projectuxd.com에서 샘플 이미지를 내려받는다.

폴더를 만들어 모든 파일을 그 폴더에 보관하면 일을 훨씬 더 쉽게 진행할 수 있다. 나중에 스크립트, 스타일시트, 이미지, 아니면 페이지에서 분리할 필요가 있는 다른 작업물을 담는 폴더 구조를 만들어 두면 코드 작업이 훨씬 더 수월해질 것이다.

참고 HTML 코딩에서 가장 흔히 저지르는 실수가 바로 철자를 틀리는 것이다. 철자를 정확하게 입력하도록 세심한 주의를 기울이자.

---

1. 위지윅 HTML 에디터나 메모장(윈도우), 텍스트메이트(맥), 텍스트 랭글러(맥) 같은 텍스트 에디터에서 새 문서를 열고 프로토타입과 동일한 폴더에 login.html이라는 이름으로 저장한다. 다른 파일 포맷이 기본으로 설정돼 있을 경우에 대비해 포맷이 HTML인지 꼭 확인하라.

2. 그 문서에 아래의 HTML 코드를 입력한다.

```
<!DOCTYPE html>
<html>
<head>
<title>Log in</title>
</head>
<body>
<a href="welcome.html"><img src="login.png" alt="Log in" /></a>
</body>
</html>
```

3. 문서를 저장하고 브라우저에서 그 파일을 연다. 브라우저에 방금 추출한(또는 다운로드한) log-in 이미지가 보일 것이며, 브라우저의 제목표지줄에는 "Log in"이라고 나올 것이다(그림 13.4).

그림 13.4 | 브라우저에 뜬 login.html

4. 이 문서에서 가장 중요한 코드는 다음 줄이다.

```
<a href="welcome.html"><img src="login.png" alt="Log in" /></a>
```

이 줄이 방금 만든 페이지에 이미지를 넣고, 곧 만들 welcome.html 페이지가 뜨도록 링크를 걸어준 것이다.

텍스트 에디터에서 login.html 파일을 복사하고 파일명을 welcome.html로 바꿔 저장한다.

welcome.html에서 다음 줄을 바꾼다.

이 줄을

```
<a href="welcome.html"><img src="login.png" alt="Log in" /></a>
```

이렇게 바꾼다.

```
<a href="login.html"><img src="welcome.png" alt="Start over" /></a>
```

5. 파일을 저장하고 브라우저에서 login.html을 다시 연다. 아마 하고 싶은 것이 있을 것이다. 이미지의 아무 데나 클릭해 본다. 실시!

6. 이제 로그인 프로세스를 보여주는 간단한 프로토타입이 만들어졌다(그림 13.5).

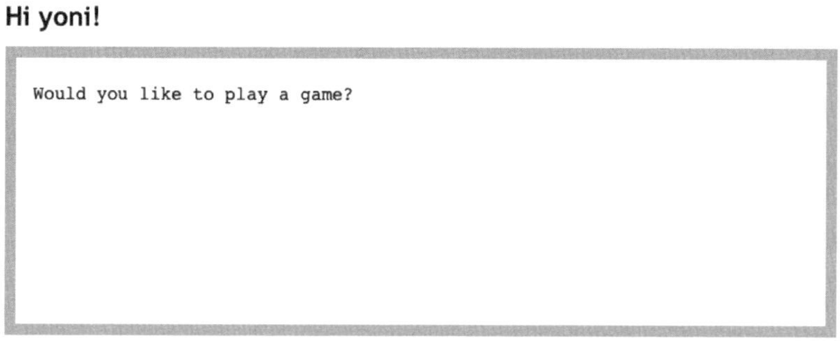

Hi yoni!

```
Would you like to play a game?
```

그림 13.5 | 브라우저에 나타난 welcome.html

코드 보는 법 배우기

아주 기초적인 HTML 태그로 기본 프로토타입을 만들어 봤다. 방금 만든 것을 더 잘 이해하기 위해 이제부터 코드, 즉 HTML 태그 보는 법을 간단히 살펴보자.

HTML 문서의 맨 위쪽에는 DOCTYPE, HTML, HEAD, TITLE, BODY 태그와 같은 기본 코드가 꼭 들어간다.

```
<!DOCTYPE html>
<html>
<head>
    <title>About</title>
</head>
<body>
</body>
</html>
```

이 기본 태그는 어떤 HTML 문서에도 다 들어간다. DOCTYPE은 브라우저에게 그 페이지의 코드를 어떻게 읽으라고 말해주는 것이다. 여기에 나온 DOCTYPE은 아래 코드가 HTML5(그러나 이것은 대부분 개발자에게만 필요한 것이다. 그 이면에 무슨 일이 벌어지는지를 총체적으로 보여주지는 않는다) 명세를 따른다는 사실을 알려준다.

HTML 태그는 HTML 문서의 뿌리가 되는 요소다. 다른 모든 태그가 그 안으로 들어간다. HEAD 태그는 그 문서에 대한, 그 문서를 위한 정보를 담고 있는 다른 태그의 용기 같은 것이다. 이 태그들은 브라우저에게(검색엔진에게도!) 앞으로 무엇이 나올지를 알려준다. HTML 문서가 책이라면 HEAD 태그는 표지부터 1장까지 아우르는 모든 내용을 포괄한다. 하지만 핵심 선수는 TITLE이다. 이것이 브라우저에게 그 페이지의 이름이 무엇인지를 알려준다.

마지막으로 BODY 요소가 있다. BODY 태그는 HEAD 태그가 끝나면서 시작된다. 다시 말해 HTML 문서의 내용(사용자가 보는 내용)이 BODY 태그 안에 배치되는 것이다.

HTML 태그를 적합하게 마무리하는 것이 얼마나 중요한지도 꼭 짚고 넘어가야 한다. HTML, HEAD, TITLE, BODY 태그를 다시 한번 보자. 대부분의 HTML 요소에 시작 태그와 끝내기 태그가 있다. 시작 태그(<html> 또는 <title>)는 요소의 시작을 뜻한다. 끝내기 태그(</html> 또는 </title>)는 그 요소가 끝난다는 의미다. 브라우저가 HTML 문서를 잘 해독하려면 태그를 적합하게 닫아야 한다.

아무리 간단한 문서도 닫는 태그가 없으면 보이지 않거나 정상적으로 작동하지 않는다. HTML 태그를 더 많이 알수록 잘 만든 HTML 문서가 정보 설계자와 개발자가 소통하는 좋은 수단이 될 수 있다는 사실을 알게 될 것이다. 특히 HTML5의 새로운 시맨틱 태그[1]를 사용할 때 더 그렇다.

코드로 다시 돌아가서 IMG 태그는 문서에 이미지 요소를 추가할 때 사용한다. src(경로나 url)가

---

1   (옮긴이) 웹 페이지가 보여지는 모습뿐 아니라 정보가 가진 의미를 더 강화한 HTML 요소. 이것을 이용하면 검색 엔진이나 화면 판독기 같은 보조 도구에서 웹 페이지의 정보를 더 정확하게 분석, 전달할 수 있다.

맞다고 가정한다면 이것만으로 브라우저에 이미지가 나타나게 할 수 있다. 다음의 코드 예시는 이미지 파일이 루트 디렉터리(HTML 파일이 사용하는 바로 그 디렉터리)에 있다고 가정한다.

```
<img src="login.png" alt="계속 하려면 버튼을 누르세요" />
```

ALT 속성은 이미지를 불러오지 못했을 때 이미지를 대신해서 보여주는 글자다. 이것은 프로토타입에서는 그다지 중요하지 않다. 사용자들이 이미지에 마우스를 갖다 댔을 때 나오는 간단한 안내문 정도로 생각하면 된다. 그럼 끝내기 태그는 어디 있는가? 이미지와 관련된 정보는 src와 alt 속성으로 정의돼 있고, IMG 태그에 또 다른 태그나 텍스트를 포함시킬 필요가 없다. 따라서 끝내기 태그가 필요 없는 것이다. 끝내기 태그가 필요하지 않은 또 다른 태그로는 INPUT 태그(문서에 각종 폼 요소를 추가)와 BR 태그(줄바꿈)가 있다.

앵커(Anchor) 요소(A 태그)는 다른 어떤 곳으로 링크할 때 사용한다. 태그의 **href** 부분에 들어가는 내용이 대상 위치를 나타낸다.

```
<a href="welcome.html">링크가 걸릴 텍스트</a>
```

이 예제에서 볼 수 있는 간단한 A 태그는 상대 경로를 이용한 것이다. 자료가 모두 동일한(또는 루트) 폴더에 있으므로 '상대적'이다. 절대 경로의 형태는 아래와 같다.

```
<a href="http://www.sketchingincode.com/projectuxd/index.html">링크가 걸릴 텍스트</a>
```

앵커 태그는 한 HTML 문서 안에서 특정 요소로 링크를 걸 때도 사용할 수 있다. 이 방식으로 사용할 때는 #이 들어가고 그 뒤에 타깃 요소의 ID를 쓴다. 아래 링크는 index.html 페이지에 있는 요소 중 ID(id 속성의 값)가 "basic"인 것을 의미한다.

```
<a href="http://www.sketchingincode.com/projectuxd/index.html#basic">링크가 걸릴 텍스트</a>
```

이 링크를 클릭하면 사용자는 이 페이지에서 이 요소를 가리키는 지점으로 바로 이동한다. 이 요소는 이렇게 보일 것이다.

```
<p id="basic">어떤 글자</p>
```

#이 붙은 앵커 요소인 ID 속성을 활용하면 빠르게 페이지 안을 돌아다닐 수 있다. 때로는 이를 북마크라고 부르기도 한다.

이 예제의 HTML은 표준을 따른다. 앞서 언급했다시피 코드를 작성할 때 가장 많이 저지르는 실수는 철자다. 표기법 검사 서비스(http://validator.w3.org)를 이용해 중간중간 확인하면 나중에 많은 시간을 절약할 수 있다.

이 코드는 그다지 아름답다고 할 수 없다. 이런 단순한 프로토타입의 목적은 당신의 생각을 전달하는 것이다. 개발자들에게 좋은 인상을 주기 위한 것이 아니라는 말이다(최소한 아직까지는).

이 간단한 HTML 예제에서는 이미지를 클릭하면 다른 HTML 페이지로 이동하도록 링크를 걸었다. 이것은 아주 간단하다. 하지만 한 이미지 안에서 클릭 영역을 더 잘게 나누고 싶다면 어떻게 할까?

답은 이미지 맵이다.

이미지 맵을 이용하면 한 이미지 안에서 링크 걸 영역을 지정해 클릭할 때마다 다른 페이지가 나타나게 할 수 있다. 이미지 맵을 만드는 가장 쉬운 방법은 위지윅 프로그램(드림위버 같은)을 이용해 한 이미지 안에서 링크 영역을 나누는 것이다. 이미지 위에 링크가 들어가는 공간을 "그림"으로써 이미지 맵을 만드는 HTML 코드를 잘 몰라도 쉽게 만들 수 있다.

참고 이미지 맵에 대한 정보를 더 알고 싶다면 데이브 테일러(Dave Taylor)의 "웹에서 이미지 맵을 어떻게 만드나요?(How do I create an image map for my web page)"를 참고한다.

http://www.askdavetaylor.com/how_do_i_create_an_image_map_for_my_web_page.html.

기본 넘어서기

클릭 영역을 나누는 이미지 맵이 있더라도 상태, 사용자 플로우, 페이지가 많아지면 프로토타입으로 관리하기 어려운 지경에 이를 수 있다.

페이지에 양식 요소를 넣고, 그 양식을 '전송'하며, 그에 반응하는 부분까지 프로토타입 제작 역량을 확장하려면 조금 더 어려워진다. 아마 도움되는 예시를 찾으려고 책을 몇 권 읽거나 온라인으로 조사해야 할 수 있다. 어쩌면 직접 본인이 검색하고 찾는 것보다 그것을 알려줄 누군가를 찾는 편이 더 쉬울지도 모른다. 어떤 경우라도 자바스크립트를 조금 알고, 이것이 어떻게 작동하는지 알고 있다면 몇 가지 시도를 해볼 수 있다. 아무리 못해도 몇 가지 인터랙션 정도는 추가할 수 있다.

HTML 코드를 잘 알고, 자바스크립트를 더 배우고 싶다면 제레미 키스(Jeremy Keith)의 『DOM 스크립트(DOM Scripting: Web Design with JavaScript and the Document Object Model)』(에이콘출판, 2007)라는 책으로 시작할 수 있다. 실용적인 기법이나 예제를 더 깊이 있게 살펴보고 싶다면 존 레식(John Resig)의 『프로 자바스크립트 테크닉(Pro JavaScript Techniques)』(인사이트, 2008)을 참고한다. 이것으로 '자바스크립트의 모든 것'을 알 수는 없다. 대신 여기서는 당신도 들어봤을 법한 인기 자바스크립트 라이브러리인 jQuery(http://jquery.com)를 이용하겠다.

몇 가지 더 수준 높은 예제를 보고 싶은 사람들을 위해 인피니티플러스원(InfinityPlusOne)의 디자이너이자 아키텍트인 조나단 놀(Jonathan Knoll)이 몇 가지 배울 만한 예를 만들어 주었다. http://sketchingincode.com/projectuxd를 방문하자. 이 예제는 약간 복잡한 로그인을 다루는데, 웹 페이지나 가입 페이지를 떠나지 않고도 새 페이지로 몇 가지 변수(사용자 이름이나 이메일 주소 같은)를 보내줌으로써 서로 다른 몇 가지 상태를 보여준다.

이 코드는 http://sketchingincode.com/projectuxd에서 볼 수 있다.

예제 1

예제 1은 로그인 경험을 다룬 프로토타입이다. 앞에서 본 클릭이 되는 이미지 프로토타입과 동일하지만 코드 처리가 돼 있다는 점이 다르다(클릭이 되는 이미지는 이 예제를 위해 홈에 남겨뒀다.) 그림 13.6은 로그인 페이지를 보여준다.

그림 13.6 | 로그인 화면

클릭을 하면 프로토타입은 "Hi yoni!"라는 글이 보이는 환영 페이지로 이동한다. 이것은 웹사이트에 성공적으로 로그인했다는 의미다(그림 13.7).

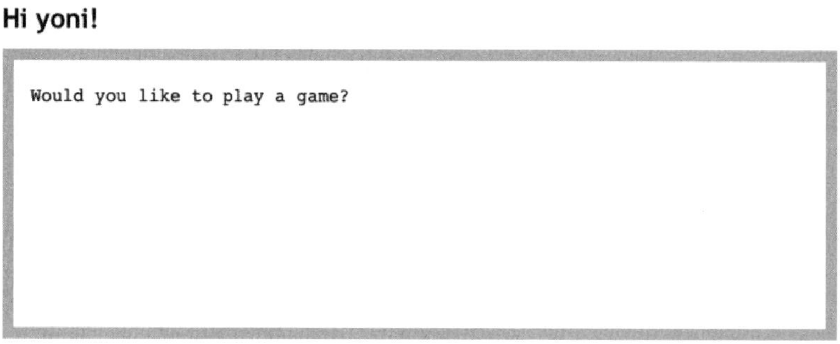

Hi yoni!

Would you like to play a game?

그림 13.7 | 환영 화면

예제 2

예제 2는 간단한 가입 경험을 보여주는 프로토타입이다. 이 예제에서는 jQuery를 이용해 페이지상의 현재 이미지를 클릭하면 새로운 이미지가 나타나게 했다. 그림 13.8은 기입란에 아무 정보도 들어가 있지 않은 가입 화면이다.

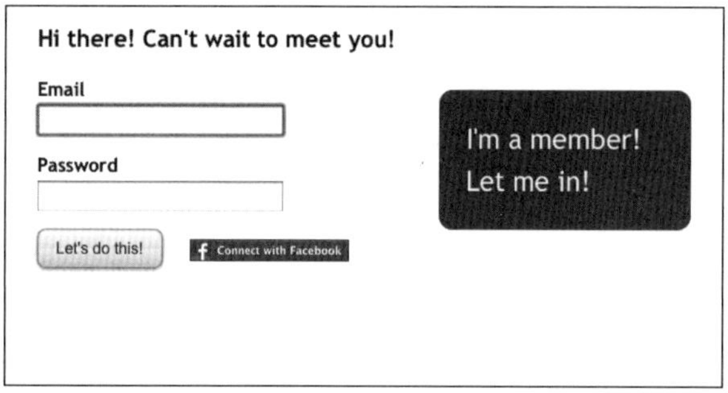

Hi there! Can't wait to meet you!

Email

Password

Let's do this!   f Connect with Facebook

I'm a member!
Let me in!

그림 13.8 | 가입 화면

클릭을 하면 이메일란에 이메일 주소가 채워진 가입 화면이 나타난다(그림 13.9).

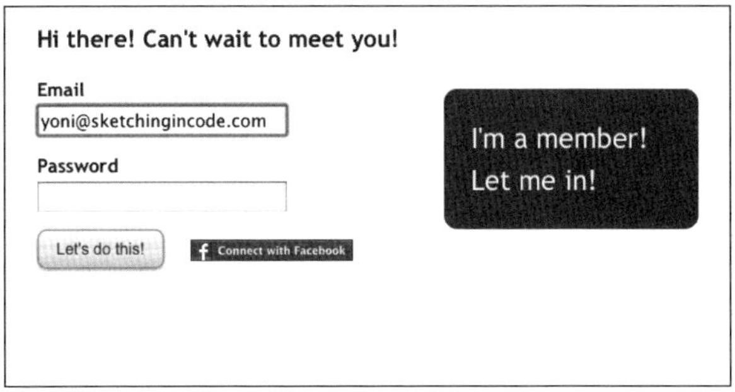

그림 13.9 | 이메일란이 채워진 가입 화면

두 번째 가입 단계를 보기 위해 다시 클릭해 보자(그림 13.10).

그림 13.10 | 가입 과정

마지막으로 클릭하면 환영 페이지가 나타난다(그림 13.11).

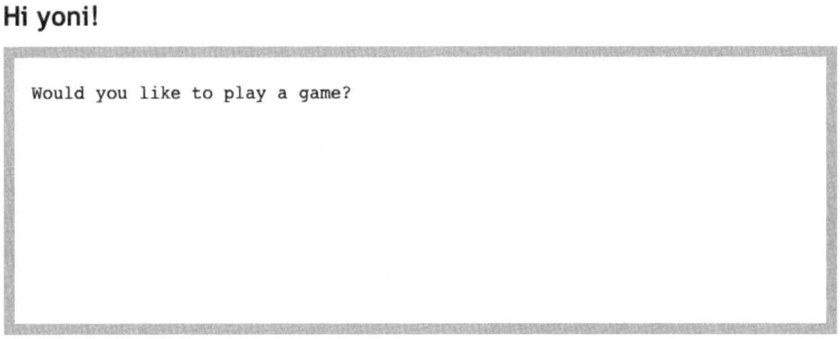

Hi yoni!

그림 13.11 | 환영 화면

여러분을 위해 이 프로토타입의 실제 예시를 보고 내려받을 수 있게 http://sketchingincode.com/projectuxd에 파일을 올려놓았다.

이보다 더 많이 필요할 때도 있다…

이미지 기반의 프로토타입은 사용자 플로우나 기본적인 인터랙션을 보여주거나, 기초적인 피드백을 끄집어 내기에 훌륭한 도구지만 때로는 그 이상의 도구가 필요할 때가 있다. 누군가가 앞에 제시한 로그인 사례를 더 실제처럼 만들어서 사용자에게 테스트해야 한다고 주장할 수도 있다.

사용자들은 양식에 가입하는 것을 싫어한다. 따라서 양식을 디자인하고 테스트할 때는 실제 HTML 양식처럼 보이는 HTML 프로토타입을 만드는 것이 최선이다. 이렇게 하면 너무 많은 안내나 개입 없이 테스트를 진행할 수 있기 때문에 예기치 않은 행동까지 관찰할 수 있다.

앞의 프로토타입을 완전하게 인터랙티브한 프로토타입으로 변환하는 법을 보고 배우고 싶다면 http://sketchingincode.com/projectuxd를 방문해 보자.

HTML 프로토타입은 디지털 프로토타입의 한 방법일 뿐이고 이 밖에도 타진해 볼 만한 방식이 많다. 이 밖에도 높은 수준의 요구까지 만족시킬 수 있도록 실제와 유사한 프로토타입을 만드는 틀이나 프로그래밍 언어는 많다. HTML 프로토타입 기술을 더 늘리고 싶다면 이 영역에 대해 깊이 다룬 글이나 자료를 찾으면 좋다. 이때 자바스크립트나 PHP(또는 다른 프로그래밍 언어), jQuery(http://jquery.com) 또는 야후! 인터페이스 라이브러리(http://developer.yahoo.com/yui)를 참고하면 좋다.

참고 HTML에 대해 더 깊이 알고 싶다면 브루스 로슨(Bruce Lawson)과 레미 샤프(Remy Sharp)가 쓴 『HTML5 첫걸음(Introducing HTML 5)』(에이콘출판, 2010)을 참고한다. CSS에 대해 더 배우고 싶다면 조 미클리 길렌워터(Zoe Mickley Gillenwater)의 『놀라운 CSS3: 프로젝트로 살펴본 최신 CSS 가이드(Stunning CSS3: A Project-Based Guide to the Latest in CSS)』(뉴 라이더스, 2011)를 참고한다.

기타 프로토타입 제작 프로그램

지금까지 아날로그, 디지털 프로토타입을 만드는 방법을 알아봤다. '대충 그리기만 하면 되는' 기초적인 프로토타입부터 수많은 인터랙션과 기술이 포함된 복잡한 프로토타입까지 제작할 수 있는 소프트웨어는 이 외에도 많다. 아래 목록이 모든 것을 다 포괄하지는 못하지만 자신에게 적합한 프로토타입을 만드는 데 필요한 소프트웨어를 선택하기에는 충분할 것이다.

- 파워포인트 & 키노트: 프레젠테이션을 위한 소프트웨어

- 키노트 쿵후(http://keynotekungfu.com): 트래비스 아이삭스(Travis Isaacs)는 비주얼 프로토타입에 훌륭하게 접근하고 있다.

- 어도비 아크로뱃 PDF: 클릭 기반으로 페이지를 링크할 때 이용할 수 있다.

- 비지오 & 옴니그래플: 아주 표준적인 PC와 맥의 와이어프레임 도구다.

- 악슈어 RP: 문서화와 프로토타입 기능이 장착된 와이어프레임 도구다.

- 어도비 파이어웍스: 파이어웍스에는 프로토타입 작업을 비교적 빨리 진행시켜 주는 일련의 UI 표준 요소가 들어가 있다.

- 이 외에도 프로토타입을 만드는 온라인 도구가 점점 늘어나고 있다. 예를 들면 인비전(http://invisionapp.com), 핸드크래프트(http://handcraft.com), 저스트인마인드 프로토타이퍼(http://justinmind.com/), 모킹버드(http://gomockingbird.com) 그리고 이 밖에도 수없이 많다.

- 발사믹 목업 : 디자이너가 아닌 사람을 염두에 두고 만들어진 아주 비싼 소프트웨어다. 독자들에게 메시지를 빨리 전달하기 위해 고의적으로 거칠고 세련돼 보이지 않게 만들었다.

- 개발자: 당신보다 코딩을 더 빨리 잘 할 수 있는 사람. 그리고 "클릭이 되도록" 함께 작업해 줄 사람

개발자와 함께 일하기

상황이 허락한다면 와이어프레임이나 디자인을 개발자와 함께 프로토타입으로 발전시키는 경우가 있다. 이때 그 개발자는 당신이 원하는 바를 정확히 이해해야 한다. 따라서 좀 더 효율적이고 효과적으로 작업을 진행하려면 개발과 관련된 상세 설명이나 요구사항을 정리할 필요가 있다.

프로토타입으로 반복 테스트를 실시할 계획이라면 프로토타입의 어떤 부분을 테스트하고, 그 결과로 어떤 부분을 계속 수정할 것인지 확실히 정해야 한다. 조언하건대 개발 과정 동안에는 개발자와 함께 시간을 보내면서 자주 수정된다는 표시(주석과 함께)를 어떤 코드에 달지 정하는 것이 좋다. 열린 커뮤니케이션과 결과의 정확성을 위해 개발자와 디자이너가 동시에 참여하라.

참고 다양한 프로토타입 기법에 대해 더 자세히 알고 싶다면 토드 자키 워플(Todd Zaki Warfel)의 『프로토타이핑(A Practitioner's Guide to Prototyping)』(인사이트, 2011)을 참고한다.

프로토타입 예제

사실 여기서 다루는 간단하고 만들기 쉬운 예제는 모든 상황을 포괄하는 완전한 것이 아니다. 현실 세계에서 사용되는 프로토타입을 보여주기 위해 키스 테이텀(Keith Tatum)과 존 헤이든(Jon Hadden)은 자신들의 경험을 너그럽게 공유해 주었다.

리소스 인터랙티브(Resource Interactive)의 리테일 다이렉트 클라이언트 팀의 크리에이티브 디렉터인 키스 테이텀은 협력 파트너사인 **Align Interactive**(www.aligninteractive.com)에게 왼쪽 내비게이션과 내비게이션의 서열, 그리고 카테고리에 대해 설명하기 위해 그림 13.12와 같은 종이 프로토타입을 그렸다. 이 프로토타입으로 와이어프레임 단계를 건너뛰고 바로 비주얼 디자인과 레이아웃 작업으로 옮겨갈 수 있었다(그림 13.13).

UX 디자인 방향과 개발 과제에 대해 공감대를 형성한 덕분에 이틀 만에 디자인을 할 수 있었다. 그 덕분에 비주얼 디자인에 대한 승인이 떨어지자마자 빠르게 개발을 진행했다.

스페이스150의 선임 사용자 경험 디자이너인 존 헤이든(www.jonhadden.com)은 프로젝트 매니저(Project Manager)라는 도구에 들어가는 달력 기능의 프로토타입을 제작했다. 프로젝트 매니저는 협업으로 프로젝트를 관리하는 웹 기반 프로그램이다. 먼저 옴니그래플로 와이어프레임을 그리고, 그 기능의 사용성이 편리하고 투자 비용이 적당한지 확인하고자 더 사실성이 높은 XHTML 프로토타입을 다시그렸다.

그림 13.12 | 개발팀에게 내비게이션을 보여주려고 만든 종이 프로토타입

그림 13.13 | 이 프로토타입을 기반으로 만들어 실제 돌아가는 웹사이트

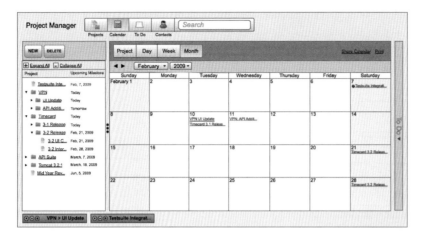

그림 13.14 | 달력 도구를 위한 기능성 프로토타입, 사실성이 높은 XHTML, CSS, 자바스크립트를 이용해 모형을 제작했다. 존 헤이든 제공

비용은 중요한 요소다. 어떤 프로젝트나 프로그램에서는 특정 기능의 개발 비용이 적당한지 보기 위해 프로토타입을 제작하기도 한다. 제작 비용이 걱정되거나, 허락된 시간과 자원을 초과한다면 프로젝트의 실행 가능성을 평가할 필요가 있다.

프로토타입 이후에 벌어지는 일

프로토타입 단계가 끝나면 결과를 종합해서 실행 가능한 내용으로 변모시켜야 한다. 종이로 프로토타입 작업을 했다면 피드백을 받아 디지털 와이어프레임을 제작할지도 모른다. 이미 디지털로 작업했다면 내용을 업데이트하고 다음 단계로 넘어갈 것이다. 아니면 피드백을 프로토타입에 반영하고 또 한 번의 리뷰 절차를 기다릴지도 모른다.

메시지퍼스트(www.messagefirst.com)의 대표인 토드 자키 워플은 다음과 같이 말한다.

프로토타입은 아래의 내용 중 하나 또는 그 이상의 목적을 달성하는 수단이다.

- 그동안 제기된 내용을 디자인으로 보여주기
- 공통의 커뮤니케이션 플랫폼 마련하기
- 내부적으로 디자인 아이디어 설득하기(예: 상사나 다른 UX 디자이너 등에게)
- 기술적 가능성 타진하기
- 최종 사용자/고객에게 디자인 콘셉트 테스트하기

  프로토타입은 건설적인 피드백이 오가는 창구가 돼야 한다. 프로젝트에서 다음 단계로 넘어가기 전에 특정 방향을 고수할지, 다른 방향을 탐색할지 결정해야 한다.

프로토타입은 전체 과정의 일부일 뿐이고, 이 과정 또한 다른 작업과 마찬가지로 효율성이 극대화되는 순간을 포착해 다음 단계로 매끄럽게 넘어갈 수 있도록 진행하는 것이 매우 중요하다.

A Project Guide to UX DESIGN 2

14

사용자와 함께 디자인 테스트하기

• 내가 잘 안다고 생각하는 마음을 버리고 그들이 어떻게 생각하는지 알아내자 •

우리는 6장에서 사용자 그룹을 이해(사이트의 주제와 관련된 사용자의 니즈, 태도, 선호도 등)하기 위한 몇 가지 UX 디자인 기법을 알아봤다.

이 장에서는 UX 디자인 전체나 디자인 요소에 대한 사용자의 생각을 알아보는 방법에 대해 살펴본다. UX 디자인 초기에 주로 사용하는 탐험적 기법 (exploratory technique)과 프로젝트의 여러 시점에 걸쳐 디자인 의사결정을 테스트하는 방법에 초점을 맞춘다. 먼저 사용자와 함께 디자인 콘셉트를 탐험하는 것에 대해 이야기해보자.

- 캐롤린 챈들러

콘셉트란 행복, 협동, 효율성처럼 추상적인 생각을 지칭할 때 사용하는 단어다. UX 디자인에서는 프로젝트 팀이나 잠재 사용자에게 한 가지, 또는 각종 추상적인 생각을 대변하는 디자인 요소를 지칭할 때 콘셉트라는 용어를 쓴다. 이런 의미에서 콘셉추얼 디자인의 요소는 시각적일 수도 있고(예: 효율성이라는 콘셉트를 보여주기 위한 기계 사진), 문구일 수도 있다(예: 회사의 효율적인 측면을 강조하기 위해 '적시의', '즉시 응답하는' 등과 같은 단어를 사용한 짧은 문장). 사이트의 전반적인 메시지를 보여줄 목적으로 제작된 와이어프레임이나 디자인 목업, 또는 대략적인 프로토타입(프로토타입에 대해 더 보려면 13장을 참고한다)을 살펴보는 것도 콘셉트라 할 수 있다.

일반적으로 콘셉트 탐험은 디자인 초기에 실시한다. 더 자세히 말하면 타겟 사용자 그룹을 설정한 이후, 페이지 한 장 한 장의 세부적인 디자인에 들어가기 직전이다. 콘셉트 탐험을 실시하면 잠재 사용자에게서 여러 반응을 들을 수 있기 때문에 디자이너들은 영감을 얻고, 시장에 신제품을 출시하는 위험을 줄일 수 있다.

콘셉트 탐험의 주된 목적은 사용자가 UX 디자인 요소를 경험하면서 느끼는 반응이나 생각을 이해하는 데 있다.

콘셉트 탐험은 일대일 대화로 진행하기도 하고, 그룹으로 진행하기도 한다(그러나 이렇게 할 때도 다양한 견해를 듣고 논의하기 위해 개별 활동을 포함시킨다). 후자는 포커스 그룹처럼 진행한다. 일정 시간을 콘셉트 테스트에 할애한 후 그룹 토의로 이어진다(포커스 그룹에 대해서는 6장을 참고).

비영리 마이크로파이낸스(소액금융 지원 - 옮긴이) 단체를 대상으로 시행했던 콘셉트 탐험의 예를 살펴보자.

마이크로파이낸스는 후진국의 기업가들에게 소액 자금을 대출해주는 펀드다. 이 대출로 차용자는 사업을 시작할 수 있고, 결과적으로 가족과 커뮤니티의 삶의 질을 향상시킨다. 이 자금은 돈을 빌려주거나 소액 기부한 개인들에 의해 만들어진다(예를 들면 800달러가 필요한 케냐 가게 주인의 펀드를 위해 개인들이 25달러씩 모은다). 대출받은 기업은 사업이 성장하면 그 돈을 갚는다.

펀딩 모델은 아주 강력하고 효과적이지만 이 콘셉트를 말로 쉽게 풀어 설명하는 것에 어려움을 느꼈다.

이 기관은 마이크로파이낸스라는 개념 외에도 이들의 종교와 관련된 메시지와 디자인을 어떻게 다룰지도 고민하고 있었다. 이 마이크로파이낸스 기관은 설립자와 직원들의 신념에 기초한 단체다. 관련자들은 이 신념을 사이트에 명백히 보여주고 싶었지만 수위를 어떻게 조절할지 감을 잡을 수가 없었다. 종교적인 메시지가 너무 강하면 믿음이 다른 잠재 기부자가 떠나갈 수 있다. 그렇다고 너무 숨기면 그들의 진정한 가치를 보여주지 못할 것이다.

콘셉트 탐험에 숨겨진 위험

헨리 포드는 일전에 이런 말을 한 적이 있다. "만약 내가 고객들에게 원하는 것이 무엇인지를 물었다면 그들은 아마 더 빠른 말이라고 답했을 것이다." 콘셉트를 탐험하면서 잠재 고객에게 훌륭한 아이디어를 들었더라도 전적으로 거기에 의존해서는 안 된다. 획기적인 디자인은 과거에 전혀 듣도 보도 못한 것일 때가 많은 데 비해 리서치 참가자들은 극적인 변화를 달가워하지 않기 때문이다.

테스트 참가자는 현재 아는 것을 바탕으로 대답한다. 당신이 들어야 할 것은 미래에 무엇을 할 거라거나 하지 않을 거라는 예측이 아닌 그들의 반응이다. 그들의 행동에 영향을 미치는 것은 디자인 외에도 다른 요소가 수없이 많다(좋은 소문과 같은)는 것을 명심하라.

참석자들이 직접 선택하게 하지 마라("콘셉트 A와 B 중 무엇이 더 좋습니까?"와 같이). 대신 그들이 지금 제시된 콘셉트를 어떤 식으로 표현하는지를 들어라. 콘셉트 탐험의 결과는 UX 디자이너에 대한 명령이나 지시가 아닌 디자인에 활용될 인풋이어야 한다.

콘셉트 테스트에서 생길 수 있는 잠재적인 위험과, 이것을 잘 활용하는 방안에 대해 밀만(Millman)과 마이크 베인브리지(Mike Bainbridge)가 훌륭하게 쓴 "디자인과 리서치의 조우(Design Meets Research)"라는 논문이 AIGA 웹사이트에 있다.

http://www.aiga.org/content.cfm/design-meetsresearch

이 프로젝트의 UX 디자이너들은 마이크로파이낸스 모델을 설명하고, 잠재 기부자를 소외시키지 않으면서, 종교적 신념을 보여줄 수 있는 이미지와 텍스트를 찾아 나서기로 했다. 따라서 이 모델에 대한 개념(자립이나 투자 같은)을 보여주는 사진과 글, 그리고 다양한 수위의 종교적인 메시지(예, 믿음, 사상)를 선택했다.

그다음으로 이 사이트의 사용자 그룹에 속하는 참가자와의 포커스 그룹을 계획했다. 종교적 신념으로 기부하는 그룹과 그렇지 않은 두 그룹이 대상으로 선정됐다.

먼저 진행자는 각 그룹별로 기부 모델을 설명했다(종교에 대해서는 말하지 않았다). 각 참석자에게 큰 종이 한 장, 몇 장의 사진, 몇 개의 단어, 그리고 그들이 뭔가를 선택했을 때 단어를 적을 수 있는 빈 카드를 제공했다. 그리고 나서 친구나 가족에게 이 모델을 설명할 때 사용할 것 같은 사진과 단어로 콜라주를 만들어 달라고 부탁했다. 이 활동이 끝나면 참석자는 다시 모여 그들의 작품을 보여주면서 왜 어떤 이미지와 텍스트를 골랐고 왜 어떤 것은 고르지 않았는지를 설명했다. 그림 14.1은 이 활동으로 만들어진 콜라주의 한 예다.

그림 14.1 | 콘셉트 테스트에서 한 참석자가 만든 콜라주

콜라주와 이후 토의를 통해 프로젝트 팀은 중요한 시사점을 얻었다. 그 시사점은 다음과 같다.

- 참석자들은 '서구적인' 관점에서 성공을 뜻하는 이미지를 꺼려했다(예를 들면 멋진 정장과 서류 가방 같은). 그들은 고유의 문화를 변질시키지 않으면서 수혜자의 삶이 향상되기를 바랬다.

- 모든 사용자 그룹이 이 사이트는 동기(종교적 신념)보다 목적(기업가들이 성장하고 번영하도록 자금을 지원하는 것)에 초점을 맞춰야 한다고 말했다. 같은 신념을 가진 사람에게 이 단체를 사실적으로 알려주는 것이 중요하기는 하지만 따로 분리해서 단체를 설명하는 공간(About Us 등) 같은 데서 보여주는 것이 바람직하다고 믿었다.

겉으로 드러난 사람들의 태도와 관심을 보면서 메시지의 방향을 잡을 수 있었다(게다가 콘셉트 테스트의 좋은 예시가 되기도 했다)!

비주얼 디자인 목업을 위한 팁

프로젝트의 어느 시점이 되면 사이트의 비주얼 디자인을 보여주기 위해 목업(mock-up)을 제작하기도 한다. 이런 경우라면 사람들이 디자인 안을 비교하고 대조할 수 있게 두 가지 이상의 안을 제시하는 것이 좋다. 만약 하나만 제시한다면 프로젝트 구성원들은 '친절한' 편견을 갖게 된다. UX 디자이너의 마음을 상하게 하고 싶지 않아서 지나친 비판을 꺼리는 것이다. 그러나 안이 두 개 이상 있으면 직접적인 비판보다 비교에 초점을 맞추기 때문에 좀 더 편안하게 날카로운 의견을 이야기한다.

참가자들에게 안을 차례로 보여주고(모니터나 출력물로) 몇 가지 질문을 던진다. 예를 들면 각 시안을 1분 동안 보게 하고 그 디자인을 가장 잘 표현하는 3개의 단어를 목록에서 고르게 하는 것이다. 참가자들은 20개의 단어(지루한, 유행에 맞는, 고루한, 시끄러운, 안전한 등)가 임의로 적힌 목록에서 3개의 단어에 동그라미를 친다.

주관식 질문도 좋다. 예를 들면 5개의 팔호가 적힌 종이를 나눠 주고 거기에 해당 디자인에 대한 전반적인 인상을 적게 하는 것이다.

이 과정에서 얻을 수 있는 정보로는 다음과 같은 것이 있다.

- 브랜드에 대한 참가자의 전반적인 인식: "이 회사는 위젯 업계의 롤스로이스 같습니다. 멋져 보이기는 하지만 비용을 감당하기는 어려울 것 같군요."
- UX 디자인과 라이프스타일의 연관성: "제 아들에게는 이 사이트를 보여주지 않을 것 같습니다. 겨우 8살인데 이미지가 너무 성인스럽네요."
- 해당 디자인이 새로운 콘셉트를 효과적으로 전달하는지 여부: "오, 알겠어요. 이 사이트는 결혼 준비 사이트군요. 하지만 자선 단체 사이트처럼 보여요."
- 참가자들이 핵심 용어를 규정하는 방식: "여기서 '솔루션'이라는 단어를 보니 배송 추적할 물건이나 서비스를 모두 찾아봐야 할 것 같은 느낌이 드네요."
- 신규 서비스 사용 방식, 또는 새로운 것의 도입에 따른 영향력에 대한 질문이나 걱정(다음 절에서 참가자들의 걱정을 보여주는 몇 개의 예시를 보여준다.)

UX 디자이너는 이러한 응답을 통해 그들의 의도대로 사용자들이 반응하고 있는지, 아니면 다른 방식으로 접근해야 할지 판단한다.

참가자들 중에는(이해관계자들도) 제시하는 안에서 좋은 것만 뽑아서 이야기하는 사람도 있다. "콘셉트 A는 이 부분이 좋고요, 콘셉트 B는 이 부분이 좋습니다." 이것은 자연스러운 반응이지만 그렇다고 곧이곧대로 받아들여서는 안 된다. 방향이 다른 두 안을 섞으면 부자연스러워지기 마련이다. 만약 각 안의 인기 요소끼리도 잘 어우러질 것 같다는 생각이 들면 한번 고려해 보라. 하지만 "초콜릿-땅콩잼이 아닌 초콜릿-피클" 조합이 될 수도 있다는 점을 미리 알린다.

정리하자면 콘셉트 테스트에서 하는 활동이나 테스트하는 요소를 어떻게 결정해야 한다는 속성 규칙 같은 것은 없다. 이보다는 테스트에서 어떤 정보를 얻을 것이고, 이때 얻은 정보를 창의성을 해치지 않는 선에서 어떻게 디자인에 반영할 것인지 기대 수준을 정하는 것이 더 중요하다.

디자인 테스트 기법 선정하기

콘셉트 탐험을 마치고 방향도 정했다면 이제 사용자와 함께 디자인을 테스트할 차례다.

테스트 방식은 당신이 가진 기술, 사용자에게 접근하는 방식, 리서치를 수행하는 데 필요한 공간과 소프트웨어에 따라 달라진다. 시간과 예산이 허락된다면 한 가지 이상을 택하라. 모든 방식에 장점과 단점이 있다. 두 가지 이상의 기법을 혼용하면 좀 더 큰 그림을 그릴 수 있다. 필요한 데이터를 얻기 위해 내려야 할 몇 가지 결정 사항을 아래에 나열했다.

정성적 리서치 대 정량적 리서치

리서치는 정량적 리서치 또는 정성적 리서치라고도 한다. 정량적 리서치는 수치 데이터에 초점을 맞추고, 타겟 사용자 그룹 안에서 신뢰도 높은 반복적인 결과를 제공한다. 이것은 해당 그룹에서 충분히 많은 일련의 사용자(샘플 사이즈라고 하는)를 포함시켜 그 결과로 그 집단 전체가 어떻게 행동할 것인지를 약간의 오차 범위 내에서 추론하는 것이다. 전반적으로 테스트 디자인과 분석에 형식을 갖춘 다소 과학적인 접근법이다. 조사의 초점은 현재 디자인을 평가하는 것이다. 특히 사이트의 반복 버전별로, 경쟁사별로, 또는 벤치마킹 대상별로 실시한다.

정량적 리서치를 시행한다는 것은 개인들의 변수(타이핑 속도, 유사 사이트에 대한 친숙도 등등)를 감안해 많은 수의 참가자를 불러야 한다는 의미다. 설문조사는 다수의 고객으로 확장할 수 있는, 즉 정량적인 데이터를 확보하는 정보수집 기법의 한 예다. 질문만 잘하면 그와 같은 데이터를 얻을 수 있다(설문조사에 대해 알고 싶다면 6장을 보라). 당신에게 정량적인 정보가 필요하다면 이 절의 후반부에서 다루는 자동화된 리서치 도구 사용을 고려해볼 수 있다.

반면 정성적인 리서치는 신뢰도나 반복성에 초점을 맞추지 않고 사용자 행동과 관련된 컨텍스트와 인사이트를 얻는 데 초점을 둔다. 이 기법은 디자이너의 해석, 직관, 상식에 좌우된다. (6장에서 논의한 컨텍스추얼 인쿼리가 정성 조사의 예다). 정성적인 기법은 테스트의 개방성을 허용하므로 아이디어를 탐험하거나 시사점을 얻는 데 도움된다. 사용자와 나누는 대화는 사용자의 행동만큼이나 중요하다. 초점은 현재 디자인을 개선하는 데 있다. 테스트하는 디자인에 대한 인사이트와 반응을 들음으로써 개선 아이디어를 얻는다.

대면 리서치 대 원격 리서치

이 책에서 다룬 리서치 기법은 모두 대면으로 실시할 수 있지만 집이나 사무실에서 편하게 할 수도 있다. 이런 것을 원격 리서치(remote research)라 한다. 이것은 좋은 도구, 설비, 기술의 발달로 점점 더 효과가 좋아지고 있다.

리서치를 대면으로 할지 원격으로 진행할지를 결정할 때 고려해야 할 요소는 다음과 같다.

- **환경.** 사용자를 당신의 공간으로 오게 하거나 당신이 그들의 공간으로 가는(훨씬 좋다) 대신 원격으로 리서치를 실시하면 그들의 환경에 대한 전체적인 맥락을 파악하지 못할 수 있다. 공간을 자세히 보기 위해 아무리 웹캠을 여러 대 설치했어도 원격으로는 도저히 보지 못하는 것을 대면으로 할 때 발견한다(예를 들면 책상에 놓인 파일 정리 방식을 보면서 인사이트를 얻는다).

- **니즈.** 원격으로 리서치했을 때 컨텍스트와 관련해서 얻는 혜택이 있다. 이미 가동 중인 웹사이트를 테스트하는 중이라면 사이트에 자연스럽게 들어온 사용자를 즉석에서 모집해 중요한 상황 정보를 얻을 수 있다. 에쓰니오(Ethnio) 같은 도구는 사이트에 오는 사용자를 가로채서 리서치에 참가할 의향이 있는지를 묻는다. 자격 요건이 충족된 사람(효력 있는 심사 과정이 있다고 했을 때)은 바로 진행자에게 연결되어 인터뷰나 사용성 테스트에 참가할지를 묻는다. 이것을 시간 인식 연구(time-aware research)라고 하는데, 과제를 자연스럽게 수행하는 실제 사용자를 보기 때문에 그들의 니즈에 대한 소중한 정보를 얻을 수 있다는 큰 이점이 있다. 대면 리서치에는 이런 '바로 그때'적인 요소가 없다(그렇지만 컨텍스추얼 인쿼리에는 이런 요소가 들어간다. 이 기법에 대해 더 알고 싶다면 6장을 참고한다).

- **접근.** 이것이 원격 리서치가 가장 뛰어난 부분이다. 대면 리서치를 위한 약속을 잡으려면 진행자나 참가자 모두 시간이 많이 걸린다. 원격 리서치는 오가는 시간, 약속을 잡는 번거로움, 약속이 틀어졌을 때의 문제가 없기 때문에 더 쉽게 더 많은 참가자와 만날 수 있다. 타겟 사용자가 다른 나라에 있거나, 또는 무지 바쁜 사람이라면 원격 리서치를 통해야 더 잘 만날 수 있고, 참가율도 높다.

- **비용.** 원격 리서치는 보통 대면 리서치보다 비용이 덜 든다고 알려져 있지만 이 말이 항상 사실은 아니다. 원격 리서치를 위한 도구나 설비를 사려면 비용이 들고, 리서치 계획, 테스트 디자인, 리쿠르팅, 보상, 분석(이 장의 후반부에서 다룬다)에 여전히 비용이 들기 때문이다. 하지만 시간이 부족할 때는 원격 리서치를 함으로써 오가는 시간과 비용을 줄일 수 있다.

시간 인식 연구

네이트 볼트(Nate Bolt)와 토니 툴라씨무트(Tony Tulathimutte)의 『원격 리서치(Remote Research)』라는 책에서는 원격 리서치의 엄청난 장점에 대해 적고 있다. 그것은 사이트에서 과제를 수행하는 사용자를 가로챌 수 있다는 점인데 저자들은 이를 "시간 인식 연구(Time Aware Research)"라고 한다.

한번 해보면 알겠지만 대면 리서치에는 부자연스러운 요소가 따라온다. 당신은 사용자에게 자신들의 일상적인 장소(집, 업무 공간, 기차 등)를 벗어나 낯선 공간에서 니즈를 표출하라고 하거나, 아니면 그들의 영역(그들이 무언가 다른 일을 하고 있을 때)으로 가서 테스트 과제의 시나리오를 생각하라고 요구한다. '바로 그때'에 사용자를 가로챌 수 있다면 이들이 당신의 사이트에 오게 된 니즈를 훨씬 쉽게 표출할 수 있다.

시간 인식 연구와 그 외에 다른 원격 기법에 대해 더 알고 싶다면 네이트 볼트와 토니 툴라씨무트의 『원격 리서치: 실제 사용자, 실제 시간, 실제 리서치(Remote Research: Real Users, Real Time, Real Research)』(로젠펠트 미디어, 2010)를 참고한다.

원격 리서치의 고려 사항

리서치를 원격으로 수행하기로 했다면 아래의 단계를 꼭 계획에 포함시켜라.

- **도구를 신중하게 골라라.** 당신이 고른 도구는 리서치의 큰 목표를 달성하는 데 도움돼야 한다. 도구와 그 사용법에 대한 몇 가지 생각을 보려면 몇 페이지 뒤에 있는 "원격 리서치 도구의 예"라는 제목의 상자를 참고한다. 어떤 도구를 생각하든 정식으로 사용하기 전에 꼭 테스트 시나리오를 돌려봐야 한다.

- **사용자가 어떤 하드웨어와 소프트웨어를 쓰는가.** 사용자가 과제를 완료하는 모습을 원격으로 지켜보고 싶다면 그들의 컴퓨터에 접근할 수 있는지의 여부와 화면을 공유하는 소프트웨어가 있는지(그러나 이는 보안 문제를 야기할 수 있다. 따라서 그들이 소프트웨어나 플러그인을 설치하거나 화면을 공유하는 노하우, 능력, 허가가 있으리라 가정해서는 안 된다) 반드시 확인하라. 이것이 당신의 사용자 그룹에게 어렵거나 좌절을 안겨줄 것 같다면 다른 접근 방식을 택하라(예를 들어 특별한 소프트웨어가 없이도 할 수 있는 설문조사를 하거나 대면으로 접근한다).

- **세션이 시작되기 전에 세팅을 테스트하라.** 원격 도구는 상당히 많은 요소로 구성돼 있다. 특히 도구 하나로 사용자를 심사하고 다른 도구로 리서치를 수행하려면 더 그렇다. 녹화용 소프트웨어나 설비가 있으면 빠진 부분이 무엇이고, 리서치를 방해하는 것이 무엇인지를 알기 쉽다.

- **기술적인 문제가 생겼을 때 해결해 줄 전문가를 대기시켜라.** 아무리 계획을 잘 짜도 테스트가 엉망이 될 수 있다. 마더레이션 테스트를 실시하는 중이라면 사용자와 전화를 하다가 혼자 안절부절하는 일이 생길지도 모른다. "플러그인을 설치하지 않았습니다"라거나 "인터넷을 켜세요"라고 말해 줄 누군가가 옆에 있으면 도움될 것이다.

마더레이션 기법 대 자동화 기법

지금까지 다룬 대부분의 기법들은 마더레이션된 리서치다. 이것은 진행자(마더레이터라고도 한다)가 사용자에게 직접 이야기하고 이끄는 방식이다. 일반적으로 정성적인 기법에서 진행자는 관심 영역으로 더 깊이 들어갈 수 있게 질문을 달리하면서 참가자의 태도나 감정적인 반응을 주시한다. 하지만 세션마다 진행자에게 허락된 시간이 제한적이라서 마더레이션 접근법은 시간이 많이 걸리고 범위가 한정적이라는 단점이 있다.

> **서핑**
>
> 카일 소시(Kyle Soucy)는 자신의 글인 "마더레이션되지 않은 원격 사용성 테스트:
> 선인가 악인가?(Unmoderated, Remote Usability Testing: Good or Evil?"에서
> 자동화된 도구의 혜택과 문제점에 대해 훌륭히 다룬 바 있다. 이 글은 http://www.
> uxmatters.com/mt/archives/2010/01/unmoderated-remote-usability-testing-
> good-or-evil.php에서 읽어볼 수 있다.

리서치를 주관하는 효과적인 자동화 도구는 최근 몇 년간 폭발적으로 증가했다. 참가자들이 온라인으로 리서치 과제를 완료하고, 추후 분석을 위해 그들의 응답과 행동을 캡처한다. 리서치 주관자가 사전에 자동화된 테스트를 설치하고, 일정 시간이 지나면(아니면 사용자 성공률을 보여주거나 특정 질문이나 과제에 대한 사용자의 행동을 보여주는 대규모 데이터 샘플을 얻은 후) 결과를 분석한다. 6장에서 카드 소팅이나 설문조사에 쓰는 몇 가지 자동화된 도구를 소개한 바 있다. 그리고 이 외에도 다른 용도로 활용할 수 있는 것이 많다. 어떤 것이 당신에게 적합한지를 파악하려면 아래의 기초적인 질문을 던진 후 그 답변에 따라 도구를 평가한다.

- **당신이 궁극적으로 발견해야 하는 것은 무엇인가?** 웹 통계로 발견한 사용자 행위를 시각적으로 표현하고 싶다면 현재 운영 중인 사이트에 클릭테일(ClickTale) 같은 도구를 사용한다. 옵티멀 소트(OptimalSort)로는 원격 카드 소팅을 할 수 있다. 만약 정보 설계한 것이 있어서 인터랙티브하게 테스트하고 싶다면 트리잭(Treejack)을 이용해 카테고리와 하위 카테고리를 테스트할 수 있다. 스케치, 와이어프레임, 스크린샷과 같은 이미지를 업로드해서 온라인 과제를 테스트하고 싶다면 유저빌라(Usabilla), 루프11(Loop11), 유저테스팅(UserTesting.com)과 같은 도구를 사용하면 과제를 시각적으로 테스트할 수 있다.

- **어떤 형태의 데이터가 필요한가?** 유저플라이(UserFly)는 커서의 움직임을 잡는다. 클릭테일에서는 페이지에서 가장 많이 클릭되는 요소의 주변을 열 지도로 보여준다. 유저테스팅(UserTesting.com)에서는 사용자의 피드백을 녹화한다. 무엇이 꼭 필요한지 결정하고 그것을 바탕으로 도구를 선택하라. 확실치 않다면 당신의 넘치는 질문에 가장 좋은 답을 주는 것이 무엇인지 보라. 그리고 그 결과를 살펴볼 팀원과 경영진에게 어떤 형태의 데이터가 가장 효과적일지도 생각한다.

- **사용자를 어떻게 리쿠르팅하고 싶은가?** 어떤 도구는 사용자를 가로챈다. 어떤 도구는 사용 비에 잠재 사용자까지 포함된다. 저렴하게 하려면 당신이 직접 사용자를 리쿠르팅한다.

- **참가자를 어떻게 심사하는가?** 참가자 심사를 자동화하고 테스트를 여러 버전으로 실시할 예정이라면 적합한 참가자가 연결되도록 온라인에 심사지를 설치해야 할지도 모른다. 사용자 심사를 도와주는 도구도 있지만 대부분의 경우에는 우푸(Wufoo)나 설문조사몽키(SurveyMonkey) 같은 자동화된 도구와 병행하는 것이 좋다.

- **누가 분석하는가?** 어떤 도구 패키지에는 리포트까지 포함된다. 기본적인 통계만 제공하고 힘겨운 분석은 직접 당신이 해야 하는 도구도 있다. 어떤 경우든 당신이 답을 얻으려고 했던 질문과 분석 결과가 일치하는지 확인해 줄 누군가가 필요하다.

자동 리서치 계획을 세울 때는 어떤 질문을 해야 하는지 더 신중하게 고려해야 하기 때문에 마더레이션 리서치 계획을 세울 때보다 훨씬 더 많은 노력이 필요하다. 특히 정량적인 데이터에 초점을 맞추거나, 같은 질문에 답하는(유도성 질문을 피하는 방법에 대해서는 6장을 참고) 대규모 샘플을 비교할 때 더욱 신중할 필요가 있다. 또한 도구를 평가할 때 주어진 도구 내에서 정말로 목적한 질문이 맞는지를 확인하려면 샘플 테스트도 하는 것이 좋다.

자동 도구를 이용할 때 일단 정보가 들어오기 시작하면 그 숫자들 안에서 패턴을 쉽게 파악할 수 있다. 참가자를 추가하는 것도 마더레이션 리서치보다 훨씬 부담이 적다. 그러나 결과 뒤에 숨겨진 의미를 제대로 이해하려면 언제나 정성적인 질문을 던지려고 노력해야 한다.

자동화된 테스트는 사용자가 성공하건 실패하건 질문이 가능하고, 이해하기도 쉬운 단순하고 선형적인 과제(또는 갑작스런 수치 저하 같은 문제를 감지할 수 있는 통계 기반 도구의 경우)에 가장 잘 어울린다. 이 테스트는 사용자의 동기와 관련해 많은 정보를 주는 인터뷰 같은 기법과 결합하면 더욱 효과가 좋다. 하지만 그 자체로도 문제 영역을 금방 찾을 수 있기 때문에 나중에 실시하는 더 자세한 리서치의 사전 준비물로 활용하면 유용하다.

원격 리서치 도구의 예

앞에서 언급했다시피 사용할 수 있는 원격 리서치 도구는 수도 없이 많다. 다음 사이트에서 몇 가지 도구를 비교해볼 수 있다.

- http://www.the10most.com/entrepreneurs/online-usability-testing-10-greattools-to-make-your-web-site-easier-to-use.html
- http://www.usefulusability.com/24-usability-testing-tools/

다음의 도구는 웹 통계 도구에서 나온 데이터를 클릭 경로를 보여주는 동영상이나 열지도 같은 시각적인 자료로 변환해 준다. 디자인의 잠재적인 문제를 발견하거나, 서로 다른 두 가지 버전의 디자인을 테스트(A/B 테스트)할 때도 이용할 수 있다:

- 클릭테일(http://www.clicktale.com)
- 크레이지 에그(http://www.crazyegg.com)
- 유저플라이(http://userfly.com)

다음 도구는 여러 단계로 구성된 과제와 연관 질문으로 구성된 사용성 테스트를 할 때 사용할 수 있다.

- 초크마크(http://www.optimalworkshop.com/chalkmark.htm)
- 루프11(http://www.loop11.com)
- 유저줌(http://www.userzoom.com)
- 유저테스팅(http://usertesting.com)
- 유저빌라(http://usabilla.com)

내비게이션 구조나 카테고리 구조에 초점을 맞춰 테스트하되, 아직 페이지 디자인이 나오지 않았다면(아니면 이용하고 싶지 않다면) 다음 도구를 사용해 보자.

- 옵티멀소트(http://www.optimalworkshop.com/optimalsort.htm)
- 트리잭(http://www.optimalworkshop.com/treejack.htm)

리서치에 설문조사 질문을 넣어야 한다면 다음 도구의 도움을 받을 수 있다(설문조사 디자인에 대해서는 6장을 참고).

- 구글 문서 도구(https://docs.google.com). 무료이고, 온라인 스프레드시트에서 간단한 웹 양식을 만들 수 있다.
- 설문조사멍키(http://www.surveymonkey.com)
- 우푸(http://wufoo.com)

사용성 테스트

앞에서 언급했듯이 사용자와 테스트할 수 있는 디자인 요소는 많이 있다. 그러나 당신의 목표가 제품 안에서 핵심 행위(제품을 장바구니에 넣고 결제하는 것과 같은)를 성공적으로 완료시키는지 보고 개선하는 것이라면 사용성 테스트가 좋다.

　사용성 테스트는 자주 사용되는 UX 디자인 테스트 기법 중 하나다. UX 디자이너가 아닌 사람에게도 제일 많이 알려진 것으로, 아마 이해관계자나 프로젝트 팀은 이미 알고 있을지도 모른다. 개념은 명확하다. 사이트에서 우선 순위가 높은 과제를 정한다. 사용자 몇 명에게 그것을 해보라고 시킨다. 그리고 그들이 어떤 부분에서 문제를 겪고, 성공했는지 기록한다.

사용성 테스트 대 사용자 수용성 테스트

개발이 끝나갈 때나, 베타 모드처럼 뭔가 작동하는 것이 있을 때만 사용성 테스트를 할 수 있다고 생각하는 사람을 종종 볼 수 있다. 이것은 프로젝트 후반에 시행하는 사용자 수용성 테스트 (UAT, User Acceptance Testing) 때문에 생긴 오해일 수 있다. 이름이 비슷한 것도 혼란의 원인이다.

공식적인 품질 보증 프로세스를 거치는 프로젝트에서 UAT는 테스트 중에서 후반에 실시한다. 실제 사용자를 대상으로는 하지 않는다. UAT의 주목적은 그 사이트가 이해관계자들이 요청한 기능적인 요구사항을 잘 충족시키는지를 마지막으로 확인하는 것이다. 보통 이 과정에서 에러나 버그를 잡기도 한다.

물론 수용성 테스트가 사용성과 관련된 이슈를 제기하기도 하지만 그렇다고 이것이 사용성을 체크하는 유일한 수단이 되어서는 안 된다. 왜냐하면 너무 프로젝트 후반에 시행되기 때문에 수용성 테스트로 얻은 피드백을 바탕으로 수정하려면 비용이 많이 들기 때문이다. 중요한 사용성 이슈는 개발이 깊이 진행되기 전에 잡는 것이 좋다. 사용성 테스트는 좀 더 사실적인 행위에 대한 정보를 얻기 위해 실시하고, 프로세스 초반부터 계획을 세워야 한다.

다음 절에서는 사용성 테스트를 할 때 많이 거치는 공통 단계에 대해 이야기하겠다.

- 리서치 계획 짜기
- 실행하기
- 리쿠르팅 & 방식 정하기
- 결과 분석 및 제시하기
- 토론 가이드 정리하기
- 추천안 만들기

시작하기 전에 다시 한 번 프로젝트 목표를 상기하라. 그래야 전 과정에 거쳐 중심을 잡을 수 있다. 특히 초반에 테스트 방식을 고르거나 계획을 세울 때 더욱 도움된다. 그러면 사용성 테스트는 정성적인 접근인가 정량적인 접근인가? 이는 UX 디자인 업계의 오랜 논의 주제 중 하나다.

어떤 접근도 가능하고 모두 유용한 결과를 준다. 더 정량적이라고 하는 사람들이 하는 주장은 이렇다.

- 정량 리서치는 이후 테스트의 결과값과 비교할 수 있게 수치적인 기준을 정하기 때문에 목표를 향한 진전을 볼 수 있다(예: 결제에 걸리는 시간을 20% 줄인다, 사이트 사용성 문제 중 80%를 잡는다). 이는 두 개의 사이트를 비교하거나 특정 사이트를 평가할 때 좋은 접근법이다.
- 통계적으로 유효한 결과를 제공한다. 이것은 데이터 중심적인 의사결정을 신봉하는 이해관계자에게 추천안을 제시할 때 그 안을 변호할 수 있는 중요한 도구가 된다.
- UX 디자이너 개개인의 편견이 결과에 영향을 미치는 가능성을 줄인다.
- 결과가 전체 사용자를 반영할 수 있다. 즉, 결과의 신뢰도가 높다.
- 관찰을 입증할 명백하고 수치적인 기법이다(예: 몇 명의 사용자가 같은 문제를 겪었다).

정성적 사용성 테스트를 주장하는 사람들은 이렇게 말한다.

- 정성적인 리서치는 디자이너 안에 경험과 몰입감을 쌓아주기 때문에 사용자에 초점을 맞춘 창의적인 해결안을 촉구할 수 있다.

- 논리적인 제안이 나오려면 UX 디자이너의 직관이 매우 중요하다. 그가 팀에 있는 큰 이유이기도 하다.

- 특히 사용성 테스트에서 정성적인 접근은 정량적인 접근보다 비용이 적게 든다. 왜냐하면 정성적 리서치는 사용자가 덜 필요하고 과학적인 디자인이나 분석(통계와 같은) 지식을 덜 필요로 하기 때문이다.

- 정량적인 연구는 분석이 잘못되기 쉽다. 데이터에 결과가 묻히는 것이다(고의적인 것은 아니다). 따라서 정량적인 접근은 제대로 실행되지 않으면 정성적인 테스트보다 더 큰 위험을 부를 수 있다.

- 관찰 내용을 수치적으로 보증하지는 못하지만 UX 디자이너가 보증할 수 있다. 디자이너는 자신의 숙련된 지식으로 해당 문제의 파급 효과를 판단해 사용자 스토리로 전개할 수 있다.

정성적인 사용자 테스트는 과학적인 조사 기법에 대해 정식 훈련을 받지 않은 사람도 쉽게 시도할 수 있고, 디자인에 필요한 풍부한 데이터를 제공한다. 이런 이유로 여기서는 이제부터 정성적 테스트 디자인에 초점을 맞추겠다.

'충분한' 사용자는 몇 명인가?

"몇 명의 사용자가 충분한가?"라고 묻는 것은 정치 집회에서 정치 견해를 피력하는 것과 같다. 이것은 뜨거운 감자다.

하지만 피할 수 없는 질문이기도 하다. 왜냐하면 리서치를 하려면 틀이 필요하기 때문이다. 참가자의 수는 어떤 기법으로 접근할 것인가, 즉 정량적으로 할지 정성적으로 할지와 밀접한 관련이 있다.

답부터 말하면 제이콥 닐슨(Jakob Nielsen)이 언급하고, UX 업계에서 가장 많은 호응을 얻고 있는 가이드라인이 있다.

정량적 테스트는 정성적 테스트보다 더 많은 참가자가 필요하다. 바로 리서치 한 회당 20명의 참가자다(http://www.useit.com/alertbox/quantitative_testing.html 참고).

정성적 테스트는 리서치 한 회마다 5~8명이면 충분하다. 혹여 다른 문제에 감춰져 있거나, 디자인을 새로 하면서 의도치 않게 들어간 문제를 끄집어내려면 리서치를 한 회 이상 치르는 것이 바람직하다(http://www.useit.com/alertbox/20000319.html 참고).

리서치 계획 수립

사용성 테스트를 디자인할 때 사용성 테스트의 중심이나 범위를 정하기 위해 생각해야 할 몇 가지 사항이 있다. 핵심 이해관계자나 팀과 함께 논의하기 위해 이를 문서로 제공하기도 한다. 이것을 사용자 리서치 계획이라고 한다. 이 계획은 위에서 선택한 접근 방식의 윤곽을 잡아줄 것이다.

왜 이 테스트를 하는가?

전체 프로젝트의 목표를 바탕으로 테스트의 목적을 진술한 명백한 문장이 있어야 한다. 디자인 목표의 예시문과 프로젝트의 형태에 따라 이것이 어떻게 달라지는지 알고 싶다면 2장을 참고한다.

누구를 테스트하는가?

사용자 모델을 만들었다면(6, 7장 참고) 어떤 사용자를 테스트할지 결정하는 기초 자료로 활용하라. 아직 만들지 않았다면 프로젝트 팀이나 관련 이해관계자를 만나 사용자 그룹을 정하라. 이 정보는 참가자 리쿠르팅과 심사에 활용될 것이다('리쿠르팅 및 방식 정하기'에서 더 자세히 다룬다).

이때 사이트를 대표하는 사용자 그룹과 각 테스트마다 필요한 사용자의 수도 정해야 한다.

무엇을 테스트하는가?

무엇을 테스트하느냐에 대한 질문은 두 가지 질문과 연결돼 있다. 어떤 방법론을 이용해 사이트를 보여줄 것인가?와 테스트에 어떤 과제를 포함할 것인가?가 여기에 해당한다.

이미 가지고 있는 사이트를 개편하는 경우라면 굵직한 사용성 문제를 뽑아내기 위해 먼저 현재 있는 사이트를 대상으로 통째로 테스트할 수 있다.

완전히 새로운 것을 만드는 프로젝트라면 페이지 같은 새로운 인터페이스 요소를 보여주기 위해 스케치나 종이 프로토타입(이를테면, 몇 장의 와이어프레임 인쇄본)을 이용해볼 수 있다. 신뢰도가 낮은 UI 표현 방식이기는 하지만 프로젝트 구성원들 사이에서 토론거리를 끄집어 낼 수 있고, 재빨리 필요한 내용을 수정해 다음 참가자들에게 반복 테스트를 진행할 수 있다(스케치와 와이어프레임에 대해 더 자세히 알고 싶다면 12장과 13장을 참고한다).

인터랙션이 풍부한 신규 프로젝트라면 프로토타입에서 실제 내비게이션의 흐름을 보여줘야 한다. 복잡한 개발에 돌입하기 전에도 신속하게 프로토타입을 만들어 보여줄 수 있다(프로토타입에 대한 자세한 사항은 13장을 참고한다).

테스트하는 페이지는 당신이 고른 과제와 밀접히 연결돼 있다. 프로토타입으로 사용자와 함께 테스트할 계획이라면 그 과제의 메인 페이지, 중간 페이지, 그리고 대체 경로를 포함시킨다. 상세한 내용까지 일일이 다 그릴 필요는 없지만 사용자가 맞는 방향으로 갈 수 있게 필요한 메시지는 미리 계획해 둬야 한다. 이는 '이 페이지는 서비스되지 않는다'나 사용자에게 '이전 페이지로 돌아가서 다시 해보라'고 요청하는 것과 같이 간단한 것도 무방하다.

구체적인 과제 내용은 아래의 '토론 가이드 정리하기'에서 다루겠다. 하지만 어떤 유형의 과제를 선택하느냐에 따라 리서치 범위가 많이 달라지기 때문에 계획을 짜면서 그 목록을 정하는 것이 좋다.

스쿠버 다이빙

반복 디자인(iterative designing)과 스케치로 사용성 테스트를 하고, 영감 넘치는 인사이트를 창의적인 UX 디자인으로 승화시키는 방법에 대해 더 알고 싶다면 빌 벅스턴(Bill Buxton)이 쓴 『사용자 경험 스케치(Sketching User Experiences: Getting the Design Right and the Right Design)』(인사이트, 2010)를 읽어보라.

종이 프로토타입에 대해 더 알고 싶다면 캐롤린 스나이더(Carolyn Snyder)가 쓴 『종이 프로토타입: 쉽고 빠른 디자인과 사용자 인터페이스(Paper Prototyping: The Fast and Easy Way to Design and Refine User Interfaces)』(모건 카우프만, 2003)를 참고한다.

목록이 너무 길고 어떤 것이 중요한지 잘 모르겠다면 다음을 고려해서 우선순위를 정하라.

- 기존의 통념을 깨는 디자인 영역. '장바구니' 대신 '쇼핑백'이라고 했는가? 사용자도 그런 뜻으로 받아들이는지 확인해야 한다.
- 정치적으로 얽힌 디자인 영역. 나는 이 방향이 옳다고 생각하는데 다른 이해관계자나 프로젝트 구성원들은 반대한다. 백문이 불여일견이다.
- 사용성 문제가 치명적인 결과를 부를 수 있는 영역. 예를 들면 구매 내역이 사라지거나, 심하면 죽음에 이르는 경우(약물 복용 방법을 알려주는 건강 관련 프로그램이 좋은 예다)가 여기에 해당한다.

다음으로는 사용자가 과제를 수행하면서 당신이 얻어야 할 정보를 결정해야 한다.

어떤 정보를 수집할 것인가?

여기서는 비교적 측정 수치가 많지 않은 정성적 사용성 테스트에 초점을 맞춘다. 아마 당신은 사용자가 겪는 문제, 짜증의 정도, 문제의 심각도를 볼 것이다. 예를 들면 단속적인 문제(모든 사용자가 경험하는 것이 아닌)가 있는데 그 결과로 게시글이 영영 없어진다고 해보자. 이는 큰 우려사항으로 다뤄야 한다!

사용자별로, 또는 테스트 회차별로 시사점을 얻으려면 테스트를 하는 도중에 수집해야 하는 측정치가 있다. 다시 말하지만 소수의 참가자를 대상으로 정성적 테스트를 할 때 숫자에 연연할 필요는 없다(참가자 5명의 평균 수치가 무슨 의미가 있겠는가). 하지만 다음의 수치는 사용자들이 겪는 문제의 심각도를 이해하는 데 도움될 것이다.

성공: 사용자가 과제를 완료할 수 있는 정도. 사용자별로 보는 중이라면 '성공률'을 측정할 수도 있다(과제를 완료한 사용자의 수). 간단한 내용이기는 하지만 먼저 성공의 의미가 정의돼 있어야 한다.

비교적 편안한 테스트에서 '과제가 성공적이었다'라고 말하면 사용자가 마지막 상태에 도달한 것을 의미할 수 있다(예를 들면 게시물이 성공적으로 올라갔다). 좀 더 엄격한 형식의 테스트에서는 진행자가 개입하는 다양한 수위로 성공을 측정하기도 한다.

1단계 힌트: 진행자가 참가자의 질문에 응답은 하되 다른 부가적인 세부사항은 제공하지 않는 것이다. 예를 들면 참가자가 "이 버튼이 맞는 것 같아요. 한번 클릭해 볼까요?"라고 질문하면 진행자가 "계속 해보세요"라고 답하는 것이다. 1단계 힌트를 주었다고 과제가 실패했다고 볼 수는 없으나 참가자가 지금 불분명한 뭔가를 겪고 있으니 주목할 필요가 있다(물론 이것이 첫 과제라면 테스트 자체가 낯설어서 이런 질문을 하기도 한다).

사용자가 과제를 완료하는 과정에서 힌트가 필요 없었거나, 한두 개 정도의 1단계 힌트만 필요했다면 이 과제는 성공으로 평가할 수 있다(물론 사용자가 충분히 인내할 만한 수준의 시간이 걸렸다고 느낄 때만이다).

2단계 힌트: 참가자가 고전하는 것을 보다가 질문하면 약간의 힌트를 준다. 직접 답을 주지는 않지만 그 대답이 경로에 영향을 미친다. 예를 들면 진행자가 "이 페이지에 이 과제와 관련이 있다고 생각하는 것이 있습니까?"와 같이 묻는 것이다. 몇 개의 2단계 힌트를 주었을 때 과제에 실패했거나 어렵게 성공했다고 기록할 것인지 미리 선을 정해둬야 한다.

3단계 힌트: 참가자가 짜증내면서 포기하거나, 실제 상황이라면 분명히 포기했을 만큼 힘들어 한다면 직접 답을 알려준다. 예를 들어 "게시글을 올리려면 이 '전송' 버튼을 누르세요"라고 말해준다. 3단계 힌트가 제시될 정도라면 대개 이 과제는 실패한 것으로 본다.

고객 만족도: 과제를 성공적으로 끝내긴 했지만 그들의 기분이 어떤가? 과제 하나가 끝날 때마다 몇 가지 후속 질문을 던져서(이때는 타이머를 끄둔다) 얼마나 기분이 좋았는지 또는 짜증났는지를 알아보는 것이 좋다. 이것은 이야기하기를 좋아하지 않는 참가자의 속내를 볼 수 있는 방법이기도 하다.

표 14.1에서 후속 질문의 예를 몇 가지 볼 수 있다.

표 14.1 고객 만족도 관련 질문

질문	매우 동의 하지 않음	동의하지 않음	동의하지도, 동의하지 않지도 않음	동의함	매우 동의함
이 과제를 끝마치는 데 생각보다 오래 걸렸다.	1	2	3	4	5
이 과제는 수행하기 쉬웠다.	1	2	3	4	5
이 과제를 수행할 때 짜증이 났다.	1	2	3	4	5

고객 만족도를 위한 질문

고객의 진술: 이것은 수치는 아니지만 사용자가 던지는 말 또한 꼭 수집해야 할 정보다. 리포트에 사용자의 응답을 인용해서 넣으면 결과를 좀 더 현실적으로 보여줄 수 있고, 이해관계자들 또한 단순히 데이터만 해석하는 것이 아닌 중요한 깨달음에 이르는 생각들을 알게 된다. 테스트 도중에 기록하는 진술문이 질문인지 의견인지를 기록한다. 이 부분은 따로 떼서 설명하겠다('시사점 도출하기' 절 참고).

리쿠르팅 및 방식 정하기

리서치 개요도 잡았고, 각 그룹별로 참가할 인원수도 결정했다. 이제 테스트 일정을 잡을 차례다!

목록 만들기

리서치 계획을 세울 때 테스트에 참가시킬 사용자의 유형도 대략 잡았을 것이다. 이를 이용해 잠재 참가자 목록을 만든다. 이름, 이메일 주소, 전화번호 등을 알려 주는 정보원을 찾아라. 다음과 같은 곳이 있다.

- 관계된 회사 사이트에 등록된 회원

- 고객 지원 정보

- 리서치 주제와 관련된 사이트나 그룹. 당신의 리서치에 대한 게시물은 크레이그리스트 처럼 범위가 폭넓을 수도 있고, 그 회사가 속한 업계의 토론 그룹처럼 좁을 수도 있다.

- 테스트 주제와 연관이 있을 법한 지인들에게 보내는 이메일. 당신이 개인적으로 아는 지 인들만으로는 결과에 오류가 생길 수 있으니 해당 주제에 관심을 가질 법한 사람들에게 이메일을 전달해 달라고 부탁한다. 구전은 잠재 참가자를 구하는 훌륭한 방법이지만 이 사람들도 꼭 심사가 필요하다는 사실을 명심하라(잘 아는 사람에게 소개받으면 이 절차 를 생략하기 쉽다).

- 관련 사이트나 회사 사이트의 광고 영역에 짧은 설문의 형식으로 참가자의 자격을 미리 확인해 줄 것을 요청한다. 예를 들면 에쓰니오(Ethnio, http://ethn.io/)는 웹사이트에 심 사지를 넣어 방문자 중에서 잠재 리서치 참가자를 골라내는 웹 리쿠르팅 사이트다.

- 잠재적인 참가자들이 모일 법한 공공 장소에 게시물이나 심사용 질문지를 부착한다. 사 람들의 실제 생활 장소와 밀접하게 관련된 공간이 있다면 자격 심사와 약속 잡기까지 한 자리에서 해결할 수 있다.

- 참가자 리쿠르팅과 심사, 일정까지 담당해 줄 외부 리쿠르팅 회사. 이것은 비용이 많이 드는 선택이지만 리쿠르팅이 어려운 특이한 사용자 유형을 모집하거나, 대규모 참가자 가 필요한 경우에는 이 부분을 외주해서 시간을 절약할 수 있다. 특정 분야에 전문성을 지닌 회사도 있고(의료 분야 같은), 참여도를 높일 수 있는 충고도 얻을 수 있다.

이때 좀 더 창의적일 필요가 있다. 대상 사용자의 입장에서 생각해보자. 그들은 어디에 있을 것이 며, 무엇이 그들을 참가하도록 자극할 것인가? 이제부터 마지막 질문을 밝혀보자.

보상책 선택하기

사용자를 리서치에 참가하게 만드는 것은 무엇인가? 이것은 돈일 수도 있고 아닐 수도 있지만, 그 무엇이든 그들이 내어준 시간에는 보상이 필요하다.

회사 내부에서 리쿠르팅한다면 부서원들이 리서치에 참여할 수 있게 승인 담당 부서장에게 협조를 구한다. 더 향상된 사이트가 해당 부서에 어떤 혜택을 줄지 적극 피력한다

외부 사용자를 모집해야 한다면 보상책을 결정할 때 몇 가지 변수를 고려해야 한다.

일반 사용자인가? 특수 사용자인가? 대중이 이용하는 상거래 사이트의 조사 대상자는 일반 사용자일 가능성이 크고, 이럴 때는 약간의 현금이나 선물을 제공하면 된다. 하지만 변호사들이 이용하는 사이트라면 가치가 더 커야 하고, 돈보다 다른 보상책이 좋다(프리미엄 서비스 이용권과 같은). 섣부른 액수는 오히려 독이 될 수 있다. 시간당 25만원을 버는 사람들이 돈 때문에 참여하지는 않기 때문이다. 고가의 아이템을 구매하는 고객도 특수 사용자로 분류해 더 높은 보상을 해준다.

조사 주제가 얼마나 큰 흥미를 유발하는가? 어떤 사람은 앞으로 어떤 서비스가 제공되는지가 궁금해서 테스트에 참가하고 싶어한다. 흥미도가 높은 분야라면 보상이 적어도 무방하다. 남들이 보지 못한 것을 먼저 보는 것이 보상이기 때문이다. 하지만 객관적일 필요가 있다. 당신은 열광하지만, 남들도 그런가?

봉사를 위해 참가하는가? 어떤 사람들은 이타적인 목적으로 테스트에 참가하기도 한다. 아마 보상을 거부할지도 모른다. 커뮤니티(온라인, 오프라인)를 더 좋게 하는 것을 테스트하거나, 그 경험이 화합을 도모한다면 아마 더 많은(그리고 행복한) 참가자를 갖게 될 것이다. 이런 경우에는 사이트가 완성되고 나서 이들의 도움을 받았다는 내용을 공적으로나 사적으로 알림으로써 감사를 표시한다.

참여 방식이 얼마나 어려운가? 조사에 참여하기 위해 여행을 해야 한다면 더 큰 보상책이 필요하다. 집이나 사무실에서 편하게 원격으로 테스트를 받는다면 좀 적어도 된다. 물론 조사에 소요되는 시간도 고려한다. 사람들은 30분 참가할 때보다 2시간 참가할 때 더 많이 보상받고 싶어한다.

적절한 보상의 형태

상황에 따라 다르겠지만 다음은 대략적인 가이드다.

- 일반 사용자, 30분 소요, 원격 테스트: 30달러
- 일반 사용자, 1시간 소요, 대면 테스트: 80~120달러
- 특수 사용자, 1시간 가량, 높은 금전적 보상이 필요한 경우: 180~250달러
- 변호사, 의사, 회사 임원처럼 금전적 보상에 큰 관심을 보이지 않을 만한 특수 사용자의 경우: 3개월간 무료 서비스나 회사에서 만든 무료 제품, 또는 6개월 가량의 특별 멤버십 서비스 등

당신의 페르소나를 떠올리며 다시 한 번 상상력을 발휘하라. 당신이 그 사람들이라면 무엇 때문에 참여하려고 할 것인가?

참가자 심사하기

심사지(screener)란 참가자와 약속을 잡기 전에 잠재 참가자에게 이용하는 질문지다. 이것을 통해 당신의 정의에 적합한 대표 사용자를 선별한다. 질문지의 의도는 다음과 같다.

- 응답자가 당신이 테스트하는 기능의 현재 사용자인지 미래 사용자인지 확인한다.
- 하나 또는 그 이상의 사용자 그룹에 들어가는지 확인한다.
- 그 사용자 그룹 안에서 다양한 참가자가 섞였는지 확인한다.
- 기존에 조사 결과를 망치게 할 뻔한 경험이 있는 사람들을 제외시킨다.
- (필요하다면) 참가자가 도착하기 전에 당신이 알아두면 좋은 핵심 정보를 파악한다.

심사지는 리쿠르터가 전화에 대고 읽을 수 있는 소개문으로 시작한다. 응답자가 자격을 갖췄다면 언제 참가자로 통과시킬지, 자격을 갖추지 못했다면 언제 끊을지에 대한 안내문도 함께 들어간다.

심사지를 사용하는 사람은 참가자 리쿠르팅을 담당하는 사람이거나, 온라인에 심사 양식을 올릴 경우 잠재 참가자에 해당한다. 어떤 방식도 좋지만 일반적으로 양식이나 이메일을 이용하는 것에 관심을 가진 사람들의 목록을 수집한 후 전화로 심사하는 편이 더 낫다. 왜 그럴까? 사람들은 전화로 답할 때보다 종이로 답할 때 스스로를 잘못 판단하기가 더 쉽고, 심지어는 자격을 갖추지 않았어도 조사에 참가하려는 일이 빈번하기 때문이다. 특히 보상이 연루되면 더욱 그렇다.

조사 결과를 왜곡할 가능성이 있는 사람들도 이 과정에서 제외시켜야 한다. 예를 들면 흔히 묻는 질문 중에 응답자가 마케팅 리서치 분야에서 일하는지를 묻는 질문이 있다. 왜냐하면 이들은 리서치를 너무 잘 알아서 응답이 실제 생활의 생생한 반응과 거리가 멀 수 있기 때문이다. 만약 응답자가 경쟁사에서 일하는 사람이라면 디자인 정보가 유출될 위험을 막기 위해 제외시켜야 한다.

B2B 웹 주문 프로그램을 제작할 때 사용할 만한 심사지를 아래에서 볼 수 있다. 이 경우 우리는 웹을 이용하거나 웹에서 구매하는 것을 편안해 하고, 스스로 구매를 하고 있는 사용자 그룹을 찾고 있었다. 어떤 질문은 참가자를 결정하기 위한 것이고, 어떤 질문은(4번 같은) 더 정확한 타겟 그룹을 찾기 위한 것이다.

1. 당신의 연령대는 어떻게 되십니까? [18세 이상을 다양하게 모집]

    a. 18세 미만 ☞ 대상에서 제외

    b. 18~24세

    c. 25~34세

    d. 44세

    e. 45~54세

    f. 55세 또는 그 이상

2. 집에서 얼마나 자주 인터넷을 이용하십니까?

    a. 전혀 사용하지 않는다. ☞ 대상에서 제외

    b. 한 달에 한 번 이하 ☞ 대상에서 제외

    c. 한 달에 몇 번

    d. 적어도 일주일에 한 번

    e. 일주일에 여러 번

    f. 하루에 한 번 또는 그 이상

3. 온라인에서 마지막으로 개인 물품을 구매한 것이 언제입니까?

   a. 최근 한 달 내

   b. 1~3개월 이전

   c. 3~6개월 이전

   d. 6~12개월 이전 ☞ 대상에서 제외

   e. 12개월 이상 이전 ☞ 대상에서 제외

   f. 온라인으로 구매해 본 적이 없다 ☞ 대상에서 제외

4. 마지막으로 pseudocorporation.com을 방문한 것이 언제입니까? [그룹 A는 자주 사용하지 않거나 사용하지 않는 사람, 그룹 B는 자주 사용하는 사람]

   a. 이 사이트에 방문해 본 적이 없다… 그룹 A에 포함

   b. 최근 한 달 내----------- 그룹 B에 포함

   c. 1~3개월 이전----------- 그룹 B에 포함

   d. 3~6개월 이전 --------- 그룹 B에 포함

   e. 6~12개월 이전--------- 그룹 A 또는 B에 포함

   f. 12개월 이상 이전-------- 그룹 A에 포함

참가 대상에서 제외되셨습니다

'참가 대상에서 제외됐다'는 말은 좀 심하게 들린다. 이것은 응답자가 테스트에 적합하지 않아서 통화를 끝내야 한다는 말이다. 기분을 해치고 싶지 않아서 테스트에 적합하지 않다는 것을 알면서도 계속 질문을 하면 상대방의 시간을 빼앗는 셈이다. 이런 상황을 다루는 기술은 얼마든지 많다. 흔히 사용하는 방법이 "당신에게 해당되는 그룹의 정원이 꽉 찼습니다"나 "다음에 흥미 있는 테스트가 있을 때 다시 연락 드리겠습니다"라고 말하는 것이다.

장소와 장비 정하기

지금쯤 테스트를 원격으로 할지 대면으로 할지, 참가자마다 테스트 소요 시간을 얼마나 배정할지 결정했을 것이다. 이제 이 밖에 더 정해야 할 사항들을 알아보자.

테스트 장소: 관찰실이 있는 곳을 임대해야 하는가? 회사의 대형 회의실을 이용할 것인가? 타겟 사용자들이 많이 모인 장소로 가야 하는가? 테스트에 쓸 컴퓨터 세팅과 아울러 두세 명이 편하게 들어갈 수 있는 조용한 장소를 섭외하라. 원격으로 테스트하는 경우라도 오디오와 인터넷 연결이 잘 되는 조용하고 독립된 공간이 필요하다.

진행자 외의 참여 인력: 예를 들면 기록자가 있다면 진행자가 시간을 많이 절약할 수 있고 정확도도 높일 수 있다. 입구에서 응대하는 사람(도착한 참석자들에게 인사하고, 사람들이 기다리는 동안 질문지를 배포하며, 테스트 장소로 데리고 들어가거나 나오게 해주는)이나 IT 부문에 도움을 줄 수 있는 사람도 있으면 좋다.

테스트 녹화 방식: 여러 가지 방식이 있겠지만, 테크스미쓰(TechSmith)의 모래(Morae)나 캄타시아 스튜디오(Camtasia Studio) 같은 소프트웨어를 이용하면 테스트 장면을 녹화하기 쉽다. 특히 모래는 다른 도구에는 없는 웹캠 비디오 오디오 통합 기능이 있다.

테스트 안내문 정리

마지막으로 테스트 자체를 위한 자료를 만들 필요가 있다. 아마 지금쯤 과제 목록을 만들어 놨을 것이다. 이제 그 과제의 실제 문장과 안내문을 마무리 지어야 한다. 이때 두 세트가 필요하다. 하나는 진행자를 위한 것이고, 다른 하나는 참가자를 위한 것(테스트마다 충분히 복사해 둔다)이다.

서핑

미국 보건복지부에서 개발한 Usability.gov는 더 많은 대중이 사이트에 접근할 수 있게 개발하자는 취지로 만든 사이트다. 이곳에는 사용자 중심의 디자인을 돕는 훌륭한 자료가 많다. 그 중 하나로 조사를 녹화하기 전에 참가자의 동의를 받는 동영상 동의 양식(마이크로소프트 워드)이 있다.

http://www.usability.gov/templates/docs/release.doc

스크립트는 진행자가 참가자에게 읽어주는 소개글로 시작된다. http://usability.gov/templates에 좋은 예문이 많이 있다.

안내문에는 참가자가 과제를 성공적으로 완료하는 데 필요한 모든 구체적인 정보가 담겨 있어야 한다.

데이터 입력이나 개인화된 정보를 입력하는 과제라면 미리 데이터를 만들어 놓고 참가자에게 제공한다. 예를 들면 로그인이 필요한 과제에서는 모든 참가자가 사용할 수 있는 로그인 정보를 정해준다. 참가자들이 정보를 쉽게 입력할 수 있게 이런 정보를 안내문에 명확하게 기재해야 한다.

콘텐츠 편집자를 위한 과제의 안내문이 어떻게 구체적으로 정리될 수 있는지 살펴보자. 원래 계획에 담긴 과제는 다음과 같다.

"편집 대기 중인 게시물을 찾아라"

테스트 안내문에서는 다음과 같이 정리했다.

소개문

상사가 당신에게 새 업무를 부여했습니다. 그것은 회사 웹사이트에 글을 기고하는 작가들이 올린 글을 편집하고 승인하는 일입니다. 당신이 승인하면 그 글은 사이트의 '뉴스' 영역에 실립니다.

그 글이 회사의 메시지를 잘 담고 있는지 당신 외에 3명의 다른 편집자가 함께 승인 작업을 할 것입니다. 편집 도구로 들어가는 로그인 정보는 다음과 같습니다.

아이디: grobertson

비밀번호: come2gether

각 과제를 큰 소리로 읽고, 편집 도구를 이용해 과제를 수행하시기 바랍니다.

과제 1

도구에 로그인하고 들어가 편집 대기 중인 게시물을 열어보십시오.

보다시피 과제를 약간 바꿔서 마지막에 "게시물을 열어라"라는 분명한 문장으로 끝마쳤다. 이렇게 상세 단계까지 왔거나, 아니면 성공 여부를 측정할 목적으로 약간씩 내용이 바뀌는 것이 일반적이다. 리서치 계획하기에서 언급했다시피 과제 하나가 끝날 때마다 고객만족 질문을 던지기도 한다. 그리고 참가자들이 다음 과제를 미리 보지 못하게끔 과제별로 페이지를 따로 만드는 것이 좋다.

일반적으로 테스트 자료에는 다음과 같은 내용이 들어가야 한다.

- 동영상 녹화 동의 양식
- 진행자를 위한 테스트 안내문, 소개 스크립트 포함
- 참가자를 위한 테스트 안내문, 상세한 과제 내용과 사용자 만족 관련 질문 포함
- 기록 양식. 조사용 소프트웨어에 내장된 기록용 도구를 이용해도 좋고, 중요한 정보(예: 힌트의 종류 등)를 교차 확인할 수 있게 인쇄된 스프레드시트에 기록해도 된다. 테스트 전에 이런 부분까지 준비해 두면 일관된 결과를 얻을 수 있을뿐더러 녹화 내용을 검토할 때도 많은 시간을 절약할 수 있다.
- 필요하다면 별도의 질문지. 어떤 참가자는 조금 일찍 도착해서 기다리기도 한다. 이 시간은 참가자에게서 정보를 좀 더 얻어낼 수 있는 소중한 기회다. 이전에 디자인해 놓은 설문조사가 있다면 이때 활용하면 어떨까?
- 테스트가 끝날 때쯤 참가자에게 줄 보상책(봉투에 돈을 넣거나, 많이 통용되는 상품권 같은 것). 보상책이 무료 서비스 같은 것이라서 조사가 끝나도 아무것도 줄 것이 없다면 늦어도 하루가 지나기 전에 그와 관련된 진척 사항을 공지한다.

종이 프로토타입으로 하는 테스트라면 이것도 테스트 자료 안에 넣어라. 첫 번째 테스트부터 차질 없이 진행될 수 있게 필요한 모든 것을 철저히 준비해 놓는다.

조사 진행

조사 진행자는 참가자에게 과정을 소개하고, 그들의 질문에 답하며, 참가자들이 최대한 자연스럽게 행동할 수 있게 분위기를 조성하면서 인사이트를 엿보는 역할을 한다.

진행자는 참가자들이 독백하는 것처럼 생각을 말로 표현하게 해야 한다. (참가자가 조용해질 때마다 부드럽게 상기시킨다).

이러한 '말로 생각하기' 기법은 사용자의 행동에서 가장 많은 시사점을 얻을 수 있는 기법이다. 이전 기억이 가물가물할 때 내용을 떠올리라고 요청하는 것보다 과제 수행 중에 이야기를 들으면 문제해결 과정과 사고 과정을 더 많이 엿볼 수 있다.

그리고 참가자들에게 너무 빨리 정답을 제시하는 것도 삼가라! 사용자 테스트에서 어려운 부분 중 하나는 신중하게 골라 낸 참가자들이 엄청나게 낑낑대며 과제를 수행하는 모습을 지켜보면서 계속 하라고 말하는 것이다.

물론 당신은 동정심이 많아서 이 분야에 있는 것이고, 사용자를 굉장히 도와주고 싶을 것이다. 사람들이 점점 짜증내는 것을 지켜보다가 그들이 도움을 요청했는데도 "지금 혼자 있다면 어떻게 하시겠습니까?"라고 말하는 것은 쉬운 일이 아니다.

참가자들이 과제를 수행하는 도중에 질문을 한다면 대답하기 전에 몇 번 물러서야 한다. 테스트 초반에는 당신이 옆에서 지켜보는 것이 어색해서 몇 번 질문할 수 있다. 하지만 당신이 대답해 주는 사람이 아니라 지켜보는 사람이라는 점을 인지하게 되면 당신의 존재와 상관없이 과제에 집중할 것이다.

참가자의 질문과 좋은 응답의 예를 살펴보자.

> 참가자: "이 탭 같아요. 여기로 들어가 볼까요?"
>
> 진행자: "한번 소신껏 해보십시오."
>
> 참가자: "이 메뉴로 들어가야 하나요?"
>
> 진행자: "지금 그렇게 하는 게 맞다고 생각하신다면요."
>
> 참가자: "댓글 올리기는 여기서 하나요?"
>
> 진행자: 침묵. 친근하고 편안한 표정으로 참가자에게 미소를 보낸다. 그리고 기대감 어린 표정으로 참가자의 화면을 본다.

그럼 언제 개입해야 하는가?

사용자가 실제로 혼자 할 때 들일 것 같은 노력을 충분히 기울였고, 왜 사용자가 잘못된 길로 가게 됐는지 이해했다면 다음으로 넘어가는 것이 좋다. 특히 앞으로 과제가 더 남았고 남은 과제로 짜증을 넘기고 싶지 않다면 말이다.

6장에서 사용자 인터뷰를 다룰 때 유도성 질문을 피해야 한다고 강조한 바 있다. 이것은 여기에도 마찬가지로 적용된다. 당신이 디자인과 너무 밀착돼서 도저히 비판을 견딜 수 없을 것 같다면 다른 사람에게 진행을 맡기고 당신은 기록을 맡는 편이 더 현명하다.

결과 분석 및 정리

테스트를 모두 마치면 이제 산처럼 쌓인 데이터 속을 헤쳐나가야 한다. 하지만 이미 적합하다고 여겨지는 핵심 내용이 있을 테고, 동료들은 어떻게 진행됐는지 알고 싶어 안달 났을 것이다.

먼저 머리에 스치는 주요 사항들을 전반적으로 가볍게 다루는 회의를 여는 것도 괜찮다. 이 자리에서 당신이 관찰한 중요한 경향을 알려주고, 이제부터 작업할 문서의 기초를 닦을 수 있다. 하지만 이때는 전반적인 인상을 이야기하는 것으로 한정해야 한다. 데이터를 자세히 분석하려면 시간이 필요하다. 잠재 위험이나 문제를 완전히 파악하기 전에 섣불리 해결책을 내지 않도록 조심해야 한다.

데이터를 분석하기 위해 자리에 앉았다면 이제부터 두 가지를 떠올려야 한다.

분석에 주어진 시간. 너무 깊이 들어가면 자잘한 내용까지 다 포함하고 싶어지기 마련이다. 늘 그랬듯이 핵심에만 초점을 맞추기 위해 목표를 상기시킨다. 10시간짜리 녹화 동영상과 5일간의 보고서 작성 시간이 있다면 동영상을 다 보지 않는 편이 현명하다. 기록을 중심으로 하되 주요 기록들이 실제 일어난 일과 일치하는지 동영상을 확인하는 정도가 더 현명할 것이다.

조사 결과의 활용 방식. 이 또한 사람들이 흔히 과소평가하는 것 중 하나다. 아주 멋진 20페이지짜리 보고서를 만들었다. 하지만 사람들이 오직 전체 개요(executive summary)에 해당하는 한 페이지에만 관심을 보인다. 만약 이해관계자가 상세한 내용까지 보고 싶어 한다면 이 문서가 결과 전달의 주요 수단이 될 것이다. 만약 자세함의 수준에 따라 두 가지 수준으로 만들기로 결정했다면(하나는 이해관계자용이고 다른 하나는 프로젝트 팀용) 시각적이고, 흡수하기 쉽고, 중요 내용을 선별한 프레젠테이션 버전과 더 상세한 내용을 보고 싶어하는 사람을 위한 전체 버전을 준비한다.

이슈의 우선사항 정하기

테스트를 마칠 때쯤이면 아마도 사용성과 관련된 이슈를 한아름 가지고 있을 것이다. 문제의 심각도를 결정할 때 고려해야 할 몇 가지 요소가 있다.

파급 효과. 문제로 인해 생기는 부정적인 결과. 예를 들면 특정 사용성 이슈로 참가자가 데이터를 분실했다면 이는 '중요도 상'으로 기록돼야 한다. 예를 들어 어떤 사용자가 10분을 들여 아주 복잡한 양식을 채웠다고 하자. 우연히 어떤 링크를 눌렀더니 다른 페이지로 갔다. 브라우저의 '뒤로 가기' 버튼을 눌렀는데 데이터가 사라졌는가?

회복 가능성. 문제로 인해 발생한 문제의 회복 가능성 정도. 예를 들어 대체 경로가 있어서 쉽게 되돌아가는 것이 가능한가?

문제 발생 빈도. 대규모의 사람들을 대상으로 한 조사가 아니기 때문에 수치만으로 심각성을 판단할 수는 없다. 하지만 5명 모두가 똑같은 실수를 저질렀는데, 그 때문에 모두 어려운 길로 돌아가게 생겼다면 이는 심각도 상으로 간주할 만하다.

합당한 이유. 자주 발생하는 문제는 아니지만 당신의 사용자 그룹에 딱 맞는 사람이 저지른 일이라면 그 자체로 큰 문제가 될 수 있다. 그때 그 실수의 이유가 명백하다면 추후의 해결안에 반드시 반영해야 한다.

시사점 끌어내기

사용성 문제뿐 아니라 프로젝트 팀에 시사점을 안겨줄 사용자의 주옥 같은 진술도 많이 있을 것이다. 6장에서 언급한 친화도 분석 기법은 이런 진술을 모아서 머리를 맞대고 패턴을 찾는 훌륭한 방법이다.

사용자의 진술을 적절한 그룹으로 나누는 몇 가지 기준이 있다(더 자세한 내용은 6장의 '컨텍스추얼 인쿼리' 절을 참고).

- 목표가치 진술
- 멘탈 모델
- 기쁨(이것을 생략하지 마라. 좋은 것을 누락시킬 수 없지 않은가!)
- 의견 또는 기능 제안
- 좌절
- 기대감(특히 뭔가에 실패했을 때)
- 차선책

시사점과 해결안을 정리할 때 긍정적인 내용도 함께 다뤄라. 조사자들은 잘 되는 것보다 고쳐야 할 사항들을 중심으로 정리하기 때문에 사용성 테스트 보고서가 부정적으로 흐르기도 한다. 좋은 점이 함께 담겨 있으면 모두가 기분 좋게 보고서를 볼 수 있다. 그러면 디자인 팀은 결과에 더 책임감을 느낄 것이고, 좋은 결과를 만들어 가는 기쁨을 느끼게 될 것이다.

추천안 만들기

아마 분석에 들어가기 전부터 테스트에서 발견한 문제를 해결할 좋은 방법이 떠올랐을지도 모른다. 문제나 시사점이 떠오를 때마다 스케치를 해둬서 놓치지 않게 하라. 단 너무 일찍 한 가지 아이디어에 집착하느라 더 많은 문제를 해결할 수 있는 다른 해결책을 배제하지 않도록 주의한다.

좋은 추천안은 다음과 같다.

- 가능하면 한 가지 이상의 문제를 해결하는 것. 문제가 얼마나 상세하고 구체적이냐에 따라 하나의 큰 추천안 밑에 여러 문제가 들어가기도 한다.
- 간단명료하고, 실행하기 쉬워야 한다. 그렇지만 섣부른 상세 디자인은 피하라.
- 직접적인 언어를 사용해야 하지만 경멸하는 투는 안 된다. 테스트하는 디자인과 직접 연결된 사람은 특히 더 비판이 달갑지 않다. 그렇다고 문제를 숨길 필요는 없지만 건설적이고 존중하는 말을 쓰려고 노력하라.

해결책은 사용자나 시스템을 위한 것이라는 점을 항상 명심하라. 보고서를 마감하기 전에 원래 설정한 목표로 돌아가서 그 내용이 충족됐는지, 어떻게 이해관계자나 UX 디자이너, 개발자 등 다양한 사람에게 당신의 결과를 효과적으로 전달할 수 있는지도 함께 고민하라.

개발자 이야기가 나와서 하는 말인데, 이제 개발자들을 다시 한 번 불러들일 때다. 다음 장에서는 UX 디자인이 개발, 그리고 그 이후의 과정으로 전환되는 과정에서 명심해야 할 몇 가지를 다루겠다.

A Project Guide to
UX DESIGN 2

15

UX 디자인에서 개발로 전환하기, 그리고 그 이후

• 이제 어디로 갈 것인가? •

이제 수집 단계와 UX 디자인 단계는 모두 끝났다. 그럼 이제 뭘 해야 할까? 훌륭한 UX 디자인 프로세스는 끝이 없다. 그 많은 정의와 디자인 작업물을 넘겼다면 이제부터는 결과물이 당신이 의도한 대로 개발되는지 끝까지 확인해야 한다. 자, 그럼 또 거기서는 어디로 가야 하는가?

– 러스 웅거

거의 끝

이제 거의 이 책의 막바지에 이르렀다. 겉으로는 UX 디자인 프로세스도 끝난 것처럼 보여도 사용자 경험 디자인은 절대로 여기서 끝난 게 아니다.

이제 이전의 단계를 모두 마쳤으니 당신의 일이 끝나고 더는 당신이 기여할 것도 없다고 생각할지 모른다. 프로젝트 과제도 모두 마쳤고, 당신의 작업물도 다른 팀으로 넘겼으니 이제 UX 디자인은 끝나고 예외 없이 다른 프로젝트로 옮겨간다. 이제 이 문을 닫고 새로운 곳으로 들어가야 할 때다. 맞는가? 완전히 틀렸다!

최고의 UX 디자인이 세상에 나오려면 아직도 할 일이 많다.

비주얼 디자인, 개발, 그리고 품질 보증

비주얼 디자인이나 개발팀에게 당신의 선행 작업을 넘겼더라도 이들과 일하는 것은 끝이 없다. 당신의 작업물을 받아서 일을 하려고 대기 중인 파트너들은 당신의 대답을 기다리고, 필요한 정보를 얻고 싶어하며 디자인 콘셉트를 알려 줄 당신의 존재가 필요하다. (어찌 보면 프로토타입 작업처럼 들릴지도 모른다). 이런 업무 환경은 사용자 경험 디자인이 이미 내재화된 것이다. 아마 이런 컨설팅 역할을 하라고 이미 당신에게 시간을 할당해 주었을지도 모른다.

그렇지만 아직까지 UX 디자이너, 정보 설계자, 인터랙션 디자이너 등은 많은 회사에서 낯선 역할이다. 따라서 이 역할들을 어떻게 조정할지도 모르는 경우가 많고, 때로는 사용자 경험 디자인에 대해 제대로 알지 못하는 사람이 이후 프로젝트에서 당신의 존속 여부를 결정할지도 모른다. 이런 상황에서 프로젝트를 끝까지 책임지고 남아있을지는 당신에게 달렸다.

아래에 몇 가지 조언을 적었다.

1. 이 책을 사라. 부탁이다.
2. 주눅들지 마라.
3. 이 장의 내용을 꼼꼼히 읽고 당신이 어떻게 계속 쓸모 있게 참여할 수 있을지 기회를 엿본다.
4. 끝까지 참여하겠다고 말하고, 사람들을 설득할 준비를 갖춰라.

비주얼 디자이너와 개발자들이 회사나 프로젝트의 왕이라서 UX 디자이너가 끝까지 남기 힘든 상황도 있다. 이런 분위기에서는 그저 일을 지켜보면서 규정을 잘 따르는지 확인만 하게 해달라고 부탁해야 할지도 모른다. 언제나 그렇지는 않지만 이런 일이 종종 생긴다.

전문가에게 물어보세요: 크리스토퍼 파히

Behavior(www.behaviordesign.com)의 공동 설립자인 크리스토퍼 파히 (Christopher Fahey)는 이런 상황이 낯설지 않다. 그가 이런 충고를 해주었다.

***

각 부서가 엄격하게 분리된 회사들이 있다. 이런 분위기에서 UX 디자인 이후의 개발 단계까지 남아서 일하려면 주도적일 필요가 있다. 비주얼 디자인이나 개발팀의 작업에 피드백을 주고, 잘못된 곳은 수정 요청할 수 있어야 한다. 때로는 UX 디자이너가 그 자리에 있어야 한다고 생각조차 못 하는 경우도 있다.

이런 내용은 프로젝트의 계획을 세우거나 예산을 책정하는 시기에 미리 못박는 것이 가장 좋다. 그렇지 못했다면 UX 디자인이 이후 개발 과정에서 변질되지 않도록 말 그대로 자원해야 한다.

이때 쓸 수 있는 간단한 방법은 품질 보증팀(Quality Assurance team, QA)에게 부탁하는 것이다. (이런 팀이 있다면 말이다. 없다면 비주얼 디자이너나 개발자에게 요청하라!) 사적으로 편히 얘기해도 된다. 개발이나 버그를 확인하는 곳으로 들어가고 볼 수 있는 권한을 요구하라. 그리고 개발자들이 매일 보는 동일한 버그 기록란에 당신의 견해와 관찰한 바를 올려라.

물론 품질 보증팀이 별도로 투입되는 호화로운 프로젝트는 많지 않다. 이상적인 경우라면 모든 프로젝트에 그런 팀이 있어야 하겠지만, 실제로는 그렇지 않다. 개발자들이 개발을 하면서 QA 역할을 담당하기도 한다. 이런 상황은 당신을 움츠러들게 만들 수 있다. 이런 사실을 알고 있다면 개발자들과 일할 때 더욱 열심히 해야 한다.

작은 회사일수록 품질 보증팀은 더욱 사치다. 올리브 트리 프라미스(http://olivetreepromise.com/)의 설립자인 트로이 루히트(Troy Lucht)는 "모든 사람들, 특히 개발자들이 QA를 합니다"라고 말한다.

모든 사람이 참여하려고 노력은 하지만(그리고 원하지만), 테스트 스크립트를 적을 전담 인력이 없고, 마지막 일분까지 개발해야 하는 현실에서 무엇을 테스트하라고 알려주기란 불가능합니다. 많은 경우 내부 UX 디자이너는 나만큼이나 이 프로젝트에 대해 잘 아는 사람이기 때문에 좋은 의견을 줄 수 있습니다. UX 디자이너를 투입하는 것은 우리 같은 작은 팀에는 큰 지원군입니다.

> **협상의 기술**
>
> UX 디자이너에게 협상력은 아주 중요한 기술이다. UX 디자이너의 선행 작업을 받아서 하는 비주얼 디자이너나 개발자들은 전체적인 사용자 경험에 얼마나 큰 영향을 끼치는지를 생각지 않고 마음대로 바꿔버릴 때가 있다. 누군가 그것이 "구현 불가능하다"고 말하면 반드시 차선책을 준비해야 한다. 훌륭한 협상력으로 당신의 의사 결정(당연히 리서치에 근간을 둔 것이어야 한다)을 지킬 수 있고, 다른 사람에게 "구현할 수 있다"는 확신을 줄 수 있다. 더불어 모두의 니즈에 부합하는 만족스러운 차선책을 제시하는 데 도움될 것이다.
>
> 협상력에 대해 더 알고 싶다면 로저 피셔(Roger Fisher), 윌리엄 유리(William L. Ury), 브루스 패튼(Bruce Patton)이 쓴 『예스 끌어내기: 굴복 없이 합의를 도출하는 협상의 기술(Getting to Yes: Negotiating Agreement Without Giving In)』(펭귄, 2011)과 데이브 그레이(Dave Gray)가 쓴 『No라고 말하는 사람 설득하기(Selling to the VP of No)』(XPLANE Corp, 2003)를 참고한다.

당신이 품질 보증 작업을 함께 한다고 해서 테스트 스크립트까지 써야 하는 것은 아니지만 때로는 와이어프레임과 주석을 비교하면서 모든 요소가 개발됐는지, 행동 촉구 영역들이 제대로 작동하는지 테스트할 수는 있다. 이는 이상적인 상황은 아니지만 품질 보증팀이 없을 때 현실적으로 선택할 수 있는 방법이다. 여기서 강조하고 싶은 바는 당신이 작업물을 넘기고 지식을 전수했다고 해서 사용자 경험 디자인이 끝난 것이 아니라는 점이다. 임시로 컨설팅 역을 맡긴 했으나 일이 끝나려면 아직 멀었다.

사용자와 디자인 테스트하기(다시)

이미 사용자 테스트를 하지 않았는가?

이 질문에 '예'라는 대답이 나오기를 바라지만 모두가 그렇지는 않을 것이다. 이 시점에서의 사용자 테스트는 사이트 오픈 직전에 완전히 디자인되고 개발된 사이트를 실제 사용자에게 보여주기 위한 것이지만 이때는 거의 테스트를 하지 않는다.

이 테스트로 웹 사이트를 마지막으로 살펴보고, QA 중에 지나쳤을 최종 버그와 에러를 잡는다. 사용자 타겟이 정해졌다면 위험 요소가 있는 시나리오나 이전 버전의 사이트에서 발견한 문제를 실제 웹 사이트에서 테스트한다. 이 테스트를 통해 사이트를 오픈할 수 있는지 여부를 최종 결정한다. 그동안 묻혀 있던 중요한 문제가 이 테스트에서 발견됐다면 그 문제를 고치고 다시 한 번 테스트 해야 한다.

10, 9, 8, 7, 6, 5, 4, 3, 2, 1 … 오픈!

"사이트를 만들어 놓기만 하면 사용자들이 찾아올 것이다."

이 이론은 많이 언급되는 것만큼이나 거짓으로 증명됐다. 아름답고, 만족스럽고, 사용하기도 편한 웹 사이트를 만들어 세상에 내놨는데 2달이 지나서도 아무도 채택하지 않는다. 도대체 무슨 일인가?

사용자 채택(User adoption)이란 타겟 사용자가 해당 사이트를 이용하게 되는 정도를 말한다. 사용자가 당신의 사이트를 쉽게 찾을 수 있게 검색엔진에 최적화된 규칙을 잘 따르기만 했어도(이 책의 웹 사이트에서는 '사용자 경험 디자인과 검색엔진 최적화' 장을 제공한다), 사이트 채택과 관련된 몇 가지 문제는 피해갈 수 있다.

사용자 채택은 훌륭한 사용자 경험은 프로젝트가 끝났다고 종료되는 것이 아님을 의미하기도 한다. 또는 그 프로젝트에만 국한된 것이 아니라는 의미도 된다.

사용자 채택에 영향을 미치는 세 가지 요소를 고려하면 마케팅팀, 고객 지원팀, 홍보팀, 교육팀 등이 사이트를 잘 활용하는 측면뿐 아니라 이 사이트에 관심을 가질 만한 사용자 층도 도울 수 있다.

- 개인적 혜택
- 고객 지원
- 네트워크 효과

이제 각각에 대해 자세히 살펴보자.

혜택

사용자에게 가장 중요한 질문은 바로 이것이다. "이곳에 나를 위한 것은 무엇이 있는가?"

당신의 사이트가 대단하기는 하겠지만 여기에만 존재하는 독특한 혜택을 특정 사용자층(또는 당신이 기술한 페르소나)에게 즉시 설명할 수 없다면 사용자를 유치하는 데 애를 먹을 것이다.

어떤 혜택은 직접적이다. "이 카메라 기능을 이용하면 온라인에서 한 번의 클릭으로 사진을 올릴 수 있습니다."

어떤 것은 간접적이다. "회사에서 이 일정표를 이용하면 각 프로젝트에 투입한 시간을 쉽게 파악할 수 있습니다."

지금까지 사용자 시사점을 뽑아내기 위해 많은 시간을 투자했다. 이제 그것을 이용해 마케팅 팀이 그에 맞는 고객 메시지를 만들 수 있게 도와주자.

고객 지원

당신의 사용자가 사이트에서 도움이 필요할 때 어떻게 도움받을 수 있을까? 훌륭한 사용자 경험 디자인으로 도움받을 수 있다는 정황적인 지원 외에도 실질적인 고객 지원과 교육으로도 받을 수 있다.

사용자들은 온라인 교육보다 오프라인 교육을 선호하는가? 교육은 모두 건너뛰고 사이트 자체에서 필요한 것을 다 얻고 싶어하는가? 실시간 화상 채팅이 고객 지원의 중요한 수단이 돼야 하는가? 아니면 전화나 이메일 지원이 필요한가?

고객 지원을 향한 노력은 신중해야 한다. 사용자를 잘 이해하면 고객 지원과 교육 부서 사람들을 더욱 효과적으로 도울 수 있을 것이다.

네트워크 효과

소문은 가장 중요한 홍보 수단이다. 이 타겟 사용자 그룹은 이 회사와 현재 사이트를 어떻게 생각하는가?

이 대답이 긍정적이라고 해서 아무런 노력을 기울이지 않아도 된다는 뜻은 아니다. 유지보수는 언제나 평판에 가장 중요한 요소다. 긍정적인 평판이 다음 절을 건너뛰는 핑계가 되어서는 안 된다. 유지보수에 반드시 커다란 노력을 기울여야 하는 것은 아니지만, 떨어지는 평판을 다시 끌어올리기는 아주 힘들다. 작은 정성으로 큰 효과를 거둘 수 있으니 계속 읽기 바란다.

대답이 부정적이라면 이 인식을 끌어올리기 위해 진지한 노력을 기울여야 한다. 사용자 커뮤니티로 찾아가 영향력의 중심에 있는 인물을 찾아내고, 그들이 어떤 방식으로 커뮤니케이션하는지,

어떻게 주변 사람들에게 영향을 미치는지를 알아낸 후 그들을 사이트로 끌어들인다. 소셜 네트워크에서 사용자를 끌어들이고 당신의 고객사, 회사 웹 사이트에 대한 의견에 영향을 미칠 수 있는 방법은 많다. 고객사에게 이런 집단을 끌어들일 방법을 알려주고, 이들을 긍정적으로 끌어낼 수 있게 도와라.

이 세 가지 노력을 모두 기울였는데도 사람들이 별로 사용하지 않는다면 경쟁사들이 사용자의 니즈를 충족시키기 위해 무엇을 어떻게 하는지 생각해 보라. 당신의 제품이나 사이트가 사용자의 행동과 어떤 점에서 다른가?

오픈 이후의 활동

우리가 사는 이 시대는 아주 흥미롭다. 그래서 많은 회사들이 그들의 사이트나 제품을 '베타' 상태로 오픈한다. 베타 오픈이란 버그, 에러, 충돌, 또는 다른 문제를 파악할 목적으로 여과되지 않은 사용자를 대상으로 라이브 테스트하는 것이다. 한때 베타 오픈은 개발자들만 대상으로 했지만, 이제는 사용자 커뮤니티 전체를 대상으로 하는 경우가 더 많다.

베타 단계에서는 사용자들이 직면하는 갖가지 문제를 저장하고 기록하는 커뮤니케이션 수단을 정하는 것이 필수다. 시스템에 어떤 형태의 문제가 생겼다면 반드시 기록해서 프로젝트 팀으로 전달해야 한다. 사용자가 직접 문제를 기록하고 이를 적절한 프로젝트 구성원에서 전달하는 메커니즘도 갖춰 있어야 한다. 이런 커뮤니케이션이 이뤄지지 않으면(UX 디자이너, 비주얼 디자이너, 개발자들이 혹독하고 빠르게 진행되는 베타 기간 동안 무슨 일이 일어나는지 알지 못한다면) 정작 필요한 내용을 고치지 못하고 정식으로 오픈될지도 모른다.

오픈 이후의 통계 분석

사이트가 오픈된 이후 가장 먼저 해야 할 일 중 하나는 사이트 이용과 관련된 통계 데이터를 모으는 것이다. 가장 좋은 정보원은 사이트의 로그 파일이다. 하지만 불행하게도 UX 디자이너는 이런 종류의 정보를 접하는 최우선적인 대상자가 아닐 가능성이 많다. 따라서 사이트 통계를 담당하는 사람을 찾아가 당신의 협상력을 활용하라.

웹사이트 통계 자료는 사이트에 방문하는 사람들에 대한 인사이트를 준다. 여러 가지 측면 중에서 다음과 같은 부분을 이해할 수 있다.

- 사이트 신규 방문자는 누구인가
- 반복적으로 오는 방문자는 누구인가
- 페이지뷰
- 페이지 체류 시간
- 페이지 깊이
- 사이트에서 빠져나가는 지점(어떤 페이지)은 어디인가
- 세션별 체류 시간
- 광고 노출 횟수
- 사용된 검색어, 결과, 재검색

이러한 정보는 사이트에서 문제가 되는 부분을 보여주기 때문에 사용자가 어디에서 어려움을 겪는지 알 수 있다. 통계 데이터는 건조한 숫자만 가득하지만 이런 데이터와 시사점은 오픈 이후 사용자 테스트를 언제 하면 될지 암시해 준다.

참고   웹사이트 통계에 대해 더 알고 싶다면 아비나쉬 카우쉭(Avinash Kaushik)의 『실전 웹 사이트 분석 A to Z(Web Analytics: An Hour a Day)』(에이콘출판, 2008)으로 시작하면 좋다.

오픈 이후 사용자와 함께 UX 디자인 테스트하기(다시, 다시)

웹사이트 통계 데이터를 확보했고, 고객 지원팀이나 기타 고객 접점 부서에서 고객 관련 자료도 모았다면 아마 사용자와 함께 하는 또 한번의 디자인 테스트에서 어떤 질문을 던지면 좋을지 떠오르기 시작할 것이다. 즉, 이 데이터를 활용해 이 사이트의 사용자에게 물어볼 질문을 만들어라. 14장에서 배운 기술을 다시 한번 활용하라.

이번 테스트는 예전에 테스트를 수행했던 사용자들과 테스트하면서 의견이 바뀌었는지, 웹사이트를 더 사용할 의향이 있는지를 물어볼 수 있다는 것이 큰 장점이다. 같은 사용자(또는 같은 사람들이 일부 포함된)를 대상으로 다시 테스트하면 원래 질문(기능에 대한 의견, 특정 과제에 대한 수행 능력 등등)을 다시 한 번 물어봄으로써 시간에 따른 변화를 관측할 수 있다.

이전 테스트를 기반으로 사용자의 변화를 관찰하면서 사이트의 새로운 개선 영역을 발견할 수 있을 뿐 아니라 사용자의 학습 곡선도 알 수 있다. 이 외에도 응답의 변화를 봄으로써 이전에는 생각지 못한 새로운 질문들을 찾아내기도 한다.

A Project Guide to
UX DESIGN 2

16

효과적인 회의 가이드

· 좋은 회의의 요건 ·

회의는 종종 프로젝트의 골칫거리다. 회의가 프로젝트를 만들기도 하고 망가 뜨리기도 한다. 따라서 회의 계획을 잘 세우고 계획대로 논의를 잘 진행하는 것이 중요하다.

효과적인 회의를 여는 절대적인 규칙이 있는 것은 아니다. 설사 그런 규칙이 있다 해도 실제 프로젝트 세계에는 잘 적용되지 않는다. 관찰만 잘해도 프로 젝트 회의의 기초를 배울 수 있다. 같은 방식으로 안 좋은 습관이나 지식이 잘 못 활용되는 예도 볼 수 있다.

이 짧은 장에서는 효과적으로 회의를 개최하는 명확한 방법을 제공할 것이다.

- 러스 웅거

회의 약속을 잡기 전에 그 회의를 치르는 대가가 정당한지를 먼저 고려해야 한다. 한 시간짜리 회의에 단순히 당신 한 사람의 한 시간만 소요되는 것이 아니다. 회의실에 있는 모든 직원들의 한 시간이 필요하다.

만약 8명이 한 시간 동안 회의를 하고, 각자가 한 시간에 10만 원짜리 일을 한다면 회의에 80만원이 들어가는 셈이다. 이는 하루 업무에 상당하는 금액이다. 물론 오고 가는 시간, 회의가 없었다면 끝마쳤을 다른 일을 하지 못한 손실은 치지 않았다. 그러니 80만원은 낮게 추정한 금액이다.

단순한 한 시간짜리 회의에도 많은 시간과 돈이 들어간다. 게으름, 주제 이탈, 잘못된 사람의 참석, 샛길로 빠지는 것까지 감안하면 훨씬 더 높은 비용이 든다.

성공적인 회의를 계획하려면 일단 회의를 열 필요가 있는지부터 살펴봐야 한다. 프랭클린 코비 미팅 어드밴티지 워크숍(www.franklincovey.com/tc/publicworkshops/communication/meeting)의 창시자 중 한 명인 다이앤 브루스터 노먼(Diane Brewster-Norman)은 회의를 열기 전에 다음의 다섯 가지 핵심 질문을 던지라고 말한다.

- 회의를 열어서 생기는 이득이 회의로 인한 비용을 정당화하는가?
- 의사 결정을 내릴 수 있는 사람이 참석하는가? (시기는 적절한가?)
- 회의 목표가 명확한가?
- 필요한 정보를 구할 수 있는가?
- 회의를 대신할 방법을 생각해 봤는가?

여기에 '예'라는 대답이 나오면 회의를 열 필요가 있는 것이다. 이 방법 외에는 프로젝트 진행에 필요한 정보나 승인을 얻지 못한다는 결심이 선다면 회의를 잡아라!

그러나 먼저, 전화, 이메일, 메신저, 또는 다른 방법으로는 똑같은 결과를 낼 수 없겠다고 생각할 때만 회의를 열어라. 회의가 당신이 필요로 하는 결과나 정보를 얻는 가장 효과적이고 효율적인 접근이라고 생각할 때만 열어라. 마찬가지로 면대면 회의나 일대일 회의를 피하는 수단으로 이메일을 쓰는 것도 유의해야 한다.

또 한 가지 명심할 점으로 회의 시간을 잡을 때는 언제나 사람들이 사무실에 있는 가장 이른 시간에 잡아야 한다는 것이다. 모든 핵심 인사들이 아침 8시에 사무실에 있다고 가정하는 것은 비현실적이지만 대략 사람들이 언제쯤 도착하고 언제쯤 일을 시작하는지 알아 두면 좋다. 그래서 당신이 필요로 하는 모든 사람이 가능한 시간 중 가장 이른 시간으로 잡아라. 그 시간대가 불가능하다면 오전의 중간이나 오후의 중간쯤이 좋다. 이때 "중간"에 주목하라. 사람들이 일상 업무를 시작하는 시간이나 점심 식사 직후는 피해야 한다. 이 시간은 사람들이 가장 집중하기 어려워할 때다.

회의 잡는 시간은 언제라도 좋지만 월요일 아침에 출근하자마자, 또는 금요일(아니면 다른 어떤 근무일) 퇴근하기 직전에는 회의를 잡지 않도록 모든 수단과 방법을 동원하라. 이 시간대를 좋아할 사람은 아무도 없다.

회의 주제

모든 프로젝트에 좋은 계획이 있어야 하듯 좋은 회의에도 주제가 준비돼 있어야 한다. 주제가 있어야 논의가 샛길로 빠지지 않는다. 참석자들은 주제를 보며 회의의 목표와 논의의 개요를 파악할 수 있다.

주제는 회의 조정자인 당신뿐 아니라 회의에 참석하는 사람들이 회의의 방향과 목표에 대해 깊이 생각할 시간을 준다. 약간의 계획으로 회의를 성공으로 이끌 수 있고, 참석자들의 책임이나 생각을 정리할 수 있으며, 회의 목표를 달성할 수 있도록 돕고, 그 목표를 달성할 다른 대안은 없는지를 마지막으로 생각하도록 만들어 준다.

그림 16.1의 예에서 볼 수 있듯이 주제에는 다음과 같은 정보가 꼭 들어가야 한다.

- 회의 제목 또는 유형
- 회의 날짜, 시간, 소요 시간
- 회의 장소
- 전화 번호(필요하다면)
- 온라인 콘퍼런스 정보(필요하다면)
- 참석자 명단
- 회의 목표
- 누가 무엇을 책임지는지, 그리고 얼마 동안 그것을 해야 하는지

회의 주제

프로젝트 현황	회의 장소
2012.11.12 오전 10:00 - 11:00	대회의실 연락처: 123-4567 참석자 코드: 1234567# 온라인 콘퍼런스 장소: http://meeting.yourcompany.com/

참석자:

러스 웅거, 캐롤린 챈들러, 브래드 심슨, 크리스틴 모텐슨, 조나단 애쉬튼, 크리스 밀러

회의 목표:

- 리서치, 그래픽 디자인, SEO 현 상태 검토
- 미해결 문제 논의
- 우선순위 설정 및 다음 단계 계획 수립

발표자	주제	시간
러스	환영	5분
캐롤린	리서치 현황	10분
브래드 & 크리스틴	그래픽 디자인 현황	15분
조나단	SEO 현황	15분
크리스	주차장	10분
러스	다음 단계	5분

그림 16.1 | 회의 주제의 예

아무리 못해도 주제에는 모든 참가자가 그날 회의의 목표와 그들에게서 원하는 바가 무엇인지를 명확하게 이해할 수 있을 만큼의 정보가 충분히 담겨 있어야 한다. 목표는 직접적이면서 핵심이 담겨야 하고, 무엇을 기대하는지를 정확히 묘사할 수 있는 실행형 단어를 써야 한다.

회의 규칙

회의를 여는 것도 적절하고, 주제도 기가 막히고, 모든 것을 신중하게 고려했어도 회의 도중에 약간 삐끗하면 회의가 산으로 간다. 아무리 노력을 기울여도 회의는 금세 경로를 이탈해서 자기 맘대로 갈 수 있다.

회의를 책임지는 사람으로서 이런 스트레스를 미연에 방지하려면 미리 기본 규칙을 정해 놓고 참석자들이 숙지하게 한다.

회의의 기본 규칙

아래의 회의의 기본 규칙들은 참석자에게 명확한 방향을 제시할뿐더러 회의가 의도한 방향으로 흘러가게끔 도와줄 것이다.

- 미리 읽어야 할 자료가 있다면 충분한 시간을 두고 미리 고지하라. 이 의무 사항을 회의가 시작되기 24시간 안에 다시 한번 상기시켜라. 할 수만 있다면 회의가 열리기 한참 전에 참석자에게 인쇄 자료를 전달하라. 사소해 보이지만 아마 참석자들이 더 많이 준비해서 나타날 것이다.

- 언제나 회의를 정시에 시작하고 끝내라. 60분짜리 회의는 5~10분 먼저, 30분짜리 회의는 5분 정도 먼저 끝내는 것이 좋다. 그러면 참석자들이 소지품을 정리하고, 다음 회의가 있는 사람은 이동할 시간이 생긴다.

- 회의를 최대한 짧게 하라. 이상적인 길이는 30분이고 아무리 길어도 2시간을 넘기면 안 된다. 이보다 길어지면 너무 많은 주제를 다루게 되고, 모두의 집중이 흐려진다.

- 다수결로 결정할 사안이 많은 회의라면 사람을 홀수로 불러라. 합의가 필요한 회의라면 짝수로 불러라.

- 주제에 초점을 맞춰 논의를 진행하라.

- 경청하라. 다른 사람이 말할 때 끼어들지 마라. 다른 사람이 말하는 것을 당신이 안다고 가정하지 마라.

- 다 "내려놓고" 가라. 필요하지 않은 한 노트북, 전화기, 그 밖의 주의를 산만하게 하는 기기를 모두 두고 가라. 그렇게 하기가 불가능하다면 기기를 끄거나 묵음으로 하라.

- 준비를 마치고 회의에 와라. 회의를 주관한 사람으로서 필요한 자료를 인쇄해서 들고 오거나 아니면 참석자들이 각자의 자료를 가지고 오게 하라.

- 모든 회의를 문서화하고 기록자를 둬라. 기록자가 없다면 당신이 하라.

- 첫 회의에서 모든 사람에게 회의 규칙을 알려라. 참석자 그룹에 따라 회의 주제 양식에 규칙을 첨부하는 것도 도움될 것이다(그림 16.2).

- 이후 일정을 확인하고, 책임을 부여하고, 과제 납기일을 알리면서 회의를 종료하라.

- 회의 기록은 회의가 끝나고 24시간 안에 전달하라.

참고 회의 공지를 꼼꼼하게 읽지 않고 대충 읽고 오는 사람도 더러 있다. 따라서 미리 상기시키거나 필요한 자료들을 준비하라.

이런 규칙들은 참석자와 당신이 준수할 때만 유용하다. 이상적인 세계에서는 모두가 바로 규칙을 따르고 모든 회의가 성공적이지만 실제 세계는 그렇게 완벽하지 않다. 사람들은 각기 다른 주제, 책임을 가지고 있고, 회의 내용을 확인하기 위해 회의 중에 다른 기술이나 사람에게 의존하는 사람도 있다.

회의가 산으로 가지 않도록 갖은 수를 다 쓰다 보면 결국 참석자들은 진행자를 따르고 성공적인 회의가 되도록 도움을 준다. 하지만 주의하라. 산으로 가는 배 역시 의도 자체는 좋다. 당신이 정한 주제와 가이드라인에서 벗어나는 사람이 당신이라면 당신을 향한 존경도 저 멀리 날라갈 것이다.

회의 주제

프로젝트 현황	회의 장소
2012.11.12 오전 10:00 - 11:00	대회의실 연락처: 123-4567 참석자 코드: 1234567# 온라인 콘퍼런스 장소: http://meeting.yourcompany.com/

참석자:

러스 웅거, 캐롤린 챈들러, 브래드 심슨, 크리스틴 모텐슨, 조나단 애쉬튼, 크리스 밀러

회의 목표:

- 리서치, 그래픽 디자인, SEO 현 상태 검토
- 미해결 문제 논의
- 우선순위 설정 및 다음 단계 계획 수립

발표자	주제	시간
러스	환영	5분
캐롤린	리서치 현황	10분
브래드 & 크리스틴	그래픽 디자인 현황	15분
조나단	SEO 현황	15분
크리스	주차장	10분
러스	다음 단계	5분

회의가 주제에서 벗어나지 않고 효율적으로 진행되기 위해서는 아래의 회의 규칙을 보고 각자의 역할을 지켜주시기 바랍니다.

- 정시에 도착해 주십시오(부재 시라면 당신 대신 결정을 내릴 위임자를 보내 주십시오).
- 주제에만 집중해 주십시오. 주제에서 벗어난 논의는 회의 이후에 나누십시오.
- 자신의 견해는 누군가가 말을 마친 이후에 피력해 주십시오.
- 노트북이나 다른 기기는 놓고 오거나 꺼두십시오.
- 필요한 모든 자료를 회의에 가지고 오십시오.
- 캐롤린이 회의를 기록할 것입니다(필요하다면 기록한 내용을 캐롤린에게 주십시오).
- 회의 기록은 24시간 안에 참석자에게 전달될 것입니다.

그림 16.2 | 회의 규칙이 담긴 회의 주제

회의가 끝난 후

회의가 끝나면 이제 본인의 일로 돌아갈 때인가?

거의 그렇다.

지금은 자리에 앉아 모든 기록을 정리하고 회의 참가자에게 보내줄 때다(당신이 기록자라면 말이다). 그리고 사람들 모두가 반드시 기록을 살펴보고 추가적인 정보나 피드백을 제공하게 해야 한다. 그래야 모든 사람이 회의 결과를 바탕으로 같은 방향을 보며 일을 진행할 수 있다.

좋은 기록은 회의에서 어떤 일이 일어났는지, 어떤 목표와 책임이 대두됐는지 모두에게 명확하게 알려준다(그림 16.3). 회의 기록에는 실행할 항목, 그 과제의 책임을 맡은 사람, 결정해야 할 항목들이 명확히 제시돼야 한다. 회의 노트를 종이 기록물로 간주하고 다른 프로젝트 문서와 함께 보관하라. 수정이나 관련 논의가 생기면 이것도 함께 보관한다.

마지막으로 중요한 것은 회의 기록을 24시간 안에 보내야 한다는 것이다. 시간이 많이 흐르면 기록을 이해하기 쉽지 않을 뿐 아니라 사람들의 기억도 희미해진다. 조금 지연되면 이런저런 의견이 제기되기 시작하기 때문에 회의에서 다룬 것보다 더 많은 논의가 촉발되어 부가적인 업무가 생기기도 한다.

회의 주제

프로젝트 현황	회의 장소
2012.11.12 오전 10:00 - 11:00	대회의실

참석자:

러스 웅거, 캐롤린 챈들러, 브래드 심슨, 크리스틴 모텐슨, 조나단 애쉬튼, 크리스 밀러

주제	기록
환영	현 상태 검토 미해결 문제 논의 우선순위 설정 및 다음 단계 계획 수립
리서치 현황	리서치 진행 중, 50% 완료 대면 리서치 시행 중 다음 주 뉴욕 시설 예약
그래픽 디자인 현황	색채 조합 결정 아이콘 체계 결정, 리뷰 대기 중
SEO 현황	키워드 연구 완료 콘텐츠 분석 25% 완료
주차장	챕터 개요 완료 및 출판사에 보냄 챕터 납기일 배정 챕터별 템플릿 개발 중
다음 단계	**러스**: 다음 현황 회의는 11월 19일 오전 10시로 예약됨 **캐롤린**: 뉴욕에서 다음 리서치 25% 완료 **브래드와 크리스틴**: 컴퓨터 책 표지 그래픽 디자인 **조나단**: 이다음 콘텐츠 분석 25% 완료 **러스와 캐롤린**: 계속 집필—더 빨리! 12/ 12까지 **크리스**: 챕터 인수 후 24시간 안에 리뷰

그림 16.3 | 기본적인 회의 노트 예시

불순응자 다루기

아무리 회의 계획을 잘 세우고, 주제를 잘 정하고, 기록도 잘하고, 제때 보내줬어도 회의 규칙을 따르자는 당신의 요청에 불응하는 사람이 있다. 불행하게도 이들은 동료나 친구일 수 있다. 그렇지 않다면 훨씬 더 강력한 적인 당신의 클라이언트일 것이다.

규칙을 따르지 않는 사람을 어떻게 다룰지를 언급하지 않고 회의 진행 방식을 거론하는 것은 아무 의미가 없다. 그럼 당신이 정한 회의 규칙을 위반하는 것을 어떻게 방지할 수 있을까? 어떻게 하면 효과적인 회의를 위해 핸드폰을 치우고, 메신저를 사용하지 말라고 하고, 이메일을 보내지 말라고 정중하게 말할 수 있을까?

트위터에서 실시한 전혀 과학적이지 않은 투표에서 갖가지 아이디어를 확인했다. 다행히도 이 중에서 몇 가지 해결책이 보인다.

> "회의를 진지하게 생각하는지, 그리고 회의가 시작되면 시계도 움직인다는 것을 고객에게 정중하고, 솔직하고, 전문가답게 이야기했습니다."

> "마지막으로 온 사람이 회의의 기록자가 됩니다."

> "자신의 게으름으로 다른 사람의 시간을 낭비하면 안 된다고 동료에게 알려줍니다."

> "어떤 회사는 맨 마지막으로 들어온 사람에게 리본이 많이 달린 VIP 버튼을 달게 합니다. 이 VIP 버튼은 이 모든 사람들을 기다리게 한 사람이라는 뜻입니다."

> "회의를 정시에 시작하십시오. 사람들이 늦으면 회의 후에 배포될 기록문에서 그들의 이름을 보게 될 것이라고 말합니다."

> "회의에 커피, 차, 도넛, 쿠키 등을 가져갑니다. 그러면 사람들이 일찍 오거나 정시에 옵니다. 더 상냥해지고 도움을 주고 싶어합니다."

> "회의 주관자는 정시에 도착하는 정도가 아니라 조금 일찍 나와야 합니다. 사람들은 당신의 그런 행동을 보면서 규정을 따르는 일에 동참할 것입니다."

몇 가지는 좀 우스운 것도 있지만 회의를 심각하게 받아들이지 않는 사람을 다루는 일은 민감한 사안이다. 회의를 존중하는 마음은 보통 위에서 시작된다. 만약 참석자들이 회의 규칙을 잘 지키지 않아 애를 먹으면 직속상관에게 도움을 청하라. (그 직속 상사가 문제라면 도움을 받을 다른 책이 필요하다!)

진지하고 존중하는 마음으로 시작하라. 커뮤니케이션 선을 열어놓고 도움을 청하라. 그래도 여전히 문제에 부딪친다면 그 회사의 문화를 생각하면서 그냥 이 문제를 안고 살아가야 할지, 아니면 더 윗선에 도움을 청해야 할지 결정하라. 이런 상황은 다루기가 아주 예민하다. 신중한 태도를 견지하고 예절과 존중감을 잃지 마라.

회의에 대한 마지막 조언

이 장에서는 효과적인 회의와 적절한 회의 사후 활동을 계획하는 것에 대해 간략히 다뤘다. 프로젝트가 앞으로 나아가려면 회의가 꼭 필요하다. 팀 내에서 효과적인 회의 진행 방식을 찾는 것은 아마 당신의 업무 중 하나가 될 것이다.

회의에 접근하는 방식도 수없이 많다. 이 장에서는 그저 한 예를 제시했을 뿐이다. 어떤 회사에서는 진행을 빠르게 하면서, 참가자들이 다른 기술로 방해받지 않으며 집중할 수 있게 회의를 서서 한다. 어떤 회사는 생산성을 높이기 위해 모든 회의를 하루에 몰아서 한다. 어떤 회사는 회의 철학을 보여주기 위해 "벌거벗은 회의" 같은 재치 있는 캐치프레이즈를 만들기도 한다. 어떤 곳에서는 "미니 회의"를 연다. 두어 명 정도만 모여서 제한된 주제를 논의함으로써 다른 소음이 끼어들 가능성을 낮춘다.

어떻게 접근하든 회의가 있을 것이라는 사실 하나만은 부인할 수가 없다. 먼 곳에 있는 팀을 기술을 통해 불러모으든 동료와 커피숍에서 앉아서 하든 일단 프로젝트가 시작되면 회의가 생긴다 (일정에 안 잡혀 있어도 말이다).

회의에 올 때는 약간의 노력을 기울여 준비된 채로 나타나는 것이 좋다. 답변이 필요한 질문 목록에 불과하더라도 상관없다. 내킨다면 이 목록을 주제라고 생각할 수도 있다.

시간이 지나면서 당신만의 스타일과 방식으로 진화할 것이다. 그리고 당신에게 딱 맞는 방법을 찾게 될 것이다. 그것을 회의라고 부를지 아닐지는 당신에게 달려 있다.

이제 다 끝났다. 맞는가?

아니다.

처음 시작하는 마음으로…

통계 데이터를 모으고 테스트를 하다 보면 웹사이트에 좋을 만한 개선점이나 수정사항들이 모일 것이다. 이런 정보가 충분히 모이면 그 제안을 바탕으로 새로운 제안서를 쓴다(3장). 이 제안서로 완전히 새로운 프로젝트가 시작된다면 프로젝트 목표를 정하고(4장), 비즈니스 요구사항을 규정한다(5장). 그리고 부가적인 리서치를 계획하고(6장), 새로운 타겟을 위한 페르소나를 만들고(7장), SEO를 개선(이 책의 웹 사이트에서 제공하는 "사용자 경험 디자인과 검색 엔진 최적화" 참고)하고, 새 사이트맵과 태스크 플로우를 그리거나 업데이트하고(11장), 새 와이어프레임과 주석을 제작하거나 업데이트하고(12장) , 또 다른 프로토타입 작업에 돌입하고(13장), 사용자와 함께 디자인 테스트를 더 한다(14장).

이제 감이 잡혔을 것이다.

프로젝트는 죽어서는 안 된다. 지난 프로젝트는 사용자 경험 디자인의 끊임없는 개선을 지향하는 새로운 프로젝트의 발판이 돼야 한다.

•찾아보기•